JN123202

監修にあたって

　我が国の社会福祉事業は、戦後長期にわたって措置制度を基本に運営されてきました。幾多の制度改革を経て、平成年間の当初には「社会福祉基礎構造改革」が謳われ、その結果、社会福祉制度は措置制度を中心とした運用から契約制度を主とする運用に大きく変更され、介護保険制度がスタートするとともに、社会福祉法人会計も大きく変容しました。

　すなわち、平成12年4月から厚生労働省の局長通知である「社会福祉法人会計基準」が適用されることとなりました。この会計基準は、過去の措置制度を前提とした施設運営と資金収支計算を重視した会計から、法人経営を支える損益計算をも可能とする会計への変更を示すものでした。

　さらに、平成20年代後半には社会福祉法人制度改革が俎上にのぼり、平成28年3月には社会福祉法人制度改革の一環として、局長通知ではなく厚生労働省令としての「社会福祉法人会計基準」（平成28年厚生労働省令第79号）が公布され、現在の社会福祉法人会計が拠るべき会計基準となっています。

　現在の社会福祉法人会計は、社会福祉法人制度を支えるものとして、その機能を発揮しています。しかし、残念ながら社会福祉法人会計は、一般の企業会計とは異なる点が多く、企業会計に馴染んでいる職業会計人にとっても理解し難い面をもっています。ましてや簿記や会計業務に精通した職員が少ない社会福祉法人や、人事異動の多い自治体などの職員の方々にとって、社会福祉法人の会計基準を体系的かつ実践的に学び使いこなすことは決して簡単なことではありません。

　このような社会福祉法人会計の状況に対応するために、私たちの中心メンバーは、平成12年に社会福祉法人の会計を全くの初歩から学ぶことができるワークブックを出版し、その後「社会福祉法人会計 簿記テキスト」として出版を続けてまいりました。さらに、このような社会福祉法人会計に限らず、広く社会福祉法人制度の発展に資する学習テキスト・資料を永続的に発行してゆく主体として、令和3年9月1日に、本会、一般社団法人福祉経営管理実践研究会を設立いたしました。

　現在、社会福祉の世界では、「利用者主権」「直接契約」「経営」などをキーワードとした多様なニーズに対して、きめ細やかなサービスの実現に向けた取り組みが行われています。これらの取り組みを支えるには、会計だけでなく法務・労務・税務等、多面的な専門知識が必要だと思われます。本会は、このような多面的なニーズを満たすためのテキスト・資料を、いわゆる専門家だけでなく社会福祉に携わる方々と共に協働し、共に開発しようと考えて活動しております。

　そのような活動の結果の一つが、今、手に取っておられる「 七訂版 社会福祉法人会計 簿記テキスト《中級編》」です。

　今後、より多くの皆様と共に、この活動を推し進めたいと考えております。そして、この活動が、社会福祉制度をより豊かにし、すべての人が人間として、自由に尊厳をもって生きる社会を創り出すことに、些かでも寄与できることを心から願っております。

　　　令和4年（2022年）11月1日

　　　　　　　　　　　　　　　　　　　　　　一般社団法人　福祉経営管理実践研究会

　　　　　　　　　　　　　　　　　　　　　　会長・代表理事　　林　　光　行

はじめに　～本書を手にされた皆様に～

　「福祉」に一番大切なものは、人間観であり世界観であると思います。いわゆる「理念」です。しかし、その実践のためには多くの知識・技術が必要であり、そのうちの大きな一塊が会計に関する知識です。

　社会福祉法人に限らず、全ての経営体にとって、会計は、経営体の現状を正しく理解するためのツールです。そのために、社会福祉法人会計は、社会福祉法人経営に欠くことのできない知識・技術です。同時に、社会福祉法人の現状を広く社会福祉法人以外の関係者に伝えるという大切な役割をもっています。

　しかし、このような社会福祉法人会計を担うべき人たちが学ぶことができる環境は、十分に整備されておらず、学習ツールも十分であるとは言えない状況にあります。このような問題意識のもと、会計知識の全くない方が、初めて社会福祉法人会計を学ばれるためのテキストとして、「社会福祉法人会計 簿記テキスト《初級編》」に引き続いて本書「社会福祉法人会計 簿記テキスト《中級級》」を作成しました。今後、これらに続く《上級編》を作成し、皆様にお届けする予定でおります。

　会計を学ばれる目的は、様々だと思いますが、この《中級編》は、施設の現場において 会計処理を行う会計責任者が知っておくべき内容を網羅し、そのことによって拠点区分ごとの決算が行える技能を習得していただくことを到達点として作成しています。もちろん、全国で行われている社会福祉法人経営実務検定試験の《会計2級》合格レベルの内容を網羅しています。現在、このテキストは、多くの講習会の教材として利用していただいておりますが、独学される方々のことを考え、できるだけ平易な説明を心掛けていますので、独学用の教材としても十分ご活用いただけるものと考えております。

　本書の内容は、**第1章**で「初級編」の総復習を行った上で、**第2章**から**第6章**までは、社会福祉法人会計基準の概要と財務諸表の様式などを確認していただくものとなっております。

　また、**第7章**、**第8章**では、支払資金の範囲、資産の貸借対照表価額、固定資産に係る会計処理について学習し、**第9章以降**では、固定負債、引当金、純資産の各項目について学習し、**第12章**では、リース会計を学習し、**第13章**では、給与に係る源泉徴収等の実務他、ジャンル別に実務で会計を利用するうえで必要と思われる事項を学習します。

　今般の改訂では、**第14章**で「事業区分間・拠点区分間・サービス区分間の取引」と、**第15章**で「就労支援事業に係る会計処理」を収録しました。事業区分間取引や拠点区分間取引については、法人内部における貸借関係を理解したうえで会計処理を行う必要があり、計算書類の作成実務では必須の知識です。また、就労支援事業に係る会計処理については、製造業に係る工業簿記の考え方を基礎として、計算書類及び附属明細書を作成するまでの流れを学習します。

　第16章では、予算の基本的な考え方とその取扱いについて学習します。さらに**第17章**では、財務管理について触れていますが、これらは会計知識を実務に活用するための基本的な考え方を学習する章です。

　近年では、社会福祉法人の現場においてもパソコンでの業務が主流になってきています。しかし、パソコンを使いこなせるか否かは、その原理を理解しているか否かにかかっています。複式簿記の原理を理解せずに、パソコンを盲信することはとても危険なことです。パソコンがもたらしてくれる情報を鵜呑みにするのではなく、得られた結果を人間がどう理解して活用していくかが、とても重要なことだと言えると思われます。

　「社会福祉法人会計」は、社会福祉法人の計算書類（いわゆる決算書です）を対象としています。その学習内容には、「計算書類を作成する方法」に関する技術・理論と、「計算書類を利用・活用する方法」に関する技術・理論があると言えます。

　別な言い方をするなら、計算書類を作成する技術（簿記あるいは簿記論といわれます）、あるいは、計算書類をどう見てどのように活用できるかに関する理論（経営分析、意思決定会計、管理会計等）があり、他方に、これらを支える理論として、計算書類はどのように作成されるべきであるのかに関する理論（財務諸表論あるいは会計理論といわれます）がある、と言えます。

　「社会福祉法人会計 簿記テキスト」は、これらのうち、計算書類を作成する方法に関る技術（簿記論）を主な守備範囲としています。そして、このテキストの「初級」・「中級」・「上級」は社会福祉法人経営実務検定試験の「会計3級」・「会計2級」・「会計1級」にそれぞれ対応しています。

　車に例えるならば、簿記の学習は、車の作り方の勉強です。ドライブの楽しみ方を学ぶのは、計算書類を活用する方法の勉強になります。しかし、ドライブを楽しむには、場合によっては車の構造や簡単な直し方を知っておく方がよいに決まっています。何よりも、ドライブを楽しむには、適切に作られた車が必要です。

　会計実務は、一見地味な作業に思えますし、簿記の学習にも派手さはありません。しかし、会計実務は、正しい計算書類を作成して、理事・管理者に対して法人・施設の現状を正しく伝えるという重要な任務を持っています。会計実務によって、社会福法人の活動が支えられるのです。簿記の学習は、必ず今後の職務遂行に役立ち、ひいてはそのことが我が国の社会福祉事業の発展に資するものであると思います。

　なお、本会では、社会福祉法人会計のテキストの全体構成を次のように構想しています。学習の目的に応じて、お使いいただきましたら幸甚です。

本会が作成する会計テキストの全体構成

◆記帳・決算等の簿記・会計の知識を学習するためのテキスト	◆作成された計算書類等を活用するためのテキスト
会計実務に従事する方が、会計実務を的確に処理するための知識・能力を系統的に身につけることのできるテキストです。＜社会福祉法人経営実務検定試験の会計3級〜1級に対応しています＞	施設長・理事の方などが、帳簿・決算書を見て理解し、法人経営に役立てるための知識・能力を系統的に身につけるためのテキストです。＜現在開発中です＞
○社会福祉法人会計 簿記テキスト《初級編》　　　　　　　　　　　　　　　　　既刊 ○社会福祉法人会計 簿記テキスト《中級編》　　　　　　　　　　　　　　本テキスト ○社会福祉法人会計 簿記テキスト《上級編》　　　　　　　　　　　令和4年発刊予定	○社会福祉法人会計 実践テキスト《基礎編》　　　　　　　　　　　令和4年発刊予定 ○社会福祉法人会計 実践テキスト《応用編》　　　　　　　　　　　　　現在企画中

令和4年（2022年）11月1日

一般社団法人 福祉経営管理実践研究会

社会福祉法人会計簿記テキスト中級編作成委員会

本書のアシスト・ツールほか

○　繰り返して問題を解くための解答用紙が無料でダウンロードできます

　　繰り返して問題を解くためには、新しい解答用紙が必要です。実践研では、そのための解答用紙をWEBから無料でダウンロードできるようホームページにUPしています。「簿記は 学ぶよりも 慣れろ」を、実践することができます。

　　☆下記実践研ホームページから入手してください。

○　テキストに関する質疑応答ができます。

　　何か疑問に感じることがあっても、周囲に教えてくれる人がいない。そんな方のために、テキストの内容について疑問をお持ちの方は、実践研ホームページの「お問い合わせ」のサイトからテキストの該当頁とお聞きになりたい事項を問い合わせてください。ホームページ上のQ&Aのサイトで回答させていただきます。

　　独学で学習される方にとっては、きっと力強い味方になるはずです。

○　その他…

　　実践研は、社会福祉に携わる者たちが協働して、より良いテキスト作成し、福祉を実践する人たちのために良質な教材を提供したいと考えています。ご質問をいただくこともテキストの改良に役立つと思いますが、それ以外にもご提案等がありましたらドシドシとお寄せください。可能な限りお応えしてまいります。

○　アクセスはこちらです

　一般社団法人 福祉経営管理実践研究会のHP

　https://fukushi-jissenken.or.jp

　　福祉を支える一人一人の努力が集まって、人が人として、より人間らしく生きる世界に少しでも近づくことができるのは、とても嬉しいことです。そのために、皆様と一緒に力を合わせたいと思います。

（拝）

INDEX

INDEX

1 社会福祉法人会計簿記の基礎

1．社会福祉法人制度の成り立ち

「社会福祉法人会計基準」（平成28年3月31日厚生労働省令第79号。以下、単に「**会計基準省令**」と記載します）に示された社会福祉法人の会計を学ぶに当っては、社会福祉法人制度に対する基礎的な理解が欠かせません。そこで、以下では、社会福祉法人制度に係る基礎的な事柄を整理します。

さて、児童福祉や障害者福祉といった社会福祉事業は、第2次大戦後にその骨格を形成してきました。そして、昭和26年に現在の**社会福祉法**の前身である社会福祉事業法が制定されました。**社会福祉法人**は、この社会福祉法第22条において「社会福祉事業を行うことを目的として、この法律に定めるところにより設立された法人をいう」と規定され、成立したものです。

昭和26年当時は、社会福祉法人は、社会事業家がその個人的資産を提供して設立し、その能力と責任によって運営がなされるものと考えられていたのですが、昭和40年代に**措置委託制度**が確立されました。

措置委託制度とは、いわゆる社会的弱者を行政がその責任において各種社会福祉施設に措置委託し、それら施設を運営する社会福祉法人は原則としてその受託拒絶ができないという制度です。この措置委託制度の下で社会福祉法人はその利用者を行政から割り当てられ、その事業のための費用も行政から措置費として支弁されてきました。

このような措置委託制度のもとでは、社会福祉法人は、その行う社会福祉事業については行政から支弁される措置費に全面的に依存することになります。ここに過去の社会福祉法人の大きな特徴があります。

そして、「措置費」は、日本国憲法の趣旨に従って、社会福祉法人に対して支給されるものではなく、あくまで、行政が措置すべき事業の費用に充てるために支弁されたものとされます。

このような措置委託制度のもとでは、行政から支出された公費である措置費が、正しく目的どおりに支出されているかどうかに大きな関心が向けられます。そのようなことから会計についても、措置費として支出された資金の収支を明確にすることが要請されます。いわゆる「資金収支」の会計が重視されていたのです。

社会福祉法については、テキストの16〜19頁に抜粋を掲げています。

日本国憲法89条「公金その他の公の財産は、宗教上の組織若しくは団体の使用、便益若しくは維持のため、又は公の支配に属しない慈善、教育若しくは博愛の事業に対し、これを支出し、又はその利用に供してはならない」

2．これからの社会福祉法人と会計

　社会福祉サービスを利用する人と提供する施設の対等な関係を築くこと。施設の努力が法人経営に反映されること。それらのことを狙いとして従来の措置委託制度は大きく見直されることになりました。

　平成12年には、介護保険制度がスタートし、介護事業は従来の措置委託制度から保険制度に切り替わりました。

　障害者の福祉サービスについては、平成25年4月1日から障害者総合支援法が施行されています。

　また、児童福祉の分野では、平成27年4月から「子ども・子育て支援新制度」が本格スタートしています。

　このような新しい制度のもとでは、利用者は自らの意思で利用施設を選択することができます。他方、施設側から見れば、施設が選ばれる対象になったということになります。その結果、サービスの良い社会福祉法人には利用者が集中し、そのような法人では、集まった資金によってさらに良質なサービスを提供することも可能です。他方、人気のない施設には利用者が集まらないということもあり得るでしょう。

　このような時代にあっては、会計も、単に資金の収支だけを見ている訳にはゆきません。収入の内訳がどうなっているのか、そして、法人全体の資産や負債がどうなっているのか、経営のバランスはとれているのか。そのようなことを総合的に見ることのできる会計が必要とされます。

　とりわけ重要なことは、その法人が伸びつつあるのか、あるいは縮小しつつあるのかが明確に分かることです。そのためには純資産の増減を把握する必要があります。

　以上のことから、現在の社会福祉法人の会計では、次の三つが最も重要なものと考えられ、これら三つを**計算書類**と総称しています。

① **貸借対照表**（このテキストでは**B／S**と略記することがあります）

　社会福祉法人の持っているすべての資産と負債を対照させ、「資産－負債」の差額としての法人の純資産を示したもの。

② **資金収支計算書**

　社会福祉法人の資金増加及び減少の状況を明らかにしたもの。

③ **事業活動計算書**（このテキストでは**P／L**と略記することがあります）

　社会福祉法人の純資産増加及び減少の内容を明らかにしたもの。

見直しの理由には、少子高齢化社会の到来や国・地方自治体の財政の問題もあると思われます。

「子ども・子育て支援新制度」は、内閣府が主管しています。

左に記載した事情から、損益計算を取り入れた会計基準が、平成12年に制定されました。

一般企業で作成される「キャッシュ・フロー計算書」のキャッシュは、現金預金とその等価物とされていますので、「**会計基準省令**」で定義される「**支払資金**」とは随分性格が異なります。

3．会計の役割

　さて、社会福祉法人の制度全体についての整理ができたところで、会計の役割についても整理しておきたいと思います。

　会計は、法人のサービス活動の結果について貨幣額（日本では"円"ですね）を用いて報告するツールです。この報告のために作成される報告書を計算書類といいます。

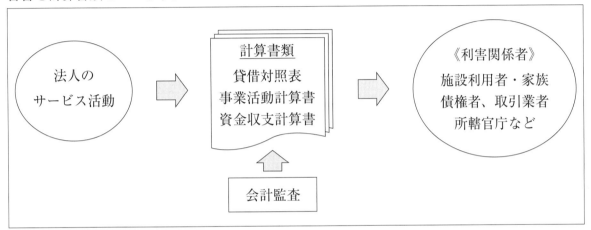

　また、会計報告は、法人内部で活用するために行う場合と法人外部に対して行う場合とがあります。法人内部で活用するための会計を**管理会計**といい、作成される報告書の様式などは法人の任意で必要に応じて自由に作成することができます。他方、法人外部への報告のための会計を**財務会計**といい、特に行政への報告は法令で定められた基準・様式に則って作成する必要があります。

　さらに、会計報告は、適正に作成されているかどうかチェックをする必要があります。会計報告は、法人の理事会で承認されるものですが、計算書類などの会計報告の作成責任は、法人側にあります。しかし、法人の理事者が常に適正な会計報告書を作成する保証はなく、ときには意図的に虚偽の内容の会計報告が作成されるおそれがあります。そのため、会計報告が適正に作成されていることを保証する仕組みとして監査制度が組み込まれています。監事監査が代表的ですね。

　また、近年では、社会福祉法人の経済的役割が重視されるようになり、法人外部の第三者による監査を実施することが望ましいこととされ、一定規模以上の法人については、公認会計士又は監査法人による会計監査人監査が導入されることとされました。

理事会で承認を受けた計算書類は、評議員会で最終の承認を受ける必要があります。

4．社会福祉法に見るわが国の社会福祉制度の概要

　以下に、社会福祉法（昭和26年3月29日法律第45号）の抜粋を掲載します。社会福祉法人の会計を理解するには、このような制度全体についての知識を持っていることも大切です。

社会福祉法（抜粋）　（昭和26年3月29日法律第45号）

（最終改正　令和4年6月15日法律第66号）

社会福祉法人

（定義）
第22条　この法律において「社会福祉法人」とは、社会福祉事業を行うことを目的として、この法律の定めるところにより設立された法人をいう。

（経営の原則等）
第24条　社会福祉法人は、社会福祉事業の主たる担い手としてふさわしい事業を確実、効果的かつ適正に行うため、自主的にその経営基盤の強化を図るとともに、その提供する福祉サービスの質の向上及び事業経営の透明性の確保を図らなければならない。
2　社会福祉法人は、社会福祉事業及び第26条第1項に規定する公益事業を行うに当たつては、日常生活又は社会生活上の支援を必要とする者に対して、無料又は低額な料金で、福祉サービスを積極的に提供するよう努めなければならない。

（要件）
第25条　社会福祉法人は、社会福祉事業を行うに必要な資産を備えなければならない。

（公益事業及び収益事業）
第26条　社会福祉法人は、その経営する社会福祉事業に支障がない限り、公益を目的とする事業（以下「公益事業」という。）又はその収益を社会福祉事業若しくは公益事業（第2条第4項第4号に掲げる事業その他の政令で定めるものに限る。第57条第2号において同じ。）の経営に充てることを目的とする事業（以下「収益事業」という。）を行うことができる。
2　公益事業又は収益事業に関する会計は、それぞれ当該社会福祉法人の行う社会福祉事業に関する会計から区分し、特別の会計として経理しなければならない。

（特別の利益供与の禁止）
第27条　社会福祉法人は、その事業を行うに当たり、その評議員、理事、監事、職員その他の政令で定める社会福祉法人の関係者に対し特別の利益を与えてはならない。

（機関の設置）
第36条　社会福祉法人は、評議員、評議員会、理事、理事会及び監事を置かなければならない。
2　社会福祉法人は、定款の定めによつて、会計監査人を置くことができる。

計　算

（会計の原則等）
第45条の23　社会福祉法人は、厚生労働省令で定める基準に従い、会計処理を行わなければならない。
2　社会福祉法人の会計年度は、4月1日に始まり、翌年3月31日に終わるものとする。

（会計帳簿の作成及び保存）
第45条の24　社会福祉法人は、厚生労働省令で定めるところにより、適時に、正確な会計帳簿を作成しなければならない。

2　社会福祉法人は、会計帳簿の閉鎖の時から10年間、その会計帳簿及びその事業に関する重要な資料を保存しなければならない。

（会計帳簿の閲覧等の請求）
第45条の25　評議員は、社会福祉法人の業務時間内は、いつでも、次に掲げる請求をすることができる。
一　会計帳簿又はこれに関する資料が書面をもつて作成されているときは、当該書面の閲覧又は謄写の請求
二　会計帳簿又はこれに関する資料が電磁的記録をもつて作成されているときは、当該電磁的記録に記録された事項を厚生労働省令で定める方法により表示したものの閲覧又は謄写の請求

（計算書類等の作成及び保存）
第45条の27　社会福祉法人は、厚生労働省令で定めるところにより、その成立の日における貸借対照表を作成しなければならない。
2　社会福祉法人は、毎会計年度終了後3月以内に、厚生労働省令で定めるところにより、各会計年度に係る計算書類（貸借対照表及び収支計算書をいう。以下この款において同じ。）及び事業報告並びにこれらの附属明細書を作成しなければならない。
3　計算書類及び事業報告並びにこれらの附属明細書は、電磁的記録をもつて作成することができる。
4　社会福祉法人は、計算書類を作成した時から10年間、当該計算書類及びその附属明細書を保存しなければならない。

（計算書類等の監査等）
第45条の28　前条第2項の計算書類及び事業報告並びにこれらの附属明細書は、厚生労働省令で定めるところにより、監事の監査を受けなければならない。
2　前項の規定にかかわらず、会計監査人設置社会福祉法人においては、次の各号に掲げるものは、厚生労働省令で定めるところにより、当該各号に定める者の監査を受けなければならない。
一　前条第2項の計算書類及びその附属明細書　監事及び会計監査人
二　前条第2項の事業報告及びその附属明細書　監事
3　第1項又は前項の監査を受けた計算書類及び事業報告並びにこれらの附属明細書は、理事会の承認を受けなければならない。

（計算書類等の評議員への提供）
第45条の29　理事は、定時評議員会の招集の通知に際して、厚生労働省令で定めるところにより、評議員に対し、前条第3項の承認を受けた計算書類及び事業報告並びに監査報告（同条第2項の規定の適用がある場合にあつては、会計監査報告を含む。）を提供しなければならない。

（計算書類等の定時評議員会への提出等）
第45条の30　理事は、第45条の28第3項の承認を受けた計算書類及び事業報告を定時評議員会に提出し、又は提供しなければならない。
2　前項の規定により提出され、又は提供された計算書類は、定時評議員会の承認を受けなければならない。
3　理事は、第1項の規定により提出され、又は提供された事業報告の内容を定時評議員会に報告しなければならない。

（計算書類等の備置き及び閲覧等）
第45条の32　社会福祉法人は、計算書類等（各会計年度に係る計算書類及び事業報告並びにこれらの附属明細書並びに監査報告（第45条の28第2項の規定の適用がある場合にあつては、会計監査報告を含む。）をいう。以下この条において同じ。）を、定時評議員会の日の2週間前の日（第45条の9第10項において準用する一般社団法人及び一般財団法人に関する法律第194条第1項の場合にあつては、同項の提案があつた日）から5年間、その主たる事務所に備え置かなければならない。
2　社会福祉法人は、計算書類等の写しを、定時評議員会の日の2週間前の日から3年間、その従たる事務所に備え置かなければならない。ただし、計算書類等が電磁的記録で作成されている場合であつて、従たる事務所における次項第三号及び第四号並びに第4項第二号に掲げる請求に応じることを可能とするための措置として厚生労働省令で定めるものをとつているときは、この限りでない。

3　評議員及び債権者は、社会福祉法人の業務時間内は、いつでも、次に掲げる請求をすることができる。ただし、債権者が第2号又は第4号に掲げる請求をするには、当該社会福祉法人の定めた費用を支払わなければならない。
　一　計算書類等が書面をもつて作成されているときは、当該書面又は当該書面の写しの閲覧の請求
　二　前号の書面の謄本又は抄本の交付の請求
　三　計算書類等が電磁的記録をもつて作成されているときは、当該電磁的記録に記録された事項を厚生労働省令で定める方法により表示したものの閲覧の請求
　四　前号の電磁的記録に記録された事項を電磁的方法であつて社会福祉法人の定めたものにより提供することの請求又はその事項を記載した書面の交付の請求
4　何人（評議員及び債権者を除く。）も、社会福祉法人の業務時間内は、いつでも、次に掲げる請求をすることができる。この場合においては、当該社会福祉法人は、正当な理由がないのにこれを拒んではならない。
　一　計算書類等が書面をもつて作成されているときは、当該書面又は当該書面の写しの閲覧の請求
　二　計算書類等が電磁的記録をもつて作成されているときは、当該電磁的記録に記録された事項を厚生労働省令で定める方法により表示したものの閲覧の請求

（残余財産の帰属）
第47条　解散した社会福祉法人の残余財産は、合併（合併により当該社会福祉法人が消滅する場合に限る。）及び破産手続開始の決定による解散の場合を除くほか、所轄庁に対する清算結了の届出の時において、定款の定めるところにより、その帰属すべき者に帰属する。
2　前項の規定により処分されない財産は、国庫に帰属する。

（所轄庁への届出）
第59条　社会福祉法人は、毎会計年度終了後3月以内に、厚生労働省令で定めるところにより、次に掲げる書類を所轄庁に届け出なければならない。
　一　第45条の32第1項に規定する計算書類等
　二　第45条の34第2項に規定する財産目録等

社会福祉事業

（定義）
第2条　この法律において「社会福祉事業」とは、第一種社会福祉事業及び第二種社会福祉事業をいう。
2　次に掲げる事業を第一種社会福祉事業とする。
　一　生活保護法（昭和二十五年法律第百四十四号）に規定する救護施設、更生施設その他生計困難者を無料又は低額な料金で入所させて生活の扶助を行うことを目的とする施設を経営する事業及び生計困難者に対して助葬を行う事業
　二　児童福祉法（昭和二十二年法律第百六十四号）に規定する乳児院、母子生活支援施設、児童養護施設、障害児入所施設、児童心理治療施設又は児童自立支援施設を経営する事業
　三　老人福祉法（昭和三十八年法律第百三十三号）に規定する養護老人ホーム、特別養護老人ホーム又は軽費老人ホームを経営する事業
　四　障害者の日常生活及び社会生活を総合的に支援するための法律（平成十七年法律第百二十三号）に規定する障害者支援施設を経営する事業
　五　削除
　六　売春防止法（昭和三十一年法律第百十八号）に規定する婦人保護施設を経営する事業
　七　授産施設を経営する事業及び生計困難者に対して無利子又は低利で資金を融通する事業
3　次に掲げる事業を第二種社会福祉事業とする。
　一　生計困難者に対して、その住居で衣食その他日常の生活必需品若しくはこれに要する金銭を与え、又は生活に関する相談に応ずる事業
　一の二　生活困窮者自立支援法（平成二十五年法律第百五号）に規定する認定生活困窮者就労訓練事業
　二　児童福祉法に規定する障害児通所支援事業、障害児相談支援事業、児童自立生活援助事業、放課後児童健全育成事業、子育て短期支援事業、乳児家庭全戸訪問事業、養育支援訪問事業、地域子育て支援拠点事業、一時預かり事業、小規模住居型児童養育事業、小規模保育事業、病児保育事業又は子育て援助活動支援事業、同法に規定する助産施設、保育所、児童厚生施設又は児童家庭支援セ

ンターを経営する事業及び児童の福祉の増進について相談に応ずる事業

二の二 就学前の子どもに関する教育、保育等の総合的な提供の推進に関する法律（平成十八年法律第七十七号）に規定する幼保連携型認定こども園を経営する事業

二の三 民間あっせん機関による養子縁組のあっせんに係る児童の保護等に関する法律（平成二十八年法律第百十号）に規定する養子縁組あっせん事業

三 母子及び父子並びに寡婦福祉法（昭和三十九年法律第百二十九号）に規定する母子家庭日常生活支援事業、父子家庭日常生活支援事業又は寡婦日常生活支援事業及び同法に規定する母子・父子福祉施設を経営する事業

四 老人福祉法に規定する老人居宅介護等事業、老人デイサービス事業、老人短期入所事業、小規模多機能型居宅介護事業、認知症対応型老人共同生活援助事業又は複合型サービス福祉事業及び同法に規定する老人デイサービスセンター、老人短期入所施設、老人福祉センター又は老人介護支援センターを経営する事業

四の二 障害者の日常生活及び社会生活を総合的に支援するための法律に規定する障害福祉サービス事業、一般相談支援事業、特定相談支援事業又は移動支援事業及び同法に規定する地域活動支援センター又は福祉ホームを経営する事業

五 身体障害者福祉法（昭和二十四年法律第二百八十三号）に規定する身体障害者生活訓練等事業、手話通訳事業又は介助犬訓練事業若しくは聴導犬訓練事業、同法に規定する身体障害者福祉センター、補装具製作施設、盲導犬訓練施設又は視聴覚障害者情報提供施設を経営する事業及び身体障害者の更生相談に応ずる事業

六 知的障害者福祉法（昭和三十五年法律第三十七号）に規定する知的障害者の更生相談に応ずる事業

七 削除

八 生計困難者のために、無料又は低額な料金で、簡易住宅を貸し付け、又は宿泊所その他の施設を利用させる事業

九 生計困難者のために、無料又は低額な料金で診療を行う事業

十 生計困難者に対して、無料又は低額な費用で介護保険法（平成九年法律第百二十三号）に規定する介護老人保健施設又は介護医療院を利用させる事業

十一 隣保事業（隣保館等の施設を設け、無料又は低額な料金でこれを利用させることその他その近隣地域における住民の生活の改善及び向上を図るための各種の事業を行うものをいう。）

十二 福祉サービス利用援助事業（精神上の理由により日常生活を営むのに支障がある者に対して、無料又は低額な料金で、福祉サービス（前項各号及び前各号の事業において提供されるものに限る。以下この号において同じ。）の利用に関し相談に応じ、及び助言を行い、並びに福祉サービスの提供を受けるために必要な手続又は福祉サービスの利用に要する費用の支払に関する便宜を供与することその他の福祉サービスの適切な利用のための一連の援助を一体的に行う事業をいう。）

十三 前項各号及び前各号の事業に関する連絡又は助成を行う事業

4 この法律における「社会福祉事業」には、次に掲げる事業は、含まれないものとする。

一 更生保護事業法（平成七年法律第八十六号）に規定する更生保護事業（以下「更生保護事業」という。）

二 実施期間が六月（前項第十三号に掲げる事業にあっては、三月）を超えない事業

三 社団又は組合の行う事業であって、社員又は組合員のためにするもの

四 第二項各号及び前項第一号から第九号までに掲げる事業であって、常時保護を受ける者が、入所させて保護を行うものにあっては五人、その他のものにあっては二十人（政令で定めるものにあっては、十人）に満たないもの

五 前項第十三号に掲げる事業のうち、社会福祉事業の助成を行うものであつて、助成の金額が毎年度五百万円に満たないもの又は助成を受ける社会福祉事業の数が毎年度五十に満たないもの

平成28年度の社会福祉法の改正により、社会福祉法人の経営組織のガバナンスの強化が図られるとともに、事業運営の透明性の向上と財務規律の強化に関する規定が盛り込まれ、社会福祉充実残額（再投下財産額）を保有する法人については、社会福祉充実計画の作成が義務付けられています。

5．貸借対照表（B／S）の見方と様式

　以下では、『初級編（会計3級）』のⅠ及びⅡの総復習をします。また、「会計基準省令」との関係で補足的な説明も加えておきます。

> **ワンポイント・アドバイス**
>
> 　総復習には、『初級編（会計3級）』のテキストを読み直して、さらに練習問題を解きなおすことが、一番確実な方法です。その上で、本頁以下を読み進まれることをお勧めします。

　復習のポイントは、次のとおりです。

> ①　B／Sの見方と様式
>
> ②　二つのフローの計算書の見方と様式
>
> ③　B／Sと二つのフローの計算書の関係
>
> ④　簿記の一巡と精算表

①　B／Sの見方・考え方

　B／Sは一定時点の法人の資産と、負債及び純資産を対照させた表です。最も単純化すると、次のように図式化することができます。

要約B／S

（資金の運用）	（資金の調達）
資　産	負　債
	純　資　産

資産＝負債＋純資産
⇕
資産−負債＝純資産

　そして、資産・負債をそれぞれ流動・固定に分割すると、上のB／Sは、次のように図式化されることになります。

要約B／S

流　動　資　産	流　動　負　債
	固　定　負　債
固　定　資　産	純　資　産

　ところで、流動資産は、そのほとんどが「Cashとその仲間」であり、流動負債は、そのほとんどが「Cashのマイナス」で、ほぼ「支払資金」

左図の要約B／Sは、支払資金の概念を理解するための基礎となる図ですので、暗記をして、目を瞑れば頭の中にすぐに思い浮かぶようにしてください。
本テキストでは、支払資金の概念を明確に理解してください。

です。しかし、流動資産・流動負債には支払資金にならないものもあり、上のB／Sの区分を更に細かくすると、次の頁のようになります。

要約B／S

流動資産	プラスの支払資金	流動負債	マイナスの支払資金
			その他
	その他	固定負債	
固定資産	基本財産		
	その他	純資産	

「会計基準省令」では、支払資金を次のように規定しています。

【会計基準省令】　　　　　　　　　（第3章 計算関係書類　第2節 資金収支計算書）

（資金収支計算書の資金の範囲）

第13条　支払資金は、流動資産及び流動負債（経常的な取引以外の取引によって生じた債権又は債務のうち貸借対照表日の翌日から起算して1年以内に入金又は支払の期限が到来するものとして固定資産又は固定負債から振り替えられた流動資産又は流動負債、引当金及び棚卸資産（貯蔵品を除く。）を除く。）とし、支払資金残高は、当該流動資産と流動負債との差額とする。

要するに、支払資金の範囲を単純化すると、「**流動資産と流動負債**」なのです。しかし、一部支払資金の範囲から除かれるものがあります。

《この支払資金の範囲から除かれるものは、次の三つです。》

(1)　経常的な取引以外の取引によって生じた債権又は債務のうち貸借対照表日の翌日から起算して1年以内に入金又は支払の期限が到来するものとして固定資産又は固定負債から振り替えられた流動資産又は流動負債

(2)　引当金（損益思考から設定されたもので、支払等はありません）

(3)　貯蔵品以外の棚卸資産

支払資金の概念は、抽象的なうえに、一部支払資金の範囲から除かれるものがあるので、理解が難しいのですが、社会福祉法人の会計では核になる考え方ですので、本書を通して基礎的な理解を深めてください。

貸借対照表日とは貸借対照表を作成する日のことで、毎年3月31日が該当します。
その翌日の4月1日から起算して1年以内なので、翌年の3月31日までに期限が到来するものということになります。

兎にも角にも、要約B／Sの図がすぐに思い浮かぶようになってください。

② B／Sの様式

「会計基準省令」は、貸借対照表について、次のように規定しています。

【会計基準省令】 (第3章 計算関係書類 第四節 貸借対照表)

（貸借対照表の内容）

第25条 貸借対照表は、当該会計年度末現在における全ての資産、負債及び純資産の状態を明瞭に表示するものでなければならない。

（貸借対照表の区分）

第26条 貸借対照表は、資産の部、負債の部及び純資産の部に区分し、更に資産の部は流動資産及び固定資産に、負債の部は流動負債及び固定負債に区分しなければならない。

2 純資産の部は、基本金、国庫補助金等特別積立金、その他の積立金及び次期繰越活動増減差額に区分するものとする。

（貸借対照表の種類及び様式）

第27条 法人単位貸借対照表は、法人全体について表示するものとする。

2 貸借対照表内訳表及び事業区分貸借対照表内訳表は、事業区分の情報を表示するものとする。

3 拠点区分貸借対照表は、拠点区分別の情報を表示するものとする。

4 第1項から前項までの様式は、第3号第1様式から第4様式までのとおりとする。

（貸借対照表の勘定科目）

第28条 貸借対照表に記載する勘定科目は、別表第3のとおりとする。

貸借対照表の様式第3号第1様式は74頁に記載しています。なお、貸借対照表の第3号第2様式から第4様式の様式は、貸借対照表の事業区分別内訳、拠点区分別内訳、あるいは拠点区分の貸借対照表について定めたものです。

事業活動計算書、資金収支計算書にも、事業区分等内訳別の計算書があります。

また、勘定科目については、103頁から125頁に勘定説明とともに記載していますので適宜参照してください。

事業区分、拠点区分については、46〜49頁で学びます。純資産の部の各項目は、純資産の会計処理の章で学びます。

基礎問題 1 　科目残高から貸借対照表を作成する

次の科目及びその残高から貸借対照表を完成させてください。（単位省略）

また、支払資金残高を計算してください。

建物（基本財産）	500	国庫補助金等特別積立金	180
現金預金	1,185	器具及び備品	260
短期運営資金借入金	90	土地（その他の固定資産）	200
建物（その他の固定資産）	150	立替金	5
事業未収金	660	事業未払金	70
基本金	2,500	短期貸付金	20
貯蔵品	15	設備資金借入金	1,000
土地（基本財産）	1,000	（うち1年以内返済予定	200）
仮払金	5		

貸借対照表（B／S）

資　産　の　部		負　債　の　部	
流動資産	【　　　】	流動負債	【　　　】
（　　　）	（　　　）	（　　　）	（　　　）
（　　　）	（　　　）	（　　　）	（　　　）
（　　　）	（　　　）	（　　　）	（　　　）
（　　　）	（　　　）	固定負債	【　　　】
（　　　）	（　　　）	（　　　）	（　　　）
（　　　）	（　　　）	負　債　の　部　合　計	【　　　】
固定資産	【　　　】	純資産の部	
基本財産	【　　　】	（　　　）	【　　　】
（　　　）	（　　　）		
（　　　）	（　　　）		
その他の固定資産	【　　　】	（　　　）	【　　　】
（　　　）	（　　　）		
（　　　）	（　　　）	次期繰越活動増減差額	160
（　　　）	（　　　）	純　資　産　の　部　合　計	【　　　】
資　産　の　部　合　計	【　　　】	負債・純資産の部合計	【　　　】

支払資金残高は、〔　　　　　　　　〕である。

6．フローの計算書の見方と様式

① フローの計算書の見方・考え方

　B／Sは、一定時点の法人の資産と、負債及び純資産を対照させた表でしたね。いわば、**ストック**を示す表です。

　これに対し、フローの計算書は一定時点のストックから一定時点のストックに至る一定期間の増減《**フロー**》を示す表です。

　最も単純化すると、次のように図式化することができます。

要約フロー計算書

費　用 （支　出） （減少原因）	収　益 （収　入） （増加原因）
増減（収支）差額	

　この場合、純資産の増減を計算・表示するのか、あるいは支払資金の収支を計算・表示するのかによって、2種類のフローの計算書が作成されることになります。ともに一定期間の流れを計算することは同じなのですが、計算対象が異なるのです。

　純資産の増減原因別内容を示すものが、「事業活動計算書」（P／L）であり、支払資金の増減原因別内容を示すものが、資金収支計算書ですね。

　ところで、上の図を見ると、「**収益**」と「**費用**」という用語が登場しています。「**収益**」とは、純資産を増加させる事象を意味し、「**費用**」とは、純資産を減少させる事象を意味します。「**収益**」と「**費用**」の守備範囲は、純資産の増減に係る事業活動計算です。

　他方、「**収入**」は、支払資金を増加させる事象を意味し、「**支出**」は、支払資金を減少させる事象を意味します。「**収入**」と「**支出**」の守備範囲は、支払資金残高の増減に係る資金収支計算です。

　それぞれに受け持つ役割が異なりますので、「**収益・費用**」と「**収入・支出**」の使い分けには、注意しながら学習を進めるようにしてください。

　さて、フローの計算書は、一定時点のストックから一定時点のストックに至るその期間のフローを表わすものなので、期首B／S・期末B／SとP／Lには、次のような関係が成り立っています。

P／L・資金収支計算書、それぞれの役割が異なるのですね。

計算書類の様式や勘定科目説明でも表記が異なっていますので、確かめてみてください。

■事業活動計算書とB／Sの関係

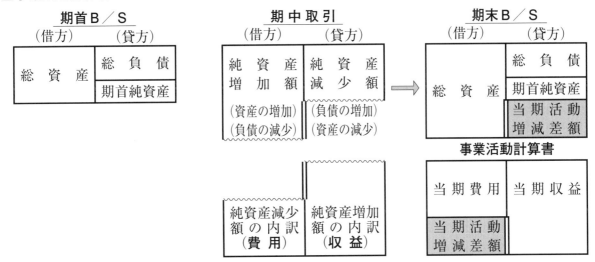

■資金収支計算書とB／Sの関係

　同じように、期首B／Sの上半分・期末B／Sの上半分と資金収支計算書には、次のような関係が成り立っています。

> B／Sの上半分には、支払資金でないものも一部ありますが、ここでは無視しています。

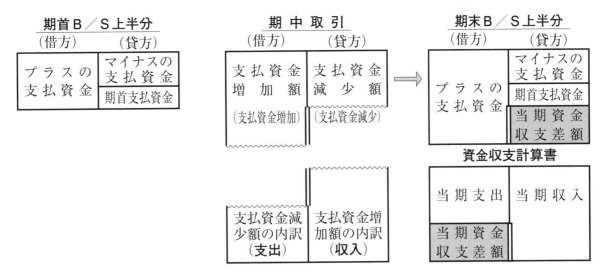

　上図から、事業活動計算書と資金収支計算書の両者の違いをじっくりと観察して理解してください。

　上記のことを理解するかどうかが、本テキストの学習を進めるうえでの運命の分かれ道となります。

基礎問題 2 期首のB／Sと期中取引から期末の計算書類を作成する

　次の期首B／S及び期中取引から、期末B／S及び当期のP／L並びに資金収支計算書を作成してください。ただし、1年基準による流動負債への振替えは行わないで解答してください。

1．期首B／S

流動資産 1,700	現　金　預　金	1,200	流動負債 1,000	短期運営資金借入金	（　？　）
	事　業　未　収　金	500		事　業　未　払　金	300
固定資産 3,800	基　本　財　産	3,400	固定負債 3,000	長期運営資金借入金	（　？　）
	車　輌　運　搬　具	（　？　）		設　備　資　金　借　入　金	2,000
	器　具　及　び　備　品	100	純資産（　？　）	基　本　金	1,500

2．期中取引：取引を見ながら下表の右の空欄に増減金額を書いてください。
　　　　　　なお、減少の場合には数字の前に"△"を記入してください。

取　　　引	B／S 資産 流動資産	B／S 資産 固定資産	B／S 負債 流動負債	B／S 負債 固定負債	P／L 純資産増減	資金収支 支払資金増減
① 保育所委託費700を未収に計上した。						
② 職員給料280を現金で支給した。						
③ 食材160を掛買いし未払を計上した。 なお、食材は、購入後直ちに消費した。						
④ 備品150を購入し未払を計上した。						
⑤ 長期運営資金借入金500を借り入れた。						
⑥ 短期運営資金借入金700を返済した。						
⑦ 支払利息20を支払った。						
⑧ 車輌45がこわれたので廃車した。						
⑨ 預金利息5を受け取った。						
それぞれの増減合計						

【解答欄】

1．期末B／S

流動資産 （　　　）	＿＿＿＿＿＿＿ ＿＿＿＿＿＿＿	流動負債 （　　　）	＿＿＿＿＿＿＿ ＿＿＿＿＿＿＿
固定資産 （　　　）	基　本　財　産 ＿＿＿＿ ＿＿＿＿＿＿＿	固定負債 （　　　）	＿＿＿＿＿＿＿ ＿＿＿＿＿＿＿
		純　資　産 （　　　）	次期繰越活動増減差額

2．フローの計算書：記入が不要の場合には"－"を記入してください。

摘　要		P／L	資金収支計算書
収益（収入）	保育事業収益（収入）	＿＿＿＿＿	＿＿＿＿＿
	受取利息配当金収益（収入）	＿＿＿＿＿	＿＿＿＿＿
	長期運営資金借入金収入	＿＿＿＿＿	＿＿＿＿＿
	収益・収入合計	＿＿＿＿＿	＿＿＿＿＿
費用（支出）	職　員　給　料（支出）	＿＿＿＿＿	＿＿＿＿＿
	給　食　費（支出）	＿＿＿＿＿	＿＿＿＿＿
	支　払　利　息（支出）	＿＿＿＿＿	＿＿＿＿＿
	器具及び備品取得支出	＿＿＿＿＿	＿＿＿＿＿
	固定資産売却損・処分損	＿＿＿＿＿	＿＿＿＿＿
	費　用・支　出　合　計	＿＿＿＿＿	＿＿＿＿＿
	当期増減（収支）差額	＿＿＿＿＿	＿＿＿＿＿

②　フローの計算書の様式

最も簡単なＰ／Ｌの例は、次のようなものです。

基礎問題２のＰ／Ｌ

費用	職員給料	280	収益	保育事業収益	700
	給 食 費	160			
	支払利息	20		受取利息配当金収益	5
	固定資産売却損・処分損	45			
	費用合計	505			
当期活動増減差額		200	収益合計		705

しかし、社会福祉法人の収益・費用は、本来の事業活動に伴う収益・費用（サービス活動増減）と、利息の受払等による収益・費用（サービス活動外増減）、あるいは施設整備に伴う補助金や寄附金の収入及びその収入に伴う基本金組入れ等（特別増減）というように、同じ収益・費用といっても性格には差があるので、「会計基準省令」では、Ｐ／Ｌを区分して記載することを求めています。

同様に、最も簡単な資金収支計算書の例は、次のようなものです。

基礎問題２の資金収支計算書

支出	職員給料支出	280	収入	保育事業収入	700
	給食費支出	160		受取利息配当金収入	5
	支払利息支出	20		長期運営資金借入金収入	500
	器具及び備品取得支出	150			
	支出合計	610			
当期資金収支差額		595	収入合計		1,205

しかし、社会福祉法人の収入・支出についても、本来の事業活動に伴う収入・支出と、長期運営資金の借り入れや返済による収入・支出、あるいは施設整備に伴う補助金や寄附金の収入、並びに設備資金借入金の借り入れや返済等のように、同じ収入・支出といっても性格は異なります。

そこで、「会計基準省令」では、資金収支計算書を区分して記載することを求めています。

それでは、Ｐ／Ｌと資金収支計算書の区分について、構造を俯瞰してみましょう。

P／Lの構造を図示すると、次のようになります。

P／L（事業活動計算書）の構造

＝全ての純資産の増減内容を明らかにする＝

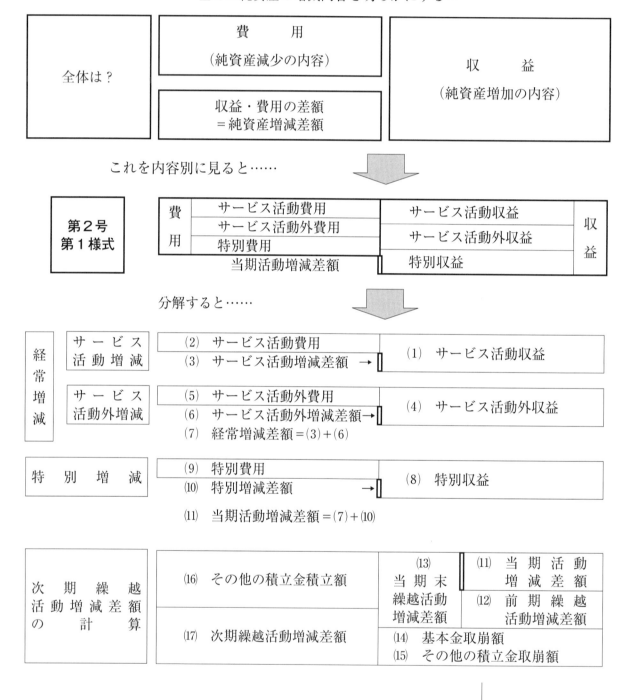

資金収支計算書の構造を図示すると、次のようになります。

資金収支計算書の構造

＝全ての支払資金の増加及び減少の状況を明らかにする＝

全体は？	支　出 （支払資金減少の内容）	収　入 （支払資金増加の内容）
	収入・支出の差額 ＝支払資金増減差額	

これを内容別に見ると……

第1号 第1様式	支出	事業活動による支出	事業活動による収入	収入
		施設整備等による支出	施設整備等による収入	
		その他の活動による支出	その他の活動による収入	
		当期資金収支差額		

分解すると……

事 業 活 動 資 金 収 支	(2)　事業活動による支出	(1)　事業活動による収入
	(3)　事業活動資金収支差額 →	

施 設 整 備 等 資 金 収 支	(5)　施設整備等による支出	(4)　施設整備等による収入
	(6)　施設整備等資金収支差額→	

そ の 他 の 活 動 資 金 収 支	(8)　その他の活動による支出	(7)　その他の活動による収入
	(9)　その他の活動資金収支差額 →	

予 備 費	(10)　予備費支出	←決算では出てこない。

(11)　当期資金収支差額合計＝(3)＋(6)＋(9)－(10)

当期末資金残高 の 　 計 　 算	当期末支払資金残高 (11)＋(12)	(11)　当期資金収支差額合計
		(12)　前期末支払資金残高

基礎問題 3 P／L（事業活動計算書）と資金収支計算書を作成する

　基礎問題２の解答（解答編５頁）をもとに、次のP／Lと資金収支計算書を作成してください。

　（なお、計算書類の様式については、これから学習しますので、今は、だいたいのイメージをつかんでいただければ結構です。）

事業活動計算書
（自）××01年４月１日（至）××02年３月31日

勘　定　科　目			当年度決算(A)	前年度決算(B)	増減(A)−(B)
サ ー ビ ス 活 動 増 減 の 部	収益	保育事業収益			
		経常経費寄附金収益			
		その他の収益			
		サービス活動収益計(1)			
	費用	人　件　費			
		事　業　費			
		事　務　費			
		減価償却費			
		国庫補助金等特別積立金取崩額	△	△	
		徴収不能額			
		徴収不能引当金繰入			
		その他の費用			
		サービス活動費用計(2)			
		サービス活動増減差額(3)=(1)−(2)			
サ ー ビ ス 活 動 外 増 減 の 部	収益	借入金利息補助金収益			
		受取利息配当金収益			
		その他のサービス活動外収益			
		サービス活動外収益計(4)			
	費用	支払利息			
		その他のサービス活動外費用			
		サービス活動外費用計(5)			
		サービス活動外増減差額(6)=(4)−(5)			
		経常増減差額(7)=(3)+(6)			
特 別 増 減 の 部	収益	施設整備等補助金収益			
		施設整備等寄附金収益			
		固定資産売却益			
		特別収益計(8)	―		
	費用	基本金組入額			
		固定資産売却損・処分損			
		国庫補助金等特別積立金取崩額（除却等）	△	△	
		国庫補助金等特別積立金積立額			
		特別費用計(9)			
		特別増減差額(10)=(8)−(9)			
		当期活動増減差額(11)=(7)+(10)			
繰 越 活 動 増 減 差 額 の 部		前期繰越活動増減差額(12)	―		
		当期末繰越活動増減差額(13)=(11)+(12)			
		基本金取崩額(14)			
		・・・・(15)・・・・(16)			
		次期繰越活動増減差額(17)=(13)+(14)+(15)−(16)			

資金収支計算書

（自）××01年4月1日（至）××02年3月31日

勘　定　科　目		予　算(A)	決　算(B)	差　異 (A)－(B)	備　考
事業活動による収支	収入　保育事業収入 経常経費寄附金収入 借入金利息補助金収入 受取利息配当金収入 流動資産評価益等による資金増加額				
	事業活動収入計(1)				
	支出　人件費支出 事業費支出 事務費支出 支払利息支出 流動資産評価損等による資金減少額				
	事業活動支出計(2)				
	事業活動資金収支差額(3)=(1)-(2)				
施設整備等による収支	収入　施設整備等補助金収入 施設整備等寄附金収入 設備資金借入金収入 固定資産売却収入				
	施設整備等収入計(4)		―		
	支出　設備資金借入金元金償還支出 固定資産取得支出 固定資産除却・廃棄支出				
	施設整備等支出計(5)				
	施設整備等資金収支差額(6)=(4)-(5)				
その他の活動による収支	収入　長期運営資金借入金元金償還寄附金収入 長期運営資金借入金収入 積立資産取崩収入 その他の活動による収入				
	その他の活動収入計(7)				
	支出　借入金元金償還金支出 積立資産支出 その他の活動による支出				
	その他の活動支出計(8)		―		
	その他の活動資金収支差額(9)=(7)-(8)				
予備費支出(10)		×××┐ △×××┘	―	×××	
当期資金収支差額合計(11)=(3)+(6)+(9)-(10)					

前期末支払資金残高(12)				
当期末支払資金残高(11)+(12)				

③　P／Lと資金収支計算書の異同

　P／Lと資金収支計算書は、計算構造は同じなので、非常によく似通っています。しかし、増減計算を行う対象が異なるため、それぞれ別の収支計算書としての役割があるのです。

　ほとんどの日常取引は、P／Lと資金収支計算書でともに損益・収支として扱われるのですが、増減計算の対象が異なるので、P／L独自の項目であって資金収支計算書に出てこない取引、あるいはその逆で、資金収支計算書独自の項目でP／Lには出てこない取引があります。

　下の練習問題は、その異同について問うものですが、詳しい説明・整理は、次の頁以下で行います。

> P／Lの役割は、純資産増減計算です。
> 資金収支計算書の役割は、支払資金増減計算です。

基礎問題 4 　P／L（事業活動計算書）の取引と資金収支計算書の取引の異同

　次の取引は、P／L・資金収支計算書のいずれに計上されるでしょうか。

　計上されるものに○、計上されないものに×を付けてください。

No	取　引　の　内　容	計上されるフローの計算書	
		P／L	資金収支計算書
①	介護保険報酬・保育所委託費を未収に計上した。		
②	建物等の固定資産を取得して預金口座から支払った。		
③	建物等の固定資産を除却した。		
④	旅費交通費等の事務費を計上した。		
⑤	当座預金を引き出し、手許現金とした。		
⑥	長期運営資金を借り入れた。		
⑦	減価償却費を計上した。		
⑧	短期運営資金借入金を返済した。		
⑨	給食費等の事業費を当月末に未払に計上した。なお、食材等は、購入後直ちに消費した。		
⑩	設備資金借入金を返済した。		
⑪	賞与引当金を計上した。		
⑫	前月未払計上していた給食費を預金口座から支払った。		
⑬	現金により寄附をいただいた。		

④　Ｐ／Ｌと資金収支計算書　～いずれの計算書に出てくるか？～

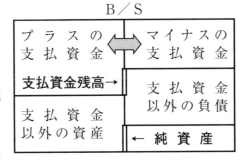

B／S

預金を引き出したり預け入れたり、あるいは事業未収金を回収したり。このような取引は、支払資金間での取引なので、支払資金残高や純資産残高は増減しません。

つまり、フローの計算書には出てこないことになります。

このような支払資金間の移動以外にも、支払資金ではない資産と負債との間の移動も、支払資金及び純資産が一切増減しないので、フローの計算書には出てきません。例えば、1年基準による固定負債（固定資産）から流動負債（流動資産）への振替がそれです。単に、Ｂ／Ｓの表示上の組替えであり、支払資金、純資産ともに増減しません。

他方、社会福祉法人の日常発生する多くの取引は、事業収益の発生や、人件費・事業費・事務費の発生です。事業収益の発生は、支払資金と純資産をともに増加させます。また、人件費等の発生は、そのほとんどが、支払資金と純資産をともに減少させます。

したがって、これらのほとんどの取引が、Ｐ／Ｌと資金収支計算書の両方に出てくることになります。フローの計算書に表示される勘定科目名が、Ｐ／Ｌでは収益・費用と表示され、資金収支計算書では、収入・支出と表示される違いがあるだけです。

ただ、収益と収入、費用と支出では、概念が異なりますので、必ずしも左のようにならない場合もあります。

以上に対し、フローの計算書のうちの片方にしか出てこないものがあります。

Ｐ／Ｌにしか出てこないものの代表的な例が、減価償却費です。減価償却は、貸借対照表の一番下

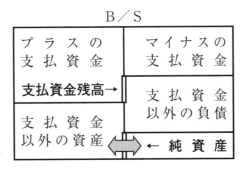

B／S

で起きている純資産が減少する取引であり、支払資金は一切増減しません。したがって、Ｐ／Ｌにだけ計上され、資金収支計算書には出てこないことになります。国庫補助金特別積立金の取崩・積立、そして、基本金への組入れなどもそのような例です。

　では、資金収支計算書にしか出てこない取引は、どのような取引でしょうか。

　それは、純資産が増減しない、資産・負債の間での取引であり、図示すると、右の太線をまたぐ取引だと言えます。

　長期の借入金の借入れがそうです。右の図に示すように、長期の借入れは、支払資金を増やし、固定負債を増やします。もちろん、資産・負債が

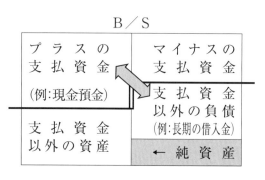

同額増減しますので、純資産は増減しません。そして、長期の借入金の返済は、ちょうどこの逆の取引となります。資金収支計算書では、長期の借入金を借り入れた時に支払資金が増加するので、「借入金収入」が計上され、返済した時は支払資金が減少するので、「返済支出」が計上されることになります。そして、P／Lには、このような取引は一切計上されません。

　また、固定資産購入も、上下を分かつ太い線を越える取引です。右の図に示しますように、現金で固定資産を購入した時は、支払資金が減少して、同額だけ固定資産が増加

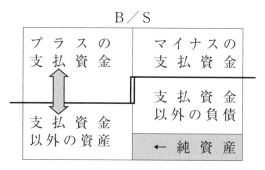

します。もちろん、純資産は増減しないのでP／Lには計上されず、資金収支計算書のみに、「固定資産取得支出」が計上されます。積立資産を積み立てた時も同じで、支払資金が減少して資金収支計算書に支出が計上され、その解約の時には、支払資金が増加して資金収支計算書に収入が計上されます。

　以上が、基本的な考え方です。このような理解をもっていただくと、例えば、P／Lの勘定科目と、資金収支計算書の勘定科目の各々の内容の相違が明確に把握できるものと思います。

短期借入金の取引は、前頁の一番上に図示した取引であって、左の長期借入金の取引とは異なりますね。

短期の未払で購入した時は、どう考えればよいでしょうか？

応用問題を考えられる方は、引当金の取崩しを考えられるとよいでしょう。

7．簿記の流れ

①　簿記・会計の考え方

　会計では、資産・負債・純資産、あるいは収支について、必ず二面に分けて考えます。そのことは、B／Sを見るとよく分かります。資産は、負債か、さもなければ純資産として、法人に調達された資金が現に存在する姿なのです。そのように考えて、B／Sは貸借「対照表」になります。

　また、これら資産・負債の増減についても、必ず二面に分けて考えます。二面に分けて考えると、B／S科目の増減とP／Lの科目は、次のような対応関係を持ち、借方と貸方の金額が合致することになります。

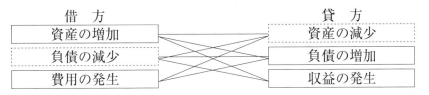

借　方		貸　方
資産の増加		資産の減少
負債の減少		負債の増加
費用の発生		収益の発生

　簿記は、このような考え方を基礎として、体系的に取引を記帳し、正確な計算書類を作り上げる技術の体系です。

②　簿記一巡

　簿記の手続は、次のような流れになっています。

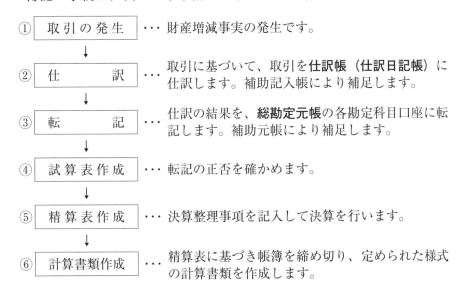

① 取引の発生 … 財産増減事実の発生です。

② 仕訳 … 取引に基づいて、取引を**仕訳帳（仕訳日記帳）**に仕訳します。補助記入帳により補足します。

③ 転記 … 仕訳の結果を、**総勘定元帳**の各勘定科目口座に転記します。補助元帳により補足します。

④ 試算表作成 … 転記の正否を確かめます。

⑤ 精算表作成 … 決算整理事項を記入して決算を行います。

⑥ 計算書類作成 … 精算表に基づき帳簿を締め切り、定められた様式の計算書類を作成します。

　転記のルールについては、『初級編』で確かめておいてください。取引を確実に仕訳し、転記する。そのことによって間違いのない計算書類が作成されます。

　一般的な簿記の教科書では、発生した取引の内容を「日記帳」に書いて、それを元に仕訳すると書いてありますが、実務では「日記帳」は使いません。

　なお、全国社会福祉施設経営者協議会の「社会福祉法人モデル経理規程」では、「仕訳帳」に換えて「仕訳日記帳」という用語を使っています。

　補助記入帳と補助元帳を合わせて補助簿といいます。コンピュータを使っている場合、「転記」は「入力」を通じて行われます。

　このテキストでは④と⑤をまとめたものを「精算表」として扱っています。

基礎問題 5 元帳からもとの仕訳と取引を復元する

　仕訳・転記のルールが確実に身についておれば、総勘定元帳の記入面から、もとの仕訳が分かり、どのような取引であるかを推定することができます。

　では、次の元帳の記載から仕訳と取引を考えてください。

総勘定元帳　　　　　　　　　　　　　現　金　預　金

××01年 月 日	摘　　　要	借　方	貸　方	借方残高
4　1	前期繰越	－	－	1,500
2	事業未収金	950		2,450
5	業務委託費		35	2,415
8	職員預り金		10	2,405
9	仮払金		100	2,305
12	諸口		45	2,260
15	水道光熱費		30	2,230
20	器具及び備品		750	1,480
25	職員給料		210	1,270
26	介護保険事業収益	80		1,350
27	事業未払金		240	1,110
28	仮払金	10		1,120
29	設備資金借入金	500		1,620
30	諸口		50	1,570
	取引合計	1,540	1,470	

設備資金借入金

××01年 月 日	摘　　　要	借　方	貸　方	貸方残高
4　1	前期繰越	－	－	3,000
12	現金預金	40		2,960
29	現金預金		500	3,460
	取引合計	40	500	

職　員　預　り　金

××01年 月 日	摘　　　要	借　方	貸　方	貸方残高
4　1	前期繰越	－	－	100
8	現金預金	10		90
25	職員給料		40	130
30	現金預金	25		105
	取引合計	35	40	

法　定　福　利　費

××01年 月 日	摘　　　要	借　方	貸　方	借方残高
4　30	現金預金	25		25
	取引合計	25	－	

支　払　利　息

××01年 月 日	摘　　　要	借　方	貸　方	借方残高
4　12	現金預金	5		5
	取引合計	5	－	

【解答欄】

〈仕　訳〉

| 取引日 | 借　方 | | 貸　方 | |
	科　　目	金　額	科　　目	金　額
2日				
5日				
8日				
9日				
12日				
15日				
20日				
25日				
26日				
27日				
28日				
29日				
30日				

〈取引内容〉

取引日	取　引　の　内　容
2日	
5日	
8日	
9日	
12日	
15日	
20日	
25日	
26日	
27日	
28日	
29日	
30日	

③ 試算表と精算表

簿記では、取引を借方・貸方に同一金額で仕訳し、借方に仕訳された科目は、当該科目の総勘定元帳口座の借方に転記し、貸方に仕訳された科目は当該科目の総勘定元帳口座の貸方に転記します。

その結果、仕訳・転記が正しく行われていれば、総勘定元帳の各口座をすべて集計すると、借方・貸方が一致することになります。そのことを、**試算表**で確かめるのです。逆に、試算表が貸借不一致の場合は、仕訳か転記が誤っていたことになります。このようにして、期中の記帳に誤りがないことを確かめることが、試算表を作成する目的です。

試 算 表 の 計 算 構 造

摘　　　要	期首残高		期中取引		期末残高	
	借　方	貸　方	借　方	貸　方	借　方	貸　方
プラスの支払資金	期首残高	－	＋	△	期末残高	－
マイナスの支払資金	－	期首残高	△	＋	－	期末残高
支払資金以外の資産	期首残高	－	＋	△	期末残高	－
支払資金以外の負債	－	期首残高	△	＋	－	期末残高
純　資　産	－	期首残高	△	＋	－	期末残高
Ｐ／Ｌ収益			△	＋	－	Ｐ／Ｌ収益
Ｐ／Ｌ費用			＋	△	Ｐ／Ｌ費用	－
合　　　計	イ	イ	ロ	ロ	ハ	ハ

合致する　　　　合致する　　　　合致する

上の試算表で、期中取引が支払資金の増減に係わる取引のみである場合には、網掛けした部分が資金収支計算書の収入・支出になります。また、二重線で囲んだ部分が、Ｐ／Ｌの収益・費用になります。

現実には、期中取引には資金の増減に係わりのない取引もありますので、期中取引を**資金増減取引**（仕訳の中に「支払資金」に属する科目を含む取引）と、**その他の取引**に分類・集約すると、期末Ｂ／Ｓ・Ｐ／Ｌ、資金収支計算書が一体的に作成されることになります。そのような作業を行う表が、次頁に掲げる**精算表**です。

もちろん、このような精算表を作るためには、総勘定元帳も、次頁に掲げるような形式になっている必要があります。転記に当たっては、仕訳の中に「支払資金」に属する科目を含む取引については、「資金増減取引」欄に、その他の取引については、「その他取引」欄に転記することになります。

　例えば、器具及び備品について、**減価償却費50,000円**を計上した場合の精算表への記入を示すと、以下のようになります。

精　算　表

摘　　要	期首B／S 借方	期首B／S 貸方	期中取引 資金増減取引 借方	期中取引 資金増減取引 貸方	期中取引 その他取引 借方	期中取引 その他取引 貸方	期末B／S 借方	期末B／S 貸方
プラスの支払資金	期首のプラスの支払資金		支払資金の増加	支払資金の減少			期末のプラスの支払資金	
マイナスの支払資金		期首のマイナスの支払資金						期末のマイナスの支払資金
支払資金以外の資産 **器具及び備品**	期首の支払資金以外の資産		資金支出（資金収支計算書）	資金収入（資金収支計算書）		50,000	期末の支払資金以外の資産	
支払資金以外の負債		期首の支払資金以外の負債						期末支払資金以外の負債
純　資　産		期首純資産						期末純資産
P／L収益 P／L費用							P／L費用（P／L）	P／L収益（P／L）
減価償却費			－	－	50,000		50,000	

元帳の形式

年 月 日	摘　　　　要	資金増減取引 借方	資金増減取引 貸方	その他取引 借方	その他取引 貸方	差引残高（借方・貸方）

　以上の精算表作成を終えて、資金収支計算書、P／L（事業活動計算書）、そして、B／S（貸借対照表）が作成されることになります。

　仕訳→転記→精算表作成→計算書類作成、という簿記の一巡の流れを理解するには、実際にペンと電卓を片手に作業することが一番の早道です。テキストの練習問題は、億くうがらずに、是非、解くようにしてください。

2 社会福祉法人会計基準

1．社会福祉法人会計の基準

社会福祉法人が準拠すべき会計の基準について、「会計基準省令」は、次のように規定しています。

【会計基準省令】 (第1章 総則)

> （社会福祉法人会計の基準）
> **第1条** 社会福祉法人は、この省令に従い、会計処理を行い、会計帳簿、計算書類（貸借対照表及び収支計算書をいう。以下同じ。）、その附属明細書及び財産目録を作成しなければならない。
> **2** 社会福祉法人は、この省令に定めるもののほか、一般に公正妥当と認められる社会福祉法人会計の慣行を斟酌しなければならない。
> **3** この省令の規定は、社会福祉法人が行う全ての事業に関する会計に適用する。

計算書類等は作成基準が明確になって初めて情報伝達の道具として用をなします。各法人が、独自の基準に従ってバラバラに作成したのでは、報告の用をなしません。そのため、「会計基準省令」では、法人が行うべき会計処理や、会計帳簿・計算書類・その附属明細書・財産目録の作成について規定しています。

また、「会計基準省令」の本文規定を補足するものとして、次の二つの通知が発出されています。

① 「社会福祉法人会計基準の制定に伴う会計処理等に関する運用上の取扱いについて」（平成28年3月31日、三局長連名通知）

計算書類等の作成にかかる会計処理等の運用に関する取扱いを定めたもので、計算書類に対する注記例等も示されています。以下では、「運用上の取扱い」（局長通知）と記載します。

② 「社会福祉法人会計基準の制定に伴う会計処理等に関する運用上の留意事項について」（平成28年3月31日、四課長連名通知）

計算書類等の作成にかかる会計処理等の運用に関する留意事項を定めたもので、勘定科目説明や償却率等も示されています。以下では、「運用上の留意事項」（課長通知）と記載します。

なお、社会福祉法人の会計に関する全ての事象について規定することは現実的ではありません。そのため、「会計基準省令」に規定しきれない事象については、一般に公正妥当と認められる社会福祉法人会計の慣行を斟酌して会計処理を行うものとされています。

計算書類とは、貸借対照表及び収支計算書をいうものとされていますが、ここでいう収支計算書は、資金収支計算書と事業活動計算書が該当します。

「運用上の取扱い」（局長通知）は、従前の社会福祉法人会計基準では、「注解」として会計基準と"ワンセット"で示されていましたが、今回の改正では、省令と切り離して、局長通知のまま据え置かれました。

「斟酌」とは、様々な条件などを考え合わせて、取捨選択のうえ、適切な会計処理を行うことを意味します。

　また、「会計基準省令」は、すべての社会福祉法人に適用される会計の基準ですが、個々の法人の特殊性によって、具体的に使用する勘定科目などは異なります。

　そのようなことから各法人は、管理組織を確立して、自らが確立した管理組織に則した内容の「経理規程」を定めることとされています。

　「経理規程」は、法人の会計に関する憲法のようなもので、日々の会計処理は各法人の「経理規程」によることになります。

【運用上の留意事項】 （課長通知）

> **1　管理組織の確立**
>
> (1)　法人における予算の執行及び資金等の管理に関しては、あらかじめ運営管理責任者を定める等法人の管理運営に十分配慮した体制を確保すること。
>
> 　　　また、内部牽制に配意した業務分担、自己点検を行う等、適正な会計事務処理に努めること。
>
> (2)　会計責任者については理事長が任命することとし、会計責任者は取引の遂行、資産の管理及び帳簿その他の証憑書類の保存等会計処理に関する事務を行い、又は理事長の任命する出納職員にこれらの事務を行わせるものとする。
>
> (3)　（省略）
>
> (4)　法人は、上記事項を考慮し、会計基準省令に基づく適正な会計処理のために必要な事項について経理規程を定めるものとする。

　以上の「会計基準」、「会計の慣行」、「経理規程」の関係を図示すると、次のように表すことができます。

社会福祉法人の会計処理の基準

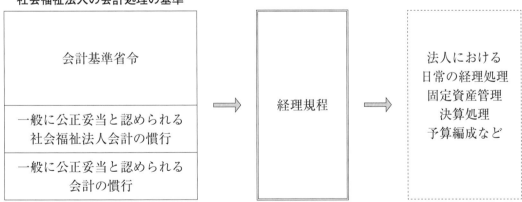

　そして、社会福祉法人の会計基準の適用範囲は、社会福祉法人が行う全ての事業に関する会計に適用するものとされ、社会福祉事業の他、公益事業、あるいは収益事業も適用対象となります。

２．会計原則

「会計基準省令」では、社会福祉法人の計算書類等の作成基準を定めています。その作成基準の中には、個々の具体的な規定に先立つ、社会福祉法人会計全般にかかわる原則があります。それを「会計基準省令」では、「会計原則」として、次のように規定しています。

これらの一般原則は、企業会計にも共通する、会計一般の原則です。

【会計基準省令】 (第1章 総則)

（会計原則）

第2条 社会福祉法人は、次に掲げる原則に従って、会計処理を行い、計算書類及びその附属明細書（以下「計算関係書類」という。）並びに財産目録を作成しなければならない。

一 計算書類は、資金収支及び純資産の増減の状況並びに資産、負債及び純資産の状態に関する真実な内容を明瞭に表示すること。

二 計算書類は、正規の簿記の原則に従って正しく記帳された会計帳簿に基づいて作成すること。

三 採用する会計処理の原則及び手続並びに計算書類の表示方法については、毎会計年度継続して適用し、みだりにこれを変更しないこと。

四 重要性の乏しいものについては、会計処理の原則及び手続並びに計算書類の表示方法の適用に際して、本来の厳密な方法によらず、他の簡便な方法によることができること。

① 計算書類等の範囲

「会計基準省令」は、計算書類、その附属明細書及び財産目録をひとまとめにして、「計算書類等」と定義しています。

② 会計原則

計算書類は、次のような会計原則に従い作成することが求められます。

第一号は、一般に「**真実性の原則**」と呼ばれているものと「**明瞭性の原則**」と呼ばれているものとを記載しています。

「**真実性の原則**」は、計算書類が真実な内容を報告すべきであることを要求するものです。

「**明瞭性の原則**」は、計算書類が報告内容を明瞭に表示すべきであることを要求するものです。

第二号は、一般に「**正規の簿記の原則**」と呼ばれています。

全ての会計事実を対象として、複式簿記によって記帳された会計帳簿から誘導的に計算書類が作成されることを要求する原則です。

「計算書類等」の範囲は、会計基準省令の規定と社福法第45条の32第1項の規定が異なっていますので、使い分けには注意してください。（「しおり」の1の表参照）

計算書類が会計帳簿から誘導的に作成することを、誘導法といいます。

第三号は、一般に**「継続性の原則」**と呼ばれています。会計には、例えば、減価償却の方法として「定額法」と「定率法」のように、異なった会計処理方法を選択することができる場合があります。このような場合、毎期異なった会計処理を行なうと、事業活動増減差額が会計処理によって異なって表示されるなど、期間比較可能性を損なうことになります。そこで、いったん採用した会計処理は、正当な理由がない限り、毎期継続して適用すべきであるという要請を述べたものです。

第四号は、一般に**「重要性の原則」**と呼ばれています。重要性の原則は、会計処理と表示について、重要性の乏しいものについて簡便な処理を認めることによって、実務上の経済性を図るとともに、計算書類の明瞭性を高めることを意図しています。

「運用上の取扱い」（局長通知）では、次のように重要性の原則の適用例を記載しています。この「重要性の原則」は、会計実務において広く適用される原則です。

期間比較可能性が保たれておれば、経営体の財務数値や財務比率を過年度の数値と比較することにより、その経営体の経営成績や財政状態などの変化動向を評価することが可能となります。

【運用上の取扱い】
（局長通知）

> **1　重要性の原則の適用について（会計基準省令第2条第1項第4号関係）**
>
> 重要性の原則の適用例としては、次のようなものがある。
>
> (1) 消耗品、貯蔵品等のうち、重要性が乏しいものについては、その買入時又は払出時に費用として処理する方法を採用することができる。
>
> (2) 保険料、賃借料、受取利息配当金、借入金利息、法人税等にかかる前払金、未払金、未収金、前受金等のうち重要性の乏しいもの、または毎会計年度経常的に発生しその発生額が少額なものについては、前払金、未払金、未収金、前受金等を計上しないことができる。
>
> (3) 引当金のうち、重要性の乏しいものについては、これを計上しないことができる。
>
> (4) 取得価額と債券金額との差額について重要性が乏しい満期保有目的の債券については、償却原価法を適用しないことができる。
>
> (5) ファイナンス・リース取引について、取得したリース物件の価額に重要性が乏しい場合、通常の賃貸借取引に係る方法に準じて会計処理を行うことができる。
>
> (6) 法人税法上の収益事業に係る課税所得の額に重要性が乏しい場合、税効果会計を適用しないで、繰延税金資産又は繰延税金負債を計上しないことができる。
>
> なお、財産目録の表示に関しても重要性の原則が適用される。

なお、重要性の原則の適用に際しては、各法人の経理規程またはその細則において、予め重要性の基準を定めておく必要があります。

3．会計帳簿

「会計基準省令」は、会計帳簿の作成について、次のように規定しています。

【会計基準省令】 (第2章 会計帳簿)

> **（会計帳簿の作成）**
>
> **第3条** 社会福祉法（昭和26年法律第45号。以下「法」という。）第45条の24第1項の規定により社会福祉法人が作成すべき会計帳簿に付すべき資産、負債及び純資産の価額その他会計帳簿の作成に関する事項については、この章の定めるところによる。
>
> 2　会計帳簿は、書面又は電磁的記録をもって作成しなければならない。

会計帳簿は、計算書類の根拠となる内容が記載されなければなりませんので、発生した全ての取引について、証憑書類に基づいて、組織的に記帳することが求められます。

法律にも規定が置かれました。（～～線部分）

4．総額表示

計算書類の記載に当たり、例えば貸借対照表で債権債務を相殺して表示したり、資金収支計算書で収入と支出を相殺して表示したりすると、全体として資産が幾らなのか、収入が幾らなのかなどが、計算書類を見ただけでは判断がつかないこととなります。そのため、「会計基準省令」では、原則として、総額で表示することを求めています。

法人内部の取引は、相殺して表示します。

【会計基準省令】 (第3章 計算関係書類)

> **（総額表示）**
>
> **第2条の2**　計算関係書類及び財産目録に記載する金額は、原則として総額をもって表示しなければならない。

このような考え方を「総額主義の原則」と呼んでおり、一般に「明瞭性の原則」の一部を構成するものと考えられています。

5．金額の表示単位

財務諸表の記載に当たり、「会計基準省令」では、1円単位で表示することを求めています。

【会計基準省令】 (第3章 計算関係書類)

> **（金額の表示の単位）**
>
> **第2条の3**　計算関係書類及び財産目録に記載する金額は、1円単位をもって表示するものとする。

ただし、日刊紙での決算公告のようにスペースが限られている場合などは、適宜、千円、百万円などの単位で表示します。

練習問題 1 会計の原則

次の(ア)から(シ)までの記述は、いずれの「会計の原則」との関連があるでしょうか。

最も関連があると思われるものを下の解答欄に記号で記入してください。

(ア) 資金収支計算書を「事業活動による収支」「施設整備等による収支」「その他の活動による収支」に区分して表示すること。

(イ) 支払利息支出と借入金利息補助金収入とを相殺しないで資金収支計算書に表示させること。

(ウ) 介護用品のうち、短期間に消費するものについてその購入時に支出として処理すること。

(エ) 引当金について重要性の乏しいものについては、これを計上しないこと。

(オ) 固定資産を購入すると固定資産が増加するが、他方で現金預金が減少することを相互に関連付けて記帳すること。

(カ) 収支差額がマイナスであっても増減差額がプラスであるかのように見せかけること。

(キ) 貸借対照表の次に注記を記載すること。

(ク) 貸借対照表上で、資産を流動資産と固定資産に区分して表示すること。

(ケ) 徴収不能引当金を過剰に見積もって収支差額を圧縮すること。

(コ) 特に理由はないが、前年度まで継続して採用してきた計算書類の表示方法を変更すること。

(サ) 資産の評価方法が複数認められている場合に、いずれの方法を選択してもその会計報告の事実を歪めるものではないこと。

(シ) 正当な理由によって、減価償却の方法を定額法から定率法に変更すること。

【解答欄】

A．真実性の原則	
B．明瞭性の原則	
C．正規の簿記の原則	
D．継続性の原則	
E．重要性の原則	

3 会計の区分

1．拠点区分とサービス区分

① 拠点区分

社会福祉法人の営む事業は様々です。社会福祉事業のみでなく、公益事業、あるいは収益事業を営む場合もあります。また、ひとつの社会福祉法人が、内容の異なる複数の社会福祉事業を営んでいる場合もあります。さらに、複数の事業所を設置して運営している場合もあります。

このような場合、社会福祉法人全体をひとまとめにして会計を行っていたのでは、施設ごと、あるいは事業所ごとの会計の内容が分からないことになります。

そこで、社会福祉法人の会計では、法人が実施する事業の管理単位ごとに会計の区分を設けて会計を行うことにしています。この会計の区分を**拠点区分**といいます。

「会計基準省令」では、次のように規定しています。

公益事業＝公益を
　目的とする事業
収益事業＝その収
　益を社会福祉事
　業若しくは公益
　事業の経営に充
　てることを目的
　とする事業
（社会福祉法第26条）

【会計基準省令】　　　　　　　　　　　　　　　　　　　　　　　　（第3章 計算関係書類）

（会計の区分）

第10条　社会福祉法人は、計算書類の作成に関して、事業区分及び拠点区分を設けなければならない。

この拠点区分の方法について、「運用上の取扱い」（局長通知）は、次のように規定しています。

【運用上の取扱い】　　　　　　　　　　　　　　　　　　　　　　　　　　（局長通知）

2　拠点区分の方法について（会計基準省令第10条第1項関係）

拠点区分は、原則として、予算管理の単位とし、一体として運営される施設、事業所又は事務所をもって1つの拠点区分とする。具体的な区分については、法令上の事業種別、事業内容及び実施する事業の会計管理の実態を勘案して区分を設定するものとする。

拠点区分は、原則として「予算管理の単位」であり、「一体として運営される施設、事業所又は事務所をもって1つの拠点区分」とされます。

具体的には、法令上の事業種別や、事業内容と管理の実態を勘案して区分することになりますので、原則として、法令の規定に基づいて設置されている施設ごとに拠点区分を設けることになります。

保育所や特別養護老人ホームなどは、それぞれ別個に「一体として運営」されている場合がほとんどですので、それぞれの施設ごとに独立した拠点区分とすることになります。

公益事業や収益事業を実施している場合には、社会福祉事業とは事業内容が異なりますので、当然に拠点区分も別々に設置することになります。しかし、公益事業のうち社会福祉事業と一体的に実施されているもの（付随的に実施されているもの）については、例外的に、当該社会福祉事業の拠点区分に含めて経理することが認められています。

また、法人本部については、一つの拠点区分とすることも可能ですが、いずれかの拠点区分に含めて経理することも認められています。

なお、拠点区分は予算管理の単位ですので、当該拠点区分の事業活動が予算に基づいて管理されることから、会計帳簿の作成と備置きが求められています。

> 拠点区分は、社会福祉法人の基礎的な会計単位であると考えることができますね。

②　サービス区分

さて、一つの拠点区分、例えば、一つの保育所（あるいは特別養護老人ホーム等）であっても、その中で複数の事業（サービス）が営まれる場合があります。このような場合に、資金収支、事業活動を拠点区分の合計だけで管理していては、個々の事業ごとの資金収支状況や事業活動内容を把握することができません。

そこで、拠点で実施する事業内容に応じて区分を設けることが求められており、この区分を**サービス区分**といいます。

> サービス区分は、「旧会計基準」の「経理区分」に相当する区分です。

【会計基準省令】　（第3章 計算関係書類）

（会計の区分）
第10条　第2項　拠点区分には、サービス区分（社会福祉法人がその行う事業の内容に応じて設ける区分をいう。以下同じ。）を設けなければならない。

サービス区分においては、資金収支計算書と事業活動計算書との作成が必要ですが、貸借対照表の作成までは求められていません。

「運用上の取扱い」（局長通知）は、サービス区分の方法について、次の頁のように規定しています。

【運用上の取扱い】 (局長通知)

> ### 3 サービス区分の方法について（会計基準省令第10条第2項関係）
>
> サービス区分は、その拠点で実施する複数の事業について法令等の要請により会計を区分して把握すべきものとされているものについて区分を設定するものとする。例えば、以下のようなものがある。
>
> (1) 指定居宅サービスの事業の人員、設備及び運営に関する基準その他介護保険事業の運営に関する基準における会計の区分
>
> (2) 障害者の日常生活及び社会生活を総合的に支援するための法律に基づく指定障害福祉サービスの事業等の人員、設備及び運営に関する基準における会計の区分
>
> (3) 子ども・子育て支援法に基づく特定教育・保育施設及び特定地域型保育事業の運営に関する基準における会計の区分
>
> また、その他の事業については、法人の定款に定める事業ごとに区分するものとする。サービス区分を設定する場合には、拠点区分資金収支明細書（別紙3（⑩））及び拠点区分事業活動明細書（別紙3（⑪））を作成するものとし、またサービス区分を予算管理の単位とすることができるものとする。

以上の拠点区分とサービス区分の関係を、介護保険サービスの場合を例に図示すると、次のようになります。

例：特別養護老人ホーム1か所（A苑）だけを運営している法人が、当該A苑において、通所介護、短期入所生活介護、居宅介護支援事業所（公益事業）を一体として運営している場合

●拠点区分を一つに集約する場合

拠点区分	サービス区分
A苑	①本部 ②特別養護老人ホーム ③短期入所生活介護事業所 ④通所介護事業所 ⑤居宅介護支援事業所

あるいは

●本部を独立の拠点区分とする場合

拠点区分	サービス区分
本部	－
A苑	①特別養護老人ホーム ②短期入所生活介護事業所 ③通所介護事業所 ④居宅介護支援事業所

なお、資金使途に関する通知は、一部改正が行われたものの、本部とA苑との間の資金移動については、これまでどおりの資金使途制限に従う必要がありますので、注意してください。

平成24年度から、特養ホームから他の居宅サービス事業等への繰替使用が認められることとされました。（老発0329第3号）

2．事業区分

　以上の拠点区分のすべてを合わせると、法人全体ということになります。

　しかし、社会福祉法人では、公益事業又は収益事業に関する会計は、それぞれ当該社会福祉法人の行う社会福祉事業に関する会計から区分し、特別の会計として経理しなければならないこととされています。

社会福祉法26条第2項（特別会計の区分経理）

　そこで、「会計基準省令」は、計算書類作成に関して、社会福祉事業、公益事業、収益事業の区分を設けることを求めています。この区分を**事業区分**といいます。

【会計基準省令】　　　　　　　　　　　　　　　　　　　　　　（第3章 計算関係書類）

> **（会計の区分）**
>
> **第10条**　社会福祉法人は、計算書類の作成に関して、事業区分及び拠点区分を設けなければならない。

　現実の事業区分は、先に設定した拠点区分について、当該拠点区分が属する事業区分ごとに集約することによって設定されることになります。

　以上の「拠点区分」と「サービス区分」、そして、「事業区分」との関係を図示すると、次のようになります。

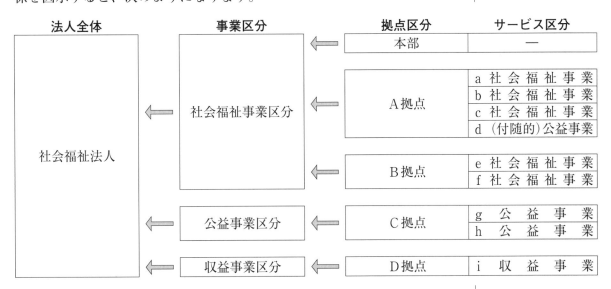

　法人内部では、拠点区分間やサービス区分間での取引が行われることがありますが、法人外部に公表する場合には、相殺消去して計算書類を作成する必要があります。内部取引については、**13**（227頁）で説明します。

4 社会福祉法人の計算書類

　会計原則の項目でも触れましたが、「会計基準省令」では、計算関係書類並びに財産目録について、次のとおり規定しています。

【計算関係書類】

【計算書類】
① 資金収支計算書
② 事業活動計算書
③ 貸借対照表

④ 附属明細書

⑤ 財産目録

　資金収支計算書、事業活動計算書、貸借対照表、財産目録の関係を示すと、左図のようになります。（本書巻頭綴込みの「しおり」に関係図を示していますので、参照してください。）

　また、附属明細書については、事業活動計算書と貸借対照表を補足する書類として作成が求められています。

　以下、計算書類について整理してみたいと思います。

　なお、本書では、連携推進法人に関する科目については、いずれの計算書類においても省略しています。

　社会福祉法第45条の32第1項では、「計算書類等」のことを、「各会計年度に係る計算書類及び事業報告並びにこれらの附属明細書並びに監査報告をいう」と規定していますので、規定の条文ごとにその範囲に留意してください。

1．資金収支計算書

① 資金収支計算書の内容

　資金収支計算の目的は、支払資金の増減の状況を明らかにすることですから、「会計基準省令」では、資金収支計算書の内容について次のように規定しています。

② 資金収支計算書の資金の範囲

　「全ての支払資金の増加及び減少の状況を明瞭に表示する」には、まず、「支払資金」とは何なのかを明確にする必要があります。

そこで「会計基準省令」では、支払資金の範囲について次のように規定しています。

【会計基準省令】　(第3章 計算関係書類　第2節 資金収支計算書)

（資金収支計算書の資金の範囲）

第13条　支払資金は、流動資産及び流動負債（経常的な取引以外の取引によって生じた債権又は債務のうち貸借対照表日の翌日から起算して1年以内に入金又は支払の期限が到来するものとして固定資産又は固定負債から振り替えられた流動資産又は流動負債、引当金及び棚卸資産（貯蔵品を除く。）を除く。）とし、支払資金残高は、当該流動資産と流動負債との差額とする。

「支払資金」の定義の要点は、長い括弧書きをとばして、本文の「**流動資産及び流動負債とし、**」という部分です。また、支払資金残高は、「**流動資産と流動負債の差額とする**」という部分も重要です。

この支払資金の内容について、「運用上の取扱い」（局長通知）では、次のように記載しています。

> 支払資金の定義は、繰り返し暗唱して覚えましょう。

【運用上の取扱い】　(局長通知)

5　支払資金について（会計基準省令第13条関係）

資金収支計算書の支払資金とは、経常的な支払準備のために保有する現金及び預貯金、短期間のうちに回収されて現金又は預貯金になる未収金、立替金、有価証券等及び短期間のうちに事業活動支出として処理される前払金、仮払金等の流動資産並びに短期間のうちに現金又は預貯金によって決済される未払金、預り金、短期運営資金借入金等及び短期間のうちに事業活動収入として処理される前受金等の流動負債をいう。ただし、支払資金としての流動資産及び流動負債には、1年基準により固定資産又は固定負債から振替えられたもの、引当金並びに棚卸資産（貯蔵品を除く。）を除くものとする。支払資金の残高は、これらの流動資産と流動負債の差額をいう。

---

③　資金収支計算の方法

当該会計年度における支払資金の増加及び減少に基づいて資金収支計算を行うこととされています。

また、拠点区分やサービス区分が複数ある場合には、各区分に共通する収入及び支出を合理的な基準に基づいて配分するものとされています。

> 配分基準については、「運用上の留意事項」（課長通知）に示されています。（「しおり」の2〈抄〉を参照）

【会計基準省令】　(第3章 計算関係書類　第2節 資金収支計算書)

（資金収支計算の方法）

第14条　資金収支計算は、当該会計年度における支払資金の増加及び減少に基づいて行うものとする。

2　資金収支計算を行うに当たっては、事業区分、拠点区分又はサービス区分ごとに、複数の区分に共通する収入及び支出を合理的な基準に基づいて当該区分に配分するものとする。

④　資金収支計算書の区分

　資金収支計算書は、「事業活動による収支」、「施設整備等による収支」、「その他の活動による収支」の三つの区分を設けて記載することとされています。

区分表示の規定は、明瞭性の原則と関わりの深い規定ですね。

【会計基準省令】　　　　　　　　　　　（第3章 計算関係書類　第2節 資金収支計算書）

（資金収支計算書の区分）
第15条　資金収支計算書は、次に掲げる収支に区分するものとする。
一　事業活動による収支
二　施設整備等による収支
三　その他の活動による収支

⑤　資金収支計算書の構成

　「会計基準省令」では、前項の三つの区分を踏まえて、資金収支計算書の構成を次のように規定しています。

【会計基準省令】　　　　　　　　　　　（第3章 計算関係書類　第2節 資金収支計算書）

（資金収支計算書の構成）
第16条　前条第一号に掲げる収支には、経常的な事業活動による収入（受取利息配当金収入を含む。）及び支出（支払利息支出を含む。）を記載し、同号に掲げる収支の収入から支出を控除した額を事業活動資金収支差額として記載するものとする。

2　前条第二号に掲げる収支には、固定資産の取得に係る支出及び売却に係る収入、施設整備等補助金収入、施設整備等寄附金収入、設備資金借入金収入、設備資金借入金元金償還支出その他施設整備等に係る収入及び支出を記載し、同号に掲げる収支の収入から支出を控除した額を施設整備等資金収支差額として記載するものとする。

3　前条第三号に掲げる収支には、長期運営資金の借入れ及び返済、積立資産の積立て及び取崩し、投資有価証券の購入及び売却等資金の運用に係る収入（受取利息配当金収入を除く。）及び支出（支払利息支出を除く。）並びに同条第一号及び第二号に掲げる収支に属さない収入及び支出を記載し、同条第三号に掲げる収支の収入から支出を控除した額をその他の活動資金収支差額として記載するものとする。

4　資金収支計算書には、第1項の事業活動資金収支差額、第2項の施設整備等資金収支差額及び前項のその他の活動資金収支差額を合計した額を当期資金収支差額合計として記載し、これに前期末支払資金残高を加算した額を当期末支払資金残高として記載するものとする。

5　法人単位資金収支計算書及び拠点区分資金収支計算書には、当該会計年度の決算の額を予算の額と対比して記載するものとする。

6　前項の場合において、決算の額と予算の額とに著しい差異がある勘定科目については、その理由を備考欄に記載するものとする。

　資金収支計算書については、予算数値とその差異を記入することに

なっています。また、決算の額と予算の額の差異が著しい勘定科目については、その理由を備考欄に記載するものとされています。

　なお、上記の規定から、資金収支計算書の構造を図示したものが29頁に示した図です。もう一度、見直してみてください。

⑥　資金収支計算書の種類及び様式

　「会計基準省令」では、資金収支計算書を「第1号」として、「第1様式〜第4様式」の4種類の資金収支計算書を示しています。

　第1号第1様式：法人単位資金収支計算書（法人全体の情報を表示）

　第1号第2様式：資金収支内訳表（事業区分別の情報を表示）

　第1号第3様式：事業区分資金収支内訳表（各事業区分の情報を表示）

　第1号第4様式：拠点区分資金収支計算書（各拠点区分の情報を表示）

　上の様式のうち、第1号第4様式が各拠点区分において作成される資金収支計算書の様式であり、他の様式の資金収支計算書の基礎となるものです。第1号第1〜第3様式は、この第1号第4様式に基づく資金収支計算書を集計などして作成されることになります。

【会計基準省令】　　　　　　　　　　（第3章 計算関係書類　第2節 資金収支計算書）

> **（資金収支計算書の種類及び様式）**
>
> **第17条**　法人単位資金収支計算書は、法人全体について表示するものとする。
>
> **2**　資金収支内訳表及び事業区分資金収支内訳表は、事業区分の情報を表示するものとする。
>
> **3**　拠点区分資金収支計算書は、拠点区分別の情報を表示するものとする。
>
> **4**　第1項から前項までの様式は、第1号第1様式から第4様式までのとおりとする。

⑦　資金収支計算書の勘定科目

　資金収支計算書で使用する勘定科目については、「会計基準省令」の「別表第一　資金収支計算書勘定科目（第18条関係）」において定められています。また、勘定科目の説明は「運用上の留意事項」（課長通知）の「別添3　勘定科目説明」に記載されています。

　「別添3　勘定科目説明」の要約は、106頁以下に記載してあります。

【会計基準省令】　　　　　　　　　　（第3章 計算関係書類　第2節 資金収支計算書）

> **（資金収支計算書の勘定科目）**
>
> **第18条**　資金収支計算書に記載する勘定科目は、別表第一のとおりとする。

　資金収支計算書の様式は、次頁以下のようになっています。

第1号第1様式（第17条第4項関係）

法人単位資金収支計算書

（自）令和　年　月　日　（至）令和　年　月　日　　　　　　（単位：円）

		勘　定　科　目	予算(A)	決算(B)	差異(A)－(B)	備考
事業活動による収支	収入	介護保険事業収入				
		老人福祉事業収入				
		児童福祉事業収入				
		保育事業収入				
		就労支援事業収入				
		障害福祉サービス等事業収入				
		生活保護事業収入				
		医療事業収入				
		退職共済事業収入				
		(何)事業収入				
		(何)収入				
		借入金利息補助金収入				
		経常経費寄附金収入				
		受取利息配当金収入				
		その他の収入				
		流動資産評価益等による資金増加額				
		事業活動収入計(1)				
	支出	人件費支出				
		事業費支出				
		事務費支出				
		就労支援事業支出				
		授産事業支出				
		退職共済事業支出				
		(何)支出				
		利用者負担軽減額				
		支払利息支出				
		その他の支出				
		流動資産評価損等による資金減少額				
		事業活動支出計(2)				
		事業活動資金収支差額(3)＝(1)－(2)				
施設整備等による収支	収入	施設整備等補助金収入				
		施設整備等寄附金収入				
		設備資金借入金収入				
		固定資産売却収入				
		その他の施設整備等による収入				
		施設整備等収入計(4)				
	支出	設備資金借入金元金償還支出				
		固定資産取得支出				
		固定資産除却・廃棄支出				
		ファイナンス・リース債務の返済支出				
		その他の施設整備等による支出				
		施設整備等支出計(5)				
		施設整備等資金収支差額(6)＝(4)－(5)				
その他の活動による収支	収入	長期運営資金借入金元金償還寄附金収入				
		長期運営資金借入金収入				
		役員等長期借入金収入				
		長期貸付金回収収入				
		投資有価証券売却収入				
		積立資産取崩収入				
		その他の活動による収入				
		その他の活動収入計(7)				
	支出	長期運営資金借入金元金償還支出				
		役員等長期借入金元金償還支出				
		長期貸付金支出				
		投資有価証券取得支出				
		積立資産支出				
		その他の活動による支出				
		その他の活動支出計(8)				
		その他の活動資金収支差額(9)＝(7)－(8)				
予備費支出(10)			×××］ △×××］	—	×××	
当期資金収支差額合計(11)＝(3)＋(6)＋(9)－(10)						

	予算(A)	決算(B)	差異(A)－(B)	備考
前期末支払資金残高(12)				
当期末支払資金残高(11)＋(12)				

（注）予備費支出△×××円は(何)支出に充当使用した額である。

第1号第2様式（第17条第4項関係）

資金収支内訳表

（自）令和　　年　　月　　日　（至）令和　　年　　月　　日　　　　　　（単位：円）

	勘 定 科 目		社会福祉事業	公益事業	収益事業	合計	内部取引消去	法人合計
事業活動による収支	収入	介護保険事業収入						
		老人福祉事業収入						
		児童福祉事業収入						
		保育事業収入						
		就労支援事業収入						
		障害福祉サービス等事業収入						
		生活保護事業収入						
		医療事業収入						
		退職共済事業収入						
		（何）事業収入						
		（何）収入						
		借入金利息補助金収入						
		経常経費寄附金収入						
		受取利息配当金収入						
		その他の収入						
		流動資産評価益等による資金増加額						
		事業活動収入計(1)						
	支出	人件費支出						
		事業費支出						
		事務費支出						
		就労支援事業支出						
		授産事業支出						
		退職共済事業支出						
		（何）支出						
		利用者負担軽減額						
		支払利息支出						
		その他の支出						
		流動資産評価損等による資金減少額						
		事業活動支出計(2)						
		事業活動資金収支差額(3)＝(1)－(2)						
施設整備等による収支	収入	施設整備等補助金収入						
		施設整備等寄附金収入						
		設備資金借入金収入						
		固定資産売却収入						
		その他の施設整備等による収入						
		施設整備等収入計(4)						
	支出	設備資金借入金元金償還支出						
		固定資産取得支出						
		固定資産除却・廃棄支出						
		ファイナンス・リース債務の返済支出						
		その他の施設整備等による支出						
		施設整備等支出計(5)						
		施設整備等資金収支差額(6)＝(4)－(5)						
その他の活動による収支	収入	長期運営資金借入金元金償還寄附金収入						
		長期運営資金借入金収入						
		役員等長期借入金収入						
		長期貸付金回収入						
		投資有価証券売却収入						
		積立資産取崩収入						
		事業区分間長期借入金収入						
		事業区分間長期貸付金回収収入						
		事業区分間繰入金収入						
		その他の活動による収入						
		その他の活動収入計(7)						
	支出	長期運営資金借入金元金償還支出						
		役員等長期借入金元金償還支出						
		長期貸付金支出						
		投資有価証券取得支出						
		積立資産支出						
		事業区分間長期貸付金支出						
		事業区分間長期借入金返済支出						
		事業区分間繰入金支出						
		その他の活動による支出						
		その他の活動支出計(8)						
		その他の活動資金収支差額(9)＝(7)－(8)						
当期資金収支差額合計(10)＝(3)＋(6)＋(9)								
前期末支払資金残高(11)								
当期末支払資金残高(10)＋(11)								

第1号第3様式（第17条第4項関係）

（何）事業区分　資金収支内訳表

（自）令和　年　月　日　（至）令和　年　月　日　　　　　　（単位：円）

		勘定科目	（何)拠点	（何)拠点	（何)拠点	合計	内部取引消去	事業区分合計
事業活動による収支	収入	介護保険事業収入						
		老人福祉事業収入						
		児童福祉事業収入						
		保育事業収入						
		就労支援事業収入						
		障害福祉サービス等事業収入						
		生活保護事業収入						
		医療事業収入						
		退職共済事業収入						
		（何)事業収入						
		（何)収入						
		借入金利息補助金収入						
		経常経費寄附金収入						
		受取利息配当金収入						
		その他の収入						
		流動資産評価益等による資金増加額						
		事業活動収入計(1)						
	支出	人件費支出						
		事業費支出						
		事務費支出						
		就労支援事業支出						
		授産事業支出						
		退職共済事業支出						
		（何)支出						
		利用者負担軽減額						
		支払利息支出						
		その他の支出						
		流動資産評価損等による資金減少額						
		事業活動支出計(2)						
		事業活動資金収支差額(3)＝(1)－(2)						
施設整備等による収支	収入	施設整備等補助金収入						
		施設整備等寄附金収入						
		設備資金借入金収入						
		固定資産売却収入						
		その他の施設整備等による収入						
		施設整備等収入計(4)						
	支出	設備資金借入金元金償還支出						
		固定資産取得支出						
		固定資産除却・廃棄支出						
		ファイナンス・リース債務の返済支出						
		その他の施設整備等による支出						
		施設整備等支出計(5)						
		施設整備等資金収支差額(6)＝(4)－(5)						
その他の活動による収支	収入	長期運営資金借入金元金償還寄附金収入						
		長期運営資金借入金収入						
		役員等長期借入金収入						
		長期貸付金回収収入						
		投資有価証券売却収入						
		積立資産取崩収入						
		事業区分間長期借入金収入						
		拠点区分間長期借入金収入						
		事業区分間長期貸付金回収収入						
		拠点区分間長期貸付金回収収入						
		事業区分間繰入金収入						
		拠点区分間繰入金収入						
		その他の活動による収入						
		その他の活動収入計(7)						
	支出	長期運営資金借入金元金償還支出						
		役員等長期借入金元金償還支出						
		長期貸付金支出						
		投資有価証券取得支出						
		積立資産支出						
		事業区分間長期貸付金支出						
		拠点区分間長期貸付金支出						
		事業区分間長期借入金返済支出						
		拠点区分間長期借入金返済支出						
		事業区分間繰入金支出						
		拠点区分間繰入金支出						
		その他の活動による支出						
		その他の活動支出計(8)						
		その他の活動資金収支差額(9)＝(7)－(8)						
		当期資金収支差額合計(10)＝(3)＋(6)＋(9)						
		前期末支払資金残高(11)						
		当期末支払資金残高(10)＋(11)						

第1号第4様式（第17条第4項関係）

（何）拠点区分　資金収支計算書

（自）令和　年　月　日　（至）令和　年　月　日　　　　（単位：円）

勘定科目			予算(A)	決算(B)	差異(A)－(B)	備考
事業活動による収支	収入	介護保険事業収入				
		施設介護料収入				
		介護報酬収入				
		利用者負担金収入（公費）				
		利用者負担金収入（一般）				
		居宅介護料収入				
		（介護報酬収入）				
		介護報酬収入				
		介護予防報酬収入				
		（利用者負担金収入）				
		介護負担金収入（公費）				
		介護負担金収入（一般）				
		介護予防負担金収入（公費）				
		介護予防負担金収入（一般）				
		地域密着型介護料収入				
		（介護報酬収入）				
		介護報酬収入				
		介護予防報酬収入				
		（利用者負担金収入）				
		介護負担金収入（公費）				
		介護負担金収入（一般）				
		介護予防負担金収入（公費）				
		介護予防負担金収入（一般）				
		居宅介護支援介護料収入				
		居宅介護支援介護料収入				
		介護予防支援介護料収入				
		介護予防・日常生活支援総合事業収入				
		事業費収入				
		事業負担金収入（公費）				
		事業負担金収入（一般）				
		利用者等利用料収入				
		施設サービス利用料収入				
		居宅介護サービス利用料収入				
		地域密着型介護サービス利用料収入				
		食費収入（公費）				
		食費収入（一般）				
		食費収入（特定）				
		居住費収入（公費）				
		居住費収入（一般）				
		居住費収入（特定）				
		介護予防・日常生活支援総合事業利用料収入				
		その他の利用料収入				
		その他の事業収入				
		補助金事業収入（公費）				
		補助金事業収入（一般）				
		市町村特別事業収入（公費）				
		市町村特別事業収入（一般）				
		受託事業収入（公費）				
		受託事業収入（一般）				
		その他の事業収入				
		（保険等査定減）				
		老人福祉事業収入				
		措置事業収入				
		事務費収入				
		事業費収入				
		その他の利用料収入				
		その他の事業収入				
		運営事業収入				
		管理費収入				
		その他の利用料収入				
		補助金事業収入（公費）				
		補助金事業収入（一般）				
		その他の事業収入				
		その他の事業収入				
		管理費収入				
		その他の利用料収入				
		その他の事業収入				
		児童福祉事業収入				
		措置費収入				
		事務費収入				
		事業費収入				
		私的契約利用料収入				
		その他の事業収入				
		補助金事業収入（公費）				
		補助金事業収入（一般）				
		受託事業収入（公費）				
		受託事業収入（一般）				
		その他の事業収入				
		保育事業収入				
		施設型給付費収入				
		施設型給付費収入				
		利用者負担金収入				
		特例施設型給付費収入				
		特例施設型給付費収入				
		利用者負担金収入				
		地域型保育給付費収入				
		地域型保育給付費収入				
		利用者負担金収入				
		特例地域型保育給付費収入				
		特例地域型保育給付費収入				
		利用者負担金収入				
		委託費収入				

勘定科目	予算(A)	決算(B)	差異(A)−(B)	備考
利用者等利用料収入				
利用者等利用料収入（公費）				
利用者等利用料収入（一般）				
その他の利用料収入				
私的契約利用料収入				
その他の事業収入				
補助金事業収入（公費）				
補助金事業収入（一般）				
受託事業収入（公費）				
受託事業収入（一般）				
その他の事業収入				
就労支援事業収入				
（何）事業収入				
障害福祉サービス等事業等収入				
自立支援給付費収入				
介護給付費収入				
特例介護給付費収入				
訓練等給付費収入				
特例訓練等給付費収入				
地域相談支援給付費収入				
特例地域相談支援給付費収入				
計画相談支援給付費収入				
特例計画相談支援給付費収入				
障害児施設給付費収入				
障害児通所給付費収入				
特例障害児通所給付費収入				
障害児入所給付費収入				
障害児相談支援給付費収入				
特例障害児相談支援給付費収入				
利用者負担金収入				
補足給付費収入				
特定障害者特別給付費収入				
特例特定障害者特別給付費収入				
特定入所障害児食費等給付費収入				
特定費用収入				
その他の事業収入				
補助金事業収入（公費）				
補助金事業収入（一般）				
受託事業収入（公費）				
受託事業収入（一般）				
その他の事業収入				
（保険等査定減）				
生活保護事業収入				
措置費収入				
事務費収入				
事業費収入				
授産事業収入				
（何）事業収入				
利用者負担金収入				
その他の事業収入				
補助金事業収入（公費）				
補助金事業収入（一般）				
受託事業収入（公費）				
受託事業収入（一般）				
その他の事業収入				
医療事業収入				
入院診療収入（公費）				
入院診療収入（一般）				
室料差額収入				
外来診療収入（公費）				
外来診療収入（一般）				
保健予防活動収入				
受託検査・施設利用収入				
訪問看護療養費収入（公費）				
訪問看護療養費収入（一般）				
訪問看護利用料収入				
訪問看護基本利用料収入				
訪問看護その他の利用料収入				
その他の医療事業収入				
補助金事業収入（公費）				
補助金事業収入（一般）				
受託事業収入（公費）				
受託事業収入（一般）				
その他の医療事業収入				
（保険等査定減）				
退職共済事業収入				
事務費収入				
（何）事業収入				
（何）事業収入				
その他の事業収入				
補助金事業収入（公費）				
補助金事業収入（一般）				
受託事業収入（公費）				
受託事業収入（一般）				
その他の事業収入				
（何）収入				
（何）収入				
借入金利息補助金収入				
経常経費寄附金収入				
受取利息配当金収入				
その他の収入				
受入研修費収入				
利用者等外給食費収入				
雑収入				
流動資産評価益等による資金増加額				
有価証券売却益				
有価証券評価益				
為替差益				
事業活動収入計(1)				

	勘定科目	予算(A)	決算(B)	差異(A)-(B)	備考
	人件費支出				
	役員報酬支出				
	役員退職慰労金支出				
	職員給料支出				
	職員賞与支出				
	非常勤職員給与支出				
	派遣職員費支出				
	退職給付支出				
	法定福利費支出				
	事業費支出				
	給食費支出				
	介護用品費支出				
	医薬品費支出				
	診療・療養等材料費支出				
	保健衛生費支出				
	医療費支出				
	被服費支出				
	教養娯楽費支出				
	日用品費支出				
	保育材料費支出				
	本人支給金支出				
	水道光熱費支出				
	燃料費支出				
	消耗器具備品費支出				
	保険料支出				
	賃借料支出				
	教育指導費支出				
	就職支度費支出				
	葬祭費支出				
	車輌費支出				
	管理費返還支出				
	(何)費支出				
	雑支出				
	事務費支出				
	福利厚生費支出				
	職員被服費支出				
	旅費交通費支出				
	研修研究費支出				
	事務消耗品費支出				
支出	印刷製本費支出				
	水道光熱費支出				
	燃料費支出				
	修繕費支出				
	通信運搬費支出				
	会議費支出				
	広報費支出				
	業務委託費支出				
	手数料支出				
	保険料支出				
	賃借料支出				
	土地・建物賃借料支出				
	租税公課支出				
	保守料支出				
	渉外費支出				
	諸会費支出				
	(何)費支出				
	雑支出				
	就労支援事業支出				
	就労支援事業販売原価支出				
	就労支援事業製造原価支出				
	就労支援事業仕入支出				
	就労支援事業販管費支出				
	授産事業支出				
	(何)事業支出				
	退職共済事業支出				
	事務費支出				
	(何)支出				
	利用者負担軽減額				
	支払利息支出				
	その他の支出				
	利用者等外給食費支出				
	雑支出				
	流動資産評価損等による資金減少額				
	有価証券売却損				
	資産評価損				
	有価証券評価損				
	(何)評価損				
	為替差損				
	徴収不能額				
	事業活動支出計(2)				
	事業活動資金収支差額(3)＝(1)-(2)				

	勘定科目	予算(A)	決算(B)	差異(A)−(B)	備考
施設整備等による収支 収入	施設整備等補助金収入				
	施設整備等補助金収入				
	設備資金借入金元金償還補助金収入				
	施設整備等寄附金収入				
	施設整備等寄附金収入				
	設備資金借入金元金償還寄附金収入				
	設備資金借入金収入				
	固定資産売却収入				
	車輌運搬具売却収入				
	器具及び備品売却収入				
	(何)売却収入				
	その他の施設整備等による収入				
	(何)収入				
	施設整備等収入計(4)				
施設整備等による収支 支出	設備資金借入金元金償還支出				
	固定資産取得支出				
	土地取得支出				
	建物取得支出				
	車輌運搬具取得支出				
	器具及び備品取得支出				
	(何)取得支出				
	固定資産除却・廃棄支出				
	ファイナンス・リース債務の返済支出				
	その他の施設整備等による支出				
	(何)支出				
	施設整備等支出計(5)				
	施設整備等資金収支差額(6)=(4)−(5)				
その他の活動による収支 収入	長期運営資金借入金元金償還寄附金収入				
	長期運営資金借入金収入				
	役員等長期借入金収入				
	長期貸付金回収収入				
	投資有価証券売却収入				
	積立資産取崩収入				
	退職給付引当資産取崩収入				
	長期預り金積立資産取崩収入				
	(何)積立資産取崩収入				
	事業区分間長期借入金収入				
	拠点区分間長期借入金収入				
	事業区分間長期貸付金回収収入				
	拠点区分間長期貸付金回収収入				
	事業区分間繰入金収入				
	拠点区分間繰入金収入				
	その他の活動による収入				
	退職共済預り金収入				
	退職共済事業管理資産取崩収入				
	(何)収入				
	その他の活動収入計(7)				
その他の活動による収支 支出	長期運営資金借入金元金償還支出				
	役員等長期借入金元金償還支出				
	長期貸付金支出				
	投資有価証券取得支出				
	積立資産支出				
	退職給付引当資産支出				
	長期預り金積立資産支出				
	(何)積立資産支出				
	事業区分間長期貸付金支出				
	拠点区分間長期貸付金支出				
	事業区分間長期借入金返済支出				
	拠点区分間長期借入金返済支出				
	事業区分間繰入金支出				
	拠点区分間繰入金支出				
	その他の活動による支出				
	退職共済預り金返還支出				
	退職共済事業管理資産支出				
	(何)支出				
	その他の活動支出計(8)				
	その他の活動資金収支差額(9)=(7)−(8)				
	予備費支出(10)	×××] △××××	—	×××	
	当期資金収支差額合計(11)=(3)+(6)+(9)−(10)				
	前期末支払資金残高(12)				
	当期末支払資金残高(11)+(12)				

(注) 予備費支出△××××円は(何)支出に充当使用した額である。

２．事業活動計算書

① 事業活動計算書の内容

　事業活動計算の目的は、法人の事業活動の成果を把握することです。ここにいう「事業活動の成果」とは、純資産の増加を指しています。

　「会計基準省令」では、事業活動計算書の内容について、次のように規定しています。

【会計基準省令】　　　　　　　　　　　　　（第3章 計算関係書類　第3節 事業活動計算書）

> **（事業活動計算書の内容）**
> **第19条**　事業活動計算書は、当該会計年度における全ての純資産の増減の内容を明瞭に表示するものでなければならない。

② 事業活動計算の方法

　当該会計年度における純資産の増加及び減少に基づいて事業活動計算を行うこととされています。

　「会計基準省令」では、純資産の増加は「収益」、減少は「費用」として表現されます。

　従前の「会計基準」では、資金収支計算一辺倒であった「準則」の名残が強く残っており、事業活動計算書も「事業活動収支計算書」と名付けられ、また、勘定科目も「収入」「支出」という表現が用いられていましたが、「会計基準省令」では、損益の考え方が全面に出されています。

　また、拠点区分やサービス区分が複数ある場合には、各区分に共通する収入及び支出を合理的な基準に基づいて配分するものとされています。

> 「会計基準省令」では、資金収支計算書と事業活動計算書を合わせて、「収支計算書」と呼ばれるのは、旧会計の名残だと思われます。
>
> 配分基準については、「運用上の留意事項」（課長通知）に示されています。（「しおり」の2参照）

【会計基準省令】　　　　　　　　　　　　　（第3章 計算関係書類　第3節 事業活動計算書）

> **（事業活動計算の方法）**
> **第20条**　事業活動計算は、当該会計年度における純資産の増減に基づいて行うものとする。
> **2**　事業活動計算を行うに当たっては、事業区分、拠点区分又はサービス区分ごとに、複数の区分に共通する収益及び費用を合理的な基準に基づいて当該区分に配分するものとする。

③ 事業活動計算書の区分

　「会計基準」では、事業活動計算書は、「サービス活動増減の部」、「サービス活動外増減の部」、「特別増減の部」、「繰越活動増減差額の部」の四つの区分を設けて記載することとされています。

> 資金収支計算書と同様、明瞭性の原則と関わりの深い規定ですね。

【会計基準省令】 （第3章 計算関係書類　第3節 事業活動計算書）

（事業活動計算書の区分）

第21条　事業活動計算書は、次に掲げる部に区分するものとする。

　　　　一　サービス活動増減の部

　　　　二　サービス活動外増減の部

　　　　三　特別増減の部

　　　　四　繰越活動増減差額の部

④　事業活動計算書の構成

「会計基準省令」では、前項の四つの区分を踏まえて、事業活動計算書の構成を次のように規定しています。

【会計基準省令】 （第3章 計算関係書類　第3節 事業活動計算書）

（事業活動計算書の構成）

第22条　前条第一号に掲げる部には、サービス活動による収益及び費用を記載し、同号に掲げる部の収益から費用を控除した額をサービス活動増減差額として記載するものとする。この場合において、サービス活動による費用には、減価償却費等の控除項目として国庫補助金等特別積立金取崩額を含めるものとする。

2　前条第二号に掲げる部には、受取利息配当金収益、支払利息、有価証券売却益、有価証券売却損その他サービス活動以外の原因による収益及び費用であって経常的に発生するものを記載し、同号に掲げる部の収益から費用を控除した額をサービス活動外増減差額として記載するものとする。

3　事業活動計算書には、第1項のサービス活動増減差額に前項のサービス活動外増減差額を加算した額を経常増減差額として記載するものとする。

4　前条第三号に掲げる部には、第6条第1項の寄附金及び国庫補助金等の収益、基本金の組入額、国庫補助金等特別積立金の積立額、固定資産売却等に係る損益その他の臨時的な損益（金額が僅少なものを除く。）を記載し、同号に掲げる部の収益から費用を控除した額を特別増減差額として記載するものとする。この場合において、国庫補助金等特別積立金を含む固定資産の売却損又は処分損を記載する場合には、特別費用の控除項目として国庫補助金等特別積立金取崩額を含めるものとする。

5　事業活動計算書には、第3項の経常増減差額に前項の特別増減差額を加算した額を当期活動増減差額として記載するものとする。

6　前条第四号に掲げる部には、前期繰越活動増減差額、基本金取崩額、その他の積立金積立額及びその他の積立金取崩額を記載し、前項の当期活動増減差額にこれらの額を加減した額を次期繰越活動増減差額として記載するものとする。

　事業活動計算書の構成に関する規定に基づいて、事業活動計算書の構造を図示すると、28頁に示した図のようになります。

　もう一度見直してみて、全体像を把握してください。

⑤　**事業活動計算書の種類及び様式**

　「会計基準省令」では、次のとおり、事業活動計算書を「第2号」として、「第1様式〜第4様式」の4種類の事業活動計算書を示しています。

　第2号第1様式：法人単位事業活動計算書（法人全体の情報を表示）

　第2号第2様式：事業活動内訳表（事業区分別の情報を表示）

　第2号第3様式：事業区分事業活動内訳表（各事業区分の情報を表示）

　第2号第4様式：拠点区分事業活動計算書（各拠点区分の情報を表示）

　上の様式のうち、第2号第4様式が各拠点区分において作成される事業活動計算書の様式であり、他の様式の事業活動計算書の基礎となるものです。第2号第1〜第3様式は、この第2号第4様式に基づく事業活動計算書を集計などして作成されることになります。

【会計基準省令】　　　　　　　　　　（第3章 計算関係書類　第3節 事業活動計算書）

（事業活動計算書の種類及び様式）

第23条　法人単位事業活動計算書は、法人全体について表示するものとする。

2　事業活動内訳表及び事業区分事業活動内訳表は、事業区分の情報を表示するものとする。

3　拠点区分事業活動計算書は、拠点区分別の情報を表示するものとする。

4　第1項から前項までのそれぞれの様式は、第2号第1様式から第4様式までのとおりとする。

⑥　**事業活動計算書の勘定科目**

　事業活動計算書で使用する勘定科目については、「会計基準省令」の「別表第二　事業活動計算書勘定科目（第24条関係）」において定められています。また、勘定科目の説明は「運用上の留意事項」（課長通知）の「別添3　勘定科目説明」に記載されています。

「別添3　勘定科目説明」のうち事業活動計算書の勘定科目の要約は、113頁に記載してあります。

【会計基準省令】　　　　　　　　　　（第3章 計算関係書類　第3節 事業活動計算書）

（事業活動計算書の勘定科目）

第24条　事業活動計算書に記載する勘定科目は、別表第二のとおりとする。

　事業活動計算書の様式は、次頁以下のようになっています。

第2号第1様式（第23条第4項関係）

法人単位事業活動計算書

（自）令和　年　月　日（至）令和　年　月　日　　　　　　　（単位：円）

勘定科目			当年度決算(A)	前年度決算(B)	増減(A)−(B)
サービス活動増減の部	収益	介護保険事業収益			
		老人福祉事業収益			
		児童福祉事業収益			
		保育事業収益			
		就労支援事業収益			
		障害福祉サービス等事業収益			
		生活保護事業収益			
		医療事業収益			
		退職共済事業収益			
		（何）事業収益			
		（何）収益			
		経常経費寄附金収益			
		その他の収益			
		サービス活動収益計(1)			
	費用	人件費			
		事業費			
		事務費			
		就労支援事業費用			
		授産事業費用			
		退職共済事業費用			
		（何）費用			
		利用者負担軽減額			
		減価償却費			
		国庫補助金等特別積立金取崩額	△×××	△×××	
		徴収不能額			
		徴収不能引当金繰入			
		その他の費用			
		サービス活動費用計(2)			
		サービス活動増減差額(3)＝(1)−(2)			
サービス活動外増減の部	収益	借入金利息補助金収益			
		受取利息配当金収益			
		有価証券評価益			
		有価証券売却益			
		基本財産評価益			
		投資有価証券評価益			
		投資有価証券売却益			
		積立資産評価益			
		その他のサービス活動外収益			
		サービス活動外収益計(4)			
	費用	支払利息			
		有価証券評価損			
		有価証券売却損			
		基本財産評価損			
		投資有価証券評価損			
		投資有価証券売却損			
		積立資産評価損			
		その他のサービス活動外費用			
		サービス活動外費用計(5)			
		サービス活動外増減差額(6)＝(4)−(5)			
		経常増減差額(7)＝(3)＋(6)			
特別増減の部	収益	施設整備等補助金収益			
		施設整備等寄附金収益			
		長期運営資金借入金元金償還寄附金収益			
		固定資産受贈額			
		固定資産売却益			
		その他の特別収益			
		特別収益計(8)			
	費用	基本金組入額			
		資産評価損			
		固定資産売却損・処分損			
		国庫補助金等特別積立金取崩額（除却等）	△×××	△×××	
		国庫補助金等特別積立金積立額			
		災害損失			
		その他の特別損失			
		特別費用計(9)			
		特別増減差額(10)＝(8)−(9)			
当期活動増減差額(11)＝(7)＋(10)					
繰越活動増減差額の部	前期繰越活動増減差額(12)				
	当期末繰越活動増減差額(13)＝(11)＋(12)				
	基本金取崩額(14)				
	その他の積立金取崩額(15)				
	その他の積立金積立額(16)				
	次期繰越活動増減差額(17)＝(13)＋(14)＋(15)−(16)				

第2号第2様式（第23条第4項関係）

事業活動内訳表

（自）令和　年　月　日　（至）令和　年　月　日　　　　　　　　（単位：円）

		勘定科目	社会福祉事業	公益事業	収益事業	合計	内部取引消去	法人合計
サービス活動増減の部	収益	介護保険事業収益						
		老人福祉事業収益						
		児童福祉事業収益						
		保育事業収益						
		就労支援事業収益						
		障害福祉サービス等事業収益						
		生活保護事業収益						
		医療事業収益						
		退職共済事業収益						
		（何）事業収益						
		（何）収益						
		経常経費寄附金収益						
		その他の収益						
		サービス活動収益計(1)						
	費用	人件費						
		事業費						
		事務費						
		就労支援事業費用						
		授産事業費用						
		退職共済事業費用						
		（何）費用						
		利用者負担軽減額						
		減価償却費						
		国庫補助金等特別積立金取崩額	△×××	△×××	△×××	△×××		△×××
		徴収不能額						
		徴収不能引当金繰入						
		その他の費用						
		サービス活動費用計(2)						
		サービス活動増減差額(3)＝(1)－(2)						
サービス活動外増減の部	収益	借入金利息補助金収益						
		受取利息配当金収益						
		有価証券評価益						
		有価証券売却益						
		基本財産評価益						
		投資有価証券評価益						
		投資有価証券売却益						
		積立資産評価益						
		その他のサービス活動外収益						
		サービス活動外収益計(4)						
	費用	支払利息						
		有価証券評価損						
		有価証券売却損						
		基本財産評価損						
		投資有価証券評価損						
		投資有価証券売却損						
		積立資産評価損						
		その他のサービス活動外費用						
		サービス活動外費用計(5)						
		サービス活動外増減差額(6)＝(4)－(5)						
		経常増減差額(7)＝(3)＋(6)						
特別増減の部	収益	施設整備等補助金収益						
		施設整備等寄附金収益						
		長期運営資金借入金元金償還寄附金収益						
		固定資産受贈額						
		固定資産売却益						
		事業区分間繰入金収益						
		事業区分間固定資産移管収益						
		その他の特別収益						
		特別収益計(8)						
	費用	基本金組入額						
		資産評価損						
		固定資産売却損・処分損						
		国庫補助金等特別積立金取崩額（除却等）	△×××	△×××	△×××	△×××		△×××
		国庫補助金等特別積立金積立額						
		災害損失						
		事業区分間繰入金費用						
		事業区分間固定資産移管費用						
		その他の特別損失						
		特別費用計(9)						
		特別増減差額(10)＝(8)－(9)						
		当期活動増減差額(11)＝(7)＋(10)						
繰越活動増減差額の部		前期繰越活動増減差額(12)						
		当期末繰越活動増減差額(13)＝(11)＋(12)						
		基本金取崩額(14)						
		その他の積立金取崩額(15)						
		その他の積立金積立額(16)						
		次期繰越活動増減差額(17)＝(13)＋(14)＋(15)－(16)						

第2号第3様式（第23条第4項関係）

（何）事業区分　事業活動内訳表

（自）令和　年　月　日　（至）令和　年　月　日　（単位：円）

		勘定科目	○○拠点	△△拠点	××拠点	合計	内部取引消去	法人合計
サービス活動増減の部	収益	介護保険事業収益						
		老人福祉事業収益						
		児童福祉事業収益						
		保育事業収益						
		就労支援事業収益						
		障害福祉サービス等事業収益						
		生活保護事業収益						
		医療事業収益						
		退職共済事業収益						
		（何）事業収益						
		経常経費寄附金収益						
		その他の収益						
		サービス活動収益計(1)						
	費用	人件費						
		事業費						
		事務費						
		就労支援事業費用						
		授産事業費用						
		退職共済事業費用						
		（何）費用						
		利用者負担軽減額						
		減価償却費						
		国庫補助金等特別積立金取崩額	△×××	△×××	△×××	△×××		△×××
		徴収不能額						
		徴収不能引当金繰入						
		その他の費用						
		サービス活動費用計(2)						
		サービス活動増減差額(3)=(1)-(2)						
サービス活動外増減の部	収益	借入金利息補助金収益						
		受取利息配当金収益						
		有価証券評価益						
		有価証券売却益						
		基本財産評価益						
		投資有価証券評価益						
		投資有価証券売却益						
		積立資産評価益						
		その他のサービス活動外収益						
		サービス活動外収益計(4)						
	費用	支払利息						
		有価証券評価損						
		有価証券売却損						
		基本財産評価損						
		投資有価証券評価損						
		投資有価証券売却損						
		積立資産評価損						
		その他のサービス活動外費用						
		サービス活動外費用計(5)						
		サービス活動外増減差額(6)=(4)-(5)						
		経常増減差額(7)=(3)+(6)						
特別増減の部	収益	施設整備等補助金収益						
		施設整備等寄附金収益						
		長期運営資金借入金元金償還寄附金収益						
		固定資産受贈額						
		固定資産売却益						
		事業区分間繰入金収益						
		拠点区分間繰入金収益						
		事業区分間固定資産移管収益						
		拠点区分間固定資産移管収益						
		その他の特別収益						
		特別収益計(8)						
	費用	基本金組入額						
		資産評価損						
		固定資産売却損・処分損						
		国庫補助金等特別積立金取崩額（除却等）	△×××	△×××	△×××	△×××		△×××
		国庫補助金等特別積立金積立額						
		災害損失						
		事業区分間繰入金費用						
		拠点区分間繰入金費用						
		事業区分間固定資産移管費用						
		拠点区分間固定資産移管費用						
		その他の特別損失						
		特別費用計(9)						
		特別増減差額(10)=(8)-(9)						
		当期活動増減差額(11)=(7)+(10)						
繰越活動増減差額の部		前期繰越活動増減差額(12)						
		当期末繰越活動増減差額(13)=(11)+(12)						
		基本金取崩額(14)						
		その他の積立金取崩額(15)						
		その他の積立金積立額(16)						
		次期繰越活動増減差額(17)=(13)+(14)+(15)-(16)						

第2号第4様式（第23条第4項関係）

（何）拠点区分　事業活動計算書

（自）令和　年　月　日　（至）令和　年　月　日　　　（単位：円）

勘定科目			当年度決算(A)	前年度決算(B)	増減(A)－(B)
サービス活動増減の部	収益	介護保険事業収益			
		施設介護料収益			
		介護報酬収益			
		利用者負担金収益（公費）			
		利用者負担金収益（一般）			
		居宅介護料収益			
		（介護報酬収益）			
		介護報酬収益			
		介護予防報酬収益			
		（利用者負担金収益）			
		介護負担金収益（公費）			
		介護負担金収益（一般）			
		介護予防負担金収益（公費）			
		介護予防負担金収益（一般）			
		地域密着型介護料収益			
		（介護報酬収益）			
		介護報酬収益			
		介護予防報酬収益			
		（利用者負担金収益）			
		介護負担金収益（公費）			
		介護負担金収益（一般）			
		介護予防負担金収益（公費）			
		介護予防負担金収益（一般）			
		居宅介護支援介護料収益			
		居宅介護支援介護料収益			
		介護予防支援介護料収益			
		介護予防・日常生活支援総合事業収益			
		事業費収益			
		事業負担金収益（公費）			
		事業負担金収益（一般）			
		利用者等利用料収益			
		施設サービス利用料収益			
		居宅介護サービス利用料収益			
		地域密着型介護サービス利用料収益			
		食費収益（公費）			
		食費収益（一般）			
		食費収益（特定）			
		居住費収益（公費）			
		居住費収益（一般）			
		居住費収益（特定）			
		介護予防・日常生活支援総合事業利用料収益			
		その他の利用料収益			
		その他の事業収益			
		補助金事業収益（公費）			
		補助金事業収益（一般）			
		市町村特別事業収益（公費）			
		市町村特別事業収益（一般）			
		受託事業収益（公費）			
		受託事業収益（一般）			
		その他の事業収益			
		（保険等査定減）			
		老人福祉事業収益			
		措置事業収益			
		事務費収益			
		事業費収益			
		その他の利用料収益			
		その他の事業収益			
		運営事業収益			
		管理費収益			
		その他の利用料収益			
		補助金事業収益（公費）			
		補助金事業収益（一般）			
		その他の事業収益			
		その他の事業収益			
		管理費収益			
		その他の利用料収益			
		その他の事業収益			
		児童福祉事業収益			
		措置費収益			
		事務費収益			
		事業費収益			
		私的契約利用料収益			
		その他の事業収益			
		補助金事業収益（公費）			
		補助金事業収益（一般）			
		受託事業収益（公費）			
		受託事業収益（一般）			
		その他の事業収益			
		保育事業収益			
		施設型給付費収益			
		施設型給付費収益			
		利用者負担金収益			
		特例施設型給付費収益			
		特例施設型給付費収益			
		利用者負担金収益			
		地域型保育給付費収益			
		地域型保育給付費収益			
		利用者負担金収益			

勘定科目			当年度決算(A)	前年度決算(B)	増減(A)−(B)
サービス活動増減の部	収益	特例地域型保育給付費収益			
		特例地域型保育給付費収益			
		利用者負担金収益			
		委託費収益			
		利用者等利用料収益			
		利用者等利用料収益（公費）			
		利用者等利用料収益（一般）			
		その他の利用料収益			
		私的契約利用料収益			
		その他の事業収益			
		補助金事業収益（公費）			
		補助金事業収益（一般）			
		受託事業収益（公費）			
		受託事業収益（一般）			
		その他の事業収益			
		就労支援事業収益			
		（何）事業収益			
		障害福祉サービス等事業収益			
		自立支援給付費収益			
		介護給付費収益			
		特例介護給付費収益			
		訓練等給付費収益			
		特例訓練等給付費収益			
		地域相談支援給付費収益			
		特例地域相談支援給付費収益			
		計画相談支援給付費収益			
		特例計画相談支援給付費収益			
		障害児施設給付費収益			
		障害児通所給付費収益			
		特例障害児通所給付費収益			
		障害児入所給付費収益			
		障害児相談支援給付費収益			
		特例障害児相談支援給付費収益			
		利用者負担金収益			
		補足給付費収益			
		特定障害者特別給付費収益			
		特例特定障害者特別給付費収益			
		特定入所障害児食費等給付費収益			
		特定費用収益			
		その他の事業収益			
		補助金事業収益（公費）			
		補助金事業収益（一般）			
		受託事業収益（公費）			
		受託事業収益（一般）			
		その他の事業収益			
		（保険等査定減）			
		生活保護事業収益			
		措置費収益			
		事務費収益			
		事業費収益			
		授産事業収益			
		（何）事業収益			
		利用者負担金収益			
		その他の事業収益			
		補助金事業収益（公費）			
		補助金事業収益（一般）			
		受託事業収益（公費）			
		受託事業収益（一般）			
		その他の事業収益			
		医療事業収益			
		入院診療収益（公費）			
		入院診療収益（一般）			
		室料差額収益			
		外来診療収益（公費）			
		外来診療収益（一般）			
		保健予防活動収益			
		受託検査・施設利用収益			
		訪問看護療養費収益（公費）			
		訪問看護療養費収益（一般）			
		訪問看護利用料収益			
		訪問看護基本利用料収益			
		訪問看護その他の利用料収益			
		その他の医療事業収益			
		補助金事業収益（公費）			
		補助金事業収益（一般）			
		受託事業収益（公費）			
		受託事業収益（一般）			
		その他の医業収益			
		（保険等査定減）			
		退職共済事業収益			
		事務費収益			
		（何）事業収益			
		（何）事業収益			
		その他の事業収益			
		補助金事業収益（公費）			
		補助金事業収益（一般）			
		受託事業収益（公費）			
		受託事業収益（一般）			
		その他の事業収益			
		（何）収益			
		（何）収益			
		経常経費寄附金収益			
		その他の収益			
		サービス活動収益計(1)			

		勘定科目	当年度決算(A)	前年度決算(B)	増減(A)−(B)
サービス活動増減の部	費用	人件費			
		役員報酬			
		役員退職慰労金			
		役員退職慰労引当金繰入			
		職員給料			
		職員賞与			
		賞与引当金繰入			
		非常勤職員給与			
		派遣職員費			
		退職給付費用			
		法定福利費			
		事業費			
		給食費			
		介護用品費			
		医薬品費			
		診療・療養等材料費			
		保健衛生費			
		医療費			
		被服費			
		教養娯楽費			
		日用品費			
		保育材料費			
		本人支給金			
		水道光熱費			
		燃料費			
		消耗器具備品費			
		保険料			
		賃借料			
		教育指導費			
		就職支度費			
		葬祭費			
		車輌費			
		棚卸資産評価損			
		（何）費			
		雑費			
		事務費			
		福利厚生費			
		職員被服費			
		旅費交通費			
		研修研究費			
		事務消耗品費			
		印刷製本費			
		水道光熱費			
		燃料費			
		修繕費			
		通信運搬費			
		会議費			
		広報費			
		業務委託費			
		手数料			
		保険料			
		賃借料			
		土地・建物賃借料			
		租税公課			
		保守料			
		渉外費			
		諸会費			
		（何）費			
		雑費			
		就労支援事業費用			
		就労支援事業販売原価			
		期首製品（商品）棚卸高			
		当期就労支援事業製造原価			
		当期就労支援事業仕入高			
		期末製品（商品）棚卸高			
		就労支援事業販管費			
		授産事業費用			
		（何）事業費			
		退職共済事業費用			
		事務費			
		（何）費用			
		利用者負担軽減額			
		減価償却費			
		国庫補助金等特別積立金取崩額	△×××	△×××	
		徴収不能額			
		徴収不能引当金繰入			
		その他の費用			
		サービス活動費用計(2)			
		サービス活動増減差額(3)＝(1)−(2)			

事業活動計算書

勘定科目			当年度決算(A)	前年度決算(B)	増減(A)−(B)
サービス活動外増減の部	収益	借入金利息補助金収益			
		受取利息配当金収益			
		有価証券評価益			
		有価証券売却益			
		基本財産評価益			
		投資有価証券評価益			
		投資有価証券売却益			
		積立資産評価益			
		その他のサービス活動外収益			
		受入研修費収益			
		利用者等外給食収益			
		為替差益			
		退職共済事業管理資産評価益			
		退職共済預り金戻入額			
		雑収益			
		サービス活動外収益計(4)			
	費用	支払利息			
		有価証券評価損			
		有価証券売却損			
		基本財産評価損			
		投資有価証券評価損			
		投資有価証券売却損			
		積立資産評価損			
		その他のサービス活動外費用			
		利用者等外給食費			
		為替差損			
		退職共済事業管理資産評価損			
		退職共済預り金繰入額			
		雑損失			
		サービス活動外費用計(5)			
		サービス活動外増減差額(6)=(4)−(5)			
		経常増減差額(7)=(3)+(6)			
特別増減の部	収益	施設整備等補助金収益			
		施設整備等補助金収益			
		設備資金借入金元金償還補助金収益			
		施設整備等寄附金収益			
		施設整備等寄附金収益			
		設備資金借入金元金償還寄附金収益			
		長期運営資金借入金元金償還寄附金収益			
		固定資産受贈額			
		(何)受贈額			
		固定資産売却益			
		車輌運搬具売却益			
		器具及び備品売却益			
		(何)売却益			
		事業区分間繰入金収益			
		拠点区分間繰入金収益			
		事業区分間固定資産移管収益			
		拠点区分間固定資産移管収益			
		その他の特別収益			
		徴収不能引当金戻入益			
		特別収益計(8)			
	費用	基本金組入額			
		資産評価損			
		固定資産売却損・処分損			
		建物売却損・処分損			
		車輌運搬具売却損・処分損			
		器具及び備品売却損・処分損			
		その他の固定資産売却損・処分損			
		国庫補助金等特別積立金取崩額（除却等）	△××××	△××××	
		国庫補助金等特別積立金積立額			
		災害損失			
		事業区分間繰入金費用			
		拠点区分間繰入金費用			
		事業区分間固定資産移管費用			
		拠点区分間固定資産移管費用			
		その他の特別損失			
		特別費用計(9)			
		特別増減差額(10)=(8)−(9)			
当期活動増減差額(11)=(7)+(10)					
繰越活動増減差額の部		前期繰越活動増減差額(12)			
		当期末繰越活動増減差額(13)=(11)+(12)			
		基本金取崩額(14)			
		その他の積立金取崩額(15)			
		(何)積立金取崩額			
		その他の積立金積立額(16)			
		(何)積立金積立額			
		次期繰越活動増減差額(17)=(13)+(14)+(15)−(16)			

3．貸借対照表

①　貸借対照表の内容

　貸借対照表は、毎会計年度末におけるすべての資産、負債及び純資産の状態を明らかにするために作成することが求められています。

　「会計基準省令」では、貸借対照表の内容について、次のように規定しています。

【会計基準省令】　　　　　　　　　　　　　　　　（第3章 計算関係書類　第4節 貸借対照表）

> **（貸借対照表の内容）**
>
> **第25条**　貸借対照表は、当該会計年度末現在における全ての資産、負債及び純資産の状態を明瞭に表示するものでなければならない。

②　貸借対照表の区分

　「会計基準省令」では、貸借対照表は、「資産の部」、「負債の部」、「純資産の部」の三つに区分し、さらに「資産の部」を「流動資産」と「固定資産」に、「負債の部」を「流動負債」と「固定負債」にそれぞれ区分して記載することとされています。

この規定も明瞭性の原則と関わりの深い規定ですね。

【会計基準省令】　　　　　　　　　　　　　　　　（第3章 計算関係書類　第4節 貸借対照表）

> **（貸借対照表の区分）**
>
> **第26条**　貸借対照表は、資産の部、負債の部及び純資産の部に区分し、更に資産の部は流動資産及び固定資産に、負債の部は流動負債及び固定負債に区分しなければならない。

　上に記載されている前段部分は、次のように図示することができます。

要約貸借対照表（B／S）

（資金の運用）	（資金の調達）
資　産	負　債
	純資産

　また、貸借対照表では、常に次の関係が成り立っています。

　　①　資産　＝　負債　＋　純資産

　　②　資産　－　負債　＝　純資産

　①は「貸借対照表等式」、②は「純資産等式」と呼ばれます。

　さらに、資産・負債を流動・固定に区分すると、前頁の貸借対照表は、次のように図示されることになります。

要約貸借対照表（B／S）

流動資産	流動負債
	固定負債
固定資産	純資産

　「会計基準省令」では、経常的な取引によって発生した債権債務は、流動資産又は流動負債に属するものとされ、その他のものは1年基準によって流動と固定を区分することとされています。

　1年基準は、貸借対照表日（3月31日です）の翌日から起算して、1年以内に入金される予定のもの又は支払期限が到来するものを、流動資産又は流動負債に属するものとし、また、それらの期限が1年を超えて到来するものを固定資産又は固定負債に属するものとする基準です。

　1年基準の適用によって、例えば、長期借入金のうち、毎年1年以内に返済すべきものについては、期末時点において流動負債に振り替えることになります。

　「運用上の取扱い」（局長通知）6では、次のように規定しています。

【運用上の取扱い】 （局長通知）

> **6　資産及び負債の流動と固定の区分について（会計基準省令第26条第1項関係）**
>
> 　未収金、前払金、未払金、前受金等の経常的な取引によって発生した債権債務は、流動資産または流動負債に属するものとする。
>
> 　ただし、これらの債権のうち、破産債権、更生債権等で1年以内に回収されないことが明らかなものは固定資産に属するものとする。
>
> 　貸付金、借入金等の経常的な取引以外の取引によって発生した債権債務については、貸借対照表日の翌日から起算して1年以内に入金又は支払の期限が到来するものは流動資産又は流動負債に属するものとし、入金又は支払の期限が1年を超えて到来するものは固定資産又は固定負債に属するものとする。
>
> 　現金及び預貯金は、原則として流動資産に属するものとするが、特定の目的で保有する預貯金は、固定資産に属するものとする。ただし、当該目的を示す適当な科目で表示するものとする。

　また、純資産の区分については、「基本金」「国庫補助金等特別積立金」「その他の積立金」「次期繰越活動増減差額」の四つに区分するものと規定しています。詳細については、純資産の項目で学習します。

【会計基準省令】　　　　　　　　　　　　　　（第3章 計算関係書類　第4節 貸借対照表）

> **（貸借対照表の区分）**
> **第26条**　（略）
> 　2　純資産の部は、基本金、国庫補助金等特別積立金、その他の積立金及び次期繰越活動増減差額に区分するものとする。

③　貸借対照表の種類及び様式

　「会計基準省令」では、次のとおり、貸借対照表を「第3号」として、「第1様式〜第4様式」の4種類の貸借対照表を示しています。

　　第3号第1様式：貸借対照表（法人全体の情報を表示）
　　第3号第2様式：貸借対照表内訳表（事業区分別の情報を表示）
　　第3号第3様式：事業区分貸借対照表内訳表（各事業区分の情報を表示）
　　第3号第4様式：拠点区分貸借対照表（各拠点区分の情報を表示）

第4様式の拠点区分別貸借対照表が、他の第1〜第3様式の貸借対照表の基礎となります。

【会計基準省令】　　　　　　　　　　　　　　（第3章 計算関係書類　第4節 貸借対照表）

> **（貸借対照表の種類及び様式）**
> **第27条**　法人単位貸借対照表は、法人全体について表示するものとする。
> 　2　貸借対照表内訳表及び事業区分貸借対照表内訳表は、事業区分の情報を表示するものとする。
> 　3　拠点区分貸借対照表は、拠点区分別の情報を表示するものとする。
> 　4　第1項から前項までの様式は、第3号第1様式から第4様式までのとおりとする。

④　貸借対照表の勘定科目

　「会計基準省令」において、勘定科目は、計算書類の様式として定められています。また、勘定科目の説明は、「運用上の留意事項」（課長通知）の「別添3　勘定科目説明」に記載されています。「別添3　勘定科目説明」のうち、貸借対照表の勘定科目の要約は、113頁に記載してあります。

【会計基準省令】　　　　　　　　　　　　　　（第3章 計算関係書類　第4節 貸借対照表）

> **（貸借対照表の勘定科目）**
> **第28条**　貸借対照表に記載する勘定科目は、別表第三のとおりとする。

　貸借対照表の様式は、次頁以下のとおりです。

第3号第1様式（第27条第4項関係）

法人単位貸借対照表

令和　年　月　日現在　　　　　　　　　　　（単位：円）

資　産　の　部	当年度末	前年度末	増減	負　債　の　部	当年度末	前年度末	増減
流動資産				流動負債			
現金預金				短期運営資金借入金			
有価証券				事業未払金			
事業未収金				その他の未払金			
未収金				支払手形			
未収補助金				役員等短期借入金			
未収収益				1年以内返済予定設備資金借入金			
受取手形				1年以内返済予定長期運営資金借入金			
貯蔵品				1年以内返済予定リース債務			
医薬品				1年以内返済予定役員等長期借入金			
診療・療養費等材料				1年以内支払予定長期未払金			
給食用材料				未払費用			
商品・製品				預り金			
仕掛品				職員預り金			
原材料				前受金			
立替金				前受収益			
前払金				仮受金			
前払費用				賞与引当金			
1年以内回収予定長期貸付金				その他の流動負債			
短期貸付金							
仮払金							
その他の流動資産							
徴収不能引当金	△×××	△×××					
固定資産				固定負債			
基本財産				設備資金借入金			
土地				長期運営資金借入金			
建物				リース債務			
建物減価償却累計額	△×××	△×××		役員等長期借入金			
定期預金				退職給付引当金			
投資有価証券				役員退職慰労引当金			
				長期未払金			
その他の固定資産				長期預り金			
土地				退職共済預り金			
建物				その他の固定負債			
構築物							
機械及び装置							
車輌運搬具				負債の部合計			
器具及び備品				純　資　産　の　部			
建設仮勘定				基本金			
有形リース資産				国庫補助金等特別積立金			
(何)減価償却累計額	△×××	△×××		その他の積立金			
権利				(何)積立金			
ソフトウェア				次期繰越活動増減差額			
無形リース資産				(うち当期活動増減差額)			
投資有価証券							
長期貸付金							
退職給付引当資産							
長期預り金積立資産							
退職共済事業管理資産							
(何)積立資産							
差入保証金							
長期前払費用							
その他の固定資産							
徴収不能引当金	△×××	△×××		純資産の部合計			
資産の部合計				負債及び純資産の部合計			

第3号第2様式（第27条第4項関係）

貸借対照表内訳表
令和　年　月　日現在　　　　　　　　　　　　　　（単位：円）

勘定科目	社会福祉事業	公益事業	収益事業	合計	内部取引消去	法人合計
流動資産						
現金預金						
有価証券						
事業未収金						
未収金						
未収補助金						
未収収益						
受取手形						
貯蔵品						
医薬品						
診療・療養費等材料						
給食用材料						
商品・製品						
仕掛品						
原材料						
立替金						
前払金						
前払費用						
1年以内回収予定長期貸付金						
1年以内回収予定事業区分間長期貸付金						
短期貸付金						
事業区分間貸付金						
仮払金						
その他の流動資産						
徴収不能引当金	△×××	△×××	△×××	△×××		△×××
固定資産						
基本財産						
土地						
建物						
建物減価償却累計額	△×××	△×××	△×××	△×××		△×××
定期預金						
投資有価証券						
その他の固定資産						
土地						
建物						
構築物						
機械及び装置						
車輌運搬具						
器具及び備品						
建設仮勘定						
有形リース資産						
(何)減価償却累計額	△×××	△×××	△×××	△×××		△×××
権利						
ソフトウェア						
無形リース資産						
投資有価証券						
長期貸付金						
事業区分間長期貸付金						
退職給付引当資産						
長期預り金積立資産						
退職共済事業管理資産						
(何)積立資産						
差入保証金						
長期前払費用						
その他の固定資産						
徴収不能引当金	△×××	△×××	△×××	△×××		△×××
資産の部合計						

勘定科目	社会福祉事業	公益事業	収益事業	合計	内部取引消去	法人合計
流動負債						
短期運営資金借入金						
事業未払金						
その他の未払金						
支払手形						
役員等短期借入金						
1年以内返済予定設備資金借入金						
1年以内返済予定長期運営資金借入金						
1年以内返済予定リース債務						
1年以内返済予定役員等長期借入金						
1年以内返済予定事業区分間長期借入金						
1年以内支払予定長期未払金						
未払費用						
預り金						
職員預り金						
前受金						
前受収益						
事業区分間借入金						
仮受金						
賞与引当金						
その他の流動負債						
固定負債						
設備資金借入金						
長期運営資金借入金						
リース債務						
役員等長期借入金						
事業区分間長期借入金						
退職給付引当金						
役員退職慰労引当金						
長期未払金						
長期預り金						
退職共済預り金						
その他の固定負債						
負債の部合計						
基本金						
国庫補助金等特別積立金						
その他の積立金						
(何)積立金						
次期繰越活動増減差額						
(うち当期活動増減差額)						
純資産の部合計						
負債及び純資産の部合計						

第3号第3様式（第27条第4項関係）

(何)事業区分　貸借対照表内訳表

令和　年　月　日現在　　　　　　　　　　(単位：円)

勘定科目	○○拠点	△△拠点	××拠点	合計	内部取引消去	事業区分計
流動資産						
現金預金						
有価証券						
事業未収金						
未収金						
未収補助金						
未収収益						
受取手形						
貯蔵品						
医薬品						
診療・療養費等材料						
給食用材料						
商品・製品						
仕掛品						
原材料						
立替金						
前払金						
前払費用						
1年以内回収予定長期貸付金						
1年以内回収予定事業区分間長期貸付金						
1年以内回収予定拠点区分間長期貸付金						
短期貸付金						
事業区分間貸付金						
拠点区分間貸付金						
仮払金						
その他の流動資産						
徴収不能引当金	△×××	△×××	△×××	△×××		△×××
固定資産						
基本財産						
土地						
建物						
建物減価償却累計額	△×××	△×××	△×××	△×××		△×××
定期預金						
投資有価証券						
その他の固定資産						
土地						
建物						
構築物						
機械及び装置						
車輌運搬具						
器具及び備品						
建設仮勘定						
有形リース資産						
(何)減価償却累計額	△×××	△×××	△×××	△×××		△×××
権利						
ソフトウェア						
無形リース資産						
投資有価証券						
長期貸付金						
事業区分間長期貸付金						
拠点区分間長期貸付金						
退職給付引当資産						
長期預り金積立資産						
退職共済事業管理資産						
(何)積立資産						
差入保証金						
長期前払費用						
その他の固定資産						
徴収不能引当金	△×××	△×××	△×××	△×××		△×××
資産の部合計						

勘定科目	○○拠点	△△拠点	××拠点	合計	内部取引消去	事業区分計
流動負債						
短期運営資金借入金						
事業未払金						
その他の未払金						
支払手形						
役員等短期借入金						
1年以内返済予定設備資金借入金						
1年以内返済予定長期運営資金借入金						
1年以内返済予定リース債務						
1年以内返済予定役員等長期借入金						
1年以内返済予定事業区分間長期借入金						
1年以内返済予定拠点区分間長期借入金						
1年以内支払予定長期未払金						
未払費用						
預り金						
職員預り金						
前受金						
前受収益						
事業区分間借入金						
拠点区分間借入金						
仮受金						
賞与引当金						
その他の流動負債						
固定負債						
設備資金借入金						
長期運営資金借入金						
リース債務						
役員等長期借入金						
事業区分間長期借入金						
拠点区分間長期借入金						
退職給付引当金						
役員退職慰労引当金						
長期未払金						
長期預り金						
退職共済預り金						
その他の固定負債						
負債の部合計						
基本金						
国庫補助金等特別積立金						
その他の積立金						
(何)積立金						
次期繰越活動増減差額						
(うち当期活動増減差額)						
純資産の部合計						
負債及び純資産の部合計						

第3号第4様式（第27条第4項関係）

（何）拠点区分　貸借対照表
令和　年　月　日現在　　　　　　　　　（単位：円）

資　産　の　部	当年度末	前年度末	増減	負　債　の　部	当年度末	前年度末	増減
流動資産				流動負債			
現金預金				短期運営資金借入金			
有価証券				事業未払金			
事業未収金				その他の未払金			
未収金				支払手形			
未収補助金				役員等短期借入金			
未収収益				1年以内返済予定設備資金借入金			
受取手形				1年以内返済予定長期運営資金借入金			
貯蔵品				1年以内返済予定リース債務			
医薬品				1年以内返済予定役員等長期借入金			
診療・療養費等材料				1年以内返済予定事業区分間長期借入金			
給食用材料				1年以内返済予定拠点区分間長期借入金			
商品・製品				1年以内支払予定長期未払金			
仕掛品				未払費用			
原材料				預り金			
立替金				職員預り金			
前払金				前受金			
前払費用				前受収益			
1年以内回収予定長期貸付金				事業区分間借入金			
1年以内回収予定事業区分間長期貸付金				拠点区分間借入金			
1年以内回収予定拠点区分間長期貸付金				仮受金			
短期貸付金				賞与引当金			
事業区分間貸付金				その他の流動負債			
拠点区分間貸付金							
仮払金							
その他の流動資産							
徴収不能引当金	△×××	△×××					
固定資産				固定負債			
基本財産				設備資金借入金			
土地				長期運営資金借入金			
建物				リース債務			
建物減価償却累計額	△×××	△×××		役員等長期借入金			
定期預金				事業区分間長期借入金			
投資有価証券				拠点区分間長期借入金			
その他の固定資産				退職給付引当金			
土地				役員退職慰労引当金			
建物				長期未払金			
構築物				長期預り金			
機械及び装置				退職共済預り金			
車輌運搬具				その他の固定負債			
器具及び備品							
建設仮勘定							
有形リース資産				負債の部合計			
（何）減価償却累計額	△×××	△×××		純　資　産　の　部			
権利				基本金			
ソフトウェア				国庫補助金等特別積立金			
無形リース資産				その他の積立金			
投資有価証券				（何）積立金			
長期貸付金				次期繰越活動増減差額			
事業区分間長期貸付金				（うち当期活動増減差額）			
拠点区分間長期貸付金							
退職給付引当資産							
長期預り金積立資産							
退職共済事業管理資産							
（何）積立資産							
差入保証金							
長期前払費用							
その他の固定資産							
徴収不能引当金	△×××	△×××		純資産の部合計			
資産の部合計				負債及び純資産の部合計			

練習問題 2(1) 仕訳・転記と精算表の完成

(1) 次の取引を仕訳し、転記した上で精算表を完成してください。なお、仕訳科目は精算表に記載されたB／S・P／L科目を使用するものとし、日付欄には問題番号を記入してください。(以下、問題中、単位は省略しています。)

期　中　取　引		仕　訳			
		借　　方		貸　　方	
		科　　目	金額	科　　目	金額
①	施設増築のための基本財産を取得するように指定された補助金として500の振込を受けた。	現　金　預　金			
②	施設増築のための基本財産を取得するように指定された寄附金として150の振込を受けた。				
③	①②を財源として建物650を現金で取得し、基本財産とした。	(基　本　財　産)			
④	①について国庫補助金等特別積立金を積み立てた。				
⑤	②について基本金に組み入れた。				
⑥	車輌(売却直前帳簿価額40)を30で売却し、預金に入金した。			車　輌　運　搬　具	30
				車　輌　運　搬　具	10
⑦	⑥に見合う国庫補助金等特別積立金10を取り崩した。				
⑧	建物について85の減価償却を実施した。				
⑨	車輌について25の減価償却を実施した。				
⑩	⑧⑨に見合う国庫補助金等特別積立金55を取り崩した。				

※減価償却費の計上は、固定資産の帳簿価額を直接減額する方法によること。

現　金　預　金

××01年 月 日		摘　　　要	借　方	貸　方	借方残高
4	1	前期繰越	—	—	500
		施設整備等補助金収益			3,000
		施設整備等寄附金収益			3,150
		建物			2,500
		車輌運搬具			2,530
	30	諸口	15		1,770
		取引合計	2,940	1,670	

（基本財産）　　　　　　　　　　建　　物

××01年 月 日	摘　　要	資金増減取引 借　方	貸　方	その他取引 借　方	貸　方	借方残高
4　1	前期繰越	—	—	—	—	18,000
	現金預金					
	取引合計					

（その他の固定資産）　　　　　車 輌 運 搬 具

××01年 月 日	摘　　要	資金増減取引 借　方	貸　方	その他取引 借　方	貸　方	借方残高
4　1	前期繰越	—	—	—	—	450
⑥	現金預金					
⑥	固定資産売却損・処分損					
	取引合計					

基　　本　　金

××01年 月 日	摘　　要	資金増減取引 借　方	貸　方	その他取引 借　方	貸　方	貸方残高
4　1	前期繰越			—	—	23,400
	取引合計					

国庫補助金等特別積立金

××01年 月 日	摘　　要	資金増減取引 借　方	貸　方	その他取引 借　方	貸　方	貸方残高
4　1	前期繰越			—	—	34,500
	国庫補助金等特別積立金　積立額					
	国庫補助金等特別積立金　取崩額					
	国庫補助金等特別積立金　取崩額					
	取引合計					

（サービス活動増減の部）　　　減 価 償 却 費

××01年 月 日	摘　　要	資金増減取引 借　方	貸　方	その他取引 借　方	貸　方	借方残高
4	建物					
	車輌運搬具					
	取引合計					

（サービス活動増減の部）　　　　国庫補助金等特別積立金取崩額

××01年 月　日	摘　　　要	資金増減取引		その他取引		貸方残高
		借　方	貸　方	借　方	貸　方	
4	国庫補助金等特別積立金					
	取引合計					

（特別増減の部）　　　　　　　施設整備等補助金収益

××01年 月　日	摘　　　要	資金増減取引		その他取引		貸方残高
		借　方	貸　方	借　方	貸　方	
4	現金預金					
	取引合計					

（特別増減の部）　　　　　　　施設整備等寄附金収益

××01年 月　日	摘　　　要	資金増減取引		その他取引		貸方残高
		借　方	貸　方	借　方	貸　方	
4	現金預金					
	取引合計					

（特別増減の部）　　　　　　　基　本　金　組　入　額

××01年 月　日	摘　　　要	資金増減取引		その他取引		借方残高
		借　方	貸　方	借　方	貸　方	
4						
	取引合計					

（特別増減の部）　　　　　　　固定資産売却損・処分損

××01年 月　日	摘　　　要	資金増減取引		その他取引		借方残高
		借　方	貸　方	借　方	貸　方	
4						
	取引合計					

（特別増減の部）　　　　　　　国庫補助金等特別積立金取崩額

××01年 月　日	摘　　　要	資金増減取引		その他取引		貸方残高
		借　方	貸　方	借　方	貸　方	
4	国庫補助金等特別積立金					
	取引合計					

（特別増減の部）　　　　　　　国庫補助金等特別積立金積立額

××01年 月　日	摘　　　要	資金増減取引		その他取引		借方残高
		借　方	貸　方	借　方	貸　方	
4	国庫補助金等特別積立金					
	取引合計					

精　算　表

（単位：省略）

摘　要	期首B／S 借方（資産）	期首B／S 貸方（負債・純資産）	期中資金増減取引 （借方）	期中資金増減取引 （貸方）	期中その他取引 （借方）	期中その他取引 （貸方）	期末B／S 借方（資産）	期末B／S 貸方（負債・純資産）
現　金　預　金	500							
事　業　未　収　金	1,800		1,120	950				
事　業　未　払　金		240	240	180				
職　員　預　り　金		100	35	40				
支　払　資　金　計	2,300	340						
（差引支払資金）		（　　）	差引支払資金増加額→					（　　）
			資金収支計算書 借方（支出）	貸方（収入）				
1年以内返済予定 長期運営資金借入金					1年基準による固定負債からの振替額　300			300
（基本財産） 土　　　　地	40,000						40,000	
建　　　　物	18,000		固定資産取得支出					
（その他の固定資産） 車　輌　運　搬　具	450		固定資産売却収入					
長期運営資金借入金			元金償還支出 300	借入金収入 1,500	流動負債への振替 300			900
基　　本　　金		23,400						
国庫補助金等 特別積立金		34,500						
次期繰越活動 増減差額（期首）		2,510						2,510
当　　　　期 活動増減差額							差引純資産増加額　→	
B／S　合　計	60,750	60,750						
							P／L 借方（費用）	貸方（収益）
							サービス活動増減の部	
○○事業収益（収入）等				1,200				1,200
人件費（支出）			200				200	
事業費（支出）			435				435	
事務費（支出）			300				300	
減価償却費								
国庫補助金等特別積立金取崩額								
							特別増減の部	
施設整備等補助金収益（収入）								
施設整備等寄附金収益（収入）								
基本金組入額								
固定資産売却損・処分損								
国庫補助金等特別積立金取崩額								
国庫補助金等特別積立金積立額								
収益・費用（収入・支出）小　計								
当期増減（収支）差額				←当期資金収支差額				←当期活動増減差額
増減等（収支）合計								

練習問題 2(2) 精算表からフローの計算書を作成する

(2) **練習問題2(1)の解答**（解答編15頁の「精算表」）をもとに、法人単位資金収支計算書（第1号第1様式）の「決算」欄と、法人単位事業活動収支計算書（第2号第1様式）の「本年度決算」欄の、各々空白部分を記入してください。（以下、問題中、単位は省略しています。）

法 人 単 位 資 金 収 支 計 算 書
（自）××01年4月1日（至）××02年3月31日　　　　第1号第1様式

勘 定 科 目		予 算(A)	決 算(B)	差異(A)-(B)	備 考
事業活動による収支	収入 ○○事業収入				
	・・・				
	事業活動収入計(1)				
	支出 人件費支出				
	事業費支出				
	事務費支出				
	・・・				
	事業活動支出計(2)				
	事業活動資金収支差額(3)=(1)-(2)				
施設整備等による収支	収入 施設整備等補助金収入				
	施設整備等寄附金収入				
	固定資産売却収入				
	施設整備等収入計(4)				
	支出 固定資産取得支出				
	・・・				
	施設整備等支出計(5)				
	施設整備等資金収支差額(6)=(4)-(5)				
その他の活動による収支	収入 長期運営資金借入金収入				
	・・・				
	その他の活動収入計(7)				
	支出 長期運営資金借入金元金償還支出				
	・・・				
	その他の活動支出計(8)				
	その他の活動資金収支差額(9)=(7)-(8)				
予備費支出(10)					
当期資金収支差額合計(11)=(3)+(6)+(9)-(10)					
前期末支払資金残高(12)					
当期末支払資金残高(11)+(12)					

※「前期末支払資金残高(12)」と「当期末支払資金残高(11)+(12)」は、**練習問題2(1)**の精算表では「（差引支払資金）」の行の、期首B／S・期末B／Sに（括弧内数字）として示されています。

法人単位事業活動計算書

（自）××01年4月1日　（至）××02年3月31日　　　　第2号第1様式

勘　定　科　目			当年度決算(A)	前年度決算(B)	増減(A)−(B)
サービス活動増減の部	収入	○○事業収益			
		・・・			
		サービス活動収益計(1)			
	費用	人件費			
		事業費			
		事務費			
		減価償却費			
		国庫補助金等特別積立金取崩額	△		
		徴収不能額			
		徴収不能引当金繰入			
		サービス活動費用計(2)			
		サービス活動増減差額(3)＝(1)−(2)			
サービス活動外増減の部	収益	借入金利息補助金収益			
		・・・			
		サービス活動外収益計(4)		—	
	費用	支払利息			
		・・・			
		サービス活動外費用計(5)		—	
		サービス活動外増減差額(6)＝(4)−(5)		—	
		経常増減差額(7)＝(3)+(6)			
特別増減の部	収益	施設整備等補助金収益			
		施設整備等寄附金収益			
		固定資産売却益			
		特別収益計(8)			
	費用	基本金組入額			
		固定資産売却損・処分損			
		国庫補助金等特別積立金取崩額	△		
		国庫補助金等特別積立金積立額			
		特別費用計(9)			
		特別増減差額(10)＝(8)−(9)			
		当期活動増減差額(11)＝(7)+(10)			
繰越活動増減差額の部		前期繰越活動増減差額(12)			
		当期末繰越活動増減差額(13)＝(11)+(12)			
		基本金取崩額(14)			
		その他の積立金取崩額(15)			
		その他の積立金積立額(16)			
		次期繰越活動増減差額(17)＝(13)+(14)+(15)−(16)			

法人単位貸借対照表

××02年3月31日現在

第3号第1様式

資　産　の　部	当年度末	前年度末	増減	負　債　の　部	当年度末	前年度末	増減
流動資産				流動負債			
現金預金				事業未払金			
事業未収金				職員預り金			
				1年以内返済予定長期運営資金借入金		—	
固定資産				固定負債		—	
基本財産				長期運営資金借入金		—	
土地							
建物							
その他の固定資産							
車輌運搬具							
				負債の部合計			
				純　資　産　の　部			
				基本金			
				国庫補助金等特別積立金			
				その他の積立金			
				次期繰越活動増減差額			
				（うち当期活動増減差額）	（　　）	（　　0）	（　　）
				純資産の部合計			
資産の部合計				負債及び純資産の部合計			

4．計算書類の注記

　計算書類は、「会計基準省令」や「運用上の取扱い」（局長通知）などの一定の基準に従って作成されます。しかしながら、資産の評価基準や減価償却費の計算方法のように、ある一つの取引について複数の会計処理が認められている場合などは、計算書類本体の数値を見ているだけではどのような方法によって処理されたのかは判断がつきません。

　そこで、会計処理の方針や計算書類を補足する重要な事項については、「注記」という形で、計算書類に記載することとされています。

　「会計基準省令」では、次のように規定しています。

【会計基準省令】　　　　　　　　　（第3章 計算関係書類　第5節 計算書類の注記）

> **第29条**　計算書類には、法人全体について次に掲げる事項を注記しなければならない。
> 一　会計年度の末日において、社会福祉法人が将来にわたって事業を継続するとの前提（以下この号において「継続事業の前提」という。）に重要な疑義を生じさせるような事象又は状況が存在する場合であって、当該事象又は状況を解消し、又は改善するための対応をしてもなお継続事業の前提に関する重要な不確実性が認められる場合には、継続事業の前提に関する事項
> 二　資産の評価基準及び評価方法、固定資産の減価償却方法、引当金の計上基準等計算書類の作成に関する重要な会計方針
> 三　重要な会計方針を変更した場合には、その旨、変更の理由及び当該変更による影響額
> 四　法人で採用する退職給付制度
> 五　法人が作成する計算書類並びに拠点区分及びサービス区分
> 六　基本財産の増減の内容及び金額
> 七　基本金又は固定資産の売却若しくは処分に係る国庫補助金等特別積立金の取崩しを行った場合には、その旨、その理由及び金額
> 八　担保に供している資産に関する事項
> 九　固定資産について減価償却累計額を直接控除した残額のみを記載した場合には、当該資産の取得価額、減価償却累計額及び当期末残高
> 十　債権について徴収不能引当金を直接控除した残額のみを記載した場合には、当該債権の金額、徴収不能引当金の当期末残高及び当該債権の当期末残高
> 十一　満期保有目的の債券の内訳並びに帳簿価額、時価及び評価損益
> 十二　関連当事者との取引の内容に関する事項
> 十三　重要な偶発債務
> 十四　重要な後発事象
> 十五　合併または事業の譲渡若しくは譲受けが行われた場合には、その旨及び概要
> 十六　その他社会福祉法人の資金収支及び純資産の増減の状況並びに資産、負債及び純資産の状態を明らかにするために必要な事項
> （第2項及び第3項、記載省略）
> 4　計算書類には、拠点区分ごとに第1項第二号から第十一号まで、第十四号及び第十六号に掲げる事項を注記しなければならない。ただし、拠点区分の数が1の社会福祉法人については、拠点区分ごとに記載する計算書類の注記を省略することができる。

計算書類への注記は、法人全体のものと、拠点区分ごとのものとを作成する必要があります。

ただし、拠点区分が1つしかない法人の場合は、法人全体の注記を作成すれば、拠点区分の注記の作成を省略することができます。

また、注記の記載項目については、以下のとおり、第1号、第3号、第9号及び第10号の4項目を除いて、記載を省略することは認められておらず、該当がない場合には「該当なし」と記載するものとされています。

第4項のとおり、拠点区分での注記は、16項目のうち、1号、12号、13号の記載は不要です。

【運用上の留意事項】　　　　　　　　　　　　　（課長通知）

> **25　計算書類の勘定科目及び注記について**
> **⑵　計算書類に対する注記**
> 　計算書類に対する注記は、法人全体又は拠点区分で該当する内容がない項目についても、会計基準省令第29条第1項第1号、第3号、第9号及び第10号を除いては、項目名の記載は省略できない。この場合は当該項目に「該当なし」などと記載するものとする。

以下、**拠点区分で記載が必要とされている項目を中心に捕捉しておき**ます。

①　重要な会計方針

重要な資産の評価方法や引当金の計上基準について、法人によって複数の会計方針が選択可能な場合、その計算書類がどのような会計方針によって作成されているかは、計算書類の利用者にとって大切な情報です。

例えば、減価償却費の計算について定額法か定率法かによって減価償却費の計上金額は随分と異なるはずです。そこで「会計基準」では、そのような法人の採用した会計方針の注記を求めているのです。

「重要な会計方針」の内容について、次のように規定されています。

【運用上の取扱い】　　　　　　　　　　　　　（局長通知）

> **21　重要な会計方針の開示について（会計基準省令第29条第1項第2号関係）**
> 　重要な会計方針とは、社会福祉法人が計算書類を作成するに当たって、その財政及び活動の状況を正しく示すために採用した会計処理の原則及び手続並びに計算書類への表示の方法をいう。
> 　なお、代替的な複数の会計処理方法等が認められていない場合には、会計方針の注記を省略することができる。

②　重要な会計方針の変更

法人の採用した会計方針は「継続性の原則」に従って、毎期継続して

適用する必要がありますが、正当な理由のある場合は変更することが認められています。例えば、減価償却費の計算方法について、定額法から定率法に変更した場合です。

　重要な会計方針を変更したときは、その旨、変更の理由及び当該変更による影響額を注記として記載することが必要となります。

③　**法人で採用する退職給付制度**

　退職給付とは、退職一時金や退職年金等のように、職員が退職したときに支給される退職金のことをいいます。

　退職金は、職員が一定の期間にわたって労働を提供したこと等の事由に基づいて退職した後に支給されるものですが、原因となる期間が長期にわたることや、支給金額が多額に上ることが一般的であることから、法人の経済的負担を算定するうえで、重要な影響を及ぼす事項であることから注記が求められています。

④　**担保に供している資産に関する事項**

　金融機関から融資を受ける場合には、土地や建物を担保に提供することがあります。貸借対照表を見ただけでは、担保に提供されているかどうかはわかりませんので、担保に供した資産とその担保している債務について注記するものとされています。

⑤　**重要な後発事象**

　法人の決算日後、計算書類を作成する日までに重大な損害などが発生した場合には、その旨を注記するものとされています。

例えば、A拠点の資産をA拠点とC拠点の債務の担保に供したときは、A拠点に注記し、C拠点では「該当なし」と記載します。

【運用上の取扱い】　　　　　　　　　　　　　　　　　　　　　　　　（局長通知）

> **23　重要な後発事象について（会計基準省令第29条第1項第14号関係）**
>
> 　後発事象とは、当該会計年度末日後に発生した事象で翌会計年度以後の社会福祉法人の財政及び活動の状況に影響を及ぼすものをいう。
>
> 　重要な後発事象は社会福祉法人の状況に関する利害関係者の判断に重要な影響を与えるので、計算書類作成日までに発生したものは計算書類に注記する必要がある。
>
> 　重要な後発事象の例としては、次のようなものがある。
>
> (1)　火災、出水等による重大な損害の発生
>
> (2)　施設の開設又は閉鎖、施設の譲渡又は譲受け
>
> (3)　重要な係争事件の発生又は解決
>
> (4)　重要な徴収不能額の発生
>
> 　なお、後発事象の発生により、当該会計年度の決算における会計上の判断ないし見積りを修正する必要が生じた場合には、当該会計年度の計算書類に反映させなければならない。

⑥ その他社会福祉法人の資金収支及び純資産の増減の状況並びに資産、負債及び純資産の状態を明らかにするために必要な事項

　省令では、具体的な注記項目として15項目掲げられていますが、その他に法人の状況について開示が必要な事項があれば、注記として記載します。例えば、リース取引のうち重要性のあるものが該当するものと思われます。

　下表は、注記項目について、法人全体と拠点区部において作成する場合の、記載の要否や記載方法について一覧にまとめたものです。

【参　考】注記項目の記載要領

注記項目	法人全体	拠点区分	該当がない場合の記載方法
1　継続事業の前提に関する注記	○		記載不要
2　重要な会計方針	○	○	「該当なし」
3　重要な会計方針の変更	○	○	記載不要
4　法人で採用する退職給付制度	○	○	「該当なし」
5　法人が作成する計算書類と拠点区分、サービス区分	○	○	「該当なし」
6　基本財産の増減の内容及び金額	○	○	「該当なし」
7　基本金又は固定資産の売却若しくは処分に係る国庫補助金等特別積立金の取崩し	○	○	「該当なし」
8　担保に供している資産に関する事項	○	○	「該当なし」
9　有形固定資産の取得価額、減価償却累計額及び当期末残高	○	○	記載不要
10　債権額、徴収不能引当金の当期末残高、債権の当期末残高	○	○	記載不要
11　満期保有目的の債券の内訳並びに帳簿価額、時価及び評価損益	○	○	「該当なし」
12　関連当事者との取引の内容	○		「該当なし」
13　重要な偶発債務	○		「該当なし」
14　重要な後発事象	○	○	「該当なし」
15　合併及び事業の譲渡若しくは事業の譲受け	○	○	「該当なし」
16　その他社会福祉法人の資金収支及び純資産増減の状況並びに資産、負債及び純資産の状態を明らかにするために必要な事項	○	○	「該当なし」

　次葉以下は、拠点区分で作成する注記のひな型です。

別紙2

計算書類に対する注記（Ａ里拠点区分用）

１．重要な会計方針
(1) 有価証券の評価基準及び評価方法
　　　　　・満期保有目的の債券等―償却原価法（定額法）
　　　　　・上記以外の有価証券で時価のあるもの―決算日の市場価格に基づく時価法
(2) 固定資産の減価償却の方法
　　　　　・建物並びに器具及び備品―定額法
　　　　　・リース資産
　　　　　所有権移転ファイナンス・リース取引に係るリース資産
　　　　　　　自己所有の固定資産に適用する減価償却方法と同一の方法によっている。
　　　　　所有権移転外ファイナンス・リース取引に係るリース資産
　　　　　　　リース期間を耐用年数とし、残存価額を零とする定額法によっている。
(3) 引当金の計上基準
　　　　　・退職給付引当金―・・・
　　　　　・賞与引当金　　―・・・

２．重要な会計方針の変更
・・・・・・・・

３．採用する退職給付制度
・・・・・・・・

４．拠点が作成する計算書類等とサービス区分
当拠点区分の作成する計算書類は以下のとおりになっている。
(1) Ａ里拠点計算書類（会計基準省令第1号第4様式、第2号第4様式、第3号第4様式）
(2) 拠点区分事業活動明細書（別紙3（⑪））
　　　　ア　「介護老人福祉施設Ａ里」
　　　　イ　「短期入所生活介護○○」
　　　　ウ　「居宅介護支援○○」
　　　　エ　「本部」
(3) 拠点区分資金収支明細書（別紙3（⑩））は省略している。

５．基本財産の増減の内容及び金額
基本財産の増減の内容及び金額は以下のとおりである。

（単位：円）

基本財産の種類	前期末残高	当期増加額	当期減少額	当期末残高
土地				
建物				
定期預金				
投資有価証券				
合　計				

６．基本金又は固定資産の売却若しくは処分に係る国庫補助金等特別積立金の取崩
○○施設を○○へ譲渡したことに伴い、基本金＊＊＊円及び国庫補助金等特別積立金＊＊＊円を取り崩した。

7．担保に供している資産
担保に供されている資産は以下のとおりである。

土地（基本財産）	○○○円
建物（基本財産）	○○○円
計	○○○円

担保している債務の種類および金額は以下のとおりである。

設備資金借入金（1年以内返済予定額を含む）	○○○円
設備資金借入金（1年以内返済予定額を含む）（C拠点）	
計	○○○円

※C拠点では「7．担保に供している資産」は、「該当なし」と記載します。

8．有形固定資産の取得価額、減価償却累計額及び当期末残高
（貸借対照表上、間接法で表示している場合は記載不要。）

固定資産の取得価額、減価償却累計額及び当期末残高は、以下のとおりである。

（単位：円）

	取得価額	減価償却累計額	当期末残高
建物（基本財産）			
建物			
構築物			
・・・・・			
合　計			

9．債権額、徴収不能引当金の当期末残高、債権の当期末残高
（貸借対照表上、間接法で表示している場合は記載不要。）

債権額、徴収不能引当金の当期末残高、債権の当期末残高は以下のとおりである。

（単位：円）

	債権額	徴収不能引当金の当期末残高	債権の当期末残高
合　計			

10．満期保有目的の債券の内訳並びに帳簿価額、時価及び評価損益
満期保有目的の債券の内訳並びに帳簿価額、時価及び評価損益は以下のとおりである。

（単位：円）

種類及び銘柄	帳簿価額	時価	評価損益
第○回利付国債			
第△回利付国債			
第☆回★★社 期限前償還条件付社債			
合　計			

11．重要な後発事象
該当なし

12．その他社会福祉法人の資金収支及び純資産増減の状況並びに資産、負債及び純資産の状態を明らかにするために必要な事項
該当なし

5　附属明細書と財産目録

1．附属明細書の内容と構成

　「会計基準省令」は、重要な資産及び負債等の状況を明確にするために、借入金、寄附金、積立金等について、附属明細書の作成を求めています。

【会計基準省令】　　　　　　　　　　　　　　　（第3章 計算関係書類　第5節 附属明細書）

（附属明細書）

第30条　法第45条の27第2項の規定により作成すべき各会計年度に係る計算書類の附属明細書は、当該会計年度に係る会計帳簿に基づき作成される次に掲げるものとする。この場合において、第一号から第七号までに掲げる附属明細書にあっては法人全体について、第八号から第十九号までに掲げる附属明細書にあっては拠点区分ごとに作成するものとする。

　一　借入金明細書

　二　寄附金収益明細書

　三　補助金事業等収益明細書

　四　事業区分間及び拠点区分間繰入金明細書

　五　事業区分間及び拠点区分間貸付金（借入金）残高明細書

　六　基本金明細書

　七　国庫補助金等特別積立金明細書

　八　基本財産及びその他の固定資産（有形・無形固定資産）の明細書

　九　引当金明細書

　十　拠点区分資金収支明細書

　十一　拠点区分事業活動明細書

　十二　積立金・積立資産明細書

　十三　サービス区分間繰入金明細書

　十四　サービス区分間貸付金（借入金）残高明細書

　十五　就労支援事業別事業活動明細書

　十六　就労支援事業製造原価明細書

　十七　就労支援事業販管費明細書

　十八　就労支援事業明細書

　十九　授産事業費用明細書

2　附属明細書は、当該会計年度における計算書類の内容を補足する重要な事項を表示しなければならない。

3　社会福祉法人は、第1項の規定にかかわらず、厚生労働省社会・援護局長（次項及び第34条において「社会・援護局長」という。）が定めるところにより、同項各号に掲げる附属明細書の作成を省略することができる。

4　第2項各号に掲げる附属明細書の様式は、社会・援護局長が定める。

　附属明細書は、計算書類の内容を補足する重要な事項を表示するものとして、「運用上の取り扱い」（局長通知）において、「別紙3①～⑲」の各様式が示されています。ただし、該当する事由が無い場合には、当該附属明細書の作成を省略することができます。

　ところで、資金収支計算書の項目で確認しましたが、資金収支計算書の種類と様式は、第1号第1様式から第4様式までの4種類が示されているのみで、最下層（第4様式）の「拠点区分資金収支計算書」では、各拠点区分の収支はわかりますが、サービス区分ごとの収支はわかりません。

　また、事業活動計算書についても同様に、事業活動計算書の種類と様式は、第2号第1様式から第4様式までの4種類が示されていますが、最下層（第4様式）の「拠点区分事業活動計算書」では、サービス区分ごとの損益はわかりません。

　そこで、サービス区分ごとの収支や活動の状況を明らかにする書類として、拠点区分資金収支明細書（別紙3（⑩））及び拠点区分事業活動明細書（別紙3（⑪））の作成を求めています。

　ただし、介護保険サービス及び障害福祉サービスを実施する拠点においては、（別紙3（⑩））の作成の省略が認められており、子どものための教育・保育給付費、措置費による事業を実施する拠点においては、（別紙3（⑪））の作成を省略することが認められています。

　以下に、（別紙3（⑩））と（別紙3（⑪））の様式を次葉に示します。

　いずれも全部の勘定科目が記載されたものを載せるのは冗長なので、中身は省略して記載しています。

　なお、拠点区分事業活動明細書（別紙3（⑪））の様式は、経常増減差額までを表示するものとされています。

　また、別紙3（⑬と⑭）の明細書は、別紙3（⑩）の明細書を作成した拠点において作成が求められます。別紙3（⑩）を省略する場合には、別紙3（⑬と⑭）の作成も省略することができます。

サービス区分が1つの拠点区分では、作成不要です。
拠点区分資金収支明細書（別紙3（⑩））又は拠点区分事業活動明細書（別紙3（⑪））を省略する場合には、計算書類に対する注記（拠点区分用）が必要となります。

別紙3（⑩）

（何）拠点区分　資金収支明細書

（自）令和　年　月　日　（至）令和　年　月　日

社会福祉法人名 _____

（単位：円）

勘定科目			サービス区分			合計	内部取引消去	拠点区分合計
			○○事業	△△事業	××事業			
事業活動による収支	収入	（省　略）						
		事業活動収入計(1)						
	支出	（省　略）						
		事業活動支出計(2)						
		事業活動資金収支差額(3)＝(1)－(2)						
施設整備等による収支	収入	（省　略）						
		施設整備等収入計(4)						
	支出	（省　略）						
		施設整備等支出(5)						
		施設整備等資金収支差額(6)＝(4)－(5)						
その他の活動による収支	収入	（省　略）						
		その他の活動収入計(7)						
	支出	（省　略）						
		その他の活動支出計(8)						
		その他の活動資金収支差額(9)＝(7)－(8)						
当期資金収支差額合計(10)＝(3)＋(6)＋(9)								
前期末支払資金残高(11)								
当期末支払資金残高(10)＋(11)								

別紙3（⑪）

（何）拠点区分　事業活動明細書

（自）令和　年　月　日　（至）令和　年　月　日

社会福祉法人名 _____

（単位：円）

勘定科目			サービス区分			合計	内部取引消去	拠点区分合計
			○○事業	△△事業	××事業			
サービス活動増減の部	収益	（省　略）						
		サービス活動収益計(1)						
	費用	（省　略）						
		サービス活動費用計(2)						
		サービス活動増減差額(3)＝(1)－(2)						
サービス活動外増減の部	収益	（省　略）						
		サービス活動外収益計(4)						
	費用	（省　略）						
		サービス活動外費用計(5)						
		サービス活動増減差額(6)＝(4)－(5)						
経常増減差額(7)＝(3)＋(6)								

２．財産目録

① 財産目録の内容

　社会福祉法は、毎会計年度終了後３月以内に財産目録を作成するものと規定し、これを受けて「会計基準省令」は次のように規定しています。

【会計基準省令】　　　　　　　　　　　　　　　　　　　　　　　（第４章 財産目録）

> **（財産目録の内容）**
>
> **第31条**　法第45条の34第１項第一号の財産目録は、当該会計年度末現在（社会福祉法人の成立の日における財産目録は、当該社会福祉法人の成立の日）における全ての資産及び負債につき、その名称、数量、金額等を詳細に表示するものとする。

② 財産目録の区分

　貸借対照表と似ていますが、財産目録は資産・負債の詳細を表示するものという点で、貸借対照表の明細としての役割を果たしています。

　財産目録の区分について、「会計基準省令」は次のように規定しています。

【会計基準省令】　　　　　　　　　　　　　　　　　　　　　　　（第４章 財産目録）

> **（財産目録の区分）**
>
> **第32条**　財産目録は、貸借対照表の区分に準じて資産の部と負債の部とに区分して純資産の額を表示するものとする。
>
> **（財産目録の金額）**
>
> **第33条**　財産目録の金額は、貸借対照表に記載した金額と同一とする。
>
> **（財産目録の種類及び様式）**
>
> **第34条**　財産目録は、法人全体について表示するものとし、その様式は、社会・援護局長が定める。

　財産目録は、文字どおり「財産」の目録であり、積極財産としての「資産」と消極財産としての「負債」が記載され、純資産は単にそれらの差額として記載されるに過ぎません。しかし、社会福祉法の改正により、平成29年度以後、社会福祉充実残額を有する社会福祉法人は、**社会福祉充実計画**を作成しなければならないこととされ、当該社会福祉充実残額を計算する際の基礎資料に位置付けられていますので、正確な財産目録の作成に留意が必要です。

　財産目録の様式は、次のとおりです。

別紙 4

財　産　目　録
令和　　年　　月　　日現在

（単位：円）

貸借対照表科目	場所・物量等	取得年度	使用目的等	取得価額	減価償却累計額	貸借対照表価額
Ⅰ　資産の部						
1　流動資産						
現金預金						
現金	現金手許有高	－	運転資金として	－	－	
普通預金	○○銀行○○支店	－	運転資金として	－	－	
	小計					
事業未収金		－	○月分介護報酬等	－	－	×××
	・・・・・・・・	－		－	－	・・・・・・
	流動資産合計					×××
2　固定資産						
（1）基本財産						
土地	（A拠点）○○市○○町1-1-1	－	第1種社会福祉事業である、○○施設等に使用している	－	－	×××
	（B拠点）○○市○○町2-2-2	－	第2種社会福祉事業である、▲▲施設等に使用している	－	－	×××
	小計					×××
建物	（A拠点）○○市○○町1-1-1	19XX年度	第1種社会福祉事業である、○○施設等に使用している	×××	×××	×××
	（B拠点）○○市○○町2-2-2	19XX年度	第2種社会福祉事業である、▲▲施設等に使用している	×××	×××	×××
	小計					×××
定期預金	○○銀行○○支店他	－	寄附者により○○事業に使用することが指定されている	－	－	×××
投資有価証券	第○回利付国債他	－	特段の指定がない	－	－	×××
・・・・・・	・・・・・・・・		・・・・・・・			・・・・・・
	基本財産合計					×××
（2）その他の固定資産						
土地	（○拠点）○○市○○町3-3-3	－	5年後に開設する○○事業のための用地	－	－	×××
	（本部拠点）○○市○○町4-4-4	－	本部として使用している	－	－	×××
	小計					×××
建物	（C拠点）○○市○○町5-5-5	20XX年度	第2種社会福祉事業である、訪問介護事業所に使用している	×××	×××	×××
車輌運搬具	○○他3台	－	利用者送迎用	×××	×××	×××
○○積立資産	定期預金　○○銀行○○支店他	－	将来における○○の目的のために積み立てている定期預金	×××	×××	×××
・・・・・・	・・・・・・・・	－	・・・・・・・			・・・・・・
	その他の固定資産合計					×××
	固定資産合計					×××
	資産合計					×××
Ⅱ　負債の部						
1　流動負債						
短期運営資金借入金	○○銀行○○支店他	－		－	－	×××
事業未払金	○月分水道光熱費他	－		－	－	×××
職員預り金	○月分源泉所得税他	－		－	－	×××
・・・・・・	・・・・・・・・	－		－	－	・・・・・・
	流動負債合計					×××
2　固定負債						
設備資金借入金	独立行政法人福祉医療機構他	－		－	－	×××
長期運営資金借入金	○○銀行○○支店他	－		－	－	×××
・・・・・・	・・・・・・・・	－		－	－	・・・・・・
	固定負債合計					×××
	負債合計					×××
	差引純資産					×××

なお、財産目録の様式の下部には、次のとおり、「記載上の留意事項」が記載されています。

（記載上の留意事項）

・土地、建物が複数ある場合には、科目を拠点区分毎に分けて記載するものとする。

・同一の科目について控除対象財産に該当し得るものと、該当し得ないものが含まれる場合には、分けて記載するものとする。

・科目を分けて記載した場合は、小計欄を設けて、「貸借対照表価額」欄と一致させる。

・「使用目的等」欄には、社会福祉法第55条の2の規定に基づく社会福祉充実残額の算定に必要な控除対象財産の判定を行うため、各資産の使用目的を簡潔に記載する。なお、負債については、「使用目的等」欄の記載を要しない。

・「貸借対照表価額」欄は、「取得価額」欄と「減価償却累計額」欄の差額と同額になることに留意する。

・建物についてのみ「取得年度」欄を記載する。

・減価償却資産（有形固定資産に限る）については、「減価償却累計額」欄を記載する。なお、減価償却累計額には、減損損失累計額を含むものとする。また、ソフトウェアについては、取得価額から貸借対照表価額を控除して得た額を「減価償却累計額」欄に記載する。

・車輌運搬具の○○には会社名と車種を記載すること。車輌番号は任意記載とする。

・預金に関する口座番号は任意記載とする。

社会福祉充実残額の詳細については、「事務処理基準」に係る通知をご参照いただくとして、財産目録は、実務では必ず作成しなければならない書類ですので、正確に作成できるようになりましょう。

「しおり」の1を参照してください。

なお、社会福祉法人は、毎会計年度終了後3月以内に、次に掲げる書類を作成し、当該書類を5年間、法人の主たる事務所に備え置かなければならないものとされています。

従たる事務所がある場合には、その写の3年間の備え置きが義務付けられています。

一　財産目録

二　役員等名簿

三　報酬等の支給の基準を記載した書類

四　事業の概要その他の厚生労働省令で定める事項を記載した書類（現況報告書）

社会福祉法では、上記の四つの書類をまとめて、「財産目録等」と呼びますので、覚えておかれるとよいでしょう。

「しおり」の1を参照してください。

3．計算書類の各様式間の関連

　さて、ここまでで計算書類及び附属明細書の様式について一通り確認してきましたが、一度にたくさんの様式が登場しましたので、ここで計算書類の各様式間の関連性について整理しておきたいと思います。

　計算書類の様式は、資金収支計算書、事業活動計算書、貸借対照表のいずれも第1様式から第4様式までが示されていますが、それぞれの関係は次頁以下のようになります。

【参 考】決算時に作成する計算書類の編綴方法について

1．まず、拠点区分別に計算書類と附属明細などを完成させましょう。

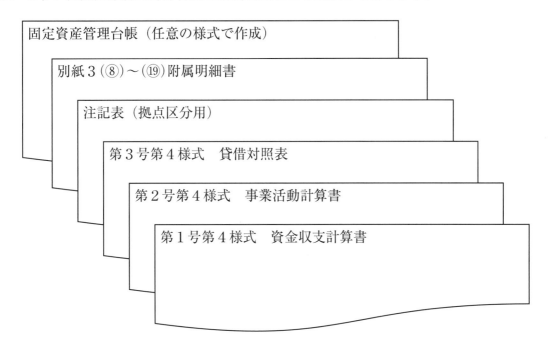

2．拠点区分別の計算書類が出来上がったら、事業ごとに、各号の第2様式（複数事業）、各号の第3様式（複数拠点）を作成しましょう。

3．各様式の計算書類を集計して、法人全体の計算書類を完成させます。

① 第1号第1様式　資金収支計算書

② 第2号第1様式　事業活動計算書

③ 第3号第1様式　貸借対照表

④ 法人全体用の注記表（「運用上の取扱い」（局長通知）別紙1）

4．上記の各様式を上から表紙を付けて順番に並べて、最後に、財産目録等を綴じ込めば決算書の完成です。

第1号第1様式

法人単位資金収支計算書

（自）令和　年　月　日　（至）令和　年　月　日

（単位：円）

勘定科目			予算(A)	決算(B)	差異(A)−(B)	備考
	介護保険事業収入					
	老人福祉事業収入					
	児童福祉事業収入					
	保育事業収入					
	就労支援事業収入					
	障害福祉サービス等事業収入					

第1号第2様式

資金収支内訳表

（自）令和　年　月　日　（至）令和　年　月　日

（単位：円）

勘定科目			社会福祉事業	公益事業	収益事業	合計	内部取引消去	法人合計
	介護保険事業収入							
	老人福祉事業収入							
	児童福祉事業収入							
	保育事業収入							
	就労支援事業収入							
	障害福祉サービス等事業収入							

第1号第3様式

(何)事業区分　資金収支内訳表

（自）令和　年　月　日　（至）令和　年　月　日

（単位：円）

勘定科目			(何)拠点	(何)拠点	(何)拠点	合計	内部取引消去	事業区分合計
	介護保険事業収入							
	老人福祉事業収入							
	児童福祉事業収入							
	保育事業収入							
	就労支援事業収入							
	障害福祉サービス等事業収入							

第1号第4様式

(何)拠点区分　資金収支計算書

（自）令和　年　月　日　（至）令和　年　月　日

（単位：円）

勘定科目			予算(A)	決算(B)	差異(A)−(B)	備考
	介護保険事業収入					
	施設介護料収入					
	介護報酬収入					
	利用者負担金収入（公費）					
	利用者負担金収入（一般）					
	居宅介護料収入					
	（介護報酬収入）					

別紙3（⑩）

(何)拠点区分　資金収支明細書

（自）令和　年　月　日　（至）令和　年　月　日

社会福祉法人名 _____

（単位：円）

勘定科目			サービス区分			合計	内部取引消去	拠点区分合計
			○○事業	△△事業	××事業			
	介護保険事業収入							
	施設介護料収入							
	介護報酬収入							
	利用者負担金収入（公費）							
	利用者負担金収入（一般）							

第2号第1様式

法人単位事業活動計算書

(自) 令和　年　月　日　(至) 令和　年　月　日

(単位：円)

勘定科目	当年度決算(A)	前年度決算(B)	増減(A)−(B)
介護保険事業収益			
老人福祉事業収益			
児童福祉事業収益			
保育事業収益			
就労支援事業収益			
障害福祉サービス等事業収益			

第2号第2様式

事業活動内訳表

(自) 令和　年　月　日　(至) 令和　年　月　日

(単位：円)

勘定科目	社会福祉事業	公益事業	収益事業	合計	内部取引消去	法人合計
介護保険事業収益						
老人福祉事業収益						
児童福祉事業収益						
保育事業収益						
就労支援事業収益						
障害福祉サービス等事業収益						

第2号第3様式

(何)事業区分　事業活動内訳表

(自) 令和　年　月　日　(至) 令和　年　月　日

(単位：円)

勘定科目	(何)拠点	(何)拠点	(何)拠点	合計	内部取引消去	事業区分合計
介護保険事業収益						
老人福祉事業収益						
児童福祉事業収益						
保育事業収益						
就労支援事業収益						
障害福祉サービス等事業収益						

第2号第4様式

(何)拠点区分　事業活動計算書

(自) 令和　年　月　日　(至) 令和　年　月　日

(単位：円)

勘定科目	当年度決算(A)	前年度決算(B)	増減(A)−(B)
介護保険事業収益			
施設介護料収益			
介護報酬収益			
利用者負担金収益（公費）			
利用者負担金収益（一般）			
居宅介護料収益			
（介護報酬収益）			

別紙3（⑪）

(何)拠点区分　事業活動明細書

(自) 令和　年　月　日　(至) 令和　年　月　日

社会福祉法人名 _____

(単位：円)

勘定科目	サービス区分			合計	内部取引消去	拠点区分合計
	○○事業	△△事業	××事業			
介護保険事業収益						
施設介護料収益						
介護報酬収益						
利用者負担金収益（公費）						
利用者負担金収益（一般）						
居宅介護料収益						

※ただし、「経常活動増減差額」までを表示

第3号第1様式

法人単位貸借対照表

令和　年　月　日現在

（単位：円）

資　産　の　部				負　債　の　部			
	当年度末	前年度末	増減		当年度末	前年度末	増減
流動資産				流動負債			
現金預金				短期運営資金借入金			
有価証券				事業未払金			
事業未収金				その他の未払金			

第3号第2様式

貸借対照表内訳表

令和　年　月　日現在

（単位：円）

勘定科目	社会福祉事業	公益事業	収益事業	合計	内部取引消去	法人合計
流動資産						
現金預金						
有価証券						
事業未収金						
未収金						
未収補助金						

第3号第3様式

（何）事業区分　貸借対照表内訳表

令和　年　月　日現在

（単位：円）

勘定科目	（何）拠点	（何）拠点	（何）拠点	合計	内部取引消去	事業区分合計
流動資産						
現金預金						
有価証券						
事業未収金						
未収金						
未収補助金						

第3号第4様式

（何）拠点区分　貸借対照表

令和　年　月　日現在

（単位：円）

資　産　の　部				負　債　の　部			
	当年度末	前年度末	増減		当年度末	前年度末	増減
流動資産				流動負債			
現金預金				短期運営資金借入金			
有価証券				事業未払金			
事業未収金				その他の未払金			
未収金				支払手形			

別紙4

財　産　目　録

令和　年　月　日現在

（単位：円）

貸借対照表科目	場所・物量等	取得年度	使用目的等	取得価額	減価償却累計額	貸借対照表価額
Ⅰ　資産の部						
1　流動資産						
現金預金						
現金	現金手許有高	－	運転資金として	－	－	
普通預金	○○銀行○○支店	－	運転資金として	－	－	
	小計					
事業未収金		－	○月分介護報酬等	－	－	×××

6 勘定科目

1．勘定科目の記載上の留意事項

　さて、計算書類の様式については、一通り確認しましたが、「運用上の留意事項」（課長通知）では、計算書類の勘定科目の記載上の留意事項について規定が置かれていますので確認しておきたいと思います。

　「運用上の留意事項」（課長通知）では、勘定科目については、別添3の「勘定科目説明」において、大区分から小区分までの科目説明が記載されています。

① 資金収支計算書と事業活動計算書への勘定科目の記載

　第1号様式の資金収支計算書と第2号様式の事業活動計算書の記載は、第1～第3様式には、いずれも勘定科目の大区分のみを記載し、必要のないものは省略することができます。ただし、追加や修正は、認められません。

　また、拠点区分で作成する第4様式は、各拠点における収支や活動の状況を詳細に把握できるように、勘定科目の小区分までを記載するものとし、必要のない勘定科目は省略できるものとされています。

② 貸借対照表への勘定科目の記載

　次いで、第3号様式の貸借対照表の記載は、第1～第4様式のいずれについても、勘定科目の中区分までを記載するものとし、必要のない中区分の勘定科目は、記載を省略できるものとされています。

　サービス区分ごとの拠点区分資金収支明細書及び事業活動明細書についても、拠点区分の資金収支計算書と事業活動計算書と同様に、勘定科目の小区分までを記載するものとし、必要のない勘定科目は省略できるものとしています。

　なお、勘定科目の追加については、中区分の勘定科目について、やむを得ない場合には追加できるものとし、小区分の勘定科目について、適当な科目を追加することができるものとされています。

　また、小区分の下に適当な科目を設けて処理することができるものとして、小区分をさらに細分化して記載することも認められています。

以上のことをまとめると、下表のとおりとなります。

☆科目の省略・追加・修正・細分の可否

種類	様式	科目区分	必要のない科目の省略	科目の追加	科目の修正	科目の細分化（細科目の設定）
第1号第2号	1～3様式	大	○	×	×	N／A
	4様式	大	○	×	×	N／A
		中	○	△	△	N／A
		小	○	○	○	○
別紙3（⑩）別紙3（⑪）		大	○	×	×	N／A
		中	○	△	△	N／A
		小	○	○	○	○
第3号	1～4様式	大	×	×	×	N／A
		中	○	△	△	○

※「△」は、やむを得ない場合です。また、「N／A」は、「該当なし」の意味です。
　貸借対照表の科目の細分化については、実務上の経理処理を考慮して「○」を付けていますが、外部への公表上の区分は、中区分までの表示で結構ですので念の為。

　なお、勘定科目の使用が制限される場合がありますので、確認しておきます。

　例えば、「事業区分間貸付金」と「事業区分間借入金」の科目が「運用指針　別添3」の勘定科目一覧において設けられていますが、措置施設や保育所のように、運営費の使途に制限が設けられている施設では、原則的に他の事業区分への資金の貸付けは認められていませんので、使用することはできません。このことは、拠点区分間の資金貸借やサービス区分間の資金貸借についても同様です。

　ただし、法人の経営上やむを得ない場合には、当該年度内に限って資金の貸付けが認められていますので、この場合には、期中において該当科目を使用することになります。とはいうものの、年度内精算が前提ですので、決算においてこれらの科目の残高が残ることはありません（介護事業を除く。）ので、その意味において使用は認められていないといえます。

　勘定科目が設けられているといっても、すべてを使用できるというわけではありませんので、注意してくださいね。

※介護事業所間における資金の繰替使用については、年度内精算は義務付けられていません。
「特別養護老人ホームにおける繰越金等の取扱い等について」（平成12年3月10日　老計188号）（最終改正平成26年6月30日）

２．事業費と事務費の科目の取扱い

　さらに、事務費と事業費の科目の取扱いについて、「運用指針では、次のように規定されています。

【運用上の留意事項】　（課長通知）

> 13　共通支出及び費用の配分方法
> ⑵　**事務費と事業費の科目の取扱いについて**
>
> 　「水道光熱費（支出）」、「燃料費（支出）」、「賃借料（支出）」、「保険料（支出）」については原則、事業費（支出）のみに計上できる。ただし、措置費、保育所運営費の弾力運用が認められないケースでは、事業費（支出）、事務費（支出）双方に計上するものとする。

　上記、「水道光熱費（支出）」、「燃料費（支出）」、「賃借料（支出）」、「保険料（支出）」の四つの勘定科目は、事務費と事業費の両方に設定されています。

　例えば、電気代50万円を支払った場合、通常ですと、面積や利用定員などの基準を用いて、事務費と事業費に配分することを考えます。

　しかしながら、適正な施設運営が行われていることにより運営費等の弾力運用が認められるような場合には、これらの勘定科目について事務費と事業費とに厳密に分ける必要がないため、原則として事業費だけに一括して計上するものとされています。

　したがって、運営費等の弾力運用が認められない場合には、これまでどおり、事務費と事業費とに配分する必要があります。

　また、本部会計に係るこれらの経費については、実情に応じて事務費に計上することになります。

ただし、必要に応じて事業費と事務費に分けて計上することも認められています。

３．勘定科目の一覧

　さて、以下に、「運用上の留意事項」（課長通知）「別添３」に示されている勘定科目説明に沿って勘定科目の一覧を示します。

　なお、いずれもカッコ書きの内容などを省略して、記載していますので、詳細は、「運用上の留意事項」（課長通知）「別添３」をご参照ください。

■ 勘定科目説明（別添３）

1．資金収支計算書勘定科目の説明

① 収入の部

以下の「勘定科目説明」では、連結推進法人に関する項目は省略しています。（編者注）

大区分 　中区分 　　小区分	説明
〈事業活動による収入〉	
介護保険事業収入	
施設介護料収入	
介護報酬収入	介護保険の施設介護料で介護報酬収入をいう。
利用者負担金収入（公費）	介護保険の施設介護料で利用者負担収入（公費）をいう。
利用者負担金収入（一般）	介護保険の施設介護料で利用者負担収入（一般）をいう。
居宅介護料収入	
（介護報酬収入）	
介護報酬収入	介護保険の居宅介護料で介護報酬収入をいう。
介護予防報酬収入	介護保険の居宅介護料で介護予防報酬収入をいう。
（利用者負担金収入）	
介護負担金収入（公費）	介護保険の居宅介護料で介護負担金収入（公費）をいう。
介護負担金収入（－般）	介護保険の居宅介護料で介護負担金収入（一般）をいう。
介護予防負担金収入（公費）	介護保険の居宅介護料で介護予防負担金収入（公費）をいう。
介護予防負担金収入（一般）	介護保険の居宅介護料で介護予防負担金収入（一般）をいう。
地域密着型介護料収入	
（介護報酬収入）	
介護報酬収入	介護保険の地域密着型介護料で介護報酬収入をいう。
介護予防報酬収入	介護保険の地域密着型介護料で介護予防報酬収入をいう。
（利用者負担金収入）	
介護負担金収入（公費）	介護保険の居宅介護料で介護負担金収入（公費）をいう。
介護負担金収入（一般）	介護保険の居宅介護料で介護負担金収入（一般）をいう。
介護予防負担金収入（公費）	介護保険の居宅介護料で介護予防負担金収入（公費）をいう。
介護予防負担金収入（一般）	介護保険の居宅介護料で介護予防負担金収入（一般）をいう。
居宅介護支援介護料収入	
居宅介護支援介護料収入	介護保険の居宅介護支援介護料で居宅介護支援介護料収入をいう。
介護予防支援介護料収入	介護保険の居宅介護支援介護料で居宅予防介護支援介護料収入をいう。
介護予防・日常生活支援総合事業収入	
事業費収入	介護保険の介護予防・日常生活支援総合事業費で事業費収入をいう。
事業負担金収入（公費）	介護保険の介護予防・日常生活支援総合事業費で事業負担金収入（公費）をいう。
事業負担金収入（一般）	介護保険の介護予防・日常生活支援総合事業費で事業負担金収入（一般）をいう。
利用者等利用料収入	
施設サービス利用料収入	介護保険の利用者等利用料収入で施設サービス利用料収入をいう。
居宅介護サービス利用料収入	介護保険の利用者等利用料収入で居宅介護サービス利用料収入をいう。
地域密着型介護サービス利用料収入	介護保険の利用者等利用料収入で地域密着型介護サービス利用料収入をいう。
食費収入（公費）	介護保険の利用者等利用料収入で、食費収入（公費）をいう。
食費収入（一般）	介護保険の利用者等利用料収入で、食費収入（一般）をいう。
食費収入（特定）	食費に係る特定入所者介護サービス費をいう。
居住費収入（公費）	介護保険の利用者等利用料収入で、居住費収入（公費）をいう。
居住費収入（一般）	介護保険の利用者等利用料収入で、居住費収入（一般）をいう。
居住費収入（特定）	居住費に係る特定施設入所者介護サービス費をいう。
介護予防・日常生活支援総合事業利用料収入	介護予防・日常生活支援総合事業の利用者等利用料収入で、介護予防・日常生活支援総合事業の実費負担等に係る収入をいう。
その他の利用料収入	介護保険の利用者等利用料収入で、その他の利用料収入をいう。
その他の事業収入	
補助金事業収入（公費）	介護保険に関連する事業に対して、国及び地方公共団体等から交付される補助金事業に係る収入をいう。
補助金事業収入（一般）	介護保険に関連する事業に対して、国及び地方公共団体以外から交付される補助金事業に係る収入をいう（共同募金からの配分金（受配者指定寄附金を除く）及び助成金を含む）。介護保険に関連する補助金事業に係る利用者からの収入も含む。
市町村特別事業収入（公費）	介護保険のその他の事業で、市町村特別事業のうち、公費からの収入をいう。
市町村特別事業収入（一般）	介護保険のその他の事業で、市町村特別事業のうち、利用者からの収入をいう。
受託事業収入（公費）	介護保険に関連する、地方公共団体から委託された事業に係る収入をいう。

受託事業収入（一般）	介護保険に関連する、受託事業に係る利用者からの収入をいう。
その他の事業収入	上記に属さないその他の事業収入をいう。利用者からの収入も含む。
（保険等査定減）	社会保険診療報酬支払基金等の審査機関による審査減額をいう。
老人福祉事業収入	
措置事業収入	
事務費収入	老人福祉の措置事業で、事務費収入をいう。
事業費収入	老人福祉の措置事業で、事業費収入をいう。
その他の利用料収入	老人福祉の措置事業で、その他の利用料収入をいう。
その他の事業収入	老人福祉の措置事業で、その他の事業収入をいう。
運営事業収入	
管理費収入	老人福祉の運営事業で、管理費収入をいう。
その他の利用料収入	老人福祉の運営事業で、その他の利用料収入をいう。
補助金事業収入（公費）	老人福祉の運営事業で、補助金事業収入をいう。
補助金事業収入（一般）	老人福祉の運営事業で、利用者収入をいう。
その他の事業収入	老人福祉の運営事業で、その他の事業収入をいう。
その他の事業収入	
管理費収入	老人福祉のその他の事業で、管理費収入をいう。
その他の利用料収入	老人福祉のその他の事業で、その他の利用料収入をいう。
その他の事業収入	老人福祉のその他の事業で、その他の事業収入をいう。
児童福祉事業収入	
措置費収入	
事務費収入	措置費支弁額中の人件費及び管理費に係る収入をいう。
事業費収入	措置費支弁額中の入所者の処遇に必要な一般生活費等に係る収入をいう。
私的契約利用料収入	措置施設等における私的契約に基づく利用料収入をいう。
その他の事業収入	
補助金事業収入（公費）	措置受託に関連する、国及び地方公共団体から交付される補助金事業に係る収入をいう。
補助金事業収入（一般）	措置受託に関連する、国及び地方公共団体以外から交付される補助金事業に係る収入をいう（共同募金からの配分金（受配者指定寄附金を除く）及び助成金を含む）。措置受託に関連する補助金事業に係る利用者からの収入も含む。
受託事業収入（公費）	措置受託に関連する、地方公共団体から委託された事業に係る収入をいう。
受託事業収入（一般）	措置受託に関連する、受託事業に係る利用者からの収入をいう。
その他の事業収入	上記に属さないその他の事業収入をいう。利用者からの収入も含む。
保育事業収入	
施設型給付費収入	
施設型給付費収入	施設型給付費の代理受領分をいう。
利用者負担金収入	施設型給付費における利用者等からの利用者負担金（保育料）収入をいう。
特例施設型給付費収入	
特例施設型給付費収入	特例施設型給付費の代理受領分をいう。
利用者負担金収入	特例施設型給付費における利用者等からの利用者負担金（保育料）収入をいう。
地域型保育給付費収入	
地域型保育給付費収入	地域型保育給付費の代理受領分をいう。
利用者負担金収入	地域型保育給付費における利用者等からの利用者負担金（保育料）収入をいう。
特例地域型保育給付費収入	
特例地域型保育給付費収入	特例地域型保育給付費の代理受領分をいう。
利用者負担金収入	特例地域型保育給付費における利用者等からの利用者負担金（保育料）収入をいう。
委託費収入	子ども・子育て支援法附則6条に規定する委託費収入（私立認可保育所における保育の実施等に関する運営費収入）をいう。
利用者等利用料収入	
利用者等利用料収入（公費）	実費徴収額（保護者が支払うべき日用品、文房具等の購入に要する費用又は行事への参加に要する費用等）にかかる補足給付収入をいう。
利用者等利用料収入（一般）	実費徴収額（保護者が支払うべき日用品、文房具等の購入に要する費用又は行事への参加に要する費用等）のうち補足給付収入以外の収入をいう。
その他の利用料収入	特定負担額（教育・保育の質の向上を図る上で特に必要であると認められる対価）など上記に属さない利用者からの収入をいう。
私的契約利用料収入	保育所等における私的契約に基づく利用料収入をいう。
その他の事業収入	
補助金事業収入（公費）	保育所等に関連する事業に対して、国及び地方公共団体等から交付される補助金事業に係る収入をいう。
補助金事業収入（一般）	保育所等に関連する事業に対して、国及び地方公共団体以外から交付される補助金事業に係る収入をいう（共同募金からの配分金（受配者指定寄附金を除く）及び助成金を含む）。保育所等に関連する補助金事業に係る利用者からの収入も含む。
受託事業収入（公費）	保育所等に関連する、地方公共団体から委託された事業に係る収入をいう。
受託事業収入（一般）	保育所等に関連する、受託事業に係る利用者からの収入をいう。

勘定科目
（資金収支計算書）

その他の事業収入	上記に属さないその他の事業収入をいう。
就労支援事業収入	
○○事業収入	就労支援事業の内容（製造製品の売上、仕入れ商品の売上、受託加工の別等）を示す名称を付した科目で記載する。
障害福祉サービス等事業収入	
自立支援給付費収入	
介護給付費収入	介護給付費の代理受領分をいう。
特例介護給付費収入	特例介護給付費の受領分をいう。
訓練等給付費収入	訓練等給付費の代理受領分をいう。
特例訓練等給付費収入	特例訓練費等給付費の受領分をいう。
地域相談支援給付費収入	地域相談支援給付費の代理受領分をいう。
特例地域相談支援給付費収入	特例地域相談支援給付費の受領分をいう。
計画相談支援給付費収入	計画相談支援給付費の代理受領分をいう。
特例計画相談支援給付費収入	特例計画相談支援給付費の受領分をいう。
障害児施設給付費収入	
障害児通所給付費収入	障害児通所給付費の代理受領分をいう。
特例障害児通所給付費収入	特例障害児通所給付費の代理受領分をいう。
障害児入所給付費収入	障害児入所給付費の代理受領分をいう。
障害児相談支援給付費収入	障害児相談支援給付費の代理受領分をいう。
特例障害児相談支援給付費収入	特例障害児相談支援給付費の受領分をいう。
利用者負担金収入	利用者本人（障害児においては、その保護者）の負担による収入をいう。
補足給付費収入	
特定障害者特別給付費収入	特定障害者特別給付費の代理受領分をいう。
特例特定障害者特別給付費収入	特例特定障害者特別給付費の代理受領分をいう。
特定入所障害児食費等給付費収入	特定入所障害児食費等給付費の代理受領分をいう。
特定費用収入	利用者から支払いを受けることができることとされている日用品費等をいう。
その他の事業収入	
補助金事業収入（公費）	障害者総合支援法又はこれに関連する事業に対して、国及び地方公共団体から交付される補助金事業に係る収入をいう。
補助金事業収入（一般）	障害者総合支援法又はこれに関連する事業に対して、国及び地方公共団体以外から交付される補助金事業に係る収入をいう（共同募金からの配分金（受配者指定寄附金を除く）及び助成金を含む）。障害者総合支援法に関連する補助金事業に係る利用者からの収入も含む。
受託事業収入（公費）	障害者総合支援法又はこれに関連する、地方公共団体から委託された事業に係る収入をいう。
受託事業収入（一般）	障害者総合支援法又はこれに関連する、受託事業に係る利用者からの収入をいう。
その他の事業収入	上記に属さないその他の事業収入をいう。利用者からの収入も含む。
（保険等査定減）	社会保険診療報酬支払基金等の審査機関による審査減額をいう。
生活保護事業収入	
措置費収入	
事務費収入	措置費支弁額中の人件費及び管理費に係る収入をいう。
事業費収入	入所者の処遇に必要な一般生活費として交付される保護費収入をいう。
授産事業収入	
○○事業収入	授産事業の内容（製造製品の売上げ、仕入れ商品の売上、受託加工の別等）を示す名称を付した科目で記載する。
利用者負担金収入	保護施設等における利用者等からの利用料収入をいう。
その他の事業収入	
補助金事業収入（公費）	措置受託に関連する、国及び地方公共団体等から交付される補助金事業に係る収入をいう。
補助金事業収入（一般）	措置受託に関連する、国及び地方公共団体以外から交付される補助金事業に係る収入をいう（共同募金からの配分金（受配者指定寄附金を除く）及び助成金を含む）。措置受託に関連する補助金事業に係る利用者からの収入も含む。
受託事業収入（公費）	措置受託に関連する、地方公共団体から委託された事業に係る収入をいう。
受託事業収入（一般）	措置受託に関連する、受託事業に係る利用者からの収入をいう。
その他の事業収入	上記に属さないその他の事業収入をいう。利用者からの収入も含む。
医療事業収入	
入院診療収入（公費）	入院患者の診療、療養に係る（医療保険、公費負担医療、公害医療、労災保険、自動車損害賠償責任保険等。ただし介護保険適用の療養病床に係るものは除く）のうち、公費からの収入をいう。
入院診療収入（一般）	入院患者の診療、療養に係る収入（医療保険、公費負担医療、自費診療等。ただし介護保険適用の療養病床に係るものは除く）のうち、利用者からの収入をいう。
室料差額収入	特定療養費の対象となる特別の療養環境の提供に係る収入をいう。
外来診療収入（公費）	外来患者の診療、療養に係る（医療保険、公費負担医療、公害医療、労災保険、自動車損害賠償責任保険等）のうち、公費からの収入をいう。

外来診療収入（一般）	外来患者の診療、療養に係る収入（医療保険、公費負担医療、自費診療等。ただし、介護保険適用の療養病床に係るものは除く）のうち、利用者からの収入をいう。
保健予防活動収入	各種の健康診断、人間ドック、予防接種、妊産婦保健指導等保健予防活動に係る収入をいう。
受託検査・施設利用収入	他の医療機関から検査の委託を受けた場合の検査収入及び医療設備器機を他の医療機関の利用に供した場合の収入をいう。
訪問看護療養費収入（公費）	訪問看護療養費の額等に関する告示に規定する訪問看護基本療養費、訪問看護管理療養費、訪問看護情報提供療養費、訪問看護ターミナル療養費のうち、公費からの収入をいう。
訪問看護療養費収入（一般）	訪問看護療養費の額等に関する告示に規定する訪問看護基本療養費、訪問看護管理療養費、訪問看護情報提供療養費、訪問看護ターミナル療養費のうち、利用者からの収入をいう。
訪問看護利用料収入	
訪問看護基本利用料収入	人員運営基準第13条第1項に規定する基本利用料徴収額をいう。
訪問看護その他の利用料収入	人員運営基準第13条第2項の規定に基づくその他の利用料徴収額をいう。長時間利用料収入、休日・時間外利用料収入、交通費収入、その他のサービス利用料収入に区分設定する。
その他の医療事業収入	
補助金事業収入（公費）	医療法に基づく又は関連する事業に対して交付される国及び地方公共団体からの補助金等の事業収入をいう。
補助金事業収入（一般）	医療法に基づく又は関連する事業に対して交付される国及び地方公共団体以外からの補助金等の事業収入をいう（共同募金からの配分金（受配者指定寄附金を除く）及び助成金を含む）。医療法に基づく又は関連する補助金事業に係る利用者からの収入も含む。
受託事業収入（公費）	医療法に基づく又は関連する、地方公共団体から委託された事業に係る収入をいう。
受託事業収入（一般）	医療法に基づく又は関連する、受託事業に係る利用者からの収入をいう。
その他の医療事業収入	上記に属さないその他の医療事業収入をいう。利用者からの収入も含む。
（保険等査定減）	社会保険診療報酬支払基金等の審査機関による審査減額をいう。
退職共済事業収入	
事務費収入	退職共済事業の事務手続業務に係る事務費収入をいう。
○○事業収入	
○○事業収入	事業の内容を示す名称を付した科目で記載する。
その他の事業収入	
補助金事業収入（公費）	○○事業に対して交付される国及び地方公共団体からの補助金等の事業収入をいう。
補助金事業収入（一般）	○○事業に対して交付される国及び地方公共団体以外からの補助金等の事業収入をいう（共同募金からの配分金（受配者指定寄附金を除く）及び助成金を含む）。医療法に基づく又は関連する補助金事業に係る利用者からの収入も含む。
受託事業収入（公費）	○○事業に関連する、地方公共団体から委託された事業に係る収入をいう。
受託事業収入（一般）	○○事業に関連する、受託事業に係る利用者からの収入をいう。
その他の事業収入	上記に属さないその他の事業収入をいう。利用者からの収入も含む。
○○収入	
○○収入	収入の内容を示す名称を付した科目で記載する。
借入金利息補助金収入	施設整備及び設備整備に対する借入金利息に係る地方公共団体からの補助金等の収入をいう。
経常経費寄附金収入	経常経費に対する寄附金及び寄附物品をいう。
受取利息配当金収入	預貯金、有価証券、貸付金等の利息及び配当金等の収入をいう。
その他の収入	
受入研修費収入	研修の受入に対する収入をいう。
利用者等外給食費収入	職員等患者・利用者以外に提供した食事に対する収入をいう。
雑収入	上記に属さない事業活動による収入をいう。
流動資産評価益等による資金増加額	
有価証券売却益	有価証券（投資有価証券を除く）を売却した場合の売却益をいう。
有価証券評価益	有価証券（投資有価証券を除く）を時価評価した時の評価益をいう。
為替差益	外国通貨、外貨建金銭債権債務（外貨預金を含む）及び外貨建有価証券等について、円換算によって生じた換算差益をいう。
〈施設整備等による収入〉	
施設整備等補助金収入	
施設整備等補助金収入	施設整備及び設備整備に係る地方公共団体等からの補助金等の収入をいう。
設備資金借入金元金償還補助金収入	施設整備及び設備整備に対する借入金元金償還に係る地方公共団体等からの補助金等の収入をいう。
施設整備等寄附金収入	
施設整備等寄附金収入	施設整備及び設備整備に係る寄附金収入をいう。なお、施設の創設及び増築時等に運転資金に充てるために収受した寄附金を含む。
設備資金借入金元金償還寄附金収入	施設整備及び設備整備に対する借入金元金償還に係る寄附金収入をいう。

勘定科目（資金収支計算書）

設備資金借入金収入	施設整備及び設備整備に対する借入金の受入額をいう。
固定資産売却収入	
車輌運搬具売却収入	車輌運搬具の売却による収入をいう。
器具及び備品売却収入	器具及び備品の売却による収入をいう。
○○売却収入	売却した資産等の内容を示す名称を付した科目で記載する。
その他の施設整備等による収入	
○○収入	施設整備及び設備整備による収入で他のいずれの科目にも属さない収入をいう。収入の内容を示す名称を付した科目で記載する。
〈その他の活動による収入〉	
長期運営資金借入金元金償還寄附金収入	長期運営資金（設備資金を除く）借入金元金償還に係る寄附金収入をいう。
長期運営資金借入金収入	長期運営資金（設備資金を除く）のための借入金の受入額をいう。
役員等長期借入金収入	役員（評議員を含む）からの長期借入金の受入額をいう。
長期貸付金回収収入	長期に貸付けた資金の回収による収入をいう。（1年以内回収予定長期貸付金の回収による収入を含む。）
投資有価証券売却収入	投資有価証券の売却収入（収入総額）をいう。
積立資産取崩収入	
退職給付引当資産取崩収入	退職給付引当資産の取崩しによる収入をいう。
長期預り金積立資産取崩収入	長期預り金積立資産の取崩しによる収入をいう。
○○積立資産取崩収入	積立資産の取崩しによる収入をいう。積立資産の目的等を示す名称を付した科目で記載する。
事業区分間長期借入金収入	他の事業区分から長期に借り入れた資金の収入をいう。
拠点区分間長期借入金収入	同一事業区分内における他の拠点区分から長期に借り入れた資金の収入をいう。
事業区分間長期貸付金回収収入	他の事業区分へ長期に貸付けた資金の回収による収入をいう。（1年以内回収予定事業区分間長期貸付金の回収による収入を含む。）
拠点区分間長期貸付金回収収入	同一事業区分内における他の拠点区分へ長期に貸付けた資金の回収による収入をいう。（1年以内回収予定拠点区分間長期貸付金の回収による収入を含む。）
事業区分間繰入金収入	他の事業区分からの繰入金収入をいう。
拠点区分間繰入金収入	同一事業区分内における他の拠点区分からの繰入金収入をいう。
サービス区分間繰入金収入	同一拠点区分内における他のサービス区分からの繰入金収入をいう。
その他の活動による収入	
退職共済預り金収入	退職共済事業の共済契約者からの掛金受入れによる収入をいう。
退職共済事業管理資産取崩収入	退職共済事業管理資産の取崩しによる収入をいう。
○○収入	その他の活動による収入で上記に属さない収入をいう。収入の内容を示す名称を付した科目で記載する。

② 支出の部

大区分 中区分 小区分	説明
〈事業活動による支出〉	
人件費支出	
役員報酬支出	役員（評議員を含む）に支払う報酬、諸手当をいう。
役員退職慰労金支出	役員（評議員を含む）への退職慰労金等の支払額をいう。
職員給料支出	常勤職員に支払う俸給・諸手当をいう。
職員賞与支出	常勤職員に支払う賞与をいう。
非常勤職員給与支出	非常勤職員に支払う俸給・諸手当及び賞与をいう。
派遣職員費支出	派遣会社に支払う金額をいう。
退職給付支出	退職共済制度など、外部拠出型の退職手当制度に対して法人が拠出する掛金額および退職手当として支払う金額をいう。
法定福利費支出	法令に基づいて法人が負担する健康保険料、厚生年金保険料、雇用保険料等の支出をいう。
事業費支出	
給食費支出	食材及び食品の支出をいう。なお、給食業務を外部委託している施設又は事業所にあっては、材料費を計上すること。
介護用品費支出	利用者の処遇に直接使用するおむつ、タオル等の介護用品の支出をいう。
医薬品費支出	利用者のための施設内又は事業所内の医療に要する医薬品の支出をいう。ただし病院・介護老人保健施設・介護医療院以外ではこれらを保健衛生費に含めて良いものとする。
診療・療養等材料費支出	カテーテル、縫合糸、酸素、ギブス粉、レントゲンフィルム、包帯、ガーゼ、氷など1回ごとに消費する診療材料、衛生材料の費消額。また、診療、検査、看護、給食などの医療用の器械、器具のうち、固定資産の計上基準額に満たないもの、または1年内に消費するもの。ただし病院・介護老人保健施設・介護医療院以外ではこれらを保健衛生費に含めて良いものとする。

保健衛生費支出	利用者の健康診断の実施、施設内又は事業所内の消毒等に要する支出をいう。
医療費支出	利用者が傷病のために医療機関等で診療等を受けた場合の診療報酬等をいう。
被服費支出	利用者の衣類、寝具等（介護用品及び日用品を除く）の購入のための支出をいう。
教養娯楽費支出	利用者のための新聞雑誌等の購読、娯楽用品の購入及び行楽演芸会等の実施のための支出をいう。
日用品費支出	利用者に現物で給付する身のまわり品、化粧品などの日用品（介護用品を除く）の支出をいう。
保育材料費支出	保育に必要な文具材料、絵本等の支出及び運動会等の行事を実施するための支出をいう。
本人支給金支出	利用者に小遣い、その他の経費として現金支給するための支出をいう。
水道光熱費支出	利用者に直接必要な電気、ガス、水道等の支出をいう。
燃料費支出	利用者に直接必要な灯油、重油等の燃料費（車輌費で計上する燃料費を除く）をいう。
消耗器具備品費支出	利用者の処遇に直接使用する介護用品以外の消耗品、器具備品で、固定資産の購入に該当しない支出をいう。
保険料支出	利用者に対する損害保険料等をいう。
賃借料支出	利用者が利用する器具及び備品等のリース料、レンタル料をいう。
教育指導費支出	利用者に対する教育訓練に直接要する支出をいう。
就職支度費支出	児童等の就職に際し必要な被服寝具類の購入に要する支出をいう。
葬祭費支出	利用者が死亡したときの葬祭に要する支出をいう。
車輌費支出	乗用車、送迎用自動車、救急車等の燃料費、車輌検査等の支出をいう。
管理費返還支出	老人福祉事業における管理費を返還するための支出をいう。
○○費支出	費用の内容を示す名称を付した科目で記載する。
雑支出	事業費のうち他のいずれにも属さない支出をいう。
事務費支出	
福利厚生費支出	役員・職員が福利施設を利用する場合における事業主負担額、健康診断その他福利厚生のために要する法定外福利費をいう。
職員被服費支出	職員に支給又は貸与する白衣、予防衣、診察衣、作業衣などの購入、洗濯等の支出をいう。
旅費交通費支出	業務に係る役員・職員の出張旅費及び交通費（ただし、研究・研修のための旅費を除く）をいう。
研修研究費支出	役員・職員に対する教育訓練に直接要する支出（研究・研修のための旅費を含む）をいう。
事務消耗品費支出	事務用に必要な消耗品及び器具什器のうち、固定資産の購入に該当しないものの支出をいう。
印刷製本費支出	事務に必要な書類、諸用紙、関係資料などの印刷及び製本に要する支出をいう。
水道光熱費支出	事務用の電気、ガス、水道等の支出をいう。
燃料費支出	事務用の灯油、重油等の燃料（車輌費で計上する燃料費を除く）をいう。
修繕費支出	建物、器具及び備品等の修繕又は模様替の支出をいう。ただし、建物、器具及び備品を改良し、耐用年数を延長させるような資本的支出を含まない。
通信運搬費支出	電話、電報、ファックスの使用料、インターネット接続料及び切手代、葉書代その他通信・運搬に要する支出をいう。
会議費支出	会議時における茶菓子代、食事代等の支出をいう。
広報費支出	施設及び事業所の広告料、パンフレット・機関誌・広報誌作成などの印刷製本費等に要する支出をいう。
業務委託費支出	洗濯、清掃、夜間警備及び給食（給食材料費を除く）など施設の業務の一部を他に委託するための支出（保守料を除く）をいう。必要に応じて検査委託、給食委託、寝具委託、医事委託、清掃委託など、小区分で更に細分化することができる。
手数料支出	役務提供にかかる支出のうち、業務委託費以外のものをいう。
保険料支出	生命保険料および建物、車輌運搬具、器具及び備品等にかかる損害保険契約に基づく保険料をいう。ただし、福利厚生費に該当するものを除く。
賃借料支出	固定資産に計上を要しない器機等のリース料、レンタル料をいう。
土地・建物賃借料支出	土地、建物等の賃借料をいう。
租税公課支出	消費税及び地方消費税の申告納税、固定資産税、印紙税、登録免許税、自動車税、事業所税等をいう。
保守料支出	建物、各種機器等の保守・点検料等をいう。
渉外費支出	創立記念日等の式典、慶弔、広報活動（広報費に属する支出を除く）等に要する支出をいう。
諸会費支出	各種組織への加盟等に伴う会費、負担金等の支出をいう。
○○費支出	費用の内容を示す名称を付した科目で記載する。
雑支出	事務費のうち他のいずれにも属さない支出をいう。
就労支援事業支出	
就労支援事業販売原価支出	
就労支援事業製造原価支出	就労支援事業に係る材料費、労務費、外注加工費、経費に要する支出をいう。
就労支援事業仕入支出	就労支援事業に係る製品・商品の仕入れに要する支出をいう。
就労支援事業販管費支出	就労支援事業に係る販売費及び一般管理費支出をいう。

授産事業支出	
○○事業支出	授産事業に係る材料費、商品仕入れ、労務費、外注加工費、経費に要する支出をいう。
退職共済事業支出	
事務費支出	退職共済事業に係る事務費の支出をいう。
○○支出	支出の内容を示す名称を付した科目で記載する。
利用者負担軽減額	利用者負担を軽減した場合の利用者負担軽減額をいう（無料または低額で診療を行う場合の割引額を含む）。
支払利息支出	設備資金借入金、長期運営資金借入金及び短期運営資金借入金の利息、及び支払リース料のうち利息相当額として処理するものをいう。
その他の支出	
利用者等外給食費支出	職員、来訪者等利用者以外に提供した食材及び食品の支出をいう。
雑支出	上記に属さない支出をいう。
流動資産評価損等による資金減少額	
有価証券売却損	有価証券（投資有価証券を除く）を売却した場合の売却損をいう。
資産評価損	
有価証券評価損	有価証券の評価損をいう。
○○評価損	資産の時価の著しい下落に伴い、その回復が可能であると認められない場合に当該資産に対して計上する評価損をいう。
為替差損	外国通貨、外貨建金銭債権債務（外貨預金を含む）及び外貨建有価証券等について、円換算によって生じた換算差損をいう。
徴収不能額	金銭債権のうち徴収不能として処理した額をいう。
〈施設整備等による支出〉	
設備資金借入金元金償還支出	設備（施設整備及び設備整備）資金の借入金に基づく元金償還額をいう。 （1年以内返済予定設備資金借入金の償還額を含む。）
固定資産取得支出	
土地取得支出	土地を取得するための支出をいう。
建物取得支出	建物を取得するための支出をいう。
車輌運搬具取得支出	車輌運搬具を取得するための支出をいう。
器具及び備品取得支出	固定資産に計上される器具及び備品を取得するための支出をいう。
○○取得支出	上記以外を取得するための支出をいう。
固定資産除却・廃棄支出	建物取壊支出の他、固定資産の除却、廃棄等に係る支出をいう。
ファイナンス・リース債務の返済支出	ファイナンス・リース取引に係る支払リース料のうち、元本相当額をいう。 （1年以内返済予定リース債務の返済額を含む。）
その他の施設整備等による支出	
○○支出	施設整備等による支出で他のいずれの科目にも属さない支出をいう。支出の内容を示す名称を付した科目で記載する。
〈その他の活動による支出〉	
長期運営資金借入金元金償還支出	長期運営資金（設備資金を除く）の借入金に基づく元金償還額をいう。 （1年以内返済予定長期運営資金借入金の償還額を含む。）
役員等長期借入金元金償還支出	役員（評議員を含む）からの長期借入金の返済額をいう。
長期貸付金支出	長期に貸付けた資金の支出をいう。
投資有価証券取得支出	投資有価証券を取得するための支出をいう。
積立資産支出	
退職給付引当資産支出	退職給付引当資産への積立による支出をいう。
長期預り金積立資産支出	長期預り金積立資産への積立による支出をいう。
○○積立資産支出	積立資産への積立による支出をいう。なお、積立資産の目的を示す名称を付した科目で記載する。
事業区分間長期貸付金支出	他の事業区分へ長期に貸し付けた資金の支出をいう。
拠点区分間長期貸付金支出	同一事業区分内における他の拠点区分へ長期に貸付けた資金の支出をいう。
事業区分間長期借入金返済支出	他の事業区分から長期に借り入れた資金に基づく元金償還額をいう。 （1年以内返済予定事業区分間長期借入金の償還額を含む。）
拠点区分間長期借入金返済支出	同一事業区分における他の拠点区分から長期に借り入れた資金に基づく元金償還額をいう。（1年以内返済予定拠点区分間長期借入金の償還額を含む。）
事業区分間繰入金支出	他の事業区分への繰入金支出をいう。
拠点区分間繰入金支出	同一事業区分内における他の拠点区分への繰入金支出をいう。
サービス区分間繰入金支出	同一拠点区分内における他のサービス区分への繰入金支出をいう。
その他の活動による支出	
退職共済預り金返還支出	退職共済事業の掛金の返還による支出をいう。（預託先から直接返還する場合も含む）
退職共済事業管理資産支出	退職共済事業管理資産として法人外部へ預託した場合の支出をいう。
○○支出	その他の活動による支出で上記に属さない支出をいう。支出の内容を示す名称を付した科目で記載する。

２．事業活動計算書勘定科目の説明

①　収益の部

大区分 　中区分 　　小区分	説明
〈サービス活動増減による収益〉	
介護保険事業収益	
施設介護料収益	
介護報酬収益	介護保険の施設介護料で介護報酬収益をいう。
利用者負担金収益（公費）	介護保険の施設介護料で利用者負担収益（公費）をいう。
利用者負担金収益（一般）	介護保険の施設介護料で利用者負担収益（一般）をいう。
居宅介護料収益	
（介護報酬収益）	
介護報酬収益	介護保険の居宅介護料で介護報酬収益をいう。
介護予防報酬収益	介護保険の居宅介護料で介護予防報酬収益をいう。
（利用者負担金収益）	
介護負担金収益（公費）	介護保険の居宅介護料で介護負担金収益（公費）をいう。
介護負担金収益（一般）	介護保険の居宅介護料で介護負担金収益（一般）をいう。
介護予防負担金収益（公費）	介護保険の居宅介護料で介護予防負担金収益（公費）をいう。
介護予防負担金収益（一般）	介護保険の居宅介護料で介護予防負担金収益（一般）をいう。
地域密着型介護料収益	
（介護報酬収益）	
介護報酬収益	介護保険の地域密着型介護料で介護報酬収益をいう。
介護予防報酬収益	介護保険の地域密着型介護料で介護予防報酬収益をいう。
（利用者負担金収益）	
介護負担金収益（公費）	介護保険の居宅介護料で介護負担金収益（公費）をいう。
介護負担金収益（一般）	介護保険の居宅介護料で介護負担金収益（一般）をいう。
介護予防負担金収益（公費）	介護保険の居宅介護料で介護予防負担金収益（公費）をいう。
介護予防負担金収益（一般）	介護保険の居宅介護料で介護予防負担金収益（一般）をいう。
居宅介護支援介護料収益	
居宅介護支援介護料収益	介護保険の居宅介護支援介護料で居宅介護支援介護料収益をいう。
介護予防支援介護料収益	介護保険の居宅介護支援介護料で居宅予防介護支援介護料収益をいう。
介護予防・日常生活支援総合事業費収益	
事業費収益	介護保険の介護予防・日常生活支援総合事業費で事業費収益をいう。
事業負担金収益（公費）	介護保険の介護予防・日常生活支援総合事業費で事業負担金収益（公費）をいう。
事業負担金収益（一般）	介護保険の介護予防・日常生活支援総合事業費で事業負担金収益（一般）をいう。
利用者等利用料収益	
施設サービス利用料収益	介護保険の利用者等利用料収益で施設サービス利用料収益をいう。
居宅介護サービス利用料収益	介護保険の利用者等利用料収益で居宅介護サービス利用料収益をいう。
地域密着型介護サービス利用料収益	介護保険の利用者等利用料収益で地域密着型介護サービス利用料収益をいう。
食費収益（公費）	介護保険の利用者等利用料収益で、食費収益（公費）をいう。
食費収益（一般）	介護保険の利用者等利用料収益で、食費収益（一般）をいう。
食費収益（特定）	食費に係る特定入所者介護サービス費をいう。
居住費収益（公費）	介護保険の利用者等利用料収益で、居住費収益（公費）をいう。
居住費収益（一般）	介護保険の利用者等利用料収益で、居住費収益（一般）をいう。
居住費収益（特定）	居住費に係る特定施設入所者介護サービス費をいう。
介護予防・日常生活支援総合事業利用料収益	介護保険の利用者等利用料収益で、介護予防・日常生活支援総合事業の実費負担等に係る収益をいう。
その他の利用料収益	介護保険の利用者等利用料収益で、その他の利用料収益をいう。
その他の事業収益	
補助金事業収益（公費）	介護保険に関連する事業に対して、国及び地方公共団体等から交付される補助金事業に係る収益をいう。
補助金事業収益（一般）	介護保険に関連する事業に対して、国及び地方公共団体以外から交付される補助金事業に係る収益をいう（共同募金からの配分金（受配者指定寄附金を除く）及び助成金を含む）。介護保険に関連する補助金事業に係る利用者からの収益も含む。

市町村特別事業収益（公費）	介護保険のその他の事業で、市町村特別事業のうち、公費からの収益をいう。
市町村特別事業収益（一般）	介護保険のその他の事業で、市町村特別事業のうち、利用者からの収益をいう。
受託事業収益（公費）	介護保険に関連する、地方公共団体から委託された事業に係る収益をいう。
受託事業収益（一般）	介護保険に関連する、受託事業に係る利用者からの収益をいう。
その他の事業収益	上記に属さないその他の事業収益をいう。利用者からの収益も含む。
（保険等査定減）	社会保険診療報酬支払基金等の審査機関による審査減額をいう。
老人福祉事業収益	
措置事業収益	
事務費収益	老人福祉の措置事業で、事務費収益をいう。
事業費収益	老人福祉の措置事業で、事業費収益をいう。
その他の利用料収益	老人福祉の措置事業で、その他の利用料収益をいう。
その他の事業収益	老人福祉の措置事業で、その他の事業収益をいう。
運営事業収益	
管理費収益	老人福祉の運営事業で、管理費収益をいう。
その他の利用料収益	老人福祉の運営事業で、その他の利用料収益をいう。
補助金事業収益（公費）	老人福祉の運営事業で、補助金事業収益をいう。
補助金事業収益（一般）	老人福祉の運営事業で、利用者収益をいう。
その他の事業収益	老人福祉の運営事業で、その他の事業収益をいう。
その他の事業収益	
管理費収益	老人福祉のその他の事業で、管理費収益をいう。
その他の利用料収益	老人福祉のその他の事業で、その他の利用料収益をいう。
その他の事業収益	老人福祉のその他の事業で、その他の事業収益をいう。
児童福祉事業収益	
措置費収益	
事務費収益	措置費支弁額中の人件費及び管理費に係る事務費収益をいう。
事業費収益	措置費支弁額中の入所者の処遇に必要な一般生活費等に係る事業費収益をいう。
私的契約利用料収益	措置施設等における私的契約に基づく利用料収益をいう。
その他の事業収益	
補助金事業収益（公費）	措置受託に関連する、国及び地方公共団体から交付される補助金事業収益をいう。
補助金事業収益（一般）	措置受託に関連する、国及び地方公共団体以外から交付される補助金事業収益をいう（共同募金からの配分金（受配者指定寄附金を除く）及び助成金を含む。）。措置受託に関連する補助金事業に係る利用者からの収益も含む。
受託事業収益（公費）	措置受託に関連する、地方公共団体から委託された事業に係る収益をいう。
受託事業収益（一般）	措置受託に関連する、受託事業に係る利用者からの収益をいう。
その他の事業収益	上記に属さないその他の事業収益をいう。利用者からの収益も含む。
保育事業収益	
施設型給付費収益	
施設型給付費収益	施設型給付費の代理受領分をいう。
利用者負担金収益	施設型給付費における利用者等からの利用者負担金（保育料）収益をいう。
特例施設型給付費収益	
特例施設型給付費収益	特例施設型給付費の代理受領分をいう。
利用者負担金収益	特例施設型給付費における利用者等からの利用者負担金（保育料）収益をいう。
地域型保育給付費収益	
地域型保育給付費収益	地域型保育給付費の代理受領分をいう。
利用者負担金収益	地域型保育給付費における利用者等からの利用者負担金（保育料）収益をいう。
特例地域型保育給付費収益	
特例地域型保育給付費収益	特例地域型保育給付費の代理受領分をいう。
利用者負担金収益	特例地域型保育給付費における利用者等からの利用者負担金（保育料）収益をいう。
委託費収益	子ども・子育て支援法附則6条に規定する委託費収益（私立認可保育所における保育の実施等に関する運営費収益）をいう。
利用者等利用料収益	
利用者等利用料収益（公費）	実費徴収額（保護者が支払うべき日用品、文房具等の購入に要する費用又は行事への参加に要する費用等）にかかる補足給付収益をいう。
利用者等利用料収益（一般）	実費徴収額（保護者が支払うべき日用品、文房具等の購入に要する費用又は行事への参加に要する費用等）のうち補足給付収益以外の収益をいう。
その他の利用料収益	特定負担額（教育・保育の質の向上を図る上で特に必要であると認められる対価）など上記に属さない利用者からの収益をいう。

私的契約利用料収益	保育所等における私的契約に基づく利用料収益をいう。
その他の事業収益	
補助金事業収益（公費）	保育所等に関連する事業に対して、国及び地方公共団体等から交付される補助金事業収益をいう。
補助金事業収益（一般）	保育所等に関連する事業に対して、国及び地方公共団体以外から交付される補助金事業収益をいう（共同募金からの配分金（受配者指定寄附金を除く）及び助成金を含む）。保育所等に関連する補助金事業に係る利用者からの収益も含む。
受託事業収益（公費）	保育所等に関連する、地方公共団体から委託された事業に係る収益をいう。
受託事業収益（一般）	保育所等に関連する、受託事業に係る利用者からの収益をいう。
その他の事業収益	上記に属さないその他の事業収益をいう。
就労支援事業収益	
○○事業収益	就労支援事業の内容（製造製品の売上、仕入れ商品の売上、受託加工の別等）を示す名称を付した科目で記載する。
障害福祉サービス等事業収益	
自立支援給付費収益	
介護給付費収益	介護給付費の代理受領分をいう。
特例介護給付費収益	特例介護給付費の受領分をいう。
訓練等給付費収益	訓練等給付費の代理受領分をいう。
特例訓練等給付費収益	特例訓練費等給付費の受領分をいう。
地域相談支援給付費収益	地域相談支援給付費の代理受領分をいう。
特例地域相談支援給付費収益	特例地域相談支援給付費の受領分をいう。
計画相談支援給付費収益	計画相談支援給付費の代理受領分をいう。
特例計画相談支援給付費収益	特例計画相談支援給付費の受領分をいう。
障害児施設給付費収益	
障害児通所給付費収益	障害児通所給付費の代理受領分をいう。
特例障害児通所給付費収益	特例障害児通所給付費の代理受領分をいう。
障害児入所給付費収益	障害児入所給付費の代理受領分をいう。
障害児相談支援給付費収益	障害児相談支援給付費の代理受領分をいう。
特例障害児相談支援給付費収益	特例障害児相談支援給付費の受領分をいう。
利用者負担金収益	利用者本人（障害児においては、その保護者）の負担による収益をいう。
補足給付費収益	
特定障害者特別給付費収益	特定障害者特別給付費の代理受領分をいう。
特例特定障害者特別給付費収益	特例特定障害者特別給付費の代理受領分をいう。
特定入所障害児食費等給付費収益	特定入所障害児食費等給付費の代理受領分をいう。
特定費用収益	利用者から支払いを受けることができることとされている日用品費等をいう。
その他の事業収益	
補助金事業収益（公費）	障害者総合支援法に関連する事業に対して、国及び地方公共団体から交付される補助事業に係る収益をいう。
補助金事業収益（一般）	障害者総合支援法又はこれに関連する事業に対して、国及び地方公共団体以外から交付される補助金事業に係る収入をいう（共同募金からの配分金（受配者指定寄附金を除く）及び助成金を含む）。障害者総合支援法に関連する補助金事業に係る利用者からの収益も含む。
受託事業収益（公費）	障害者総合支援法又はこれに関連する、地方公共団体から委託された事業に係る収益をいう。
受託事業収益（一般）	障害者総合支援法又はこれに関連する、受託事業に係る利用者からの収益をいう。
その他の事業収益	上記に属さないその他の事業収益をいう。利用者からの収益も含む。
（保険等査定減）	社会保険診療報酬支払基金等の審査機関による審査減額をいう。
生活保護事業収益	
措置費収益	
事務費収益	措置費支弁額中の人件費及び管理費に係る事務費収益をいう。
事業費収益	入所者の処遇に必要な一般生活費として交付される保護費収益をいう。
授産事業収益	
○○事業収益	授産事業の内容（製造製品の売上げ、仕入れ商品の売上、受託加工の別等）を示す名称を付した科目で記載する。
利用者負担金収益	保護施設等における利用者等からの利用料収益をいう。
その他の事業収益	
補助金事業収益（公費）	措置受託に関連する、国及び地方公共団体から交付される補助金事業収益をいう。
補助金事業収益（一般）	措置受託に関連する、国及び地方公共団体以外から交付される補助金事業収益をいう（共同募金からの配分金（受配者指定寄附金を除く）及び助成金を含む）。措置受託に関連する補助金事業に係る利用者からの収益も含む。

勘定科目
（事業活動計算書）

受託事業収益（公費）	措置受託に関連する、地方公共団体から委託された事業に係る収益をいう。
受託事業収益（一般）	措置受託に関連する、受託事業に係る利用者からの収益をいう。
その他の事業収益	上記に属さないその他の事業収益をいう。利用者からの収益も含む。
医療事業収益	
入院診療収益（公費）	入院患者の診療、療養に係る収益（医療保険、公費負担医療、公害医療、労災保険、自動車損害賠償責任保険等。ただし、介護保険適用の療養病床に係るものは除く）のうち、公費からの収益をいう。
入院診療収益（一般）	入院患者の診療、療養に係る収益（医療保険、公費負担医療、自費診療等。ただし、介護保険適用の療養病床に係るものは除く）のうち、利用者からの収益をいう。
室料差額収益	特定療養費の対象となる特別の療養環境の提供に係る収益をいう。
外来診療収益（公費）	外来患者の診療、療養に係る収益（医療保険、公費負担医療、公害医療、労災保険、自動車損害賠償責任保険等）のうち、公費からの収益をいう。
外来診療収益（一般）	外来患者の診療、療養に係る収益（医療保険、公費負担医療、自費診療等。ただし、介護保険適用の療養病床に係るものは除く）のうち、利用者からの収益をいう。
保健予防活動収益	各種の健康診断、人間ドック、予防接種、妊産婦保健指導等保健予防活動に係る収益をいう。
受託検査・施設利用収益	他の医療機関から検査の委託を受けた場合の検査収益及び医療設備器機を他の医療機関の利用に供した場合の収益をいう。
訪問看護療養費収益（公費）	訪問看護療養費の額等に関する告示に規定する訪問看護基本療養費、訪問看護管理療養費、訪問看護情報提供療養費、訪問看護ターミナル療養費のうち、公費からの収益をいう。
訪問看護療養費収益（一般）	訪問看護療養費の額等に関する告示に規定する訪問看護基本療養費、訪問看護管理療養費、訪問看護情報提供療養費、訪問看護ターミナル療養費のうち、利用者からの収益をいう。
訪問看護利用料収益	
訪問看護基本利用料収益	人員運営基準第13条第1項に規定する基本利用料徴収額をいう。
訪問看護その他の利用料収益	人員運営基準第13条第2項の規定に基づくその他の利用料徴収額をいう。長時間利用料収益、休日・時間外利用料収益、交通費収益、その他のサービス利用料収益に区分設定する。
その他の医療事業収益	
補助金事業収益（公費）	医療法に基づく又は関連する事業に対して交付される国及び地方公共団体からの補助金事業収益等をいう。
補助金事業収益（一般）	医療法に基づく又は関連する事業に対して交付される国及び地方公共団体以外からの補助金事業収益等をいう（共同募金からの配分金（受配者指定寄附金を除く）及び助成金を含む）。医療法に基づく又は関連する補助金事業に係る利用者からの収益も含む。
受託事業収益（公費）	医療法に基づく又は関連する、地方公共団体から委託された事業に係る収益をいう。
受託事業収益（一般）	医療法に基づく又は関連する、受託事業に係る利用者からの収益をいう。
その他の医業収益	上記に属さないその他の医療事業収益をいう。利用者からの収益も含む。
（保険等査定減）	社会保険診療報酬支払基金等の審査機関による審査減額をいう。
退職共済事業収益	
事務費収益	退職共済事業の事務手続業務に係る事務費収益をいう。
○○事業収益	
○○事業収益	事業の内容を示す名称を付した科目で記載する。
その他の事業収益	
補助金事業収益（公費）	○○事業に対して交付される国及び地方公共団体からの補助金事業収益等をいう。
補助金事業収益（一般）	○○事業に対して交付される国及び地方公共団体以外からの補助金事業収益等をいう（共同募金からの配分金（受配者指定寄附金を除く）及び助成金を含む）。医療法に基づく又は関連する補助金事業に係る利用者からの収益も含む。
受託事業収益（公費）	○○事業に関連する、地方公共団体から委託された事業に係る収益をいう。
受託事業収益（一般）	○○事業に関連する、受託事業に係る利用者からの収益をいう。
その他の事業収益	上記に属さないその他の事業収益をいう。利用者からの収益も含む。
○○収益	
○○収益	収益の内容を示す名称を付した科目で記載する。
経常経費寄附金収益	経常経費に対する寄附金及び寄附物品をいう。
その他の収益	上記に属さないサービス活動による収益をいう。
〈サービス活動外増減による収益〉	
借入金利息補助金収益	施設整備及び設備整備に対する借入金利息に係る地方公共団体からの補助金等をいう。
受取利息配当金収益	預貯金、有価証券、貸付金等の利息及び出資金等に係る配当金等の収益をいう。
有価証券評価益	有価証券（投資有価証券を除く）を時価評価した時の評価益をいう。
有価証券売却益	有価証券（投資有価証券を除く）を売却した場合の売却益をいう。
基本財産評価益	基本財産を時価評価した時の評価益をいう。
投資有価証券評価益	投資有価証券を時価評価した時の評価益をいう。
投資有価証券売却益	投資有価証券を売却した場合の売却益をいう。
積立資産評価益	積立資産を時価評価した時の評価益をいう。

その他のサービス活動外収益	
受入研修費収益	研修の受入に対する収益をいう。
利用者等外給食収益	職員等患者・利用者以外に提供した食事に対する収益をいう。
為替差益	外国通貨、外貨建金銭債権債務（外貨預金を含む）及び外貨建有価証券等について、円換算によって生じた換算差益をいう。
退職共済事業管理資産評価益	退職共済事業管理資産の期末増加額をいう。
退職共済預り金戻入額	退職共済事業管理資産評価損に合わせて、退職共済預り金を減少させた額をいう。
雑収益	上記に属さないサービス活動外による収益をいう。
〈特別増減による収益〉	
施設整備等補助金収益	
施設整備等補助金収益	施設整備及び設備整備に係る地方公共団体等からの補助金等をいう。
設備資金借入金元金償還補助金収益	施設整備及び設備整備に対する借入金元金償還に係る地方公共団体等からの補助金等の収益をいう。
施設整備等寄附金収益	
施設整備等寄附金収益	施設整備及び設備整備に係る寄附金をいう。なお、施設の創設及び増築時等に運転資金に充てるために収受した寄付金を含む。
設備資金借入金元金償還寄附金収益	施設整備及び設備整備に対する借入金元金償還に係る寄附金をいう。
長期運営資金借入金元金償還寄附金収益	長期運営資金（設備資金を除く）借入金元金償還に係る寄附金をいう。
固定資産受贈額	
○○受贈額	土地など固定資産の受贈額をいう。なお、受贈の内容を示す名称を付した科目で記載する。
固定資産売却益	
車輌運搬具売却益	車輌運搬具の売却した場合の売却益をいう。
器具及び備品売却益	器具及び備品の売却した場合の売却益をいう。
○○売却益	売却資産の名称等売却の内容を示す名称を付した科目で記載する。
事業区分間繰入金収益	他の事業区分からの繰入金収益をいう。
拠点区分間繰入金収益	同一事業区分内における他の拠点区分からの繰入金収益をいう。
事業区分間固定資産移管収益	他の事業区分からの固定資産の移管による収益をいう。
拠点区分間固定資産移管収益	同一事業区分内における他の拠点区分からの固定資産の移管による収益をいう。
その他の特別収益	
徴収不能引当金戻入益	徴収不能引当金の差額計上方式における戻入額をいう。

②　費用の部

大区分 　中区分 　　小区分	説明
〈サービス活動増減による費用〉	
人件費	
役員報酬	役員（評議員を含む）に支払う報酬、諸手当をいう。
役員退職慰労金	役員（評議員を含む）の退職時の慰労金等をいう。
役員退職慰労引当金繰入	役員退職慰労引当金に繰り入れる額をいう。
職員給料	常勤職員に支払う俸給・諸手当をいう。
職員賞与	職員に対する確定済賞与のうち、当該会計期間に係る部分の金額をいう。
賞与引当金繰入	職員に対する翌会計期間に確定する賞与の当該会計期間に係る部分の見積額をいう。
非常勤職員給与	非常勤職員に支払う俸給・諸手当及び賞与をいう。
派遣職員費	派遣会社に支払う金額をいう。
退職給付費用	従事する職員に対する退職一時金、退職年金等将来の退職給付のうち、当該会計期間の負担に属する金額（役員であることに起因する部分を除く）をいう。
法定福利費	法令に基づいて法人が負担する健康保険料、厚生年金保険料、雇用保険料等の費用をいう。
事業費	
給食費	食材及び食品の費用をいう。なお、給食業務を外部委託している施設又は事業所にあっては、材料費を計上すること。
介護用品費	利用者の処遇に直接使用するおむつ、タオル等の介護用品の費用をいう。
医薬品費	利用者のための施設内又は事業所内の医療に要する医薬品の費用をいう。ただし病院・介護老人保健施設・介護医療院以外ではこれらを保健衛生費に含めて良いものとする。
診療・療養等材料費	カテーテル、縫合糸、酸素、ギプス粉、レントゲンフィルム、包帯、ガーゼ、氷など1回ごとに消費する診療材料、衛生材料の費消額。また、診療、検査、看護、給食などの医療用の器械、器具のうち、固定資産の計上基準額に満たないもの、または1年内に消費するもの。ただし病院・介護老人保健施設・介護医療院以外ではこれらを保健衛生費に含めて良いものとする。

勘定科目
（事業活動計算書）

保健衛生費	利用者の健康診断の実施、施設内又は事業所内の消毒等に要する費用をいう。
医療費	利用者が傷病のために医療機関等で診療等を受けた場合の診療報酬等をいう。
被服費	利用者の衣類、寝具等（介護用品及び日用品を除く。）の購入のための費用をいう。
教養娯楽費	利用者のための新聞雑誌等の購読、娯楽用品の購入及び行楽演芸会等の実施のための費用をいう。
日用品費	利用者に現物で給付する身のまわり品、化粧品などの日用品（介護用品を除く。）の費用をいう。
保育材料費	保育に必要な文具材料、絵本等の費用及び運動会等の行事を実施するための費用をいう。
本人支給金	利用者に小遣い、その他の経費として現金支給するための費用をいう。
水道光熱費	利用者に直接必要な電気、ガス、水道等の費用をいう。
燃料費	利用者に直接必要な灯油、重油等の燃料費（車輌費で計上する燃料費を除く）をいう。
消耗器具備品費	利用者の処遇に直接使用する介護用品以外の消耗品、器具備品で、固定資産の購入に該当しない費用をいう。
保険料	利用者に対する損害保険料等をいう。
賃借料	利用者が利用する器具及び備品等のリース料、レンタル料をいう。
教育指導費	利用者に対する教育訓練に直接要する費用をいう。
就職支度費	児童等の就職に際し必要な被服寝具類の購入に要する費用をいう。
葬祭費	利用者が死亡したときの葬祭に要する費用をいう。
車輌費	乗用車、送迎用自動車、救急車等の燃料費、車輌検査等の費用をいう。
棚卸資産評価損	貯蔵品、医薬品、診療・療養費等材料、給食用材料、商品・製品、仕掛品、原材料など、棚卸資産（就労支援事業及び授産事業に係るものを除く）を時価評価した時の評価損をいう。
○○費	費用の内容を示す名称を付した科目で記載する。
雑費	事業費のうち他のいずれにも属さない費用をいう。
事務費	
福利厚生費	役員・職員が福利施設を利用する場合における事業主負担額、健康診断その他福利厚生のために要する法定外福利費をいう。
職員被服費	職員に支給又は貸与する白衣、予防衣、診察衣、作業衣などの購入、洗濯等の費用をいう。
旅費交通費	業務に係る役員・職員の出張旅費及び交通費を（ただし、研究、研修のための旅費を除く）をいう。
研修研究費	役員・職員に対する教育訓練に直接要する費用（研究、研修のための旅費を含む）をいう。
事務消耗品費	事務用に必要な消耗品及び器具什器のうち、固定資産の購入に該当しないものの費用をいう。
印刷製本費	事務に必要な書類、諸用紙、関係資料などの印刷及び製本に要する費用をいう。
水道光熱費	事務用の電気、ガス、水道等の費用をいう。
燃料費	事務用の灯油、重油等の燃料費（車両費で計上する燃料費を除く）をいう。
修繕費	建物、器具及び備品等の修繕又は模様替の費用をいう。ただし、建物、器具及び備品を改良し、耐用年数を延長させるような資本的費用を含まない。
通信運搬費	電話、電報、ファックスの使用料、インターネット接続料及び切手代、葉書代その他通信・運搬に要する費用をいう。
会議費	会議時における茶菓子代、食事代等の費用をいう。
広報費	施設及び事業所の広告料、パンフレット・機関誌・広報誌作成などの印刷製本費等に要する費用をいう。
業務委託費	洗濯、清掃、夜間警備及び給食（給食材料費を除く）など施設の業務の一部を他に委託するための費用（保守料を除く）をいう。必要に応じて検査委託、給食委託、寝具委託、医事委託、清掃委託など、小区分で更に細分化することができる。
手数料	役務提供にかかる費用のうち、業務委託費以外のものをいう。
保険料	生命保険料および建物、車輌運搬具、器具及び備品等にかかる損害保険契約に基づく保険料をいう。ただし、福利厚生費に該当するものを除く。
賃借料	固定資産に計上を要しない器機等のリース料、レンタル料をいう。
土地・建物賃借料	土地、建物等の賃借料をいう。
租税公課	消費税及び地方消費税の申告納税、固定資産税、印紙税、登録免許税、自動車税、事業所税等をいう。
保守料	建物、各種機器等の保守・点検料等をいう。
渉外費	創立記念日等の式典、慶弔、広報活動（広報費に属する費用を除く）等に要する費用をいう。
諸会費	各種組織への加盟等に伴う会費、負担金等の費用をいう。
○○費	費用の内容を示す名称を付した科目で記載する。
雑費	事務費のうち他のいずれにも属さない費用をいう。
就労支援事業費用	
就労支援事業販売原価	

期首製品（商品）棚卸高	就労支援事業に係る期首の製品・商品の棚卸高をいう。
当期就労支援事業製造原価	就労支援事業に係る材料費、労務費、外注加工費、経費をいう。
当期就労支援事業仕入高	就労支援事業に係る製品・商品の仕入高をいう。
期末製品（商品）棚卸高	就労支援事業に係る期末の製品・商品の棚卸高をいう。
就労支援事業販管費	就労支援事業に係る販売費及び一般管理費をいう。
授産事業費用	
○○事業費	授産事業に係る材料費、商品仕入原価、労務費、外注加工費、経費等をいう。
退職共済事業費用	
事務費	退職共済事業に係る事務費をいう。
○○費用	費用の内容を示す名称を付した科目で記載する。
利用者負担軽減額	利用者負担を軽減した場合の利用者負担軽減額をいう（無料または低額で診療を行う場合の割引額を含む）。
減価償却費	固定資産の減価償却の額をいう。
国庫補助金等特別積立金取崩額	国庫補助金等の支出対象経費（主として減価償却費）の期間費用計上に対応して取り崩された国庫補助金等特別積立金の額をいう。
徴収不能額	金銭債権の徴収不能額のうち、徴収不能引当金で填補されない部分の金額をいう。
徴収不能引当金繰入	徴収不能引当金に繰入れる額をいう。
その他の費用	上記に属さないサービス活動による費用をいう。
〈サービス活動外増減による費用〉	
支払利息	設備資金借入金、長期運営資金借入金及び短期運営資金借入金の利息、及び支払リース料のうち利息相当額として処理するものをいう。
有価証券評価損	有価証券（投資有価証券を除く）を時価評価した時の評価損をいう。
有価証券売却損	有価証券（投資有価証券を除く）を売却した場合の売却損をいう。
基本財産評価損	基本財産を時価評価した時の評価損をいう。
投資有価証券評価損	投資有価証券を時価評価した時の評価損をいう。
投資有価証券売却損	投資有価証券を売却した場合の売却損をいう。
積立資産評価損	積立資産を時価評価した時の評価損をいう。
その他のサービス活動外費用	
利用者等外給食費	職員、来訪者等利用者以外に提供した食材及び食品の費用をいう。
為替差損	外国通貨、外貨建金銭債権債務（外貨預金を含む）及び外貨建有価証券等について、円換算によって生じた換算差損をいう。
退職共済事業管理資産評価損	退職共済事業管理資産の期末減少額をいう。
退職共済預り金繰入額	退職共済事業管理資産評価益に合わせて、退職共済預り金を増加させた額をいう。
雑損失	上記に属さないサービス活動外による費用をいう。
〈特別増減による費用〉	
基本金組入額	運用上の取扱い第11に規定された基本金の組入額をいう。
資産評価損	資産の時価の著しい下落に伴い、回復の見込みがない当該資産に対して計上する評価損をいう。ただし、金額が大きい場合には個別に名称を付与して計上する。
固定資産売却損・処分損	
建物売却損・処分損	建物を除却又は売却した場合の処分損をいう。
車両運搬具売却損・処分損	車輌運搬具を売却又は処分した場合の売却損又は処分損をいう。
器具及び備品売却損・処分損	器具及び備品を売却又は処分した場合の売却損又は処分損をいう。
その他の固定資産売却損・処分損	上記以外の固定資産を売却又は処分した場合の売却損又は処分損をいう。
国庫補助金等特別積立金取崩額(除却等)	国庫補助金等により取得した固定資産の廃棄等に伴い、取り崩された国庫補助金等特別積立金の額をいう。
国庫補助金等特別積立金積立額	運用上の取扱い第10に規定された国庫補助金等特別積立金の積立額をいう。
災害損失	火災、出水等の災害に係る廃棄損と復旧に関する費用の合計額をいう。
事業区分間繰入金費用	他の事業区分への繰入額をいう。
拠点区分間繰入金費用	同一事業区分内における他の拠点区分への繰入額をいう。
事業区分間固定資産移管費用	他の事業区分への固定資産の移管額をいう。
拠点区分間固定資産移管費用	同一事業区分内における他の拠点区分への固定資産の移管額をいう。
その他の特別損失	上記に属さない特別損失をいう。

③　繰越活動増減差額の部

大区分 　中区分 　　小区分	説明
基本金取崩額	運用上の取扱い第12に規定された基本金の取崩額をいう。
その他の積立金取崩額	
○○積立金取崩額	運用上の取扱い第19に規定されたその他の積立金の取崩額をいう。
その他の積立金積立額	
○○積立金積立額	運用上の取扱い第19に規定されたその他の積立金の積立額をいう。

勘定科目
（事業活動計算書）

3．貸借対照表勘定科目の説明

大区分 　中区分	説明
〈資産の部〉	
流動資産	
現金預金	現金（硬貨、小切手、紙幣、郵便為替証書、郵便振替貯金払出証書、官公庁の支払通知書等）及び預貯金（当座預金、普通預金、定期預金、郵便貯金、金銭信託等）をいう。
有価証券	債券（国債、地方債、社債等をいい、譲渡性預金を含む）のうち貸借対照表の翌日から起算して、1年以内に満期が到来するもの、又は債権、株式、証券投資信託の受益証券などのうち時価の変動により利益を得ることを目的とする有価証券をいう。
事業未収金	事業収益に対する未収入金をいう。
未収金	事業収益以外の収益に対する未収入金をいう。
未収補助金	施設整備、設備整備及び事業に係る補助金等の未収額をいう。
未収収益	一定の契約に従い、継続して役務の提供を行う場合、すでに提供した役務に対していまだその対価の支払を受けていないものをいう。
受取手形	事業の取引先との通常の取引に基づいて発生した手形債権（金融手形を除く）をいう。割引又は裏書譲渡したものは、受取手形から控除し、その会計年度末日における期限未到来の金額を注記する。
貯蔵品	消耗品等で未使用の物品をいう。業種の特性に応じ小区分を設けることができる。
医薬品	医薬品の棚卸高をいう。
診療・療養費等材料	診療・療養費等材料の棚卸高をいう。
給食用材料	給食用材料の棚卸高をいう。
商品・製品	売買又は製造する物品の販売を目的として所有するものをいう。
仕掛品	製品製造又は受託加工のために現に仕掛中のものをいう。
原材料	製品製造又は受託加工の目的で消費される物品で、消費されていないものをいう。
立替金	一時的に立替払いをした場合の債権額をいう。
前払金	物品等の購入代金及び役務提供の対価の一部又は全部の前払額をいう。
前払費用	一定の契約に従い、継続して役務の提供を受ける場合、いまだ提供されていない役務に対し支払われた対価をいう。
1年以内回収予定長期貸付金	長期貸付金のうち貸借対照表日の翌日から起算して1年以内に入金の期限が到来するものをいう。
1年以内回収予定事業区分間長期貸付金	事業区分間長期貸付金のうち貸借対照表日の翌日から起算して1年以内に入金の期限が到来するものをいう。
1年以内回収予定拠点区分間長期貸付金	拠点区分間長期貸付金のうち貸借対照表日の翌日から起算して1年以内に入金の期限が到来するものをいう。
短期貸付金	生計困窮者に対して無利子または低利で資金を融通する事業、法人が職員の質の向上や福利厚生の一環として行う奨学金貸付等、貸借対照表日の翌日から起算して1年以内に入金の期限が到来するものをいう。
事業区分間貸付金	他の事業区分への貸付額で、貸借対照表日の翌日から起算して1年以内に入金の期限が到来するものをいう。
拠点区分間貸付金	同一事業区分内における他の拠点区分への貸付額で、貸借対照表日の翌日から起算して1年以内に入金の期限が到来するものをいう。
仮払金	処理すべき科目又は金額が確定しない場合の支出額を一時的に処理する科目をいう。
その他の流動資産	上記に属さない債権等であって、貸借対照表日の翌日から起算して1年以内に入金の期限が到来するものをいう。ただし、金額の大きいものについては独立の勘定科目を設けて処理することが望ましい。
徴収不能引当金	未収金や受取手形について回収不能額を見積もったときの引当金をいう。
固定資産	
（基本財産）	定款において基本財産と定められた固定資産をいう。
土地	基本財産に帰属する土地をいう。
建物	基本財産に帰属する建物及び建物付属設備をいう。
建物減価償却累計額	貸借対照表上、間接法で表示する場合の基本財産に計上されている建物の減価償却の累計をいう。
定期預金	定款等に定められた基本財産として保有する定期預金をいう。
投資有価証券	定款等に定められた基本財産として保有する有価証券をいう。
（その他の固定資産）	基本財産以外の固定資産をいう。
土地	基本財産以外に帰属する土地をいう。
建物	基本財産以外に帰属する建物及び建物付属設備をいう。

構築物	建物以外の土地に固着している建造物をいう。
機械及び装置	機械及び装置をいう。
車輌運搬具	送迎用バス、乗用車、入浴車等をいう。
器具及び備品	器具及び備品をいう。ただし、取得価額が○○万円以上で、耐用年数が1年以上のものに限る。
建設仮勘定	有形固定資産の建設、拡張、改造などの工事が完了し稼働するまでに発生する請負前渡金、建設用材料部品の買入代金等をいう。
有形リース資産	有形固定資産のうちリースに係る資産をいう。
○○減価償却累計額	貸借対照表上、間接法で表示する場合の有形固定資産の減価償却の累計をいう。資産名を付した科目とする。
権利	法律上又は契約上の権利をいう。
ソフトウェア	コンピュータソフトウェアに係る費用で、外部から購入した場合の取得に要する費用ないしは制作費用のうち研究開発費に該当しないものをいう。
無形リース資産	無形固定資産のうちリースに係る資産をいう。
投資有価証券	長期的に所有する有価証券で基本財産に属さないものをいう。
長期貸付金	生計困窮者に対して無利子または低利で資金を融通する事業、法人が職員の質の向上や福利厚生の一環として行う奨学金貸付等、貸借対照表日の翌日から起算して入金の期限が1年を超えて到来するものをいう。
事業区分間長期貸付金	他の事業区分への貸付金で貸借対照表日の翌日から起算して入金の期限が1年を超えて到来するものをいう。
拠点区分間長期貸付金	同一事業区分内における他の拠点区分への貸付金で貸借対照表日の翌日から起算して入金の期限が1年を超えて到来するものをいう。
退職給付引当資産	退職金の支払に充てるために退職給付引当金に対応して積み立てた現金預金等をいう。
長期預り金積立資産	長期預り金に対応して積み立てた現金預金等をいう。
退職共済事業管理資産	退職共済事業で、加入者から預託された資産をいう。
○○積立資産	将来における特定の目的のために積立てた現金預金等をいう。なお、積立資産の目的を示す名称を付した科目で記載する。
差入保証金	賃貸用不動産に入居する際に、賃貸人に担保として差し入れる敷金、保証金等をいう。
長期前払費用	時の経過に依存する継続的な役務の享受取引に対する前払分で貸借対照表日の翌日から起算して1年を超えて費用化される未経過分の金額をいう。
その他の固定資産	上記に属さない債権等であって、貸借対照表日の翌日から起算して入金の期限が1年を超えて到来するものをいう。ただし、金額の大きいものについては独立の勘定科目を設けて処理することが望ましい。
徴収不能引当金	長期貸付金等の固定資産に計上されている債権について回収不能額(返済免除等を含む)を見積もったときの引当金をいう。
〈負債の部〉	
流動負債	
短期運営資金借入金	経常経費に係る外部からの借入金で、貸借対照表日の翌日から起算して1年以内に支払の期限が到来するものをいう。
事業未払金	事業活動に伴う費用等の未払い債務をいう。
その他の未払金	上記以外の未払金(施設整備等未払金を含む)をいう。
支払手形	事業の取引先との通常の取引に基づいて発生した手形債務(金融手形を除く)をいう。
役員等短期借入金	役員(評議員を含む)からの借入金で貸借対照表日の翌日から起算して1年以内に支払の期限が到来するものをいう。
1年以内返済予定設備資金借入金	設備資金借入金のうち、貸借対照表日の翌日から起算して1年以内に支払の期限が到来するものをいう。
1年以内返済予定長期運営資金借入金	長期運営資金借入金のうち、貸借対照表日の翌日から起算して1年以内に支払の期限が到来するものをいう。
1年以内返済予定リース債務	リース債務のうち、貸借対照表日の翌日から起算して1年以内に支払の期限が到来するものをいう。
1年以内返済予定役員等長期借入金	役員等長期借入金のうち貸借対照表日の翌日から起算して1年以内に支払の期限が到来するものをいう。
1年以内返済予定事業区分間借入金	事業区分間長期借入金のうち貸借対照表日の翌日から起算して1年以内に支払の期限が到来するものをいう。
1年以内返済予定拠点区分間借入金	拠点区分間長期借入金のうち貸借対照表日の翌日から起算して1年以内に支払の期限が到来するものをいう。
1年以内支払予定長期未払金	長期未払金のうち貸借対照表日の翌日から起算して1年以内に支払の期限が到来するものをいう。

勘定科目
(貸借対照表)

未払費用	賃金、支払利息、賃借料など時の経過に依存する継続的な役務給付取引において既に役務の提供は受けたが、会計期末までに法的にその対価の支払債務が確定していない分の金額をいう。
預り金	職員以外の者からの一時的な預り金をいう。
職員預り金	源泉徴収税額及び社会保険料などの徴収額等、職員に関する一時的な預り金をいう。
前受金	物品等の売却代金及び役務提供の対価の一部又は全部の前受額をいう。
前受収益	受取利息、賃貸料など時の経過に依存する継続的な役務提供取引に対する前受分のうち未経過の金額をいう。
事業区分間借入金	他の事業区分からの借入額で、貸借対照表日の翌日から起算して1年以内に支払の期限が到来するものをいう。
拠点区分間借入金	同一事業区分内における他の拠点区分からの借入額で、貸借対照表日の翌日から起算して1年以内に支払の期限が到来するものをいう。
仮受金	処理すべき科目又は金額が確定しない場合の収入金額を一時的に処理する科目をいう。
賞与引当金	支給対象期間に基づき定期に支給する職員賞与に係る引当金をいう。
その他の流動負債	上記に属さない債務等であって、貸借対照表日の翌日から起算して1年以内に支払の期限が到来するものをいう。ただし、金額の大きいものについては独立の勘定科目を設けて処理することが望ましい。
固定負債	
設備資金借入金	施設設備等に係る外部からの借入金で、貸借対照表日の翌日から起算して支払の期限が1年を超えて到来するものをいう。
長期運営資金借入金	経常経費に係る外部からの借入金で、貸借対照表日の翌日から起算して支払の期限が1年を超えて到来するものをいう。
リース債務	リース料総額から利息相当額を控除した金額で、貸借対照表日の翌日から起算して支払の期限が1年を超えて到来するものをいう。
役員等長期借入金	役員（評議員を含む）からの借入金で貸借対照表日の翌日から起算して支払の期限が1年を超えて到来するものをいう。
事業区分間長期借入金	他の事業区分からの借入金で貸借対照表日の翌日から起算して支払の期限が1年を超えて到来するものをいう。
拠点区分間長期借入金	同一事業区分内における他の拠点区分からの借入金で貸借対照表日の翌日から起算して支払の期限が1年を超えて到来するものをいう。
退職給付引当金	将来支給する退職金のうち、当該会計年度末までに発生していると認められる金額をいう。
役員退職慰労引当金	将来支給する役員（評議員を含む）への退職慰労金のうち、当該会計年度末までに発生していると認められる金額をいう。
長期未払金	固定資産に対する未払債務（リース契約による債務を除く）等で貸借対照表日の翌日から起算して支払の期限が1年を超えて到来するものをいう。
長期預り金	固定負債で長期預り金をいう。（軽費老人ホーム（ケアハウスに限る。）等における入居者からの管理費等預り額をいう。）
退職共済預り金	退職共済事業で、加入者からの預り金をいう。
その他の固定負債	上記に属さない債務等であって、貸借対照表日の翌日から起算して支払の期限が1年を超えて到来するものをいう。ただし、金額の大きいものについては独立の勘定科目を設けて処理することが望ましい。
〈純資産の部〉	
基本金	会計基準省令第6条第1項に規定された基本金をいう。
国庫補助金等特別積立金	会計基準省令第6条第2項に規定された国庫補助金等特別積立金をいう。
その他の積立金	
○○積立金	会計基準省令第6条第3項に規定されたその他の積立金をいう。積立ての目的を示す名称を付した科目で記載する。
次期繰越活動増減差額	事業活動計算書に計上された次期繰越活動増減差額をいう。

　なお、一つの取引が、資金収支計算書と事業活動計算書の二つの計算書に記載される場合がほとんどだと思われますが、それぞれの計算書で記載される区分が異なっていることがあります。また、見た目は同じでも、内容が異なる科目もありますので、注意してください。

4．就労支援事業製造原価明細書勘定科目の説明

大区分 　中区分	説明
材料費	製造・作業に関する当該会計年度の材料の受入高をいう。
期首材料棚卸高	期首における主要材料及び補助材料の棚卸高をいう。
当期材料仕入高	当期における主要材料及び補助材料の仕入高をいう。
期末材料棚卸高	期末における主要材料及び補助材料の棚卸高をいう。
労務費	製造・作業に関する当該会計年度の労務費をいう。
利用者賃金	製造・作業に係る利用者に支払う作業賃金をいう。
利用者工賃	製造・作業に係る利用者に支払う作業工賃をいう。
就労支援事業指導員等給与	製造・作業に従事する職業指導員等に支払う給料、賞与等をいう。
就労支援事業指導員等賞与引当金繰入	製造・作業に従事する職業指導員等に対する翌会計期間に確定する賞与の当該会計期間に係る部分の見積もり額をいう。
就労支援事業指導員等退職給付費用	製造・作業に従事する職業指導員等に支払う退職一時金、退職年金等将来の退職給付のうち、当該会計期間の負担に属する金額をいう。
法定福利費	製造・作業に従事する職業指導員等に関し、法令に基づいて法人が負担する健康保険料、厚生年金保険料、雇用保険料等の費用をいう。
外注加工費	外部に依頼した加工費の支払額をいう。
経費	製造・作業に関する当該会計年度の作業経費をいう。
福利厚生費	製造・作業に従事する職業指導員等の者の健康診断その他福利厚生のための費用をいう。
旅費交通費	製造・作業に係る出張旅費及び交通費をいう。
器具什器費	製造・作業に直接必要な工具、金型等で、固定資産の購入に該当しないものの消費額をいう。
消耗品費	製造・作業に直接必要な消耗品で、固定資産に該当しないものの消費額をいう。
印刷製本費	製造・作業に必要な書類、諸用紙、関係資料等の印刷代及び製本代をいう。
水道光熱費	製造・作業に直接必要な電気、ガス、水道等の使用料をいう。
燃料費	製造・作業に直接必要な灯油、重油等の燃料及び自動車用燃料費をいう。
修繕費	製造・作業に係る建物、器具及び備品等の修繕費又は模様替の費用をいう。建物器具及び備品を改良し、耐用年数を延長させるような資本的支出を含まない。
通信運搬費	製造・作業に係る電話、ファックスの使用料及び切手代、葉書代その他通信運搬に要する費用をいう。
会議費	製造・作業に係る会議時の茶菓子代、食事代等をいう。
損害保険料	製造・作業に係る建物、器具及び備品等に係る損害保険契約に基づく保険料をいう。
賃借料	製造・作業に直接必要な機械器具等の賃料をいう。
図書・教育費	製造・作業に係る新聞、図書、印刷物等の経費をいう。
租税公課	製造・作業に係る租税公課をいう。
減価償却費	製造・作業に係る固定資産の減価償却の額をいう。
国庫補助金等特別積立金取崩額(控除項目)	製造・作業に係る国庫補助金等の支出対象経費（主として減価償却費）の期間費用計上に対応して取り崩された国庫補助金等特別積立金の額をいう。
雑費	製造・作業に係る経費のうち、上記のいずれにも属さないものをいう。
期首仕掛品棚卸高	期首における仕掛品の棚卸高をいう。
期末仕掛品棚卸高	期末における仕掛品の棚卸高をいう。

5．就労支援事業販管費明細書勘定科目の説明

大区分 　中区分	説明
利用者賃金	販売及び一般管理に係る利用者に支払う作業賃金をいう。
利用者工賃	販売及び一般管理に係る利用者に支払う作業工賃をいう。
就労支援事業指導員等給与	販売及び一般管理に従事する職業指導員等に支払う給料、賞与等をいう。
就労支援事業指導員等賞与引当金繰入	販売及び一般管理に従事する職業指導員等に対する翌会計期間に確定する賞与の当該会計期間に係る部分の見積もり額をいう。
就労支援事業指導員等退職給付費用	販売及び一般管理に従事する職業指導員等に支払う退職一時金、退職年金等将来の退職給付のうち、当該会計期間の負担に属する金額をいう。
法定福利費	販売及び一般管理に従事する職業指導員等に関し、法令に基づいて法人が負担する健康保険料、厚生年金保険料、雇用保険料等の費用をいう。
福利厚生費	販売及び一般管理に従事する職業指導員等の者の健康診断その他福利厚生のための費用をいう。
旅費交通費	販売及び一般管理に係る出張旅費及び交通費をいう。
器具什器費	販売及び一般管理に直接必要な器具、什器等で、固定資産の購入に該当しないものの消費額をいう。
消耗品費	販売及び一般管理に直接必要な消耗品で、固定資産に該当しないものの消費額をいう。
印刷製本費	販売及び一般管理に必要な書類、諸用紙、関係資料等の印刷代及び製本代をいう。
水道光熱費	販売及び一般管理に直接必要な電気、ガス、水道等の使用料をいう。
燃料費	販売及び一般管理に直接必要な灯油、重油等の燃料及び自動車用燃料費をいう。
修繕費	販売及び一般管理に係る建物、器具及び備品等の修繕費又は模様替の費用をいう。建物器具及び備品を改良し、耐用年数を延長させるような資本的支出を含まない。
通信運搬費	販売及び一般管理に係る電話、ファックスの使用料及び切手代、葉書代その他通信運搬に要する費用をいう。
受注活動費	販売及び一般管理における受注活動に係る経費をいう。
会議費	販売及び一般管理に係る会議時の茶菓子代、食事代等をいう。
損害保険料	販売及び一般管理に係る建物、器具及び備品等に係る損害保険契約に基づく保険料をいう。
賃借料	販売及び一般管理に直接必要な機械器具等の賃料をいう。
図書・教育費	販売及び一般管理に係る新聞、図書、印刷物等の経費をいう。
租税公課	販売及び一般管理に係る租税公課をいう。
減価償却費	販売及び一般管理に係る固定資産の減価償却の額をいう。
国庫補助金等特別積立金取崩額(控除項目)	販売及び一般管理に係る国庫補助金等の支出対象経費（主として減価償却費）の期間費用計上に対応して取り崩された国庫補助金等特別積立金の額をいう。
徴収不能引当金繰入額	徴収不能引当金に繰入れる額をいう。
徴収不能額	金銭債権の徴収不能額のうち、徴収不能引当金で填補されない部分の金額をいう。
雑費	販売及び一般管理に係る経費のうち、上記のいずれにも属さないものをいう。

６．就労支援事業明細書勘定科目の説明

大区分 　中区分	説明
材料費	就労支援事業に関する当該会計年度の材料の受入高をいう。
期首材料棚卸高	期首における主要材料及び補助材料（商品を含む）の棚卸高をいう。
当期材料仕入高	当期における主要材料及び補助材料（商品を含む）の仕入高をいう。
期末材料棚卸高	期末における主要材料及び補助材料（商品を含む）の棚卸高をいう。
労務費	就労支援事業に関する当該会計年度の労務費をいう。
利用者賃金	就労支援事業に係る利用者に支払う作業賃金をいう。
利用者工賃	就労支援事業に係る利用者に支払う作業工賃をいう。
就労支援事業指導員等給与	就労支援事業に従事する職業指導員等に支払う給料、賞与等をいう。
就労支援事業指導員等賞与引当金繰入	就労支援事業に従事する職業指導員等に対する翌会計期間に確定する賞与の当該会計期間に係る部分の見積もり額をいう。
就労支援事業指導員等退職給付費用	就労支援事業に従事する職業指導員等に支払う退職一時金、退職年金等将来の退職給付のうち、当該会計期間の負担に属する金額をいう。
法定福利費	就労支援事業に従事する職業指導員等に関し、法令に基づいて法人が負担する健康保険料、厚生年金保険料、雇用保険料等の費用をいう。
外注加工費	外部に依頼した加工費の支払額をいう。
経費	就労支援事業に関する当該会計年度の作業経費をいう。
福利厚生費	就労支援事業に従事する職業指導員等の者の健康診断その他福利厚生のための費用をいう。
旅費交通費	就労支援事業に係る出張旅費及び交通費をいう。
器具什器費	就労支援事業に直接必要な器具、什器等で、固定資産の購入に該当しないものの消費額をいう。
消耗品費	就労支援事業に直接必要な消耗品で、固定資産に該当しないものの消費額をいう。
印刷製本費	就労支援事業に必要な書類、諸用紙、関係資料等の印刷代及び製本代をいう。
水道光熱費	就労支援事業に直接必要な電気、ガス、水道等の使用料をいう。
燃料費	就労支援事業に直接必要な灯油、重油等の燃料及び自動車用燃料費をいう。
修繕費	就労支援事業に係る建物、器具及び備品等の修繕費又は模様替の費用をいう。建物器具及び備品を改良し、耐用年数を延長させるような資本的支出を含まない。
通信運搬費	就労支援事業に係る電話、ファックスの使用料及び切手代、葉書代その他通信運搬に要する費用をいう。
受注活動費	就労支援事業における受注活動に係る経費をいう。
会議費	就労支援事業に係る会議時の茶菓子代、食事代等をいう。
損害保険料	就労支援事業に係る建物、器具及び備品等に係る損害保険契約に基づく保険料をいう。
賃借料	就労支援事業に直接必要な機械器具等の賃料をいう。
図書・教育費	就労支援事業に係る新聞、図書、印刷物等の経費をいう。
租税公課	就労支援事業に係る租税公課をいう。
減価償却費	就労支援事業に係る固定資産の減価償却の額をいう。
国庫補助金等特別積立金取崩額(控除項目)	就労支援事業に係る国庫補助金等の支出対象経費（主として減価償却費）の期間費用計上に対応して取り崩された国庫補助金等特別積立金の額をいう。
徴収不能引当金繰入額	徴収不能引当金に繰入れる額をいう。
徴収不能額	金銭債権の徴収不能額のうち、徴収不能引当金で填補されない部分の金額をいう。
雑費	就労支援事業に係る経費のうち、上記のいずれにも属さないものをいう。

勘定科目
（就労支援事業明細書）

7 支払資金と流動資産・流動負債

ここでは、「支払資金」の概念について整理しておきたいと思います。そこで、本題に入る前に、支払資金の内容となる流動資産と流動負債の勘定科目について概観しておきます。

連携推進法人に関する説明は、省略しています。

1. 資産及び負債の流動と固定の区分について

貸借対照表上、資産は流動資産と固定資産に、負債は流動負債と固定負債に区分して計上するものとされています。この流動と固定の区分の仕方について、「運用上の取扱い」（局長通知）では、次のように記載しています。

【運用上の取扱い】 (局長通知)

6　資産及び負債の流動と固定の区分について（会計基準省令第26条第1項関係）

未収金、前払金、未払金、前受金等の経常的な取引によって発生した債権債務は、流動資産または流動負債に属するものとする。

ただし、これらの債権のうち、破産債権、更生債権等で1年以内に回収されないことが明らかなものは固定資産に属するものとする。

貸付金、借入金等の経常的な取引以外の取引によって発生した債権債務については、貸借対照表日の翌日から起算して1年以内に入金又は支払の期限が到来するものは流動資産又は流動負債に属するものとし、入金又は支払の期限が1年を超えて到来するものは固定資産又は固定負債に属するものとする。

現金及び預貯金は、原則として流動資産に属するものとするが、特定の目的で保有する預貯金は、固定資産に属するものとする。ただし、当該目的を示す適当な科目で表示するものとする。

流動と固定の区分の仕方について、2つの基準が示されています。

①経常的な取引によって発生したか？

②貸借対照表日の翌日から起算して1年以内に入金又は支払の期限が到来するか？

①は、企業会計では正常営業循環基準と呼ばれるもので、売掛金や、買掛金等のように企業の主目的たる営業取引により発生した債権及び債務は正常な営業循環内にあるものとして、流動資産又は流動負債に属するものとする考え方です。社会福祉法人でも、主目的である社会福祉事業から生ずる債権債務について適用されることになります。

②は、1年基準と呼ばれるもので、1年間という期間を目安にして、

事業未収金や事業未払金であっても、破産等により、1年以内に回収されないことが明らかなものは固定資産に属するものとされます。
なお、特定の目的で保有する預貯金は、理事会の決議により任意に取崩可能ですが、固定資産に区分することとされています。

流動と固定を区分する考え方です。1年基準は、正常な営業循環基準の適用対象とならなかったものが適用対象となります。

2．流動資産の勘定科目

① 現金預金

現金（硬貨、小切手、紙幣、郵便為替証書、郵便振替貯金払出証書、官公庁の支払通知書等）及び預貯金（当座預金、普通預金、定期預金、郵便貯金、金銭信託等）をいいます。なお、預貯金は、原則として流動資産に属するものとされますが、特定の目的で保有する預貯金や、長期借入金の担保に供している預貯金は、固定資産に属するものとされます。この場合の預貯金は、当該目的を示す適当な科目で表示します。

② 有価証券

債券（国債、地方債、社債等をいい、譲渡性預金を含む）のうち貸借対照表日の翌日から起算して1年以内に満期が到来するもの、又は証券投資信託の受益証券などのうち時価の変動により利益を得ることを目的とする有価証券をいいます。

経常的に繰り返し売買が行われることを前提に、市場を通じていつでも現金化できることから、流動資産に区分されます。

③ 事業未収金

法人が経営する社会福祉事業などの事業に係る収益に対する未収入金をいいます。利用者に対するサービス提供に伴って発生する請求権で、経常的な取引によって発生する債権の典型例です。

④ 未収金

事業収益以外の収益に対する未収入金をいいます。研修の受入れに伴う研修費の未収入金や、車両・備品・投資有価証券など固定資産の売却代金が後日入金される場合などが考えられます。

⑤ 未収補助金

施設整備、設備整備及び事業に係る補助金等の未収額をいいます。

なお、施設整備などに係る補助金には、経常性はありませんが、通常は、1年以内に入金されることから流動資産に区分されるようです。

⑥ 未収収益

一定の契約に従い、継続して役務の提供を行う場合、既に提供した役

期間が1年を超える定期預金も、特定の保有目的がなければ、流動資産に区分されます。解約すればいつでも支払に充てることができるという趣旨のようです。

満期保有目的の債券であっても、償還期限が1年以内に到来するものは、流動資産に区分されます。

務に対していまだその対価の支払を受けていないものをいいます。

　貸付金利息、地代・家賃などが考えられます。

例：12/1に150万円を貸し付けた。期間は6ヶ月、年利2％とし、翌年5月末日に元金の返済とともに利息の支払を受けることとした。

　　⇒決算日において、12/1～3/31までの4ヶ月分の利息が発生していることになりますので、発生した期間の収益として計上します。

仕訳：（借方）未収収益1万円（貸方）受取利息配当金収益1万円

⑦　受取手形

　事業の取引先との通常の取引に基づいて発生した手形債権をいいます。手形債権は、一種の借用証書のようなもので、期日が到来すれば、現金化（通常は、銀行預金口座で決済）されます。

　ただし、手形は、裏書（署名・押印）によって、支払代金などの決済手段として転々と流通することが予定されている点は、普通の借入金と大きく異なるところです。また、裏書して金融機関に持ち込めば、一定割合の利息相当額を差し引いて現金化すること（割引）も可能です。

　この割引の仕組みを利用して、手形を発行し合う場合（金融手形といいます）がありますが、運営資金の貸借があったものとして処理します。

　なお、割引又は裏書譲渡したものは、受取手形から控除し、その会計年度末日における期限未到来の金額を注記します。

⑧　貯蔵品

　消耗品等で未使用の物品をいいます。未使用の切手や収入印紙なども含まれるものと思われます。

　棚卸資産の科目の中で、唯一、支払資金の範囲に含められています。

⑨　医薬品、診療・療養費等材料

　病院や老健における医薬品、診療・療養費等材料の棚卸高をいいます。

　一般の施設における保健室にあるような少額の医薬品は、貯蔵品に含めて処理することができます。

⑩　給食用材料

　給食用材料の棚卸高をいいます。

⑪　商品・製品

　売買又は製造する物品の販売を目的として所有するものをいいます。

利息の未収分を簡便的に月割計算すると1万円になります。
150万円×2％×（4ヶ月÷12ヶ月）＝1万円

手形は、信用が表象されたものなので、発行人や裏書人に信用がなければ、決済代金として受け取ってもらうことはできませんし、銀行でも割り引いてもらうことはできません。

⑫　仕掛品

製品製造又は受託加工のために現に仕掛中のものをいいます。

原料費や加工費などを集計して、加工の進捗割合を考慮して、仕掛品の評価額とします。

⑬　原材料

製品製造又は受託加工の目的で消費される物品で、消費されていないものをいいます。

> ※棚卸資産と支払能力
>
> 　棚卸資産の購入は、販売やサービスの提供に伴う収益の獲得を前提にして、資金が投下されます。この投下された資金は、棚卸資産に姿を変えているわけですが、そのままでは、支払資金としての働きを期待することはできません。
>
> 　これら棚卸資産は、販売して代金を回収したり、サービスを提供して利用料を徴収することによって、支払資金としての働きを期待することができます。
>
> 　このことから棚卸資産は、原則的に支払資金の範囲から除かれています。その意味では、支払資金の範囲に含まれる貯蔵品は、単に資金が貯蔵されているだけと位置付けられているようです。

⑭　立替金

一時的に立替払をした場合の債権額をいいます。

⑮　前払金

物品等の購入代金及び役務提供の対価の一部又は全部の前払額をいいます。

⑯　前払費用

一定の契約に従い、継続して役務の提供を受ける場合、いまだ提供されていない役務に対して支払われた対価をいいます。（借入金利息、地代・家賃などが典型例です。）

⑰　１年以内回収予定○○貸付金

長期貸付金等のうち、貸借対照表日の翌日から起算して１年以内に入金の期限が到来するものをいいます。

単なる科目振替にすぎず、支払資金が増加したとはいえないので、支払資金の範囲からは除かれています。

⑱　短期貸付金

生計困窮者に対して無利子又は低利で資金を融通する事業、法人が職員の質の向上や福利厚生の一環として行う奨学金貸付等で、貸借対照表日の翌日から起算して１年以内に入金の期限が到来するものをいいます。

⑲ **事業区分間・拠点区分間貸付金**

他の事業区分や拠点区分への貸付額で、貸借対照表日の翌日から起算して1年以内に入金の期限が到来するものをいいます。

法人全体の貸借対照表では、内部取引として相殺消去されます。

⑳ **仮払金**

処理すべき科目又は金額が確定しない場合の支出額を、一時的に処理する科目をいいます。

㉑ **その他の流動資産**

上記に属さない債権等で、貸借対照表日の翌日から起算して1年以内に入金の期限が到来するものをいいます。

ただし、金額の大きいものについては、独立の勘定科目を設けて処理することが望まれます。

㉒ **徴収不能引当金**

未収金や受取手形について、回収不能額を見積もったときの引当金をいいます。支払能力の控除項目としての役割を担っていますが、見積額にすぎないということで、支払資金の範囲からは除かれています。

３．流動負債の勘定科目

① 短期運営資金借入金

　短期運営資金借入金は、借入期間が１年以内の経常経費に係る法人外部からの借入債務を処理する勘定科目です。借入期間が１年を超えるものは、長期運営資金借入金として固定負債に計上します。

② 事業未払金とその他の未払金

　事業未払金は、事業活動等に伴う事業費や事務費などの費用等の未払債務を処理する勘定科目です。

　事業未払金以外の施設整備等未払金など、固定資産購入のような場合の未払債務は、**その他の未払金**勘定で処理します。

③ 支払手形

　事業の取引先に対して、商品や原材料などの仕入代金の支払に際して振り出した手形をいいます。なお、資金を融通し合うために振り出す手形は、運営資金の借入れとして処理することになります。

④ 役員等短期借入金

　役員（評議員を含む）からの借入金で、１年以内の短期に返済する約束で借りたお金をいいます。

⑤ １年以内返済予定設備資金借入金

　設備資金借入金のうち、貸借対照表日の翌日から起算して１年以内に返済期限が到来するもので、固定負債から流動負債に振り替えたものをいいます。

　単なる科目振替にすぎず、返済等によって支払資金が減少したとはいえないので、支払資金の範囲からは除かれています。

　その他、１年基準により振り替えられた項目についても、同様に支払資金の範囲から除かれています。

⑥ 未払費用

　賃金、支払利息、賃借料など、時の経過に依存する継続的な役務給付取引において既に役務の提供は受けたものの、会計期末までに法的にその対価の支払債務が確定していない部分の金額をいいます。

⑦ 預り金と職員預り金

　各種の一時的な預り金は**預り金**勘定で処理します。このうち職員の源泉所得税、特別徴収住民税、健康保険料、厚生年金保険料等の本人負担

施設整備などに係る未払金は、経常的に発生するものではありませんが、１年以内に支払われるものについては、流動負債に区分されます。

このような資金を融通し合うための手形を金融（融通）手形といいます。

固定負債の項目で会計処理について、一緒に説明しています。

支払期日が到来しているものは、「未払金」になります。

分のように、職員に関する一時的な預り金は**職員預り金**勘定で処理することとされています。

なお、入所者から預かっている金銭等は、法人の会計とは別途管理することとされていますから、この科目には含まれません。

⑧　前受金

前受金は、物品等の売却代金及び役務提供の対価の一部又は全部の前受額を処理する勘定科目です。

⑨　前受収益

受取利息、賃貸料など、時の経過に依存する継続的な役務提供取引に対する前受分のうち未経過の金額をいいます。

⑩　事業区分間借入金

事業区分間借入金は、他の事業区分からの借入額で、貸借対照表日の翌日から起算して1年以内に支払の期限が到来するものをいいます。

法人全体の貸借対照表では、内部取引として消去されます。

⑪　拠点区分間借入金

拠点区分間借入金は、同一事業区分内における他の拠点区分からの借入額で、貸借対照表日の翌日から起算して1年以内に支払の期限が到来するものをいいます。

事業区分ごとの貸借対照表では、内部取引として消去されます。

⑫　仮受金

仮受金は、処理すべき科目・金額が確定しない場合の収入を一時的に処理する勘定科目です。

⑬　賞与引当金

賞与引当金は、職員賞与の期間帰属を適正に行うための科目です。

翌期中の賞与の支給に備えて引当計上されるものですが、見積額にすぎないということで、支払資金の範囲からは除かれています。

⑭　その他の流動負債

上記に属さない債務等であって、貸借対照表日の翌日から起算して1年以内に支払の期限が到来するものをいいます。ただし、金額の大きいものについては、独立の勘定科目を設けて処理することが望まれます。

なお、引当金は支払資金の範囲には含まれませんので、念のため申し添えます。

源泉所得税等、役職員が負担すべき金額は、いったん法人が預かり、後日、各々の官庁等に納付します。

引当金に関する会計処理方法や考え方については、引当金の項目で説明します。

4．支払資金の範囲

　さて、ここで改めて「支払資金」の概念について整理してみたいと思います。資金収支計算書の項目で確認しましたが、もう一度、「会計基準省令」の示す支払資金の範囲を記載すると、次のとおりです。

【会計基準省令】　　　　　　　　　　　　　　（第3章 計算関係書類　第2節 資金収支計算書）

（資金収支計算書の資金の範囲）

第13条　支払資金は、流動資産及び流動負債（経常的な取引以外の取引によって生じた債権又は債務のうち貸借対照表日の翌日から起算して一年以内に入金又は支払の期限が到来するものとして固定資産又は固定負債から振り替えられた流動資産又は流動負債、引当金及び棚卸資産（貯蔵品を除く。）を除く。）とし、支払資金残高は、当該流動資産と流動負債との差額とする。

　「支払資金」の定義の要点は、本文の「流動資産及び流動負債とする」という部分でした。（もう覚えましたか？）

　そして、この「支払資金」の増加及び減少の事実が資金収支計算書に記載されるということでした。

　ただし、流動資産と流動負債のうち、①1年基準により固定資産又は固定負債から振り替えられたもの、②引当金、③棚卸資産（貯蔵品を除く。）は、資金の範囲から除かれています。

　また、この支払資金の内容について、「運用上の取扱い」（局長通知）では、次のように補足しています。

> この「支払資金」は、法人の支払能力を示していると考えることができます。

【運用上の取扱い】　　　　　　　　　　　　　　　　　　　　　　　（局長通知）

5　支払資金について（会計基準省令第13条関係）

　資金収支計算書の支払資金とは、経常的な支払準備のために保有する現金及び預貯金、短期間のうちに回収されて現金又は預貯金になる未収金、立替金、有価証券等及び短期間のうちに事業活動支出として処理される前払金、仮払金等の流動資産並びに短期間のうちに現金又は預貯金によって決済される未払金、預り金、短期運営資金借入金等及び短期間のうちに事業活動収入として処理される前受金等の流動負債をいう。ただし、支払資金としての流動資産及び流動負債には、1年基準により固定資産又は固定負債から振替えられたもの、引当金並びに棚卸資産（貯蔵品を除く。）を除くものとする。支払資金の残高は、これらの流動資産と流動負債の差額をいう。

　以上のとおり、「ただし書」を考慮して、第3号第4様式の科目表記に基づいて資金の範囲を示すと、下の網掛け部分になります。

流動資産	流動負債
現金預金	短期運営資金借入金
有価証券	事業未払金
事業未収金	その他の未払金
未収金	支払手形
未収補助金	役員等短期借入金
未収収益	1年以内返済予定設備資金借入金
受取手形	1年以内返済予定長期運営資金借入金
貯蔵品	1年以内返済予定リース債務
医薬品	1年以内返済予定役員等長期借入金
診療・療養費等材料	1年以内返済予定事業区分間長期借入金
給食用材料	1年以内返済予定拠点区分間長期借入金
商品・製品	1年以内支払予定長期未払金
仕掛品	未払費用
原材料	預り金
立替金	職員預り金
前払金	前受金
前払費用	前受収益
1年以内回収予定長期貸付金	事業区分間借入金
1年以内回収予定事業区分間長期貸付金	拠点区分間借入金
1年以内回収予定拠点区分間長期貸付金	仮受金
短期貸付金	賞与引当金
事業区分間貸付金	その他の流動負債(※)
拠点区分間貸付金	
仮払金	
その他の流動資産(※)	
徴収不能引当金	

　要約貸借対照表（B／S）を上下に分割して、上半分に注目すると、資金の範囲の骨組みが示されます。

要約貸借対照表（B／S）

（※）支払資金の範囲に含まれるかどうかは個別に判断する必要があります。

　そして、資金の範囲を考慮して、貸借対照表の概略を示すと、以下のようになります。

B／S

流動資産	Cash（現金預金）	プラス支払資金	支払資金残高	マイナス支払資金	Cashのマイナス（金庫から出るのが少し遅れただけ） ・短期運営資金借入金 ・事業未払金 ・職員預り金	流動負債
	Cashの仲間 （金庫に入るのが少し遅れただけ） ・事業未収金 （金庫から少し出ただけ） ・貯蔵品 ・立替金 ・仮払金					
				賞与引当金 長期借入金のうち1年以内返済分		
	製品・仕掛品などの棚卸資産 △徴収不能引当金			長期借入金 　設備資金借入金 　長期運営資金借入金		固定負債
固定資産	基本財産 その他の固定資産			退職給付引当金		
				純　資　産		

　流動資産には、Cashとその仲間のほかに製品などの棚卸資産と徴収不能引当金がありますが、ほとんどの法人にとっては無視しうるものと思います。したがって、ほとんどの法人にとって、「流動資産 ≒ Cashとその仲間 = プラスの支払資金」です。

　流動負債には、Cashのマイナスと考えられるもの（マイナスの支払資金です）以外に、賞与引当金と、1年以内返済予定の長期借入金とがあります。契約期間が1年を超える長期の借入金であっても、その内1年以内に返済すべき額は、会計的には短期の負債、つまり流動負債として扱う必要があります。

　支払資金の残高は、その法人の支払能力を示すと同時に、措置費等として社会福祉法人に入ってきた資金の残高でもあります。

　そのような意味からも、社会福祉法人の会計では、支払資金の増減とその残高を管理することが重要とされています。

　本テキストでは、資金の範囲についての定義を理解したうえで、支払資金の概念についても理解を深めていただきたいと思います。

製品は授産施設のように製造・販売を行っている施設で生じます。また、徴収不能引当金は、通常は非常に少額なものです。

練習問題 3　支払資金を計算する

　次の科目及びその残高から貸借対照表を完成し、支払資金の残高を算出してください。できるだけ様式の科目配列に合わせて答えてください。

①	立 替 金	20	⑦	徴 収 不 能 引 当 金	5	⑬	器 具 及 び 備 品	400
②	貯 蔵 品	60	⑧	国 庫 補 助 金 等 特 別 積 立 金	950	⑭	1 年 以 内 返 済 予 定 設 備 資 金 借 入 金	150
③	現 金 預 金	1,450	⑨	設 備 資 金 借 入 金	1,220	⑮	退 職 給 付 引 当 金	550
④	短 期 運 営 資 金 借 入 金	820	⑩	土 地	3,000	⑯	建 物	2,800
⑤	事 業 未 払 金	80	⑪	施 設 建 替 資 金 積 立 資 産	460	⑰	事 業 未 収 金	165
⑥	退 職 給 付 引 当 資 産	550	⑫	基 本 金	3,500	⑱	職 員 預 り 金	50

貸借対照表

	借方科目	金額		貸方科目	金額
流動資産			流動負債		
				流動負債合計	
	流動資産合計		固定負債		
固定資産					
				固定負債合計	
			純資産		
				その他の積立金	460
	その他の固定資産	100		次期繰越活動増減差額	
	固定資産合計			純資産合計	
	資産合計			負債・純資産合計	

(1)　流動資産のうち、支払資金の範囲から除かれるものの合計金額：＿＿＿＿＿＿

(2)　流動負債のうち、支払資金の範囲から除かれるものの合計金額：＿＿＿＿＿＿

(3)　支払資金の残高：＿＿＿＿＿＿

8 資産の会計処理

1. 資産の評価

　以下では、資産の評価について、「会計基準省令」の考え方を学びます。

　なお、資産評価についての「会計基準省令」の考え方は、一般の企業会計とほぼ同様です。「会計基準省令」は、資産評価の原則について、次のように定めています。

【会計基準省令】　　　　　　　　　　　　　　　　　　　　　　　　（第2章　会計帳簿）

> **（資産の評価）**
> **第4条　第1項**　資産については、次項から第6項までの場合を除き、会計帳簿にその取得価額を付さなければならない。ただし、受贈又は交換によって取得した資産については、その取得時における公正な評価額を付すものとする。

　前段では、資産を貸借対照表に計上する価額は、原則として、当該資産の取得価額を基礎として計上しなければならないことを規定しています。この考え方を「**取得原価主義**」といい、伝統的な会計の基本的考え方です。取得価額は取引の結果の価額ですので、合理的な裏付けのある客観的な価額として、伝統的な会計の支持を受けています。

　なお、取得価額には、購入代価の他に付随費用も含めることは、既に『初級編』で学びましたが、もう一度、式を書いておきます。

取得価額 ＝ 購入代価 ＋ 付随費用

　後段では、受贈や交換によって取得した資産については、その取得時における公正な評価額を付するものとし、「運用上の取扱い」（局長通知）では、次のように規定しています。

> 「付随費用」には、購入手数料や引取費用、あるいは登記料や据付費等があります。
> なお、**消費税については**、一般に社会福祉法人は、消費税の負担者となることが多いので**取得価額に含めるべき**だと考えられます。

【運用上の取扱い】　　　　　　　　　　　　　　　　　　　　　　　　　（局長通知）

> **14　受贈、交換によって取得した資産について（会計基準省令第4条第1項関係）**
> (1)　通常要する価額と比較して著しく低い価額で取得した資産又は贈与された資産の評価は、取得又は贈与の時における当該資産の取得のために通常要する価額をもって行うものとする。
> (2)　交換により取得した資産の評価は、交換に対して提供した資産の帳簿価額をもって行うものとする。

　贈与を受けた資産についても、正当な評価額で資産に計上しないと、貸借対照表において、資産・負債・純資産が正しく表示されないので、「取得のために通常要する価額をもって」評価することとされています。

交換については、交換によって時価による売買等があったものとする考え方もあるのですが、「会計基準省令」では、交換に供した資産の帳簿価額を引き継ぐこととしました。

2. 未収金、貸付金等の債権の評価

未収金、貸付金、事業未収金等の債権の貸借対照表価額については、「会計基準」において、次のように規定されています。

【会計基準省令】   (第2章 会計帳簿)

（資産の評価）

第4条 第4項 受取手形、未収金、貸付金等の債権については、徴収不能のおそれがあるときは、会計年度の末日においてその時に徴収することができないと見込まれる額を控除しなければならない。

例えば、事業未収金100万円に対して徴収不能引当金が5万円の場合、相殺後の95万円が貸借対照表に計上すべき金額となります。

貸借対照表への記載方法としては、次の二つの方法があります。

① **直接法**

上の例の場合、相殺後の95万円を貸借対照表に記載する方法です。直接法によって貸借対照表に記載した場合には、債権金額から控除した徴収不能引当金の金額がいくらなのかがわかるように、計算書類に注記することが求められています。

② **間接法**

債権金額と徴収不能引当金とを、相殺前の金額で貸借対照表に記載する方法です。会計基準省令の貸借対照表の様式では、間接法による記載方法が示されています。なお、間接法による場合には、計算書類への注記の記載は不要です。

> 「受取手形、未収金、貸付金等の債権」の範囲には、事業未収金も含まれます。
> なお、徴収不能引当金としていくらの金額を設定すべきであるかについては、徴収不能引当金の項目で学びます。
>
> 直接法又は間接法のいずれかを選択するものとされています。

《間接法による表示》

○○拠点区分　貸借対照表
××01年3月31日現在

第3号第4様式
(単位：円)

資　産　の　部				負　債　の　部			
	当年度末	前年度末	増減		当年度末	前年度末	増減
流動資産	××	××	××	流動負債	××	××	××
現金預金				事業未払金			
事業未収金	1,000,000			預り金			
・・・				職員預り金			
徴収不能引当金	△50,000	△***	**	・・・			
固定資産				固定負債			

③ 徴収不能額の処理

さて、前頁で見た内容は、徴収不能引当金がある場合の貸借対照表の表示方法でした。実際に、事業未収金等の金銭債権が徴収不能となった場合には、次のように仕訳を行います。

借　　　方	貸　　　方
徴 収 不 能 引 当 金　　×××円	事 業 未 収 金　　×××円

繰入れの仕訳については、『初級編』（111頁）ですでに学んでいます。

徴収不能額は、支払資金自体の減少に係るものなので、資金収支計算書では、「流動資産評価損等による資金減少額」に計上されます。

また、発生した徴収不能額が、設定されている徴収不能引当金を超える場合、その超える部分の金額は、事業活動計算書にサービス活動に伴う費用として計上されます。

例えば、徴収不能引当金3万円で、徴収不能額5万円が生じたとき、仕訳と財務諸表の表示は以下のようになります。

仕訳には、貸方に「事業未収金」という支払資金の科目がありますので、この取引は資金増減取引になりますね。

借　　　方	貸　　　方
徴 収 不 能 引 当 金　　30,000円	事 業 未 収 金　　50,000円
徴 収 不 能 額　　20,000円	

○○拠点区分　資金収支計算書　　　第1号第4様式
（自）××01年4月1日（至）××02年3月31日　　（単位：円）

勘　定　科　目			予算(A)	決算(B)	差異(A)－(B)	備考
事業活動による収支	収入	・・・				
		流動資産評価益等による資金増加額				
		事業活動収入計(1)				
	支出	・・・				
		流動資産評価損等による資金減少額		50,000		
		徴収不能額		50,000		
		事業活動支出計(2)				
		事業活動資金収支差額(3)＝(1)－(2)				

○○拠点区分　事業活動計算書　　　第2号第4様式
（自）××01年4月1日（至）××02年3月31日　　（単位：円）

勘　定　科　目			当年度決算(A)	前年度決算(B)	増減(A)－(B)
サービス活動増減の部	費用	・・・			
		徴収不能額	20,000	前期以前において、費用計上が少なかった分だけ当期の費用に計上することになります。	
		その他の費用			
		サービス活動費用計(2)			
		サービス活動増減差額(3)＝(1)－(2)			

コラム　現金過不足

　現金過不足は資産評価の問題ではありません。しかし、日常の処理の中で、避けて通ることのできないものなので、ここで取り上げておきます。

　現金については、日々手許有高と帳簿残高の合致を確かめるべきです。人間のすることですから記帳洩れを完璧になくすことはできず、日がたてば、記帳洩れ －特に出金の記帳洩れ－ を発見することは困難だからです。

　しかし、どのように管理していても手許現金と帳簿残高に不一致を生じる場合があります。これを**現金過不足**といい、図示すると次のようになります。

現金が足らない

帳簿残高	実際有高
	現金不足

現金が余っている

帳簿残高	実際有高
現金過多	

　このような場合、どのように処理すればよいのでしょうか。答えは「原因を追及して明らかにする」。それが正しいのです。しかし、やはり原因がはっきりしない場合もあります。さりとて帳簿残高と実際の手許有高とが不一致のまま記帳を続けるわけにはいきません（日々残高の合致を確かめることができなくなりますね）。

　そこで、現金不足の場合は、何かのために不足額分の現金が出金されたと考えて、貸方に現金と仕訳します。しかし、現金が出金された理由は今のところ分かりませんので、相手科目が書けません。そこでとりあえず仮払金勘定で処理します。

　　　　（借　方）　仮払金　1,000　　　（貸　方）　現　金　1,000

　仮払金は「処理すべき科目又は金額が確定しない場合の支出額を一時的に処理する科目」（「運用上の留意事項」別添3）です。

　後日、原因が判明した時点で、正当な科目に振替えます。上記金額が会議のコーヒー代の記帳洩れだったと分かった場合、次のように処理することとなります。

　　　　（借　方）　会議費　1,000　　　（貸　方）　仮払金　1,000

　「出張するから交通費を概算で出金して・・・」というような場合にも「仮払金」を使います。こちらが「仮払金」勘定の一般的な使い方です。

　他方、現金過多の場合はどう処理するのでしょうか。

　この場合は、何らかの入金があったものとして入金処理するのですが、相手科目は**仮受金**勘定を用います。仮受金は「処理すべき科目又は金額が確定しない場合の収入額を一時的に処理する科目」（「運用上の留意事項」別添3）です。後日、原因が判明した時点で、正当な科目に振り替えることは当然のことです。

　さて、現金過不足につき、後日原因が判明した場合はよいのですが、決算を迎えても判明しないことがあります。実体のないものを「仮払金」という資産や「仮受金」という負債に計上しておくわけにはいきません。

　そこで、このようにどうしても原因が判明しなかった過不足は、**雑損失（雑支出）**又は**雑収益（雑収入）**勘定に振り替え、仮払金あるいは仮受金の科目を整理します。

　なお、一般の簿記の入門書では「仮払金」「仮受金」を使わず、不足・過多ともに「現金過不足」という勘定を用いて処理することとされています。どのような科目を用いて処理するかは、法人の経理規程で定めておかれるとよいでしょう。

3．棚卸資産の評価

　棚卸資産の代表的なものは、一般商業を営む会社ですと「商品」ということになります。メーカーなら「製品」ですね。これらの商品・製品は帳簿記録を付けていたとしても、受払が非常に多く、決算期末において「棚から卸して数量や劣化の程度などを調べる」必要があります。そのようなことから「棚卸資産」と名付けられました。

　社会福祉法人の場合、授産施設以外で販売目的で所有する商品等はほとんどないと思われますが、介護用品などの貯蔵品（消耗品費、器具什器費で処理されるべきもので、期末において未使用の物品）があります。

　棚卸資産の貸借対照表に計上する価額も、原則は取得価額です。「会計基準省令」は、次のように規定しています。

> 貸借対照表に計上する価額のことを「貸借対照表価額」といいます。

【会計基準省令】　　　　　　　　　　　　　　　　　　　（第2章 会計帳簿）

（資産の評価）

第4条　第6項　棚卸資産については、会計年度の末日における時価がその時の取得原価より低いときは、時価を付さなければならない。

　時価が取得価額よりも下落した場合には、時価をもって貸借対照表価額とします。この場合、取得価額と時価との差額は、事業活動計算書に棚卸資産にかかる評価損として計上されることになります。しかし、資金収支計算書への計上はどのようになるでしょうか。

　棚卸資産のうち貯蔵品は支払資金の範囲に含められていますが、その他の棚卸資産は支払資金の範囲に含められていません。結果として、棚卸資産の評価損のうち支払資金の減少となるのは貯蔵品の評価損だけなので、資金収支計算書には、貯蔵品にかかる評価損のみが計上されることになります。

> 同じ種類の棚卸資産を異なる価格で購入した場合の棚卸資産の取得価額は、個別法や平均法などの評価方法を適用して計算することになります。

　なお、棚卸資産の範囲を示すと、次のとおりです。

	勘定科目	説　　明	
①	貯蔵品	消耗品等で未使用の物品	
②	医薬品	医薬品の棚卸高	病院や老健のみで棚卸を行う。一般の施設で保健室にあるようなものは、貯蔵品に含める。
③	診療・療養費等材料	診療・療養費等材料の棚卸高	
④	給食用材料	給食用材料の棚卸高	重要性の乏しいものは貯蔵品に含める。
⑤	商品・製品	売買又は製造する物品の販売を目的として所有するもの	
⑥	仕掛品	製品製造又は受託加工のために現に仕掛中のもの	
⑦	原材料	製品製造又は受託加工の目的で消費される物品で、消費されていないもの	

コラム 棚卸資産の会計処理

　貯蔵品以外の棚卸資産の会計処理については、「運用上の留意事項」(課長通知)〔16〕において「原則として、資金収支計算書上は購入時等に支出として処理するが、事業活動計算書上は当該棚卸資産を販売等した時に費用として処理するものとする。」、とされています。貯蔵品以外の棚卸資産は支払資金の範囲に含まれていません。そのことを前提に上の会計処理を考えます。

　例えば、代表的な棚卸資産である商品の場合、購入することによってCash-Outして支払資金から外れ（つまり、資金収支計算上支出となり）、販売されるまでは資金化しません（だから、資金の範囲から除かれているのです）。資金化はしませんが、資産であることには相違ありません（だから、棚卸資産を購入しても純資産は減少せず、費用として計上されません）。

　そして、販売されることにより、商品という資産が減少する（純資産が減少し、費用として計上される）と同時に、販売の対価（資金）が発生し、収入と収益が計上されます。

　このことを、給食用材料の会計処理を通して見てみます。

例 給食用材料の原則的な会計処理

4月20日　給食用材料200千円を購入した。代金は、翌月払いとした。

借　　　方		貸　　　方	
給 食 用 材 料	200千円	事 業 未 払 金	200千円

資金収支計算書で支出として計上されます。

4月21日　給食用材料30千円を消費した。

借　　　方		貸　　　方	
給 食 費	30千円	給 食 用 材 料	30千円

事業活動計算書で、費用として計上されます。

　上に記載したのは原則的な会計処理ですが、重要性が乏しいものについては、簡便な処理も認められます。

　上の例の4月20日と21日の取引を簡便な会計処理を仕訳で示すと、次のとおりです。4月20日の会計処理で、購入時に消費したものとして仕訳をします。

借　　　方		貸　　　方	
給 食 費	200千円	事 業 未 払 金	200千円

支出、かつ、費用、の計上処理ですね。

実務では、簡便な処理が馴染みますね。

　なお、貯蔵品の購入・消費の場合の原則的な会計処理は、給食用材料の原則的な会計処理と同じで、「給食用材料」の勘定科目が「貯蔵品」の勘定科目に変わるだけです。しかし、貯蔵品は支払資金の範囲に含まれていますので、購入時点では支出にも費用にもなりません。消費された時点で、支出＝費用として処理されることになります。

4．固定資産の取得

① 固定資産の種類

社会福祉法人の固定資産は、基本財産とその他の固定資産とに区分されます。

基本財産は、法人の存立基盤となる資産で、定款に記載して、厳重に管理することが求められています。基本的には、土地や建物が計上されますが、財政基盤の安定化のために、預貯金や有価証券が計上されていることもあります。

その他の固定資産は、固定資産のうち基本財産以外のものが該当することになります。

固定資産の科目には、次のようなものがあります。

法人が公益事業や収益事業を営む場合には、それぞれ公益事業財産や収益事業財産が観念されます。（「社会福祉法人の認可について」（局長通知、H12.12.1 別紙1 社会福祉法人審査基準　第2法人の資産）参照）

大区分　中区分	説　明〔「運用上の留意事項」（課長通知）に沿った説明です〕
（基本財産）	定款において基本財産と定められた固定資産をいう。
土地	基本財産に帰属する土地をいう。
建物	基本財産に帰属する建物及び建物付属設備をいう。
定期預金	定款等に定められた基本財産として保有する定期預金をいう。
投資有価証券	定款等に定められた基本財産として保有する有価証券をいう。
（その他の固定資産）	基本財産以外の固定資産をいう。
土地	基本財産以外に帰属する土地をいう。
建物	基本財産以外に帰属する建物及び建物付属設備をいう。
構築物	建物以外の土地に固着している建造物をいう。
機械及び装置	機械及び装置をいう。
車輌運搬具	送迎用バス、乗用車、入浴車等をいう。
器具及び備品	器具及び備品をいう。ただし、取得価額が○○万円以上で、耐用年数が1年以上のものに限る。（編者注：原則として1個若しくは1組の金額が10万円以上のものです。）
建設仮勘定	有形固定資産の建設、拡張、改造などの工事が完了し稼働するまでに発生する請負前渡金、建設用材料部品の買入代金等をいう。
有形リース資産	有形固定資産のうちリースに係る資産をいう。
権利	法律上又は契約上の権利をいう。
ソフトウェア	コンピュータソフトウェアに係る費用で、外部から購入した場合の取得に要する費用ないしは制作費用のうち研究開発費に該当しないものをいう。
無形リース資産	無形固定資産のうちリースに係る資産をいう。
投資有価証券	長期的に所有する有価証券で基本財産に属さないものをいう。
長期貸付金	生計困窮者に対して無利子又は低利で資金を融通する事業、法人が職員の質の向上や福利厚生の一環として行う奨学金貸付等、貸借対照表日の翌日から起算して入金の期限が1年を超えて到来するものをいう。
事業区分間長期貸付金	他の事業区分への貸付金で貸借対照表日の翌日から起算して入金の期限が1年を超えて到来するものをいう。

拠点区分間長期貸付金	同一事業区分内における他の拠点区分への貸付金で貸借対照表日の翌日から起算して入金の期限が1年を超えて到来するものをいう。
退職給付引当資産	退職金の支払に充てるために退職給付引当金に対応して積み立てた現金預金等をいう。
長期預り金積立資産	長期預り金に対応して積み立てた現金預金等をいう。
退職共済事業管理資産	退職共済事業で、加入者から預託された資産をいう。
○○積立資産	将来における特定の目的のために積み立てた現金預金等をいう。なお、積立資産の目的を示す名称を付した科目で記載する。
差入保証金	賃貸用不動産に入居する際に、賃貸人に担保として差し入れる敷金、保証金等をいう。
長期前払費用	時の経過に依存する継続的な役務の享受取引に対する前払分で貸借対照表日の翌日から起算して1年を超えて費用化される末経過分の金額をいう。
その他の固定資産	上記に属さない債権等であって、貸借対照表日の翌日から起算して入金の期限が1年を超えて到来するものをいう。ただし、金額の大きいものについては独立の勘定科目を設けて処理することが望ましい。

　上に示した固定資産は、次の三つに大きく分類することができます。

　(1)　有形固定資産～償却資産・非償却資産

　(2)　無形固定資産～償却資産・非償却資産

　(3)　投資その他の資産～投資有価証券、長期貸付金、積立資産など

　償却資産は、使用や時の経過によってその価値が減少する固定資産をいいます。この価値の減少額を対象資産の帳簿価額から減額して、毎期規則的に費用に計上する手続を減価償却といいます。

　非償却資産とは、使用又は時の経過によって価値が減少しない固定資産をいいます。例えば、土地、借地権など土地の上に存する権利、電話加入権、書画骨とうや、建設中・製作中の資産（建設仮勘定）が考えられます。

　長期貸付金は、短期貸付金との使い分けに悩むところですが、契約当初の約定期間が1年を超える場合に使用すればよいと思われます。

　事業区分間・拠点区分間の長期貸付金も、同様に考えてください。

　退職給付引当資産は、退職金の支払に備えて、法人外部で運用している資産です。当該運用資産の取崩時には、取崩収入が計上されます。

　長期預り金積立金資産は、ケアハウスなどの利用者から一括徴収した管理費などを別途管理するために積み立てた現金預金のことです。

　差入保証金は、不動産を賃借して入居する際に差し入れる保証金を処理する科目ですが、敷引や礼金のように返還されない部分については、長期前払費用として、相当期間において取り崩して費用計上します。

サービス活動において、固定資産を使用することによってサービス活動収益が計上されるわけですが、この収益計上額に対応する固定資産の価値減少額を減価償却費として費用計上することによって、適正な期間損益計算が行われることが期待されています。

投資その他の資産には、破産更生債権等が含まれます。

○○積立資産は、純資産の積立金の項目で説明します。

② 固定資産の有償取得

通常の有償取得の場合は、次のような処理を行います。

例： 4月10日に車輌（ミニバン）を130万円で購入し、代金は小切手を振り出して支払った。

借　　方	貸　　方
車　輌　運　搬　具　　1,300,000	当　座　預　金　　1,300,000

この取引は、支払資金が増減する取引ですから、「資金増減取引」として扱いますね。総勘定元帳には、次のように転記します。

その他の固定資産　　　　　　　　　　　車輌運搬具

××01年 月　日	摘　　　要	資金増減取引		その他取引		借方残高
		借　方	貸　方	借　方	貸　方	
4　1	前期繰越	—	—	—	—	6,700,000
10	当座預金　ミニバン購入	1,300,000				8,000,000

この取引だけを取り出して精算表に記入すると、次のようになって、資金収支計算書では固定資産取得支出（車輌運搬具取得支出）として表示されます。

精　算　表 （単位：円）

摘　　要	期首B／S		期中資金増減取引		期中その他取引		期末B／S	
	借　方 (資　産)	貸　方 (負債・純資産)	（借方）	（貸方）	（借方）	（貸方）	借　方 (資　産)	貸　方 (負債・純資産)
現　金　預　金	××			1,300,000			××	
支　払　資　金　計	××	××	××	××			××	××
（差引支払資金）		(××)	差引支払資 金増加額→	××				(××)
			資金収支計算書					
			借　方 (支　出)	貸　方 (収　入)				
（その他の固定資産） 車　輌　運　搬　具	6,700,000		取得支出 1,300,000				8,000,000	

法人単位資金収支計算書　　　　　　第1号第1様式
（自）　××01年4月1日　（至）　××02年3月31日
（単位：円）

勘定科目			予算	決算	差異	備考
事業活動による収支						
施設整備 等による 収支	収入	固定資産売却収入				
		施設整備等収入計(4)				
	支出	・・・				
		固定資産取得支出		1,300,000		
		・・・				
		施設整備等支出計(5)				
	施設設備等資金収支差額(6)＝(4)−(5)					

③ 建築による建物（基本財産）の取得

　法人では、事業運営の為に施設の建物を取得することがありますが、その際には既に完成している建物を取得するというよりは、新たな建物を建築する場合が多いようです。施設の建物を建築する場合には、数か月の期間を要することになりますので、建築代金の支払いも３回程度に分割して支払われることが慣行的になっています。

　このような建築に係る会計処理は、どのようになるでしょうか。

設例（その1）：建築工事が一事業年度内で完結する場合

　　建築代金　６億円（着手時1/3、上棟時1/3、竣工時1/3）

ⅰ）着手時　　　　　　　　　　　　　　　　　　　　　　（単位：円）

借　　　方	貸　　　方
建　　　　　　　物　　200,000,000	現　金　預　金　　200,000,000

ⅱ）上棟時

借　　　方	貸　　　方
建　　　　　　　物　　200,000,000	現　金　預　金　　200,000,000

ⅲ）完成時

借　　　方	貸　　　方
建　　　　　　　物　　200,000,000	現　金　預　金　　200,000,000

（基本財産）　　　　　　　　　　　　建　　物　　　　　　　　　　（単位：千円）

○○年 月 日	摘　　　　要	資金増減取引 借　方	資金増減取引 貸　方	その他取引 借　方	その他取引 貸　方	差引残高
4　1	前期繰越	—	—	—	—	0
○　○	現金預金　着手金	200,000				200,000
△　△	現金預金　上棟時中間金	200,000				400,000
□　□	現金預金　工事完成竣工	200,000				600,000

　資金収支計算書では、建物取得支出として表示されます。貸借対照表では、基本財産の建物として計上されます。

資金収支計算書　　　　　　　　　　　　　　第１号第１様式
（自）××01年４月１日（至）××02年３月31日　　　（単位：千円）

		勘　定　科　目	予　算	決　算	差　異	備　考
施設整備等による収支	収入	・・・				
		施設整備等収入計(4)				
	支出	・・・				
		固定資産取得支出	600,000	600,000	0	
		建物取得支出	600,000	600,000	0	
		・・・				
		施設整備等支出計(5)				
	施設整備等資金収支差額(6)＝(4)－(5)					

貸借対照表　　　　　　　　　　第1号第1様式
××02年3月31日現在　　　　　　　　　（単位：千円）

資　産　の　部				負　債　の　部			
	当年度末	前年度末	増減		当年度末	前年度末	増減
固定資産							
基本財産　建物	600,000	0	600,000				
・・・							

設例（その2）：**建築工事が二事業年度（2年間）に跨る場合**

　建築代金　6億円（着手時1/3、上棟時1/3、竣工時1/3）

　ただし、着工年度の事業年度末では未完成である。

ⅰ）着手時　　　　　　　　　　　　　　　　　　　　　（単位：円）

借　　　　方		貸　　　　方	
建　　　　物	200,000,000	現　金　預　金	200,000,000

ⅱ）上棟時

借　　　　方		貸　　　　方	
建　　　　物	200,000,000	現　金　預　金	200,000,000

ⅲ）決算時（着工年度末において未完成）　　　　　　　　　　未完成の為、
建設仮勘定に
振替えます。

借　　　　方		貸　　　　方	
建　設　仮　勘　定	400,000,000	建　　　　物	400,000,000

（基本財産）　　　　　　　　　　　建　物　　　　　　　　　　（単位：千円）

○○年 月 日	摘　　　　要	資金増減取引 借　方	資金増減取引 貸　方	その他取引 借　方	その他取引 貸　方	差引残高
4 1	前期繰越	―	―	―	―	0
○ ○	現金預金　着手金	200,000				200,000
△ △	現金預金　上棟時中間金	200,000				400,000
3 31	建設仮勘定　決算振替				400,000	0

（その他の固定資産）　　　　　　　建設仮勘定　　　　　　　　（単位：千円）

○○年 月 日	摘　　　　要	資金増減取引 借　方	資金増減取引 貸　方	その他取引 借　方	その他取引 貸　方	差引残高
3 31	建物　決算振替			400,000		400,000

精　算　表　　　　　　　　　　　　（単位：千円）

摘　　　要	期首B／S 借　方	期首B／S 貸　方	期中資金増減取引 （借方）	期中資金増減取引 （貸方）	期中その他取引 （借方）	期中その他取引 （貸方）	期末B／S 借　方	期末B／S 貸　方
			資金収支計算書					
			（支　出）	（収　入）				
（基本財産）　建　物	0		取得支出 400,000			400,000	0	
（その他の固定資産）　建設仮勘定	―				400,000		400,000	

　貸借対照表では建設仮勘定として計上されますが、資金収支計算書では、建物取得支出として表示します。

　資金収支予算書では、建物取得支出として建築予算が編成されますので、建物取得支出として表示することが整合的です。

　このような表示は、リース取引に係るリース債務の返済時に、「ファイナンス・リース債務の返済支出」として表示することと似ています。

★1年目：着工年度

資金収支計算書　第1号第1様式

（自）××01年4月1日（至）××02年3月31日 （単位：千円）

		勘　定　科　目	予　算	決　算	差　異	備　考
施設整備等による収支	収入	・・・				
		施設整備等収入計(4)				
	支出	固定資産取得支出	400,000	400,000	0	
		建物取得支出	400,000	400,000	0	
		施設整備等支出計(5)				

貸借対照表　第3号第1様式

××02年3月31日現在 （単位：千円）

資　産　の　部				負　債　の　部			
	当年度末	前年度末	増減		当年度末	前年度末	増減
固定資産							
建設仮勘定	400,000	0	400,000				
・・・							

★翌事業年度：工事完成年度

Ⅳ）工事完成に伴い残代金支払い（翌事業年度）

借　　方		貸　　方	
建　　　　　物	200,000,000	現　金　預　金	200,000,000
建　　　　　物	400,000,000	建　設　仮　勘　定	400,000,000

※建物への振替は、期首に再振替を行う考え方もあります。

（基本財産）　　　　　　　　　　建　　物 （単位：千円）

○○年 月 日		摘　　要	資金増減取引		その他取引		差引残高
			借　方	貸　方	借　方	貸　方	
4	1	前期繰越	―	―	―	―	0
○	○	現金預金　完成時	200,000				200,000
○	○	建設仮勘定　完成振替			400,000		600,000

（その他の固定資産）　　　　　建設仮勘定 （単位：千円）

○○年 月 日		摘　　要	資金増減取引		その他取引		差引残高
			借　方	貸　方	借　方	貸　方	
○	○	建物　完成振替				400,000	0

精　算　表

(単位：千円)

摘　　要	期首B／S		期中資金増減取引		期中その他取引		期末B／S	
	借　方	貸　方	（借方）	（貸方）	（借方）	（貸方）	借　方	貸　方
			資金収支計算書					
			（支　出）	（収　入）				
（基本財産）　建　物	0		取得支出 200,000		400,000		600,000	
（その他の固定資産）　建設仮勘定	400,000					400,000	0	

資金収支計算書

第1号の1様式

（自）××01年4月1日　（至）××02年3月31日

(単位：千円)

勘　定　科　目			予　算	決　算	差　異	備　考
施設整備等による収支	収入	・・・				
		施設整備等収入計(4)				
	支出	固定資産取得支出	200,000	200,000	0	
		建物取得支出	200,000	200,000	0	
		施設整備等支出計(5)				

貸借対照表

第3号第1様式

××02年3月31日現在

(単位：千円)

資　産　の　部	当年度末	前年度末	増減	負　債　の　部	当年度末	前年度末	増減
固定資産							
基本財産　建物	600,000	0	600,000				
その他資産　建設仮勘定	0	400,000	△400,000				
・・・							

設例（その3）：着工年度に施設整備補助金の一部交付を受けた場合

　施設整備補助金を2事業年度に跨って交付を受ける場合には、着工年度に国庫補助金等特別積立金への積立処理を行います。例えば、着工年度に補助金260,000千円の交付を受けた場合、以下のようになります。

補助金受領年度は、積立てるだけで取崩しは行いません。

以下、仕訳等は省略しています。

事業活動計算書

第1号第1様式

（自）××01年4月1日　（至）××02年3月31日

(単位：千円)

勘　定　科　目			当年度決算	前年度決算	増減
特別増減の部	収益	施設整備等補助金収益	260,000		
		特別収益計(8)			
	費用	国庫補助金等特別積立金積立額	260,000		
		特別費用計(9)			

貸借対照表

第3号第1様式

××02年3月31日現在

(単位：千円)

資　産　の　部	当年度末	前年度末	増減	負　債　の　部	当年度末	前年度末	増減
固定資産							
建設仮勘定	400,000			純資産の部			
・・・				基本金	＊＊＊		
				国庫補助金等特別積立金	260,000		

④ 固定資産の無償取得

まず、寄附金を受けて施設整備等を行う場合を見ていきます。

寄附金には、経常的な経費に充てることを予定された寄附と、施設・設備の整備（その借入金の償還を含む）に充てることを予定された寄附とがあります。

経常的な経費に充てるための寄附金をいただいた場合は、「経常経費寄附金収益（収入）」で、施設・設備の整備あるいはその借入金の償還に充てるための寄附金をいただいた場合は、「施設整備等寄附金収益（収入）」で処理することになります。仕訳で示すと、次のとおりです。

例：経常的な経費に充てるための寄附金10万円を受け、預金に入金した。

借 方		貸 方	
現 金 預 金	100,000	経常経費寄附金収益	100,000

例：施設の整備に充てるための寄附金100万円を受け、預金に入金した。

借 方		貸 方	
現 金 預 金	1,000,000	施設整備等寄附金収益	1,000,000

後者の取引の後、この寄附金をもとに固定資産（例えば、建物）を取得すると、次の仕訳がなされます。

例：先の寄附金をもとに建物100万円を取得して、代金を支払った。

借 方		貸 方	
建 物	1,000,000	現 金 預 金	1,000,000

さらに、この建物が基本財産の新設や増築である場合には、基本金への組入れの処理が必要となります。

ところで、現金預金ではなく、物品の寄附を受けた場合の処理は、どのようになるのでしょうか。タダで頂いたのだから、会計処理の必要は「なし」でよいでしょうか？

そんな訳にはいきません。「資産の評価」のところで見たように、「贈与された資産の評価は、取得又は贈与の時における当該資産の取得のために通常要する価額をもって行うものとする」ということでした。（「運用上の取扱い」（局長通知））つまり、「取得のために通常要する価額」で会計処理を行う必要があります。

寄附金の扱いについて、「運用上の留意事項」（課長通知）は、次のように規定しています。

寄附金の範囲には、共同募金会からの受配者指定寄附金を含みます。受配者指定寄附金以外の配分金は、補助金に準じて会計処理を行うこととされています。（「運用上の留意事項」（課長通知） 9 寄附金の扱い）

通常要する価額よりも低い価額で資産を取得した場合には、「取得のために通常要する価額」を資産の取得価額としますので、実際に支払った価額との差額は、寄附金として収益に計上します。本書では、「贈与」には「低廉」譲渡の意味も含めて記載しています。

【運用上の留意事項】　　　　　　　　　　　　　　　　　　　　　（課長通知）

9　寄附金の扱い

(1)　金銭の寄附は、寄附目的により拠点区分の帰属を決定し、当該拠点区分の資金収支計算書の経常経費寄附金収入又は施設整備等寄附金収入として計上し、併せて事業活動計算書の経常経費寄附金収益又は施設整備等寄附金収益として計上するものとする。

(2)　寄附物品については、取得時の時価により、経常経費に対する寄附物品であれば経常経費寄附金収入及び経常経費寄附金収益として計上する。土地などの支払資金の増減に影響しない寄附物品については、事業活動計算書の固定資産受贈額として計上するものとし、資金収支計算書には計上しないものとする。

ただし、当該物品が飲食物等で即日消費されるもの又は社会通念上受取寄附金として扱うことが不適当なものはこの限りではない。

なお、寄附金及び寄附物品を収受した場合においては、寄附者から寄附申込書を受けることとし、寄附金収益明細書（運用上の取扱い 別紙3②）を作成し、寄附者、寄附目的、寄附金額等を記載することとする。

（後略）

通常の消耗品の類の寄附を受けた場合は、上の**ただし書**に従って、会計処理を要しないことになります。

しかし、土地などの固定資産の贈与を受けた場合には、純資産が増加しますので、受入れに係る会計処理が必要となります。

仕訳で示すと、次のとおりです。

> 地方公共団体からの贈与又は低廉譲渡による資産の取得は、国庫補助金等に含めて会計処理を行います。

例：施設用地として土地（時価1,000万円相当）の寄附を受けた。
　　　　　　　　　　　　　　　　　　　　　　　　　　　　　（単位：円）

借　　　　　方		貸　　　　　方	
土　　　　　地	10,000,000	（大）固定資産受贈額 （中）土地受贈額	10,000,000

上の仕訳には、支払資金の科目が含まれていません。したがって、土地などの固定資産の受贈は、支払資金の増減には影響しませんので、資金収支計算書には記載されないことになります。

なお、施設の創設等のために土地などの基本財産の現物寄附を受けた場合には、基本金（1号基本金）への組入れが必要となります。

例：上記の土地の受贈額に相当する1,000万円を基本金に組み入れた。
　　　　　　　　　　　　　　　　　　　　　　　　　　　　　（単位：円）

借　　　　　方		貸　　　　　方	
基　本　金　組　入　額	10,000,000	基　　　本　　　金	10,000,000

総勘定元帳への転記を示すと、次のようになります。

基本財産　　　　　　　　　　土　　地　　　　　　　　　　　（単位：円）

××01年 月　日	摘　　　要	資金増減取引 借　方	資金増減取引 貸　方	その他取引 借　方	その他取引 貸　方	借方残高
4　1	前期繰越	―	―	―	―	×××
×　×	土地受贈額			10,000,000		×××

特別増減の部　　　　　　　　土地受贈額　　　　　　　　　　（単位：円）

××01年 月　日	摘　　　要	資金増減取引 借　方	資金増減取引 貸　方	その他取引 借　方	その他取引 貸　方	貸方残高
×　×	土地				10,000,000	10,000,000

精算表と事業活動計算書には、次のように記入されることになります。基本金の組入れについても、併せて記入しています。

資金収支計算書の欄には、なにも記入されていません。

精　算　表　　　　　　　　　（単位：千円）

摘　　　要	期首B/S 借方 (資産)	期首B/S 貸方 (負債・純資産)	期中資金増減取引 (借方)	期中資金増減取引 (貸方)	期中その他取引 (借方)	期中その他取引 (貸方)	期末B/S 借方 (資産)	期末B/S 貸方 (資産・純資産)
			資金収支計算書					
			借　方 (支出)	貸　方 (収入)				
(基本財産)								
土　　地	×××				10,000		×××	
基　本　金						10,000		
B/S合計	×××	×××					×××	×××
							P/L	
							借　方 (費用)	貸　方 (収益)
(特別増減の部)								
土地受贈額						10,000		10,000
基本金組入額			10,000		10,000			

法人単位事業活動計算書（P/L）
（自）XX01年4月1日 （至）XX02年3月31日

第2号第1様式
（単位：円）

		勘　定　科　目	本年度決算	前年度決算	増　減
特別増減 の部	収益	固定資産受贈額	10,000,000		
		特別収益計(8)			
	費用	基本金組入額	10,000,000		
		特別費用計(9)			
		特別増減差額(10)=(8)−(9)			

「寄附金収益明細書」（別紙3②）の様式は、次頁のとおりです。

固定資産物品の現物寄附も併せて記載することとされています。

別紙3（②）

寄附金収益明細書

（自）令和　年　月　日（至）令和　年　月　日

（単位：円）

社会福祉法人名

寄附者の属性	区分	件数	寄附金額	うち基本金組入額	寄附金額の拠点区分ごとの内訳		
					○○○	○○○	○○○
区分小計							
区分小計							
区分小計							
合計							

（注）
1．寄附者の属性の内容は、法人の役職員、利用者本人、利用者の家族、取引業者、その他とする。
2．「寄附金額」欄には寄附物品を含めるものとする。「区分欄」には、経常経費寄附金収益の場合は「経常」、長期運営資金借入金元金償還寄附金収益の場合は「運営」、施設整備等寄附金収益の場合は「施設」、設備資金借入金元金償還寄附金収益の場合は「償還」、固定資産受贈額の場合は「固定」と、寄附金の種類がわかるように記入すること。
3．「寄附金額」の「区分小計」欄は事業活動計算書の勘定科目の金額と一致するものとする。また、「寄附金額の拠点区分ごとの内訳」の「区分小計」欄は、拠点区分事業活動計算書の勘定科目の金額として一致するものとする。

練習問題 **4** 資産の有償取得・無償取得等

(1) 次の取引の仕訳を示してください。なお、支払はいずれも現金預金によるものとし、勘定科目は、可能な限り中区分によるものとします。（単位：円）

期 中 取 引		仕　　訳			
		借　　方		貸　　方	
		科　　目	金　額	科　　目	金　額
①	ピアノ1台を50万円で購入した。なお、搬入・据付・調律等に要した費用は3万円であった。				
②	通常なら300万円を要する送迎用の車両を安くしてもらい、100万円で購入した。	車　輌　運　搬　具		現　金　預　金	
		車　輌　運　搬　具			
③	絵画の贈与を受けた。通常の購入に要する価額は150万円である。				
④	当法人所有の絵画と近隣の施設所有の花瓶とを1：1で交換した。交換に供した絵画の帳簿価額は200万円である。				
⑤	電子式血圧計3台（事業用）の寄贈を受けた。1台あたり通常の購入に要する価額は6万円である。				

(2) 上記の仕訳を転記した場合の、「車輌運搬具」勘定及び「器具及び備品」勘定の記入を示してください。なお、日付欄には上記の仕訳番号を記入してください。（単位：円）

車輌運搬具

××01年		摘　　　　要	資金増減取引		その他取引		借方残高
月	日		借　方	貸　方	借　方	貸　方	
4	1	前期繰越	—	—	—	—	×××
							×××
							×××

（以下省略）

器具及び備品

××01年		摘　　　　要	資金増減取引		その他取引		借方残高
月	日		借　方	貸　方	借　方	貸　方	
4	1	前期繰越	—	—	—	—	×××
							×××
							×××
							×××
							×××

（以下省略）

(3) 上記の仕訳は、資金収支計算書とP／Lのそれぞれに、どのように表示されるでしょうか。なお、記載不要の箇所は、空欄のままで結構です。（単位：円）

法人単位資金収支計算書

(自)　××01年4月1日　(至)　××02年3月31日　　第1号第1様式

勘 定 科 目			予 算	決 算	差 異	備 考
事業活動による収支	収入	・・・				
		経常経費寄附金収入				
		事業活動収入計(1)				
	支出	事業費支出				
		・・・				
		事業活動支出計(2)				
		事業活動収支差額(3)＝(1)－(2)				
施設整備等による収支	収入	施設整備等寄附金収入				
		固定資産売却収入				
		施設整備等収入計(4)				
	支出	設備資金借入金元金償還支出				
		固定資産取得支出				
		施設整備等支出計(5)				
		施設整備等資金収支差額(6)＝(4)－(5)				

(以下省略)

法人単位事業活動計算書 (P／L)

(自)　××01年4月1日　(至)　××02年3月31日　　第2号第1様式

勘 定 科 目			本年度決算	前年度決算	増 減
サービス活動増減の部	収益	・・・			
		経常経費寄附金収益			
		サービス活動収益計(1)			
	費用	・・・			
		事業費			
		・・・			
		サービス活動費用計(2)			
		サービス活動増減差額(3)＝(1)－(2)			
経常増減差額(7)＝(3)＋(6)					
特別増減の部	収益	施設整備等寄附金収益			
		固定資産受贈額			
		特別収益計(8)			
	費用	固定資産売却損・処分損			
		国庫補助金等特別積立金取崩額 (除却等)			
		特別費用計(9)			
		特別増減差額(10)＝(8)－(9)			
当期活動増減差額(11)＝(7)＋(10)					

(以下省略)

5．減価償却

① 有形固定資産及び無形固定資産の評価

「会計基準省令」は、有形固定資産及び無形固定資産の評価について、次のように規定し、相当の償却を義務付けています。

【会計基準省令】　　　　　　　　　　　　　　　　　　　　　　　　（第2章 会計帳簿）

（資産の評価）

第4条　第2項　有形固定資産及び無形固定資産については、会計年度の末日（会計年度の末日以外の日において評価すべき場合にあっては、その日。以下この条及び次条第2項において同じ。）において、相当の償却をしなければならない。

減価償却とは、減価償却資産の取得原価を、その耐用年数にわたって一定の方法で費用として期間配分するとともに、対象資産の貸借対照表価額を同額だけ減少させていく手続をいいます。この手続は、毎期継続して規則的に実施されることから正規の減価償却とよばれています。

「運用上の取扱い」（局長通知）は、次のように規定しています。

【運用上の取扱い】　　　　　　　　　　　　　　　　　　　　　　　　（局長通知）

16　減価償却について（会計基準省令第4条第2項関係）

(1) 減価償却の対象

　耐用年数が1年以上、かつ、使用又は時の経過により価値が減ずる有形固定資産及び無形固定資産（ただし、取得価額が少額のものは除く。以下「償却資産」という。）に対して毎期一定の方法により償却計算を行わなければならない。

　なお、土地など減価が生じない資産（非償却資産）については、減価償却を行うことができないものとする。

(2) 減価償却の方法

　減価償却の方法としては、有形固定資産については定額法又は定率法のいずれかの方法で償却計算を行う。

　また、ソフトウエア等の無形固定資産については定額法により償却計算を行うものとする。

　なお、償却方法は、拠点区分ごと、資産の種類ごとに選択し、適用することができる。

② 減価償却の対象

　固定資産のうち、使用又は時の経過により価値が減ずる有形固定資産及び無形固定資産が減価償却の対象とされます。ただし、耐用年数が1年に満たないもの、取得価額が少額のものは対象から除かれます。

　なお、会計では、次の資産を「有形固定資産」といいます。

「相当の償却」ですから、多すぎても少なすぎてもいけません。

上記のカッコ書きは、合併や清算が該当します。

臨時の場合「臨時償却」といいます。

土地をはじめ、書画・骨董など、価値の減少が生じない資産については、減価償却を行うことができません。

> 土地、建物、構築物、機械及び装置、車輌運搬具、器具及び備品、建設仮勘定、有形リース資産

また、次のような主に法律上の権利を「無形固定資産」と呼びます。

> 特許権、商標権、実用新案権、ソフトウエア、無形リース資産

無形固定資産について、ソフトウエア、無形リース資産に該当するもの以外は、「権利」として貸借対照表に記載することになります。このような無形固定資産については「残存価額」は考えられません。

なお、無形固定資産の償却方法は、定額法に限られています。

③　残存価額

有形固定資産について償却計算を実施するための残存価額は、平成19年度の税制改正により、それまで「取得価額の１割」とされていたのが、「ゼロ」と改められました。同種の資産でも取得時期によって計算方法が異なるので、減価償却費の計算では注意が必要です。

☆平成19年３月31日以前取得のものの残存価額・・・取得価額の10%
☆平成19年４月１日以後取得のものの残存価額・・・　　　ゼロ

④　耐用年数

減価償却資産の種類は、建物、構築物、車両運搬具等に分かれ、構造や用途及び細目によって耐用年数が異なります。

耐用年数は、その資産について通常の維持管理を行った場合に想定される使用可能期間として算定されるものですが、この耐用年数を的確に見積もることは極めて困難です。そのため「運用指針」では、耐用年数は、原則として「減価償却資産の耐用年数等に関する省令」（昭和40年大蔵省令第15号）によるものとされています。

162頁以下に、「減価償却資産の耐用年数等に関する省令」（昭和40年大蔵省令第15号）から、社会福祉法人に必要と思われる耐用年数を掲載しましたので参考にしてください。

⑤　償却率等

減価償却の計算は、別添２（減価償却資産の償却率、改定償却率及び保証率表）の償却率等を用いることとされています。

〈定額法による減価償却費の計算式〉
（取得価額－残存価額）×定額法償却率＝１年分の減価償却費

左のうち、土地と建設仮勘定は償却しません。

無形固定資産については、残存価額がゼロとされることは先述のとおりです。
ただし、有形固定資産については、使用が継続している間は、備忘価額として１円を残します。

大蔵省令に定められた耐用年数を「法定耐用年数」と呼んでいます。

巻頭の「しおり」２の（別添２）を参照してください。

期中取得は、月を単位として計算します。

　「運用上の留意事項」（課長通知）では、減価償却について、次のよう
に規定されています。

【運用上の留意事項】 （課長通知）

17　減価償却について

(1)　減価償却の対象と単位

　　減価償却は耐用年数が1年以上、かつ、原則として1個若しくは1組の金額が10万円以上の有形固定資産及び無形固定資産を対象とする。減価償却計算の単位は、原則として各資産ごととする。

(2)　残存価額

　ア　平成19年3月31日以前に取得した有形固定資産

　　　有形固定資産について償却計算を実施するための残存価額は取得価額の10%とする。耐用年数到来時においても使用し続けている有形固定資産については、さらに、備忘価額（1円）まで償却を行うことができるものとする。

　イ　平成19年4月1日以降に取得した有形固定資産

　　　有形固定資産について償却計算を実施するための残存価額はゼロとし、償却累計額が当該資産の取得価額から備忘価額（1円）を控除した金額に達するまで償却するものとする。

　ウ　無形固定資産

　　　無形固定資産については、当初より残存価額をゼロとして減価償却を行うものとする。

(3)　耐用年数

　　耐用年数は、原則として「減価償却資産の耐用年数等に関する省令」（昭和40年大蔵省令第15号）によるものとする。

(4)　償却率等

　　減価償却の計算は、原則として、「減価償却資産の耐用年数等に関する省令」の定めによるものとし、適用する償却率等は別添2（減価償却資産の償却率、改定償却率及び保証率表）のとおりとする。

(5)　減価償却計算期間の単位

　　減価償却費の計算は、原則として1年を単位として行うものとする。ただし、年度の中途で取得又は売却・廃棄した減価償却資産については、月を単位（月数は暦に従って計算し、1か月に満たない端数を生じた時はこれを1か月とする）として計算を行うものとする。

(6)　減価償却費の配分の基準

　ア　複数の拠点区分又はサービス区分に共通して発生する減価償却費のうち、国庫補助金等により取得した償却資産に関する減価償却費は、国庫補助金等の補助目的に沿った拠点区分又はサービス区分に配分する。

　イ　ア以外の複数の拠点区分又はサービス区分に共通して発生する減価償却費については、利用の程度に応じた面積、人数等の合理的基準に基づいて毎期継続的に各拠点区分又はサービス区分に配分する。

練習問題 5 減価償却の計算・仕訳と計算書類の表示方法

　次の各取引について仕訳を行い、資金収支計算書と事業活動計算書を記載（記載不要の箇所は“-”を記入）してください。なお、仕訳で使用する勘定科目は可能な限り中区分によるものとします。

（単位：円）

取　　　引		仕　　　訳			
		借　　方		貸　　方	
		科　目	金　額	科　目	金　額
6月10日	送迎用リフト車両360万円を購入し、事業に供した。代金は、翌月払いとした。				
7月5日	電子式血圧計（事業用）一式8万円を現金で購入した。				
8月20日	パソコン3台とその付属品（時価48万円相当）の寄贈を受けた。				
3月31日	送迎用車両（定額法、耐用年数4年)の減価償却を実施した。				
3月31日	パソコン3台分（定額法、耐用年数4年）の減価償却を実施した。				

法人単位資金収支計算書　　第1号第1様式
（自）××01年4月1日　（至）××02年3月31日　　（単位：円）

勘　定　科　目			予算	決算	差異	備考
事業活動による収支						
施設整備等による収支	収入	施設整備等寄附金収入				
		施設整備等収入計(4)				
	支出	固定資産取得支出				
		施設整備等支出計(5)				
	施設整備等資金収支差額(6)=(4)-(5)					

法人単位事業活動計算書（P／L）　　第2号第1様式
（自）××01年4月1日　（至）××02年3月31日　　（単位：円）

勘　定　科　目			本年度決算	前年度決算	増　減
サービス活動増減の部	収益	・・・			
		サービス活動収益計(1)			
	費用	・・・			
		事業費			
		減価償却費			
		サービス活動費用計(2)			
	サービス活動増減差額(3)=(1)-(2)				
経常増減差額(7)=(3)+(6)					
特別増減の部	収益	施設整備等寄附金収益			
		固定資産受贈額			
		特別収益計(8)			

⑥　減価償却累計額の表示方法

　有形固定資産については、毎年相当の減価償却を実施することとされていますが、その結果、貸借対照表には、減価償却費を控除した後の金額で計上されることになります。この有形固定資産の取得価額から控除される減価償却費を累計したものを減価償却累計額といいます。

　このときの有形固定資産の表示の方法には、直接法と間接法があります。「運用上の取扱い」では、次のように規定されています。

【運用上の取扱い】　　　　　　　　　　　　　　　　　　　　　　　　　　　（局長通知）

> **16　減価償却について（会計基準省令第4条第2項関係）**
>
> **(3)　減価償却累計額の表示**
>
> 　有形固定資産（有形リース資産を含む。）に対する減価償却累計額を、当該各資産の金額から直接控除した残額のみを記載する方法（以下「直接法」という。）又は当該各資産科目の控除科目として掲記する方法（以下「間接法」という。）のいずれかによる。間接法の場合は、これらの資産に対する控除科目として一括して表示することも妨げない。
>
> 　無形固定資産に対する減価償却累計額は直接法により表示する。

　例えば、取得価額1億円の建物（基本財産）について、前年度末帳簿価額7,000万円、当期減価償却額800万円、当年度末における減価償却累計額が3,800万円であった場合の貸借対照表の表示の仕方は、次のようになります。基本財産の合計額はどちらも同じ結果になります。

減価償却費以外に期中の増減がないことを前提にしています。

ⅰ）直接法による場合

（貸借対照表）　資　産　の　部			（単位：円）
	当年度末	前年度末	増減
基本財産	142,000,000	150,000,000	△8,000,000
土　　地	80,000,000	80,000,000	0
建　　物	62,000,000	70,000,000	△8,000,000
その他の固定資産	×××	×××	×××

ⅱ）間接法による場合

（貸借対照表）　資　産　の　部			（単位：円）
	当年度末	前年度末	増減
基本財産	142,000,000	150,000,000	△8,000,000
土　　地	80,000,000	80,000,000	0
建　　物	100,000,000	100,000,000	0
建物減価償却累計額	△38,000,000	△30,000,000	△8,000,000
その他の固定資産	×××	×××	×××

　貸借対照表上、間接法で表示している場合は、「有形固定資産の取得価額、減価償却累計額及び当期末残高」の注記の記載が不要となります。

　直接法で表示する場合には、有形固定資産に関する注記が必要です。

練習問題 6　減価償却累計額の表示

　次の固定資産および減価償却額に関する資料に基づいて、「間接法」による貸借対照表の表示を完成させてください。なお、減価償却費以外に期中の増減はないものとします。

【固定資産に関する資料】　(単位：省略)

勘定科目	取得価額	前期末残高	当期減価償却費	当期末残高
基本財産				
土地	10,000	10,000	0	10,000
建物	18,000	13,200	450	12,750
計	28,000	23,200	450	22,750
その他の固定資産				
車輌運搬具	1,800	1,140	340	800
器具及び備品	2,200	1,305	275	1,030
ソフトウェア	600	400	100	300
計	4,600	2,845	715	2,130

◇貸借対照表の資産の部・抜粋

資産の部			
	当年度末	前年度末	増減
流動資産	××	××	××
現金預金			
・・・			
固定資産			
基本財産			
土　地			
建　物			
建物減価償却累計額			
その他の固定資産			
車両運搬具			
車両運搬具減価償却累計額			
器具及び備品			
器具及び備品減価償却累計額			
ソフトウェア			
資産の部計			

【参考】簡易型耐用年数表

（「減価償却資産の耐用年数等に関する省令」抜粋）

建物

構　　造	用　　途	耐用年数	備　　考
鉄骨鉄筋コンクリート又は鉄筋コンクリート造のもの	住宅用・寄宿舎用・宿泊所用・学校用	47	金属造りのものでも骨格材の肉厚が4ミリ以下のものは別の耐用年数が定められています。
	病院用のもの	39	
	事務所用のもの	50	
	飲食店・貸席用のもの　延べ面積に占める木造内装部分の面積が3割超のもの　その他のもの	34　41	
	店舗用のもの	39	
れんが造り・石造又はブロック造のもの	住宅用・寄宿舎用・宿泊所用・学校用	38	
	病院用のもの	36	
	事務所用のもの	41	
	飲食店・貸席用のもの	38	
	店舗用のもの	38	
金属造（骨格材の肉厚4ミリ超のもの）	住宅用・寄宿舎用・宿泊所用・学校用	34	
	病院用のもの	29	
	事務所用のもの	38	
	飲食店・貸席用のもの	31	
	店舗用のもの	34	
木造又は合成樹脂造	住宅用・寄宿舎用・宿泊所用・学校用	22	
	病院用のもの	17	
	事務所用のもの	24	
	飲食店・貸席用のもの	20	
	店舗用のもの	22	
木骨モルタル造	住宅用・寄宿舎用・宿泊所用・学校用	20	
	病院用のもの	15	
	事務所用のもの	22	
	飲食店・貸席用のもの	19	
	店舗用のもの	20	

建物附属設備

構造又は用途	細　　目	耐用年数	構造又は用途	細　　目	耐用年数
電気設備	蓄電池電源設備　その他のもの	6　15	特殊ドアー設備	エヤーカーテン又はドアー自動開閉設備	12
給排水、衛生、ガス設備		15	アーケード、日よけ	主として金属製　その他のもの	15　8
冷暖房通風ボイラー	冷暖房設備（冷凍機の出力22kW以下）　その他のもの	13　15	店用簡易装備		3
昇降機設備	エレベーター　エスカレーター	17　15	可動間仕切り	簡易なもの　その他のもの	3　15
消火、排煙、災害報知設備及び格納式避難設備		8	前掲以外	主として金属製　その他のもの	18　10

構築物

構造又は用途	細　目	耐用年数	構造又は用途	細　目	耐用年数
広告用	金属製のもの	20	へい	鉄・鉄筋コンクリート造	30
	その他のもの	10		コンクリート造	15
緑化施設及び庭園	工場緑化施設	7		れんが造	25
	その他の緑化施設及び庭園（工場緑化施設に含まれるものを除く。）	20		石造	35
				土造	20
				金属・木造	10
舗装道路・路面	コンクリート、ブロック、れんが、石敷	15	煙突・焼却炉	鉄・鉄筋コンクリート造	35
	アスファルト、木れんが敷	10		れんが造	25
	ビチューマルス敷	3		金属造	10

車両運搬具

構造又は用途	細　目	耐用年数
特殊自動車	救急車、レントゲン車	5
	寝台車その他特殊車体を架装したもの　　小型車（総排気量が2リットル以下）	3
	その他のもの	4
前掲以外	自動車　小型車（総排気量が0.66リットル以下）	4
	その他のもの	6
	二輪又は三輪自動車	3
	自転車	2
	その他のもの　自走能力のあるもの	7
	その他のもの	4

無形減価償却資産

種　類		耐用年数	種　類	耐用年数
特許権		8	営業権	5
実用新案権		5	電気ガス供給施設利用権	15
意匠権		7	熱供給施設利用権	15
商標権		10	水道施設利用権	15
ソフトウエア	複写して販売するための原本	3	工業用水道施設利用権	15
	その他のもの	5	電気通信施設利用権	20
育成者権	種苗法第4条2項に規定する品種	10		
	その他	8		

　例えば、鉄筋コンクリート造りの特養建物の場合の耐用年数は、「病院用のもの」の39年を適用します。なお、施設整備等の際には、請負契約書や見積書綴りなどに基づいて、建物とその附属設備に区分して資産計上を行いますが、共通項目については、それぞれの本体部分の工事価格に基づいて按分計算を行います。

　車両関係では、保育所の園バスの場合、普通自動車として「その他のもの」の6年を適用します。また、デイサービスの送迎車両も原則的には普通自動車の耐用年数を適用しますが、リフトなどを救急車などに準じて架装している場合には、特殊自動車の耐用年数を適用します。

建物と個々の附属設備に区分して計上することは簡単な作業ではありませんが、区分しておくと、将来の設備更新等の際に除却処理等が容易になります。

器具及び備品

構造用途	細	目	耐用年数	構造用途	細	目	耐用年数
1 家具、電気・ガス機器、家庭用品	応接セット	小売業用、接客業用	5	6 容器、金庫	ボンベ、ドラムかん、コンテナーその他		省略
		その他	8		金庫	手さげ金庫	5
	ベッド		8			その他	20
	児童用机及びいす		5	7 理容又は美容機器			5
	陳列だな、陳列ケース	冷凍機付	6	8 医療機器	消毒殺菌用機器		4
		その他	8		手術機器		5
	その他の家具	接客業用	5		血液透析又は血しょう交換用機器		7
		その他	〈※〉		ハバードタンクその他の作動部分を有する機能回復訓練機器 調剤機器		6
	ラジオ、テレビジョン、テープレコーダーその他音響機器		5		光学検査機器	ファイバースコープ	6
	冷房用又は暖房用機器		6			その他	8
	電気冷蔵庫、電気洗濯機その他類似の電気、ガス機器		6		レントゲンその他の電子装置使用の機器 移動式のもの、救急医療用のもの及び自動血液分析器		4
	氷冷蔵庫、冷蔵ストッカー(電気式を除く)		4		その他		6
	カーテン、座ぶとん、寝具、丹前その他類似の繊維製品		3		その他	陶磁器製又はガラス製	3
	じゅうたんその他床用敷物 接客業用、放送用、劇場用		3			主として金属製	10
	その他		6			その他	5
	食事又はちゅう房用品 陶磁器製又はガラス製		2	9 娯楽、スポーツ器具、興行又は演劇用具	たまつき用具		8
	その他		5		パチンコ、ビンゴその他類似の球戯・射的用具		2
	事務机、事務いす、キャビネット、室内装飾品、その他のもの		〈※〉		ご、しょうぎ、まあじゃん等の遊戯具		5
2 事務、通信機器	電子計算機	パーソナルコンピュータ(サーバー用を除く。)	4		スポーツ具、劇場用観客いす		3
		その他	5		どんちょう、幕		5
	複写機、計算機、金銭登録機、タイムレコーダー、ファクシミリ、テレタイプライター、その他の事務機器		5		衣しょう、かつら、小道具、大道具		2
	インターホン、放送用設備		6		その他	主として金属製	10
	電話設備その他の通信機器	デジタル構内交換設備及びデジタルボタン電話設備	6			その他	5
		その他のもの	10	10 生物	植物	貸付業用	2
3 時計、試験測定機器	時計		10			その他	15
	度量衡器、試験又は測定機器		5		動物	魚類	2
4 光学、写真製作機器	オペラグラス		2			鳥類	4
	カメラ、撮影・映写機、望遠鏡		5			その他	8
	引伸機、焼付機、乾燥機、顕微鏡その他		8	11 前掲以外	映画フィルム(スライドを含む。) 磁器テープ及びレコード シートおよびロープ		2
5 看板・広告器具	看板、ネオンサイン及び気球		3		漁具、葬儀用具		3
	マネキン人形及び模型		2		楽器、自動販売機(手動を含む。) 焼却炉		5
	その他	主として金属製	10		その他	主として金属製	10
		その他	5			その他	5
				12 前掲区分以外 〈※〉		主として金属製	15
						その他	8

(注)〈※〉部分の耐用年数は、「12 前掲区分以外」欄の耐用年数による。

練習問題 7 「有形固定資産の取得価額、減価償却累計額及び当期末残高」に関する注記

次の資料に基づいて、「計算書類に対する注記」のうち、「有形固定資産の取得価額、減価償却累計額及び当期末残高」に関する注記を完成してください。

【参考資料】

① 期首における有形固定資産に係る減価償却費の累計額は、48,060千円である。

② 貸借対照表の表示は、直接法によっている。

③ 当期における減価償却資産の帳簿価額の減少は、減価償却費のみであった。

④ いずれの減価償却資産についても、減価償却の会計処理は、毎年適正に行われている。

⑤ 建物（基本財産）は、当期首からちょうど20年前に90,000千円で取得し、直ちに事業の用に供したものであり、減価償却費の計算は、定額法、耐用年数39年（残存価額10％、償却率0.026）によって行っている。

試　算　表 （単位：千円）

摘　　要	期首残高		期中資金増減取引		期中その他取引		期末残高	
	（借方）	（貸方）	（借方）	（貸方）	（借方）	（貸方）	（借方）	（貸方）
建物（基本財産）	（ ？ ）					（ ？ ）	（ ？ ）	
車　輌　運　搬　具	—		5,000			800	（ ？ ）	
器具及び備品	10,000		1,500			2,000	（ ？ ）	
ソフトウェア	1,200		—			400	（ ？ ）	
減　価　償　却　費					（ ？ ）			

【解答欄】（単位に注意して記入してください。）

有形固定資産の取得価額、減価償却累計額及び当期末残高

有形固定資産の取得価額、減価償却累計額及び当期末残高は、以下のとおりである。

（単位：円）

	取得価額	減価償却累計額	当期末残高
建物（基本財産）			
車輌運搬具			
器具及び備品			
合計			

⑦　固定資産管理台帳及び減価償却明細

　　ここまでは、減価償却費の計算方法について学んできましたが、実務では、取得年月日や種類の異なる複数の減価償却資産を、網羅的に管理する必要があります。

下の様式は、あくまでも参考としてお示ししているものです。

【運用上の留意事項】　　　　　　　　　　　　　　　　　　　　　（課長通知）

27　固定資産管理台帳について

　　基本財産（有形固定資産）及びその他の固定資産（有形固定資産及び無形固定資産）は個々の資産の管理を行うため、固定資産管理台帳を作成するものとする。

　　例えば、168頁～169頁にお示しするような様式によって、各減価償却資産の繰越額や残高、減価償却費、さらには国庫補助金等特別積立金の残高や取崩額の管理を行います。168頁～169頁の様式は、「別紙3（⑧）」をベースに作成しています。

次頁に記載しているのがその様式です。

　　実務上、減価償却費の計算や国庫補助金等特別積立金の取崩額の計算を行うためには、個々の資産ごとに内訳を把握しておく必要がありますので、「車輌運搬具」や「器具及び備品」といった資産の種類別の項目を細分化して、「送迎用ワゴン車」や「応接セット」「パソコン」などのように、個々の資産の名称を記載できるようにしています。

　　決算時には、取得年月日の列から取得価額の列までを非表示にして、資産の種類別に集約表示すれば、「別紙3（⑧）」の様式になります。

「「運用上の留意事項」（課長通知）別紙3（⑧）」に加えた部分

	資産の種類及び名称	取得年月日	数量	償却方法	耐用年数	償却率	償却月数	取得価額	うち国庫補助金等の額	期首帳簿価額(A)	うち国庫補助金等の額
	基本財産（有形固定資産）										
	土地										
	建物										
	基本財産合計										
	その他の固定資産										
	車輌運搬具										
	ワゴン車①										
	ワゴン車②										
	器具及び備品										
	応接セット										
	パソコン										
	その他の固定資産(有形固定資産)計										

（左欄：「「運用上の留意事項」（課長通知）別紙3〔⑧〕」に加えた明細部分）

別紙3（8）

基本財産及びその他の固定資産（有形・無形固定資産）の明細書

（自）令和　年　月　日　（至）令和　年　月　日

社会福祉法人名 ＿＿＿＿＿＿＿＿＿＿
拠点区分 ＿＿＿＿＿＿＿＿＿＿

（単位：円）

資産の種類及び名称	期首帳簿価額(A)	うち国庫補助金等の額	当期増加額(B)	うち国庫補助金等の額	当期減価償却額(C)	うち国庫補助金等の額	当期減少額(D)	うち国庫補助金等の額	期末帳簿価額(E=A+B－C－D)	うち国庫補助金等の額	減価償却累計額(F)	うち国庫補助金等の額	期末取得原価(G=E+F)	うち国庫補助金等の額	摘要
基本財産（有形固定資産）															
土地															
建物															
基本財産合計															
その他の固定資産（有形固定資産）															
土地															
建物															
車輌運搬具															
○○○															
その他の固定資産（有形固定資産）計															
その他の固定資産（無形固定資産）															
○○○															
○○○															
その他の固定資産（無形固定資産）計															
その他の固定資産計															
基本財産及びその他の固定資産合計															
将来入金予定の償還補助金の額															
差引															

（注）1．「うち国庫補助金等の額」については、設備資金元金償還補助金がある場合には、償還補助総額を記載した上で、国庫補助金取崩計算を行うものとする。ただし、「将来入金予定の償還補助金の額」の欄では、「期首帳簿価額」の「うち国庫補助金等の額」はマイナス表示し、実際に補助金を受けた場合に「当期増加額」の「うち国庫補助金等の額」をプラス表示することにより、「差引」欄の「期末帳簿価額」の「うち国庫補助金等の額」が貸借対照表上の国庫補助金等特別積立金残高と一致することが確認できる。

2．「当期増加額」には減価償却控除前の増加額、「当期減少額」には当期減価償却額を記載する。

【参考】　　　　　　　　　　　　　　　　　　　　　　　　固定資産管理台

社会福祉法人名　　　　　　　　　　　　　　　　　　　　　　　　　　自　令和4

拠点区分名　　　　　　　　　　　　　　　　　　　　　　　　　　　　至　令和5

資産の種類及び名称	取得年月日	数量	償却方法	耐用年数	償却率	償却月数	取得価額	うち国庫補助金等の額	期首帳簿価額(A)	うち国庫補助金等の額
基本財産（有形固定資産）										
土　地	H17.4.1	—	—	—	—	—	300,000,000	0	300,000,000	0
計							300,000,000	0	300,000,000	0
建　物										
特養ホーム	H17.4.1	1	定額法	47	0.022	12	500,000,000	350,000,000	331,700,000	232,190,000
計							500,000,000	350,000,000	331,700,000	232,190,000
基本財産合計							800,000,000	350,000,000	631,700,000	232,190,000
その他の固定資産（有形固定資産）										
車輌運搬具										
ワゴン車①	R2.4.1	1	定額法	4	0.250	6	1,500,000	0	750,000	0
ワゴン車②	R4.8.1	1	定額法	4	0.250	8	1,500,000	1,200,000	0	0
計							3,000,000	1,200,000	750,000	0
器具及び備品										
応接セット	H28.4.1	1	定額法	8	0.125	12	450,000	0	112,500	0
パソコン一式	R3.4.1	1	定額法	4	0.250	12	250,000	0	187,500	0
計							700,000	0	300,000	0
有形固定資産計							3,700,000	1,200,000	1,050,000	0
その他の固定資産（無形固定資産）										
ソフトウェア										
請求システムウェア一式	R3.4.1	1	定額法	5	0.200	12	500,000	0	400,000	0
無形固定資産計							500,000	0	400,000	
その他の固定資産合計							4,200,000	1,200,000	1,450,000	0
固定資産合計							804,200,000	351,200,000	633,150,000	232,190,000

（編者注）この表は、平成19年4月1日以前の取得資産があるため、ここでは、特定の年度で表示しています。

及び減価償却明細

4月1日
3月31日

(単位：円)

期増加額(B)	うち国庫補助金等の額	当期減価償却額(C)	うち国庫補助金等の額	当期減少額(D)	うち国庫補助金等の額	期末帳簿価額(E＝A＋B－C－D)	うち国庫補助金等の額	減価償却累計額(F)	うち国庫補助金等の額	期末取得原価(G＝E＋F)	うち国庫補助金等の額	摘要
0	0	0	0	0	0	300,000,000	0	0	0	300,000,000	0	
0	0	0	0	0	0	300,000,000	0	0	0	300,000,000	0	
0	0	9,900,000	6,930,000	0	0	321,800,000	225,260,000	178,200,000	124,740,000	500,000,000	350,000,000	
0	0	9,900,000	6,930,000	0	0	321,800,000	225,260,000	178,200,000	124,740,000	500,000,000	350,000,000	
0	0	9,900,000	6,930,000	0	0	621,800,000	225,260,000	178,200,000	124,740,000	800,000,000	350,000,000	
0	0	187,500	0	562,500	0	0	0	0	0	0	0	9月除却
1,500,000	1,200,000	250,000	200,000	0	0	1,250,000	1,000,000	250,000	200,000	1,500,000	1,200,000	
1,500,000	1,200,000	437,500	200,000	562,500	0	1,250,000	1,000,000	250,000	200,000	1,500,000	1,200,000	
0	0	56,250	0	0	0	56,250	0	393,750	0	450,000	0	
0	0	62,500	0	0	0	125,000	0	125,000	0	250,000	0	
0	0	118,750	0	0	0	181,250	0	518,750	0	700,000	0	
1,500,000	1,200,000	556,250	200,000	562,500	0	1,431,250	1,000,000	768,750	200,000	2,200,000	1,200,000	
0	0	100,000	0	0	0	300,000	0	200,000	0	500,000	0	
0	0	100,000	0	0	0	300,000	0	200,000	0	500,000	0	
1,500,000	1,200,000	656,250	200,000	562,500	0	1,731,250	1,000,000	968,750	200,000	2,700,000	1,200,000	
1,500,000	1,200,000	10,556,250	7,130,000	562,500	0	623,531,250	226,260,000	179,168,750	124,940,000	802,700,000	351,200,000	

6．有形固定資産の売却・廃棄

　有形固定資産を売却した場合に、減価償却後の帳簿価額（通常は、単に「簿価」と言います。）よりも高く売れたときは「売却益」、安く売れたときは「売却損」となります。

　具体的には、売却直前の帳簿価額が10万円の車輌運搬具を12万円で売却した時の仕訳と精算表の記入は、次のようになります。

仕訳の方式は、純額処理と、両建処理の二つが考えられますが、固定資産の売却は、純額処理によります。

借　　方	貸　　方
現　　金　　預　　金　　120,000円	車　　輌　　運　　搬　　具　　100,000円 車　輌　運　搬　具　売　却　益　　20,000円

　借方に「現金預金」となっているので、全体が「資金増減取引」となりますので、元帳には、次のように転記されることになります。

車輌運搬具

××01年 月　日	摘　　　　　要	資金増減取引		その他取引		借方残高
		借　　方	貸　　方	借　　方	貸　　方	
4　1	前期繰越	―	―	―	―	×××
×　×	現金預金		100,000			×××

車輌運搬具売却益

××01年 月　日	摘　　　　　要	資金増減取引		その他取引		貸方残高
		借　　方	貸　　方	借　方	貸　方	
×　×	現金預金		20,000			20,000

精　算　表　　　　　　　（単位：千円）

摘　　要	期首B／S		期中資金増減取引		期中その他取引		期末B／S	
	借　方 （資　産）	貸　方 （負債・純資産）	（借方）	（貸方）	（借方）	（貸方）	借　方 （資　産）	貸　方 （負債・純資産）
			資金収支計算書					
			借　方 （支　出）	貸　方 （収　入）				
車輌運搬具	×××			イ 100　←売却収入			×××	
B／S合計	×××	×××					×××	×××
							P／L	
							借　方 （費　用）	貸　方 （収　益）
《特別増減の部》 　車輌運搬具売却益				ロ 20　←売却収入				20

資金収支計算書には、精算表の「資金収支計算書」欄のイとロを合計した金額を「車輌運搬具売却収入」の箇所に表示することになります。

続いて、売却損の場合を確認します。

簿価100,000円の車両を70,000円で売却した場合の仕訳は、以下のとおりとなります。

このように精算表を活用すれば、純額処理でも困ることはありません。

借　　方	貸　　方
現　金　預　金　70,000円 車輌運搬具売却損・処分損　30,000円	車　輌　運　搬　具　100,000円

仕訳の中に「現金預金」が含まれていますので、全体が「資金増減取引」となります。元帳には、次のように転記されることになります。

車輌運搬具

××01年 月　日	摘　　要	資金増減取引 借方	資金増減取引 貸方	その他取引 借方	その他取引 貸方	借方残高
4　1	前期繰越	—	—	—	—	100,000
×　×	諸口		100,000			0

車輌運搬具売却損・処分損

××01年 月　日	摘　　要	資金増減取引 借方	資金増減取引 貸方	その他取引 借方	その他取引 貸方	借方残高
×　×	車輌運搬具	30,000				30,000

精算表には、次のように記入されることになります。

（単位：千円）

摘　　要	期首B／S 借方(資産)	期首B／S 貸方(負債・純資産)	期中資金増減取引 (借方)	期中資金増減取引 (貸方)	期中その他取引 (借方)	期中その他取引 (貸方)	期末B／S 借方(資産)	期末B／S 貸方(負債・純資産)
			資金収支計算書					
			借方(支出)	貸方(収入)				
車輌運搬具	100			イ 100 ←売却収入			0	
B／S合計	×××	×××					×××	×××
							P／L	
							借方(費用)	貸方(収益)
《特別増減の部》 車輌運搬具売却損・処分損			ロ 30 ←売却損				30	

ただし、資金収支計算書には、精算表の**イ**と**ロ**を相殺して「車輌運搬具売却収入70,000円」と表示する必要があります。

そこで、もともとの仕訳を、次のようにしておくと便利です。

借　　方		貸　　方	
現　金　預　金	70,000円	車　輌　運　搬　具	70,000円
車輌運搬具売却損・処分損	30,000円	車　輌　運　搬　具	30,000円

1行目の仕訳は、資金科目が仕訳に含まれていますので、資金増減取引です。2行目は、支払資金の科目が仕訳に含まれていませんので、その他増減取引になります。

では、精算表にはどのように記入されるでしょうか？　以下で、確認してください。

精　算　表　　　　　　（単位：円）

摘　　要	期首B／S		期中資金増減取引		期中その他取引		期末B／S	
	借　方 (資産)	貸　方 (負債・純資産)	(借方)	(貸方)	(借方)	(貸方)	借　方 (資産)	貸　方 (負債・純資産)
			資金収支計算書					
			借　方 (支出)	貸　方 (収入)				
車輌運搬具	100,000		売却収入→70,000			30,000	0	
B／S合計	×××	×××					×××	×××
							P／L	
							借　方 (費用)	貸　方 (収益)
《特別増減の部》 車輌運搬具売却損・処分損			売却損→30,000				30,000	

また、有形固定資産の処分時に、追加的に費用が発生するような場合があります。

例：簿価8万円の備品を廃棄し、処分費用3万円を支払った。

借　　方		貸　　方	
固定資産売却損・処分損	80,000円	器　具　及　び　備　品	80,000円
固定資産売却損・処分損	30,000円	現　金　預　金	30,000円

P／Lでは、合計11万円を「固定資産売却損・処分損」として表示しますが、資金収支計算書では3万円だけを「固定資産除却・廃棄支出」として表示させることになります。なお、災害による損失の場合には、P／L上「災害損失」として計上します。

コ ラ ム **資本的支出と修繕費支出**

　固定資産の修理、改良等のために支出した金額には、固定資産の取得価額に加算されるもの（これを**資本的支出**と言います）と、**修繕費支出**として処理されるものとがあります。

　「会計基準」では、このような区分について言及していませんが、この考え方は一般に公正妥当と認められる社会福祉法人会計の慣行（「会計基準」第1章総則　1目的及び適用範囲）に従うものです。

・**資本的支出とは**　固定資産の使用可能期間を延長させ、又は価額を増加させる支出が資本的支出です。法人税法では、次のようなものをあげています。

① 　建物の避難階段の取付け等物理的に付加した部分に係る支出

② 　用途変更のための模様替え等改造又は改装に直接要した支出

③ 　機械の部分品を特に品質又は性能の高いものに取り替えるのに要した支出のうち、通常の取替えに要する額を超える部分の金額

・**修繕費とは**　固定資産の通常の維持管理のため、又は毀損した固定資産につきその原状を回復するための支出を修繕費といいます。

　法人税法では、次のようなものを修繕費としてあげています。

① 　建物の移えい又は解体移築に要した支出

　　ただし、解体移築に当たっては旧資材の70％以上がその性質上再使用できる場合であって、旧資材をそのまま利用して従前の建物と同一の規模及び構造の建物を再建築するものに限る。

② 　集中生産のため以外の機械装置の移設に要した支出（解体費を含む）

③ 　地盤沈下した土地を沈下前の状態に回復するために行う地盛りに要した支出

　この他、法人税法での取扱いは、次のようになっています。

〈少額又は周期の短い支出の特例〉

　次のいずれかに該当する場合、修繕費とすることができる。

　イ　修理、改良等のために要した支出の額が20万円に満たない場合

　ロ　修理、改良等がおおむね3年以内の期間を周期として行われることが、既往の実績その他の事情からみて明らかである場合

〈形式基準による修繕費の判定〉

　一の修理、改良等のために支出した金額のうち資本的支出であるか修繕費であるか明らかでない金額がある場合、その金額が次のいずれかに該当するときは修繕費とすることができる。

　イ　その金額が60万円に満たない場合

　ロ　その金額がその修理、改良等に係る固定資産の前期末における取得価額のおおむね10％相当額以下である場合

〈資本的支出と修繕費の区分の特例〉

　一の修理、改良等のために支出した金額のうち資本的支出であるか、修繕費であるか、いずれか明らかでない金額がある場合、法人が、継続して支出金額の30％と対象固定資産の前期末取得価額の10％とのいずれか少ない金額を修繕費とし、残額を資本的支出としているときは、これを認める。

　法人税の扱いに準じて処理することとすると、法人としての会計処理は明確になります。ただし、継続適用が要件のものもあり、本来、このような資本的支出と修繕費支出の区分の取扱いについては、法人の経理規程で明確に定めることが望ましいものと思われます。

練習問題 8 固定資産等の売却損の場合のP／Lと資金収支計算書を作成する

（１）以下の期中取引について、仕訳を示してください。

（２）以下に示す勘定科目について転記を行い、精算表及び計算書類に、どのように記載されるのかを示してください。なお、取引日付欄には、仕訳Noを記入してください。

期　中　取　引		仕　　　訳			
		借　　方		貸　　方	
		科　　目	金　額	科　　目	金　額
①	簿価10万円の車両を３万円で売却し、代金は現金で受け取った。				
②	簿価60万円の簡易建物が災害により倒壊したため除却処分とした。なお、除却費用として、５万円を現金で支払った。				
③	同上に係る国庫補助金等特別積立金残高30万円を取り崩した。				

（総勘定元帳） （単位：円）

建　　物

××01年 月　日	摘　　　　要	資金増減取引		その他取引		（借方残高）
		借　方	貸　方	借　方	貸　方	
4　1	前期繰越	－	－	－	－	××× ×××

車　輌　運　搬　具

××01年 月　日	摘　　　　要	資金増減取引		その他取引		（借方残高）
		借　方	貸　方	借　方	貸　方	
4　1	前期繰越	－	－	－	－	××× ××× ×××

災　害　損　失

××01年 月　日	摘　　　　要	資金増減取引		その他取引		（借方残高）
		借　方	貸　方	借　方	貸　方	

車輌運搬具 売却損・処分損

××01年 月　日	摘　　　　要	資金増減取引		その他取引		（借方残高）
		借　方	貸　方	借　方	貸　方	

精 算 表　　　　　　　　　　　　　　　　（単位：円）

摘　　要	期首B／S 借方(資産)	期首B／S 貸方(負債・純資産)	期中資金増減取引 (借方)	期中資金増減取引 (貸方)	期中その他取引 (借方)	期中その他取引 (貸方)	期末B／S 借方(資産)	期末B／S 貸方(負債・純資産)
			資金収支計算書					
			借方(支出)	貸方(収入)				
建　　　　物	×××						×××	
車輌運搬具	×××						×××	
国庫補助金等特別積立金		×××						×××
B／S合計	×××	×××					×××	×××
							P／L	
							借方(費用)	貸方(収益)
（特別増減の部）								
車輌運搬具売却損・処分損								
災害損失								
国庫補助金等特別積立金取崩額（除却等）								

（単位：円）

○○拠点区分資金収支計算書
（自）××01年4月1日 （至）××02年3月31日　　　　第1号第4様式

勘　定　科　目			予　算	決　算	差　異	備　考
事業活動による収支						
施設整備等による収支	収入	固定資産売却収入				
		車輌運搬具売却収入				
		施設整備等収入計(4)				
	支出	・・・				
		固定資産除却・廃棄支出				
		施設整備等支出計(5)				
施設整備等資金収支差額(6)＝(4)－(5)						

○○拠点区分事業活動計算書（P／L）
（自）××01年4月1日 （至）××02年3月31日　　　　第2号第4様式

勘　定　科　目			本年度決算	前年度決算	増　減
経常増減差額(7)＝(3)＋(6)					
特別増減の部	収益	・・・			
		特別収益計(8)			
	費用	固定資産売却損・処分損			
		車輌運搬具売却損・処分損			
		国庫補助金等特別積立金取崩額（除却等）			
		災害損失			
		特別費用計(9)			
	特別増減差額(10)＝(8)－(9)				
当期活動増減差額(11)＝(7)＋(10)					

9 負債の会計処理

1．負債の意義

負債とは、将来、法人の資産を減少させるような経済的負担を意味します。そのほとんどは、法律上の債務ですが、引当金のように法律的には確定していないものも含まれます。

負債は、経常的な取引から生じたものと、貸借対照表日（決算日）の翌日から起算して1年以内に支払期限の到来するもの（1年基準）を流動負債に区分し、流動負債以外のものを固定負債に区分します。

流動負債の勘定科目については、支払資金の範囲の項目で概観しましたので、ここでは、固定負債の会計処理について学習します。

2．固定負債の会計処理

① 固定負債の範囲

固定負債の内容には、次のようなものがあります。

見た目には、そんなに難しそうなものはなさそうなのですが、1年基準の影響で、かなり手ごわくなっていますので注意が必要です。

> 決算時の貸借対照表の表示については、問題はありませんが、いつの時点で、1年基準適用の会計処理を行うのかで仕訳の形が変わってくるので、慣れるまでは、少々厄介です。

大区分 中区分	説　明 〔「運用上の留意事項」（課長通知）に沿った説明です〕
〔固定負債〕	
設備資金借入金	施設設備等に係る外部からの借入金で、貸借対照表日の翌日から起算して支払の期限が1年を超えて到来するものをいいます。
長期運営資金借入金	経常経費に係る外部からの借入金で、貸借対照表日の翌日から起算して支払の期限が1年を超えて到来するものをいいます。
リース債務	リース料総額から利息相当額を控除した金額で、貸借対照表日の翌日から起算して支払の期限が1年を超えて到来するものをいう。
役員等長期借入金	役員（評議員を含む）からの借入金で貸借対照表日の翌日から起算して支払の期限が1年を超えて到来するものをいう。
退職給付引当金	将来支給する退職金のうち、当該会計年度末までに発生していると認められる金額をいいます。
役員退職慰労引当金	将来支給する役員（評議員を含む）への退職慰労金のうち、当該会計年度末までに発生していると認められる金額をいう。
長期未払金	固定資産に対する未払債務（リース契約による債務を除く）等で貸借対照表日の翌日から起算して支払の期限が1年を超えて到来するものをいいます。
長期預り金	固定負債で長期預り金をいう。（軽費老人ホーム（ケアハウスに限る。）等における入居者からの管理費等預り額をいう。）
退職共済預り金	退職共済事業で、加入者からの預り金をいう。
その他の固定負債	上記に属さない債務等であって、貸借対照表日の翌日から起算して支払の期限が1年を超えて到来するものをいいます。

②　設備資金借入金

　設備資金借入金は、借入実行時から完済までの期間が1年を超えるので、固定負債として区分されます。ただし、設備資金借入金の残高のうち、貸借対照表日の翌日から起算して1年以内に支払期限の到来するものについては、固定負債から流動負債に振り替える必要があります。

　振替時の仕訳例を示すと、次のとおりです。

借　　　方	貸　　　方
設 備 資 金 借 入 金　　×××円	1 年 以 内 返 済 予 定 設 備 資 金 借 入 金　　×××円

　さて、上の仕訳では、支払資金は増減しているでしょうか？

　「1年以内返済予定設備資金借入金」は、流動負債ですが、支払資金の範囲からは除かれていますので、この振替仕訳によって支払資金が増減することはありません。したがって、資金収支計算書には、記載されません。

　さて、ここからが問題です。

　決算で1年基準によって流動負債に振り替えられた1年以内返済予定の長期借入金の翌期の会計処理は、どうするのでしょうか？

　次のような方法が考えられます。

⑴　1年基準による振替は、適切な財務情報作成のための決算期末の処理だから、翌期の期首で、もともとの固定負債科目に振り替える。

⑵　翌期首での振替は行わず、返済については1年以内返済予定分から返済していったものとして仕訳を行う。

⑶　月次の決算でも財政状態が明瞭に判断できるように、毎月の月次処理で振替を行う。

⑷　元金均等返済の場合には、1年以内返済分はそのままにして、固定負債の返済を行ったという仕訳を行う。

　ただ、実務的には、⑴に示す考え方に沿った処理を行うのがベターのように思われます。借入初年度・途中年度・最終年度における処理の統一が図れますし、支払資金の定義や資金収支計算書の表示とも整合します。以上のことから、本書では、⑴の処理方法で統一することにします。

　いずれの方法にせよ、翌期の期中返済額は、資金収支計算書上、長期の借入金の返済支出として表示する必要があることに変わりはありません。

単に科目を振り替えただけで、「返済」とは言い難いということですね。

それぞれ、一長一短ですね。
⑴もっともな考えですが、月次管理からは…？
⑵期末流動部分の残高がゼロで期中返済の正否が分かるけれど…。
⑶月次決算重視から、本来は月次で振替を行うべきだが…。
⑷簡便でも、最終年度は⑵と同じになってしまう…。

統一しておくと、借入時に、1年基準の起算日をいつにするのか、悩まなくて済みます。

以下、(1)の方法による仕訳・転記・精算表の記入例を説明します。

例：××01年4月1日、設備資金として4,500万円を借り入れた。返済は、××02年3月末日を第1回目として、以後毎年3月末に元金300万円ずつ15回分割にて、利子とともに支払うものとする。なお、金利は、年2％である。

借　　　方		貸　　　方	
現　金　預　金	45,000,000	設　備　資　金　借　入　金	45,000,000

例：××02年3月末日、第1回目の返済として、元金300万円と利息90万円を支払った。

借　　　方		貸　　　方	
設　備　資　金　借　入　金	3,000,000	現　金　預　金	3,900,000
支　払　利　息	900,000		

例：3/31 決算に際し、翌期返済予定の設備資金借入金300万円を流動負債に振り替えた。

借　　　方		貸　　　方	
設　備　資　金　借　入　金	3,000,000	1年以内返済予定設備資金借入金	3,000,000

1年以内返済予定設備資金借入金　　（単位：千円）

××01年度 月 日	摘　　　要	資金増減取引 借　方	資金増減取引 貸　方	その他取引 借　方	その他取引 貸　方	貸方残高
3 31	設備資金借入金				3,000	3,000
				―	3,000	

設　備　資　金　借　入　金

××01年度 月 日	摘　　　要	資金増減取引 借　方	資金増減取引 貸　方	その他取引 借　方	その他取引 貸　方	貸方残高
4 1	現金預金		45,000			45,000
3 31	現金預金	3,000				42,000
3 31	1年以内返済予定設備資金借入金			3,000		39,000
		3,000	45,000	3,000	―	

精　　算　　表　　（単位：千円）

摘　　　要	期首B／S 借方(資産)	期首B／S 貸方(負債・純資産)	期中資金増減取引 (借方)	期中資金増減取引 (貸方)	期中その他取引 (借方)	期中その他取引 (貸方)	期末B／S 借方(資産)	期末B／S 貸方(負債・純資産)
			資金収支計算書 借　方(支　出)	貸　方(収　入)				
1年以内返済予定設備資金借入金		―				3,000		3,000
設備資金借入金		―	3,000	45,000	3,000			39,000
B／S合計	×××	×××					×××	×××
							P／L 借　方(費　用)	貸　方(収　益)
(サービス活動外費用) 支払利息			900				900	

　　××01年度の資金収支計算書と事業活動計算書（Ｐ／Ｌ）への表示は、次のとおりです。

（単位：円）

法人単位資金収支計算書

（自）××01年４月１日（至）××02年３月31日　　　　第１号第１様式

		勘　定　科　目	予　算	決　算	差　異	備　考
事業活動による収支	収入	・・・				
		事業活動収入計(1)				
	支出	・・・				
		支払利息支出		900,000		
		事業活動支出計(2)				
		事業活動資金収支差額(3)＝(1)－(2)				
施設整備等による収支	収入	・・・				
		設備資金借入金収入		45,000,000		
		施設整備等収入計(4)				
	支出	設備資金借入金元金償還支出		3,000,000		
		・・・				
		施設整備等支出計(5)				
		施設整備等資金収支差額(6)＝(4)－(5)				

法人単位事業活動計算書（Ｐ／Ｌ）

（自）××01年４月１日（至）××02年３月31日　　　　第２号第１様式

		勘　定　科　目	本年度決算	前年度決算	増　減
サービス活動外増減の部	収益	・・・			
		サービス活動外収益計(4)			
	費用	支払利息	900,000		
		・・・			
		サービス活動外費用計(5)			
		サービス活動外増減差額(6)＝(4)－(5)			

　　続いて、××02年度目の会計処理です。

例：××02年度４月１日、前期末に流動負債に振り替えた設備資金借入金300万円を固定負債に振り替えた。

借　　　方		貸　　　方	
１年以内返済予定設備資金借入金	3,000,000	設備資金借入金	3,000,000

例：××03年３月31日、元金300万円を利息84万円とともに返済した。

借　　　方		貸　　　方	
設備資金借入金	3,000,000	現金預金	3,840,000
支払利息	840,000		

例：3/31 決算に際し、翌期返済予定の元金300万円を流動負債に振り替えた。

借　　　方		貸　　　方	
設備資金借入金	3,000,000	１年以内返済予定設備資金借入金	3,000,000

1年以内返済予定設備資金借入金 （単位：千円）

××02年度 月日		摘　要	資金増減取引 借　方	資金増減取引 貸　方	その他取引 借　方	その他取引 貸　方	貸方残高
4	1	前期繰越			—	—	3,000
	1	設備資金借入金			3,000		0
3	31	設備資金借入金				3,000	3,000
					3,000	3,000	

設 備 資 金 借 入 金

××02年度 月日		摘　要	資金増減取引 借　方	資金増減取引 貸　方	その他取引 借　方	その他取引 貸　方	貸方残高
4	1	前期繰越	—	—	—	—	39,000
	1	1年以内返済予定設備資金借入金				3,000	42,000
3	31	現金預金	3,000				39,000
3	31	1年以内返済予定設備資金借入金			3,000		36,000
			3,000	—	3,000	3,000	

精　算　表 （単位：千円）

摘　要	期首B／S 借方 (資　産)	期首B／S 貸方 (負債・純資産)	期中資金増減取引 (借方)	期中資金増減取引 (貸方)	期中その他取引 (借方)	期中その他取引 (貸方)	期末B／S 借方 (資　産)	期末B／S 貸方 (負債・純資産)
			資金収支計算書					
			借　方 (支　出)	貸　方 (収　入)				
1年以内返済予定 設備資金借入金		3,000			3,000	3,000		3,000
設備資金借入金		39,000	3,000		3,000	3,000		36,000
B／S合計	×××	×××					×××	×××
							P／L	
							借　方 (費　用)	貸　方 (収　益)
(サービス活動外費用) 支払利息			840				840	

　　××02年度の資金収支計算書への表示は、次のとおりです。

　　なお、支払利息支出の表示は、省略しています。

> 資金収支計算書の表示は、シンプルですね。

法人単位資金収支計算書　　　　第1号第1様式

（自）××02年4月1日（至）××03年3月31日 （単位：円）

勘　定　科　目			予　算	決　算	差　異	備　考
事業活動による収支						
施設整備等による収支	収入	・・・				
		設備資金借入金収入				
		施設整備等収入計(4)				
	支出	設備資金借入金元金償還支出		3,000,000		
		・・・				
		施設整備等支出計(5)				
施設整備等資金収支差額(6)＝(4)－(5)						

③　長期運営資金借入金

　また、長期運営資金借入金についても、考え方は同じです。

　ただし、長期運営資金借入金の返済支出は、その他の活動による収支の支出として表示されますので、注意してください。

役員等長期借入金もその他の活動による収支の部で借入と返済が表示されます。

例：4/20 経常経費の財源を補うため、銀行から500万円の融資を受けた。

借　　　　方	貸　　　　方
現　金　預　金　　5,000,000	長 期 運 営 資 金 借 入 金　　5,000,000

例：3/20 運営資金借入金について、100万円を返済した。

借　　　　方	貸　　　　方
長 期 運 営 資 金 借 入 金　　1,000,000	現　金　預　金　　1,000,000

　資金収支計算書の表示は、次のとおりです。

第1号第1様式

法人単位資金収支計算書

（自）××02年4月1日（至）××03年3月31日　　　　　　（単位：円）

勘　定　科　目			予　算	決　算	差　異	備　考
施設整備等による収支						
その他の活動による収支	収入	・・・				
		長期運営資金借入金収入		5,000,000		
		施設整備等収入計(4)				
	支出	長期運営資金借入金元金償還支出		1,000,000		
		・・・				
		施設整備等支出計(5)				
	施設整備等資金収支差額(6)=(4)-(5)					

　また、返済後の長期運営資金残高400万円のうち100万円が翌期1年以内返済分だとすると、貸借対照表の表示は次のとおりになります。

決算で振替処理を行います。

法人単位貸借対照表　　　　　第3号第1様式

××03年3月31日現在　　　　　　（単位：円）

資　産　の　部	当年度末	前年度末	増減	負　債　の　部	当年度末	前年度末	増減
流動資産	××	××	××	流動負債	××	××	××
現金預金							
・・・				1年以内返済予定長期運営資金借入金	1,000,000		
固定資産				固定負債			
・・・				長期運営資金借入金	3,000,000		
その他の固定資産				・・・			
・・・				固定負債の部合計			

④ 役員等長期借入金

　法人外部からの借入れは、設備資金借入金や長期運営資金借入金などの科目で処理するのですが、役員からの借入れについては、外部からの借入金と区別して、役員等長期借入金の科目を使用します。

> 役員は、理事、監事、評議員が対象とされています。

　以下、例を使って確認していきます。

例：4/20 経常経費の財源を補うため、役員から100万円の借入を受けた。

　　返済条件：6ヶ月据置後、10/20から毎月5万円ずつの20回返済、無金利。

借　　　　方		貸　　　　方	
現　金　預　金	1,000,000	役員等長期借入金	1,000,000

例：10/20 第1回目の返済のため、5万円を現金で支払った。

借　　　　方		貸　　　　方	
役員等長期借入金	50,000	現　金　預　金	50,000

　上の仕訳は、翌年3月まで毎月行われる会計処理となります。10月から翌年3月までで、6回分×5万円＝30万円の返済になります。

　決算日には、1年基準によって流動負債への振替を行うのは、設備資金借入金などの考え方と同じです。

> 事業年度末の残高70万円のうち、60万円が翌年度中に返済する借入金となります。

法人単位資金収支計算書　　　　第1号第1様式

（自）××02年4月1日（至）××03年3月31日　　　（単位：円）

勘　定　科　目		予　算	決　算	差　異	備　考
施設整備等による収支					
その他の活動による収支 — 収入	役員等長期借入金収入		1,000,000		
	その他の活動収入計(7)				
その他の活動による収支 — 支出	役員等長期借入金元金償還支出		300,000		
	その他の活動支出計(8)				
施設整備等資金収支差額(9)＝(7)−(8)					

貸　借　対　照　表　　　　第3号第1様式

××03年3月31日現在

資　産　の　部	当年度末	前年度末	増減	負　債　の　部	当年度末	前年度末	増減
流動資産	××	××	××	流動負債	××	××	××
現金預金							
				1年以内支払予定役員等長期借入金	600,000	0	600,000
				固定負債			
				役員等長期借入金	100,000	0	100,000
その他の固定資産				・・・			
・・・				固定負債の部合計			

「運用上の取扱い」（局長通知）では、借入金管理のために、「借入金明細書」の様式が示されています。

担保の記載は、注記事項とも整合させてください。

別紙3（①）

借入金明細書

社会福祉法人名 ＿＿＿＿＿＿

（自）令和　年　月　日　（至）令和　年　月　日

（単位：円）

借入先	拠点区分	期首残高①	当期借入金②	当期償還額③	差引期末残高④=①+②-③（うち1年以内償還予定額）	元金償還補助金	利率%	支払利息 当期支出額	利息補助金収入	返済期限	使途	担保資産 種類	地番または内容	帳簿価額
設備資金借入金					（　）									
					（　）									
					（　）									
					（　）									
	計				（　）									
長期運営資金借入金					（　）									
					（　）									
					（　）									
					（　）									
	計				（　）									
短期運営資金借入金														
	計													
合計					（　）									

（注）役員等からの長期借入金、短期借入金がある場合には、区分を新設するものとする。

⑤　長期未払金

　長期未払金は、固定資産を割賦購入したような場合に使用します。

　事業年度末において、１年基準による振替処理が必要となることは、設備資金借入金などと同じです。

　以下、例を使って確認していきます。

例：3/1　車両１台300万円を購入し、代金は30回払の月賦支払とした。

借　　　方		貸　　　方	
車　輌　運　搬　具	3,000,000	長　期　未　払　金	3,000,000

　なお、支払資金は増減しませんので、資金収支計算書には、車両取得に関する取引事実は表示されません。「会計基準省令」が、資金収支計算において、車両の購入や、融資を受けたという経済事象を表現することよりも、支払資金の増減に重きを置いているということです。

例：3/25　第１回目の割賦代金10万円が指定口座から引き落とされた。

借　　　方		貸　　　方	
長　期　未　払　金	100,000	現　金　預　金	100,000

　上の仕訳には、支払資金が含まれていますので、資金増減取引です。

例：3/31　決算に際し、翌期中に支払予定の割賦代金120万円を流動負債に振り替えた。

借　　　方		貸　　　方	
長　期　未　払　金	1,200,000	１　年　以　内　支　払　予　定 長　期　未　払　金	1,200,000

　では続けて、転記と精算表の記入を確認しておきましょう。

車　輌　運　搬　具　　　　　　　　　　（単位：千円）

××01年 月 日		摘　　　要	資金増減取引		その他取引		借方残高
			借　方	貸　方	借　方	貸　方	
4	1	前期繰越	－	－	－	－	×××
3	1	長期未払金			3,000		×××

長　期　未　払　金　　　　　　　　　　（単位：千円）

××01年 月 日		摘　　　要	資金増減取引		その他取引		貸方残高
			借　方	貸　方	借　方	貸　方	
3	1	車輌運搬具				3,000	3,000
3	25	現金預金	100				2,900
3	31	１年以内支払予定長期未払金			1,200		1,700

1年以内支払予定長期未払金

××01年 月 日	摘　要	資金増減取引 借　方	資金増減取引 貸　方	その他取引 借　方	その他取引 貸　方	貸方残高
3　31	設備資金借入金				1,200	1,200

精　算　表　　　　　　　　　　　　　　（単位：千円）

摘　要	期首B／S 借　方 (資　産)	期首B／S 貸　方 (負債・純資産)	期中資金増減取引 (借方)	期中資金増減取引 (貸方)	期中その他取引 (借方)	期中その他取引 (貸方)	期末B／S 借　方 (資　産)	期末B／S 貸　方 (負債・純資産)
			資金収支計算書					
			借　方 (支　出)	貸　方 (収　入)				
1年以内支払予定 長期未払金	―					1,200		1,200
長期未払金	―		100		1,200	3,000		1,700
B／S合計	×××	×××					×××	×××
							P／L	
							借　方 (費　用)	貸　方 (収　益)

　資金収支計算書には、「施設整備等による収支」の区分に、「（大区分）その他の施設整備等による支出」、「（中区分）長期未払金支払支出」として表示することになります。

　固定資産を割賦購入した場合、割賦代金の返済に伴って支払資金が減少するという事実は、資金収支計算書に表現されるのですが、車両などの固定資産を購入したという事実は、表現されないことになります。

法人単位資金収支計算書　　　　　第1号第1様式

（自）××01年4月1日（至）××02年3月31日　　　　　（単位：円）

勘　定　科　目			予　算	決　算	差　異	備　考
事業活動による収支						
施設整備等による収支	収入	施設整備等補助金収入 ・・・				
		施設整備等収入計(4)				
	支出	設備資金借入金元金償還支出 固定資産取得支出 ・・・				
		その他の施設整備等による支出		100,000		
		施設整備等支出計(5)				
施設整備等資金収支差額(6)＝(4)－(5)						

練習問題 9 固定負債の会計処理と1年基準

（1）以下の期中取引について、仕訳を示してください。

（2）以下に示す勘定科目について転記を行い、精算表及び計算書類に、どのように記載されるのかを示してください。なお、取引日付欄には、仕訳№を記入してください。

（単位：円）

期 中 取 引		仕　　訳			
		借　　方		貸　　方	
		科　　目	金　　額	科　　目	金　　額
①	設備資金借入金800万円を利息72万円とともに普通預金口座から振り込み返済した。				
②	車両割賦代金180万円を普通預金口座から振り込み支払った。				
③	決算に際し、翌年度返済予定の設備資金借入金800万円を流動負債に振り替えた。				
④	決算に際し、翌年度支払い予定の車両割賦代金180万円を流動負債に振り替えた。				

1年以内返済予定設備資金借入金

（単位：円）

××03年		摘　　　　　要	資金増減取引		その他取引		貸方残高
月	日		借　方	貸　方	借　方	貸　方	
4	1	前期繰越			—	—	8,000,000
	1	設備資金借入金			8,000,000		0

設 備 資 金 借 入 金

××03年		摘　　　　　要	資金増減取引		その他取引		貸方残高
月	日		借　方	貸　方	借　方	貸　方	
4	1	前期繰越		—	—	—	64,000,000
	1	1年以内返済予定設備資金借入金				8,000,000	72,000,000

1年以内支払予定長期未払金

××03年		摘　　　　　要	資金増減取引		その他取引		貸方残高
月	日		借　方	貸　方	借　方	貸　方	
4	1	前期繰越			—	—	1,800,000
	1	長期未払金			1,800,000		0

長 期 未 払 金

××03年		摘　　　　　要	資金増減取引		その他取引		貸方残高
月	日		借　方	貸　方	借　方	貸　方	
4	1	前期繰越		—	—	—	5,400,000
	1	1年以内支払予定長期未払金				1,800,000	7,200,000

精　算　表　(単位：円)

摘　　要	期首B／S		期中資金増減取引		期中その他取引		期末B／S	
	借　方 (資　産)	貸　方 (負債・純資産)	(借方)	(貸方)	(借方)	(貸方)	借　方 (資　産)	貸　方 (負債・純資産)
			資金収支計算書					
			借　方 (支　出)	貸　方 (収　入)				
1年以内返済予定 設備資金借入金								
1年以内支払予定 長期未払金								
設備資金借入金								
長期未払金								
B／S合計	×××	×××					×××	×××
							P／L	
							借　方 (費　用)	貸　方 (収　益)
(サービス活動外費用) 支払利息								

法人単位資金収支計算書　　　　第1号第1様式
（自）××03年4月1日（至）××04年3月31日　　(単位：円)

勘　定　科　目			予　算	決　算	差　異	備　考
事業活動による収支	収入	・・・				
		事業活動収入計				
	支出	支払利息支出				
		事業活動支出計(2)				
		事業活動資金収支差額(3)=(1)-(2)				
施設整備等による収支	収入	・・・				
		施設整備等収入計(4)				
	支出	(　　　　　　　　　)				
		(　　　　　　　　　)				
		施設整備等支出計(5)				
		施設整備等資金収支差額(6)=(4)-(5)				

法人単位貸借対照表　　　　第3号第1様式
××04年3月31日現在

資　産　の　部	当年 度末	前年 度末	増減	負　債　の　部	当年 度末	前年 度末	増減
流動資産	××	××	××	流動負債	××	××	××
現金預金							
・・・				1年以内返済予定設備資金借入金			
				1年以内支払予定長期未払金			
固定資産				固定負債			
基本財産				設備資金借入金			
				長期未払金			
その他の固定資産				・・・			
・・・				固定負債の部合計			

10 引当金の会計処理

1. 引当金とは何か

　通常、負債といえば、法律上の債務を思い浮かべますが、会計では、法人の経済的負担を意味します。

　例えば、退職金のように、将来、職員の退職時に支払われるものについては、現時点では支払義務は確定していないものの、職員が退職する時点（将来）において純資産が減少することは容易に想像がつきます。

　そこで、会計では、このような将来の負担について、その原因が発生した事業年度において、負債（又は資産の部の控除項目）として認識して、当該事業年度の費用に計上するとともに、貸借対照表に計上することとしています。なお、このような債務を「条件付債務」といいます。

　「会計基準省令」では、引当金について次のように規定しています。

> 毎年の事業活動の成果を測るうえでも、各事業年度の収益に引当金の繰入額を対応させることにより、期間損益計算を適正に行うことができます。

【会計基準省令】　　　　　　　　　　　　　　　　　（第2章　会計帳簿）

（負債の評価）

第5条　負債については、次項の場合を除き、会計帳簿に債務額を付さなければならない。

2　次に掲げるもののほか、引当金については、会計年度の末日において、将来の費用の発生に備えて、その合理的な見積額のうち当該会計年度の負担に属する金額を費用として繰り入れることにより計上した額を付さなければならない。

　　一　賞与引当金

　　二　退職給付引当金

　　三　役員退職慰労引当金

　負債は、原則として、債務額を付しますが、引当金については、合理的な見積金額を付します。

　引当金の性質は、次のとおりです。

① **将来において事業活動計算の費用又は損失に計上される**

　　引当金の対象は、将来、純資産を減少させるものです。

② **その発生が当該会計年度以前の事象に起因**

　　当期以前に発生原因が既に生じている、ということです。

③ **発生の可能性が高い**

　　発生の可能性のほとんど無いようなものは、計上しません。

④ **金額を合理的に見積もることができる**

　　発生する金額を「合理的に見積もることができる」ものであること

> 左のように、引当金は**現実の支出が無くても、既に発生している純資産の減少を明確に認識**しようというもので、「減価償却」と並び、まさにP／Lの考え方の代表的なものと言えます。

が必要です。

引当金は、以上のような「会計的見積り」によるものであり、重要性の低いものまで計上する必要はありませんが(**重要性の原則**)、計上する限り、毎期同じ基準で継続して計上する必要があります(**継続性の原則**)。

「運用上の取扱い」(局長通知)は、次のように規定しています。

【運用上の取扱い】　　　　　　　　　　　　　　　　　　　　　　　　　(局長通知)

18 引当金について (会計基準省令第5条第2項関係)

(1) 将来の特定の費用又は損失であって、その発生が当該会計年度以前の事象に起因し、発生の可能性が高く、かつその金額を合理的に見積もることができる場合には、当該会計年度の負担に属する金額を当該会計年度の費用として引当金に繰り入れ、当該引当金の残高を貸借対照表の負債の部に計上又は資産の部に控除項目として記載する。

(2) 原則として、引当金のうち賞与引当金のように通常1年以内に使用される見込みのものは流動負債に計上し、退職給付引当金のように通常1年を超えて使用される見込みのものは固定負債に計上するものとする。

　　また、徴収不能引当金は、当該金銭債権から控除するものとする。

(3) 職員に対し賞与を支給することとされている場合、当該会計年度の負担に属する金額を当該会計年度の費用に計上し、負債として認識すべき残高を賞与引当金として計上するものとする。

(4) 職員に対し退職金を支給することが定められている場合には、将来支給する退職金のうち、当該会計年度の負担に属すべき金額を当該会計年度の費用に計上し、負債として認識すべき残高を退職給付引当金として計上するものとする。なお、役員に対し在任期間中の職務執行の対価として退職慰労金を支給することが定められており、その支給額が規程等により適切に見積もることが可能な場合には、将来支給する退職慰労金のうち、当該会計年度の負担に属すべき金額を当該会計年度の役員退職慰労引当金繰入に計上し、負債として認識すべき残高を役員退職慰労引当金として計上するものとする。なお、退職慰労金を支給した際、支給金額については役員退職慰労金支出に計上するものとする。

以下、引当金の内容を個別に見て行きましょう。

2. 徴収不能引当金

金銭債権、例えば、利用者負担金の未収については、徴収不能となる場合があります。このような場合には、計上している未収金を減額して「徴収不能額」に振り替えるのでした。このような徴収不能額は、金銭債権を徴収不能と認めて直接減額処理したものです。

　しかし、個別に徴収不能と認めるに至らないまでも、全体として何がしかの徴収不能が発生することは避けられません。

　このような場合、徴収不能と認められる金額を合理的に見積って将来の発生に備えておく必要があります。このようにして設定されるのが、徴収不能引当金です。

①　徴収不能引当金の計算

　金銭債権のうち、徴収不能のおそれがあるものは、当該徴収不能の見込額を徴収不能引当金に繰り入れ、当該金銭債権から控除するものとされています（「会計基準省令」第4条第4項）。

　見積りの方法については、「運用上の留意事項」（課長通知）において、次のように規定されています。

> 当期発生の金銭債権が、翌期以降に徴収不能になる場合が引当対象です。当期発生の金銭債権が、当期中に徴収不能となる場合は、見積もるまでもなく、徴収不能額です。

【運用上の留意事項】　　　　　　　　　　　　　　　　　　　　　（課長通知）

18　引当金について

(1)　徴収不能引当金について

　ア　徴収不能引当金の計上は、原則として、毎会計年度末において徴収することが不可能な債権を個別に判断し、当該債権を徴収不能引当金に計上する。

　イ　ア以外の債権（以下「一般債権」という。）については、過去の徴収不能額の発生割合に応じた金額を徴収不能引当金として計上する。

　まず、「徴収不能の可能性がきわめて高い債権」については、個別に要引当額を計算します。

　次に、上記以外の債権（一般債権）については、過去の徴収不能額の発生割合に基づいて引当額を計上します。

　以上が、一般的な方法です。算式で示すと、次のようになるでしょう。

$$
\begin{array}{c}
徴収不能\\
引当金計上額
\end{array}
=
\begin{array}{c}
個別要\\
引当額
\end{array}
+
\left[
\begin{array}{c}
期末金\\
銭債権
\end{array}
\times
\begin{array}{c}
過去の徴収不能\\
額の発生割合
\end{array}
\right]
$$

　なお、過去の徴収不能額の発生割合は、一般企業の場合、通常は過去3期間の発生割合によって計算しています。

> 徴収不能引当金は一般企業では「貸倒引当金」として設定されています。

> 徴収不能引当金は、流動資産に対してだけでなく、固定資産に区分される金銭債権に対しても計上されます。
> テキスト74頁の貸借対照表の表示を参照してください。

②　徴収不能引当金の処理と表示

　以下、次の例題を通して、徴収不能引当金の会計処理を確認してゆきます。

例題 1 徴収不能引当金の処理

① 決算に際して、事業未収金805について、このうち徴収不能の可能性がきわめて高い債権5に対し個別に評価してその全額を、また残余の800に対し2%の徴収不能額を見積もった。（5＋800×2％＝21）

借　　　方	貸　　　方
徴 収 不 能 引 当 金 繰 入　　21	徴 収 不 能 引 当 金　　21

『初級編』で学んだ仕訳です。「徴収不能引当金繰入」はP／Lに計上し、資金収支計算書には計上しません。

② 前期から未回収であった事業未収金5が徴収不能となった。なお、前期の決算に際して徴収不能引当金21を設定している。

借　　　方	貸　　　方
徴 収 不 能 引 当 金　　5	事 業 未 収 金　　5

前期において、既に徴収不能に見合う金額を費用として計上していますので、当期の決算ではP／Lに徴収不能額を計上する必要はありません。実際に徴収不能となっても、当期の損益に影響しないように徴収不能引当金を引き当てる処理を行います。その点が引当金の自慢です。

ただし、事業未収金は、支払資金の科目ですので、資金収支計算書には、表示されることになりますので、念のため。

③ 決算に際して、事業未収金750に対し、2％の徴収不能額を見積った。なお、徴収不能引当金の残高は、16である。（750×2％＝15）

借　　　方	貸　　　方
徴 収 不 能 引 当 金　　1	徴 収 不 能 引 当 金 戻 入 益　　1

残高が過大になっているので戻入れの処理を行います。残高が不足の場合は、追加で繰入れの処理を行うことになります。

なお、貸借対照表の表示は、徴収不能引当金設定対象債権（この例題の場合は、事業未収金）から控除して貸借対照表に計上して注記する方法（直接控除方式）と、徴収不能引当金の金額を"△（マイナス）"表示で貸借対照表に記載する方法（間接控除方式）とがあります。

左の例は、初めて徴収不能引当金を設定する場合の例です。

当期中に発生した未収金が当期中に徴収不能となった場合には、引当金が計上されていませんので、そのまま徴収不能額として処理します。

左の③の戻入れ1は、対象債権が50減少したことに伴う戻入れですね。

P／Lの表示は、特別増減の部に、その他の特別収益（大区分）として記載されます。

練習問題 10 徴収不能引当金の処理

次の一連の取引を仕訳し、資金収支計算書と事業活動計算書（P／L）、貸借対照表（B／S）の記入を示してください。なお、流動資産・流動負債のうち、支払資金に該当しないものは、いずれの年度も徴収不能引当金のみとして解答してください。

（単位：省略）

取 引	仕 訳			
	借 方		貸 方	
	科 目	金 額	科 目	金 額
① ××01年度の決算に際して、事業未収金1,000に対し、過去の徴収不能額の平均発生割合2％をもとに徴収不能引当金を設定した。なお、同引当金の設定はこれが初回である。				
② ××02年度中に、前期から未回収であった事業未収金4が徴収不能となった。				
③ ××02年度の決算に際して、事業未収金900に対し、2％の徴収不能額を見積った。				

法人単位資金収支計算書
（自）××02年4月1日 （至）××03年3月31日 　　　第1号第1様式

勘 定 科 目		予算	決算	差異	備考
事業活動による収支	収入 ・・・				
	流動資産評価益等による資金増加額				最後に引算で求めてください。(B)−(A)
	事業活動収入計(1)				
	支出 ・・・				
	流動資産評価損等による資金減少額				
	事業活動支出計(2)				
事業活動資金収支差額(3)＝(1)−(2)					
当期資金収支差額合計(11)＝(3)＋(6)＋(9)−(10)		×××	(C)	×××	
前期末支払資金残高(12)			(A)		
当期末支払資金残高(11)＋(12)			(B)		

法人単位事業活動計算書（P／L）
（自）××02年4月1日 （至）××03年3月31日 　　　第2号第1様式

勘 定 科 目		本年度決算	前年度決算	増 減
サービス活動増減の部	収益 ・・・			
	サービス活動収益計(1)			
	費用 ・・・			
	（　　　　　　　　　　）			
	サービス活動費用計(2)			
サービス活動増減差額(3)＝(1)−(2)				

法人単位貸借対照表
××03年3月31日現在 　　　第3号第1様式

資 産 の 部	当年度末	前年度末	増減	負 債 の 部	当年度末	前年度末	増減
流動資産	5,000	4,500	500	流動負債	1,000	800	200
現金預金				事業未払金			
事業未収金							
・・・							
徴収不能引当金							
固定資産				固定負債			

（以下省略）

3．賞与引当金

① 賞与引当金の考え方

皆さんの法人では、夏と冬に賞与が支給される場合が多いと思います。この賞与は、一定期間における勤務態度などを総合的に評価して、毎月のお給料とは別に、付加的に支給されるもので、褒賞的な性質があります。このような性質に着目すると、賞与は、評価の対象となった一定期間を通して、発生する費用であると考えることができます。

特に「夏季の賞与は、前年12月から当年5月までの期間の勤務状態などを勘案して支給する」などと決めていた場合、夏季賞与のうち6分の4（前年12月から当年3月までの期間に対応するもの）は3月末において、既に発生していると考えられます。

賞与引当金は、このような事実に着目して、会計期末において既に発生していると認められる賞与について引き当てておこうというものです。

> 法人の中には、期末時にも期末勤勉手当として賞与が支給される場合もあるようですね。

> 発生している分だけ「純資産が減少している」と考えられます。

② 賞与引当金の計算方法

では、具体的に、どのようにしてその金額を見積ればよいのでしょうか。この点について、「運用上の留意事項」（課長通知）は、次のように規定しています。

【運用上の留意事項】 （課長通知）

18 引当金について

(2) 賞与引当金について

賞与引当金の計上は、法人と職員との雇用関係に基づき、毎月の給料の他に賞与を支給する場合において、翌期に支給する職員の賞与のうち、支給対象期間が当期に帰属する支給見込額を賞与引当金として計上する。

まず、労働協約等で、会計期末において、翌期に支払うべき賞与等が確定しているときは、それによります。しかし、そのように決まっていることは稀なケースと思われます。

会計期末において支給すべき賞与金額が確定していない場合には、翌期に職員に対して支給する賞与の見込み額について、その支給対象期間のうち当期に帰属する期間に対応する部分の金額を賞与引当金として計上します。

なお、このような計算方法を支給対象期間基準といいます。

> 引当金の要件を満たす限り、賞与に係る法定福利費の法人負担分を見積もり、これについても賞与引当金もしくは法定福利費引当金に繰り入れます。

以下、例題によって、計算方法を説明します。

例 題 2 賞与引当金の計算

A法人の××02年度の夏期賞与の支給見込み額は、次のとおりです。××01年度決算期末に引き当てるべき賞与引当金の金額は、いくらになるでしょうか。

支給月	支給対象期間	支給額
××02年6月	××01年12月～××02年5月	1,200万円

【考え方】

支給される賞与について、支給対象期間が賞与規程等で明確に定められていることが前提ですが、支給対象期間基準では、支給される賞与の査定等の対象期間に対応して賞与が支払われるものと考えます。

そうしますと、上の例では、××01年12月から××02年3月までの4か月分の賞与が、まだ支払われていないということになるので、この分を見積って決算期末に引当金として計上することになります。

この場合、××01年12月から××02年3月までの4か月分は、××02年6月に支払われるはずですので、支給見込み額の6分の4に相当する800万円を計上すればよいことになります。

賞与引当金について、その会計処理を示すと、次のとおりです。

例：決算に際して、賞与引当金800を繰り入れた。

借　　方	貸　　方
賞 与 引 当 金 繰 入　　800	賞 与 引 当 金　　800

例：夏季賞与1,200を支給した。なお、賞与引当金として800を計上している。

借　　方	貸　　方
賞 与 引 当 金　　800	現 金 預 金　　800
職 員 賞 与　　400	現 金 預 金　　400

この戻入れの処理は、徴収不能引当金と同じ考え方です。前期発生分として引当金に計上した支給額は、当期の損益には影響しません。

社会福祉法人の場合、事業年度末は3月末ですから、6月～7月にかけて支給される夏季賞与が引当金の対象になる場合がほとんどだと思われます。

練習問題 11 賞与引当金の処理

A法人の××02年度の夏期賞与支給見込額は、次のとおりです。次の各設問に答えてください。

支給月	支給対象期間	支給見込額
××02年6月	××01年11月～××02年4月	1,800万円

(1) 賞与引当金の引当金額は、いくらになりますか。

算式　$\dfrac{\boxed{}\ 万円}{\boxed{}\ ヶ月} \times \boxed{}\ ヶ月 = \boxed{}$ 万円

(2) 次の取引の仕訳を示してください。

(単位：万円)

取引		仕　　訳			
		借　　方		貸　　方	
		科　目	金　額	科　目	金　額
①	××01年度決算に当たり、上の(1)の金額を引当金に計上した。				
②	××02年6月に夏季賞与1,820万円を支給した。				

(3) (2)の②仕訳は、フローの計算書では、どのように表示されるか示してください。

○○拠点区分　資金収支計算書　　　第1号第4様式
（自）××02年4月1日　（至）××03年3月31日　　　（単位：万円）

		勘定科目	予算	決算	差異	備考
事業活動による収支	収入	・・・				
		流動資産評価益等による資金増加額				
		事業活動収入計(1)				
	支出	人件費支出				
		職員賞与支出				
		・・・				
		事業活動支出計(2)				
		事業活動資金収支差額(3)＝(1)－(2)				

○○拠点区分　事業活動計算書（P／L）　　　第2号第4様式
（自）××02年4月1日　（至）××03年3月31日　　　（単位：万円）

		勘定科目	本年度決算	前年度決算	増減
サービス活動増減の部	収益	・・・			
		サービス活動収益計(1)			
	費用	人件費			
		職員賞与			
		・・・			
		サービス活動費用計(2)			
		サービス活動増減差額(3)＝(1)－(2)			

4. 退職給付引当金

職員に対して退職金を支給することが定められている場合には、将来支給する退職金のうち、当該会計年度の負担に属すべき金額を当該会計年度の費用に計上し、負債として認識すべき残高を負債の部に退職給付引当金として計上します（「運用上の取扱い」（局長通知）18(4)）。

考え方は、「法人の負担に属する退職給付のうち会計期末において発生していると認められるものを、純資産の減少としてP／Lに計上し、残額を負債としてB／Sに計上しよう」というものです。

例えば、今年度、施設に入職した職員が45年後に退職して、退職金1千万円が支給される場合を考えてみると、その退職金は、退職の時に支給されるわけですが、その全額が45年後の事業年度の人件費として計上されてよいのかということです。

仮に、毎年のサービス活動に係る収益・費用がほぼ一定で推移するものとし、退職金を退職年度に費用計上するものとすれば、45年間のサービス活動増減の推移は、以下のようになります。

役員に対する退職慰労金については、役員退職慰労引当金に繰入計上し、支給時には役員退職慰労金支出に計上します。

法人独自の退職金制度があることが前提です。

資金支出の観点からは45年後の事業年度に退職金支出が計上されるということで問題はありません。

（単位：万円）

サービス活動	今年度	第2年度	第3年度	～	第44年度	第45年度
収益	2,000	2,000	2,000		2,000	2,000
費用	1,600	1,600	1,600		1,600	1,600
退職金	－	－	－		－	1,000
増減差額	400	400	400		400	△600

ご覧のとおり、毎年のサービス活動の内容は同じなのに、最終年度だけ600万円の赤字になっています。しかしながら、退職金というものは、45年間の勤務を労（ねぎら）って支給されるものですから、これを退職年度だけの費用とするのでは毎年のサービス活動の状況を適正に表すことができません。そこで、職員の退職を見越して、毎年のサービス活動費用に織り込んで計上しておこうというのが退職給付引当金です。

上の例の1千万円を単純に45年で割って計算される22万円（万円未満切捨）を毎年の費用に計上すると、以下のようになります。

法人負担が発生している分だけ「純資産が減少している」と考えられるので、負債に計上します。

下表では、最終年度で1千万円になるように10万円を上乗せしています。

（単位：万円）

サービス活動	今年度	第2年度	第3年度	～	第44年度	第45年度
収益	2,000	2,000	2,000		2,000	2,000
費用	1,600	1,600	1,600		1,600	1,600
退職給付費用	22	22	22		22	32
増減差額	378	378	378		378	368

　このように、将来の費用を織り込んだ方が、毎年のサービス活動の状況を適正に表示することができますし、事業の採算を見るうえでは有用ですね。

　また、退職給付に係る費用に相当する資金が法人内部に留保されることになりますので、当該資金を定期預金などに積み立てておいて、将来の退職給付に備えます。

　ただし、実際には、多くの職員が在職する中で、職員全員が定年まで勤め上げるという仮定は現実的ではありませんし、45年というような長期間を考える場合には金利を考慮しなければなりません。

　そのため、退職給付に係る費用の見積計算はとても複雑なものとならざるをえず、小規模な法人等については、期末退職金要支給額に基づいて、退職給付引当金を計上する方法が認められています。

　ここで期末退職金要支給額とは、事業年度末において職員全員が自己都合により退職した場合に法人が負担すべきこととなる要支給額をいいます。

　ところで、多くの法人では、都道府県等の実施する確定給付型の退職共済制度が採用されていると思われます。

　その場合には、約定の額を退職給付引当金に計上するとともに、掛金累計額を積立資産に計上するのが原則的な処理方法とされています。

　また、「運用上の留意事項」（課長通知）では、下表のように簡便的な処理方法も認めていますが、いずれの処理に拠るのかは、各制度から示される処理方法に応じて処理するようにしてください。

> 確定給付型とは、退職時に支給される金額が予め規定によって定まっている場合をいいます。

都道府県が実施する民間共済制度		積立資産計上額	退職給付引当金計上額
原則的処理方法		掛金累計額	期末退職金要支給額
簡便法	（ア）	期末退職金要支給額と同額	期末退職金要支給額
	（イ）	掛金累計額	掛金累計額と同額

　なお、独立行政法人福祉医療機構の実施する社会福祉施設職員等退職手当共済制度のように、掛金の拠出以後に追加的な負担が生じない場合には、掛金を費用処理するだけで、引当金の計上は不要です。

　では、次頁以下の例題で、仕訳の仕方と元帳転記の仕方を説明します。

例題 3 退職給付引当金の仕訳

　A法人では、独)福祉医療機構の実施する退職共済制度と都道府県が実施する退職共済制度を採用しており、掛金累計額と同額の退職給付引当金を計上する方法によって会計処理を行っている。

①独立行政法人福祉医療機構が実施する退職共済制度の掛金134,100円を支払った。

借方	金額	貸方	金額
退 職 給 付 費 用	134,100	現 金 預 金	134,100

②都道府県が実施する退職共済制度の掛金200,000円（法人負担分）を支払った。

借方	金額	貸方	金額
退 職 給 付 引 当 資 産	200,000	現 金 預 金	200,000

※借方の退職給付引当資産20万円の拠出については、資金収支計算書上では、「退職給付引当資産支出」として計上します。

③職員の退職に伴い退職共済会からの支給報告に基づき、退職金1,000,000円を支給した。なお、退職給付引当金残高および退職給付引当資産残高はともに800,000円であり、退職金支給額は、共済会から法人に対して振り込まれた後、法人から職員に対して支給した。

借方	金額	貸方	金額
現 金 預 金	1,000,000	退 職 給 付 引 当 資 産	800,000
		そ の 他 の 収 益	200,000
退 職 給 付 引 当 金	800,000	現 金 預 金	1,000,000
退 職 給 付 費 用	200,000		

※実際の支給額に対して、引当金計上額が不足している場合には、退職金支給時に退職給付費用として追加的に計上します。
　貸方の退職給付引当資産80万円の取崩しについては、資金収支計算書上では、「退職給付引当資産取崩収入」として計上します。

④決算に際し、退職給付引当金残高が退職給付引当資産残高と同額になるように200,000円を引き当て計上した。

借方	金額	貸方	金額
退 職 給 付 費 用	200,000	退 職 給 付 引 当 金	200,000

※「退職給付引当金繰入」という科目は使用しません。

例③では源泉所得税が無かったものとしていますが、勤務年数によっては源泉所得税が発生する場合がありますので留意してください。

（単位：円）

退職給付引当資産

××01年 月 日	摘　　　　要	資金増減取引		その他取引		差引残高 （借 方）
		借　方	貸　方	借　方	貸　方	
4　1	前期繰越	―				5,800,000
②	現金預金	200,000				6,000,000
③	現金預金		800,000			5,200,000
		200,000	800,000	―	―	

退職給付引当金

××01年 月 日	摘　　　　要	資金増減取引		その他取引		差引残高 （借 方）
		借　方	貸　方	借　方	貸　方	
4　1	前期繰越	―				5,800,000
③	現金預金	800,000				5,000,000
④	退職給付費用				200,000	5,200,000
		800,000	―	―	200,000	

その他の収益

××01年 月 日	摘　　　　要	資金増減取引		その他取引		差引残高 （借 方）
		借　方	貸　方	借　方	貸　方	
③	現金預金		200,000			200,000
		―	200,000	―	―	

退職給付費用

××01年 月 日	摘　　　　要	資金増減取引		その他取引		差引残高 （借 方）
		借　方	貸　方	借　方	貸　方	
①	現金預金	134,100				134,100
③	現金預金	200,000				334,100
④	退職給付引当金			200,000		534,100
		334,100	―	200,000	―	

精　算　表

（単位：円）

摘　　要	期首B／S		期中資金増減取引		期中その他取引		期末B／S	
	借　方 （資産）	貸　方 （負債・純資産）	借　方	貸　方	借　方	貸　方	借　方 （資産）	貸　方 （負債・純資産）
〜〜〜〜			**資金収支計算書**					
			借　方 （支　出）	貸　方 （収　入）				
			引当資産支出	取崩収入				
退職給付引当資産	5,800,000		200,000	800,000			5,200,000	
			③退職給付支出					
退職給付引当金		5,800,000	800,000			200,000		5,200,000
B／S合計	×××	×××					×××	×××
							P／L	
							借　方 （費　用）	貸　方 （収　益）
（サービス活動増減）								
その他の収益				200,000				200,000
人件費			①+③		④			
退職給付費用			334,100		200,000		534,100	

計算書類の表示は、次頁のようになります。

（単位：円）

○○拠点区分　資金収支計算書　　第1号第4様式

（自）××01年4月1日　（至）××02年3月31日

勘　定　科　目			予算	決算	差異	備考
事業活動による収支	収入	・・・				
		その他の収入		200,000		
		事業活動収入計(1)				
	支出	人件費支出				
		退職給付支出		1,134,100		
		事業活動支出計(2)				
	事業活動資金収支差額(3)=(1)-(2)					
その他の活動による収支	収入	積立資産取崩収入		800,000		
		退職給付引当資産取崩収入		800,000		
		その他の活動収入計(7)				
	支出	積立資産支出		200,000		
		退職給付引当資産支出		200,000		
		その他の活動支出計(8)				
	その他の活動資金収支差額(9)=(7)-(8)					

○○拠点区分　事業活動計算書　　第2号第4様式

（自）××01年4月1日　（至）××02年3月31日

勘　定　科　目			本年度決算	前年度決算	増減
サービス活動増減の部	収益	・・・			
		その他の収益	200,000		
		サービス活動収益計(1)			
	費用	人件費			
		退職給付費用	534,100		
		・・・			
		サービス活動費用計(2)			
	サービス活動増減差額(3)=(1)-(2)				

○○拠点区分　貸借対照表　　第3号第4様式

××02年3月31日現在

資　産　の　部	当年度末	前年度末	増減	負　債　の　部	当年度末	前年度末	増減
固定資産				固定負債			
基本財産				退職給付引当金	5,200,000	5,800,000	△600,000
その他の固定資産				負債の部合計			
退職給付引当資産	5,200,000	5,800,000	△600,000	・・・			
				純資産の部合計			

【参考】注記の記載例（通常は、継続事業の前提に関する注記は記載省略です。）
1．重要な会計方針
　（1）・・・
　（2）引当金の計上基準
　　　・退職給付引当金　－　○○県の実施する退職共済制度に基づく掛金額と
　　　　　　　　　　　　　　　同額を計上している。
　　～　中　略　～
3．採用する退職給付制度
　　独立行政法人福祉医療機構の実施する社会福祉施設職員等退職手当共済制度
　　および○○県の実施する退職共済制度を採用している。

　以上、三種類の引当金が登場しましたが、その増減と残高の内訳を明らかにしておくために、「別紙3（⑨）　引当金明細書」を作成する必要があります。明細書の様式は、以下のとおりです。

別紙3（⑨）

引当金明細書
（自）令和　年　月　日　（至）令和　年　月　日

社会福祉法人名
拠点区分

（単位：円）

科目	期首残高	当期増加額	当期減少額		期末残高	摘要
			目的使用	その他		
退職給付引当金	＊＊＊	＊＊＊ （＊＊＊）	＊＊＊	＊＊＊ （＊＊＊）	＊＊＊	
計						

（注）
1．引当金明細書には、引当金の種類ごとに、期首残高、当期増加額、当期減少額及び期末残高の明細を記載する。
2．目的使用以外の要因による減少額については、その内容及び金額を注記する。
3．都道府県共済会または法人独自の退職給付制度において、職員の転職または拠点間の異動により、退職給付の支払を伴わない退職給付引当金の増加または減少が発生した場合は、当期増加額又は当期減少額（その他）の欄に括弧書きでその金額を内数として記載するものとする。

【参考：記載例】

科目	期首残高	当期増加額	当期減少額		期末残高	摘要
			目的使用	その他		
退職給付引当金	42,360,000	3,850,000	1,000,000	630,000 （630,000）	44,580,000	拠点間 異　動
賞 与 引 当 金	8,580,000	8,200,000	8,580,000	－	8,200,000	
徴収不能引当金	120,000	100,000	80,000	－	140,000	
計	51,060,000	12,150,000	9,660,000	630,000	52,920,000	

練習問題 12 退職給付引当金の処理

次の一連の取引を仕訳し、資金収支計算書、事業活動計算書、貸借対照表の各様式の空欄に数値を記入してください。

(単位：省略)

取　　　引		仕　　　　訳			
		借　　方		貸　　方	
		科　　目	金　額	科　　目	金　額
①	民間退職共済会に施設負担分の掛金180を支払った。				
②	退職者Aについて民間退職共済会から300の退職金支給があった。なお、共済会への預け金残高および退職給付引当金の前期末残高はともに260であり、退職給付金は法人を経由して職員に支給された。				
③	決算に際して180を退職給付引当金に繰り入れた。				

精　算　表

(単位：省略)

摘　　要	期首B／S		期中資金増減取引		期中その他取引		期末B／S	
	借　方 (資　産)	貸　方 (負債・純資産)	(借　方)	(貸　方)	(借方)	(貸方)	借　方 (資　産)	貸　方 (負債・純資産)
			資金収支計算書					
			借　方 (支　出)	貸　方 (収　入)				
			引当資産支出	取崩収入				
退職給付引当資産	5,000							
				退職給付支出				
退職給付引当金		5,000						
B／S合計	×××	×××					×××	×××
							P／L	
							借　方 (費　用)	貸　方 (収　益)
(サービス活動増減) 　　その他の収益								
人件費 　　退職給付費用								

（単位：省略）
第1号第4様式

○○拠点区分　資金収支計算書
（自）××01年4月1日（至）××02年3月31日

勘　定　科　目			予算	決算	差異	備考
事業活動による収支	収入	・・・				
		その他の収入				
		事業活動収入計(1)				
	支出	人件費支出				
		退職給付支出				
		事業活動支出計(2)				
	事業活動資金収支差額(3)＝(1)−(2)					
その他の活動による収支	収入	積立資産取崩収入				
		退職給付引当資産取崩収入				
		その他の活動収入計(7)				
	支出	積立資産支出				
		退職給付引当資産支出				
		その他の活動支出計(8)				
	その他の活動資金収支差額(9)＝(7)−(8)					

○○拠点区分　事業活動計算書
（自）××01年4月1日（至）××02年3月31日
第2号第4様式

勘　定　科　目			本年度決算	前年度決算	増減
サービス活動増減の部	収益	・・・			
		その他の収益			
		サービス活動収益計(1)			
	費用	人件費			
		退職給付費用			
		・・・			
	サービス活動費用計(2)				

○○拠点区分　貸借対照表
××02年3月31日現在
第3号第4様式

資　産　の　部				負　債　の　部			
	当年度末	前年度末	増減		当年度末	前年度末	増減
固定資産				固定負債			
基本財産				退職給付引当金			
その他の固定資産				負債の部合計			
退職給付引当資産				・・・			
				純資産の部合計			

11 純資産の会計処理

1．純資産の区分

「会計基準省令」では、純資産を次の四つに区分しています。

・基本金

・国庫補助金等特別積立金

・その他の積立金

・次期繰越活動増減差額

【会計基準省令】 （第3章 計算関係書類 第4節 貸借対照表）

（貸借対照表の区分）

第26条 第2項 純資産の部は、基本金、国庫補助金等特別積立金、その他の積立金及び次期繰越活動増減差額に区分するものとする。

以下では、これらの純資産について学習します。

2．「基本金」の考え方

基本金は、社会福祉事業を継続して欲しいとの願いを込めて、世の中から社会福祉法人に対して拠出されたもの、と考えることができます。

「会計基準省令」では、次のように規定しています。

> 基本金を拠出された方の心に沿った事業運営が求められるものと思われます。

【会計基準省令】 （第2章 会計帳簿）

（純資産）

第6条 第1項 基本金には、社会福祉法人が事業開始等に当たって財源として受け入れた寄附金の額を計上するものとする。

① 基本金への組入れ

基本金の組入額について、「運用上の取扱い」（局長通知）では、寄附金の内容に応じて、次のように規定しています。

【運用上の取扱い】 （局長通知）

11 基本金への組入れについて（会計基準省令第6条第1項、第22条第4項関係）

会計基準省令第6条第1項に規定する基本金は以下のものとする。

(1) 社会福祉法人の設立並びに施設の創設及び増築等のために基本財産等を取得すべきものとして指定された寄附金の額

（2）　前号の資産の取得等に係る借入金の元金償還に充てるものとして指定された寄附金の額

（3）　施設の創設及び増築時等に運転資金に充てるために収受した寄附金の額

　また、基本金への組入れは、同項に規定する寄附金を事業活動計算書の特別収益に計上した後、その収益に相当する額を基本金組入額として特別費用に計上して行う。

基本金は、次の三つの類型に要約することができます。

①　法人設立・施設の創設及び増築等の基本財産等取得のための寄附金

②　①の借入返済のための寄附金

③　創設等のため保持すべき運転資金への寄附金

なお、基本金の組入れに係る仕訳は、「運用上の取扱い11」（局長通知）の「また書」に従って、次のようになります。

それぞれ、第一号基本金、第二号基本金、第三号基本金といいます。

☆寄附金を受け入れたときの仕訳

借　　方		貸　　方	
現　金　預　金	×××円	施設整備等寄附金収益	×××円

☆基本金を組み入れるときの仕訳

借　　方		貸　　方	
基　本　金　組　入　額	×××円	基　　本　　金	×××円

②　基本金の取崩し

　基本金が取り崩されるのは、事業を廃止して、かつ、その基本金組入れの対象となった基本財産等を処分した場合に限られますので、稀なケースです。「運用上の取扱い12」（局長通知）では、次のように規定しています。

【運用上の取扱い】　　　　　　　　　　　　　　　　　　　　　　　（局長通知）

12　基本金の取崩しについて（会計基準省令第22条第6項関係）

　社会福祉法人が事業の一部又は全部を廃止し、かつ基本金組み入れの対象となった基本財産又はその他の固定資産が廃棄され、又は売却された場合には、当該事業に関して組み入れられた基本金の一部又は全部の額を取り崩し、その金額を事業活動計算書の繰越活動増減差額の部に計上する。

基本金の取崩しに係る仕訳は、次のとおりです。

☆基本金の取崩しに係る仕訳

借　　方		貸　　方	
基　　本　　金	×××円	基　本　金　取　崩　額	×××円

支払資金は増減しません。計上はP／Lのみです。

練習問題 13 基本金の仕訳・精算表の記入・計算書類の表示

(1) 次の取引について仕訳を示してください。仕訳で用いる科目は、可能な限り中区分科目を使用し、入金・出金に関わる科目は現金預金を使用してください。

(2) 下の精算表にどのように反映されるか、現金預金以外の記入を示してください。

(3) 計算書類の空欄に数値を記入してください。 (単位：省略)

| 取　　　引 | 仕　　　訳 | | | |
| | 借　　方 | | 貸　　方 | |
	科　　目	金　額	科　　目	金　額
① 施設創設のために基本財産を取得すべきものとして指定を受けた寄附金300の振込を受けた。				
② 施設創設時の運転資金に充てるための寄附金60の振込を受けた。				
③ 施設創設に係る設備資金借入金の償還のための寄附金100の振込を受けた。				
④ 施設創設のための基本財産として時価500相当の土地の寄贈を受けた。				
⑤ ①から④について基本金への組み入れを行った。				

精　算　表

| 摘　　要 | 期首B／S | | 期中資金増減取引 | | 期中その他取引 | | 期末B／S | |
	借方(資産)	貸方(負債・純資産)	(借方)	(貸方)	(借方)	(貸方)	借方(資産)	貸方(負債・純資産)
現金預金	(省略)	(省略)	(省略)	(省略)	(省略)	(省略)	(省略)	(省略)
			資金収支計算書					
			借方(支出)	貸方(収入)				
基本財産								
土　　地	4,200							
基　本　金		5,000						
B／S合計	×××	×××					×××	×××
							P／L	
							借方(費用)	貸方(収益)
施設整備等寄附金収益（収入）								
設備資金借入金元金償還寄附金収益(収入)								
土地受贈額								
基本金組入額								

（単位：省略）

○○拠点区分　資金収支計算書　　　　第1号第4様式

（自）××01年4月1日　（至）××02年3月31日

勘　定　科　目			予　算	決　算	差　異	備　考
施設整備等による収支	収入	**施設整備等寄附金収入**				
		施設整備等寄附金収入				
		設備資金借入金元金償還寄附金収入				
		施設整備等収入計(4)				
	支出	・・・				
		施設整備等支出計(5)				
	施設整備等資金収支差額(6)＝(4)－(5)					

○○拠点区分　事業活動計算書　　　　第2号第4様式

（自）××01年4月1日　（至）××02年3月31日

勘　定　科　目			本年度決算	前年度決算	増　減
特別増減の部	収益	**施設整備等寄附金収益**			
		施設整備等寄附金収益			
		設備資金借入金元金償還寄附金収益			
		固定資産受贈額			
		土地受贈額			
		特別収益計(8)			
	費用	**基本金組入額**			
		特別費用計(9)			
	特別増減差額(10)＝(8)－(9)				
当期活動増減差額(11)＝(7)＋(10)					

○○拠点区分　貸借対照表　　　　第3号第4様式

××02年3月31日現在

資　産　の　部	当年度末	前年度末	増減	負　債　の　部	当年度末	前年度末	増減
固定資産				固定負債			
基本財産				・・・			
土地							
その他の固定資産				・・・			
・・・				固定負債の部合計			
				基本金			
				・・・			
				純資産の部合計			
資産の部合計				負債及び純資産の部合計			

3.「国庫補助金等特別積立金」の考え方

① 国庫補助金等特別積立金の積立て

国庫補助金等については、それが国又は地方公共団体等から拠出されたこと以外は民間からの寄附金と基本的には同じことです。そこで、「会計基準省令」では、「国庫補助金等特別積立金」として、純資産の部に計上することとしています。

【会計基準省令】　　　　　　　　　　　　　　　　　　　　　　　　（第2章 会計帳簿）

> **（純資産）**
>
> **第6条　第2項**　国庫補助金等特別積立金には、社会福祉法人が施設及び設備の整備のために国、地方公共団体等から受領した補助金、助成金、交付金等（第22条第4項において「国庫補助金等」という。）の額を計上するものとする。

そして、「運用上の取扱い」（局長通知）は、国庫補助金等特別積立金として計上するものの範囲について次のように規定しています。

【運用上の取扱い】　　　　　　　　　　　　　　　　　　　　　　　　（局長通知）

> **10　国庫補助金等特別積立金への積立てについて**
> **（会計基準省令第6条第2項、第22条第4項関係）**
>
> 会計基準省令第6条第2項に規定する国庫補助金等特別積立金として以下のものを計上する。
> (1)　施設及び設備の整備のために国及び地方公共団体等から受領した補助金、助成金及び交付金等を計上するものとする。
> (2)　設備資金借入金の返済時期に合わせて執行される補助金等のうち、施設整備時又は設備整備時においてその受領金額が確実に見込まれており、実質的に施設整備事業又は設備整備事業に対する補助金等に相当するものは国庫補助金等特別積立金に計上するものとする。
>
> 　　また、会計基準省令第6条第2項に規定する国庫補助金等特別積立金の積立ては、同項に規定する国庫補助金等の収益額を事業活動計算書の特別収益に計上した後、その収益に相当する額を国庫補助金等特別積立金積立額として特別費用に計上して行う。

ここでは、国庫補助金等特別積立金に計上すべき場合として、次の二つのことが規定されています。

⑴　**施設及び設備の整備のために受領した補助金等**

　なお、施設及び設備の整備のために受領した補助金等を計上するので、固定資産以外（10万円未満の初度設備等）についても、国庫補助金等特別積立金に含めます。

⑵　**設備資金借入金の返済補助金等で実質的に施設等整備事業に対する補助金等に相当するもの**

　この場合、受領が見込まれる補助金等の総額を一時に積み立てるのではなく、受領の都度、実際に受領した補助金等に相当する金額を積み立てます。

　国庫補助金等特別積立金の積立てに係る仕訳は、次のとおりです。

☆**国庫補助金等を受領したときの仕訳**

借　　方		貸　　方	
現　　金　　預　　金	×××円	施設整備等補助金収益	×××円

☆**国庫補助金等特別積立金を積み立てるときの仕訳**

借　　方		貸　　方	
国　庫　補　助　金　等特　別　積　立　金　積　立　額	×××円	国　庫　補　助　金　等特　別　積　立　金	×××円

> 国庫補助金等には、自転車競技法第24条第6号などに基づいたいわゆる民間公益補助事業による助成金等も含まれます。
> 施設整備等の目的で共同募金会から受ける受配者指定寄附金以外の配分金も国庫補助金等に含まれます。

> 支払資金が増加するので、資金収支計算書にも計上されます。
> 支払資金は、増減しません。

例題 4　国庫補助金等特別積立金の積立て

(A)　施設整備補助金6,000万円、設備整備補助金2,500万円を受領した。
　　なお、設備整備補助金のうち150万円は、10万円未満の初度設備に係るものであり、国庫補助金等特別積立金への積立て処理を行った。

借　　方		貸　　方	
現　　金　　預　　金	8,500万円	施　設　整　備　等補　助　金　収　益	6,000万円
		施　設　整　備　等補　助　金　収　益	2,500万円
国　庫　補　助　金　等特　別　積　立　金　積　立　額	8,500万円	国　庫　補　助　金　等特　別　積　立　金	8,500万円

> 10万円未満の初度設備に係る補助金相当額を含めて積立てます。

(B)　当期分の設備資金借入金返済のための補助金600万円を受領し、国庫補助金等特別積立金への積立て処理を行った。なお、当該補助金は、施設整備時から20年に亘って、毎年600万円ずつ受領することが見込まれており、実質的に施設整備事業に対する補助金等に相当するものである。

借　　方		貸　　方	
現　　金　　預　　金	600万円	施　設　整　備　等補　助　金　収　益	600万円
国　庫　補　助　金　等特　別　積　立　金　積　立　額	600万円	国　庫　補　助　金　等特　別　積　立　金	600万円

> 受領が見込まれる総額ではなく、受領年度に受領した金額相当額を積み立てます。

② 国庫補助金等特別積立金の取崩し

　以上、国庫補助金等特別積立金の積立てについての考え方は、勘定科目が異なるだけで、基本金の組入れの時とほぼ同様でした。

　しかし、この国庫補助金等を基本金とまったく同様に扱うものとするならば、資金収支の面では補助の意味があるのですが、サービス活動の面では補助の意味がありません。

　例えば、国庫補助金1億円、1号基本金相当寄附金1億円、合計2億円で取得した建物を償却し終えたとき、貸借対照表はどのようになるでしょうか？　次の図をご覧ください。

取得時のB／S　　　　　　　　　　　　償却後のB／S

建　物 2億円	特別積立金 1億円
	基　本　金 1億円

償却し終えると →

維持すべき 資金2億円	特別積立金 1億円
	基　本　金 1億円

　上の図の▢で示した部分（2億円に相当）が、建物の耐用期間に亘って事業活動計算書のサービス活動増減の費用（マイナス項目）として計算されることになります。

　他方、法人としては、サービス活動の採算を合わせるためには、減価償却費に見合うサービス活動収益を獲得する（あるいは出費を抑える）ことが必要になります。

　それは利用者に対して、利用料として負担して頂くなど、何らかの形ではね返ることとなりますが、そのことを通じて、建物の減価償却費に見合うだけのキャッシュが法人内部に留保されることにより、耐用年数経過後には、施設の再生が果たされることになります。

　これは減価償却の本来の効果であり、このこと自体は、望ましいことではあるのですが、それでは施設利用者の負担を軽減するはずの補助金の意味がなくなってしまいます。

　そこで「会計基準」は、減価償却費のうち国庫補助金等に相当する額を取り崩すものとしました。この取崩額をサービス活動**費用の控除項目**として計上することによって、**減価償却費の負担が同額**だけ**軽く**なり、事業活動計算書の面でも補助の実があるようにしたのです。

　このことについて「運用上の取扱い」（局長通知）は、次のように規定しています。

――――――

ここでは議論を簡単にするために、残存価額や備忘価額は考慮外とします。

建物は、減価償却を通じて、やがてなくなってしまいますが、その時にいくらのお金を残しておけばよいのかということです。

【運用上の取扱い】

> **9　国庫補助金等特別積立金の取崩しについて**
>
> **(会計基準省令第6条第2項、第22条第1項及び第4項関係)**
>
> 　国庫補助金等特別積立金は、施設及び設備の整備のために国又は地方公共団体等から受領した国庫補助金等に基づいて積み立てられたものであり、当該国庫補助金等の目的は、社会福祉法人の資産取得のための負担を軽減し、社会福祉法人が経営する施設等のサービス提供者のコスト負担を軽減することを通して、利用者の負担を軽減することである。(下線筆者)
>
> 　したがって、国庫補助金等特別積立金は、毎会計年度、国庫補助金等により取得した資産の減価償却費等により事業費用として費用配分される額の国庫補助金等の当該資産の取得原価に対する割合に相当する額を取り崩し、事業活動計算書のサービス活動費用に控除項目として計上しなければならない。
>
> 　また、国庫補助金等特別積立金の積立ての対象となった基本財産等が廃棄され又は売却された場合には、当該資産に相当する国庫補助金等特別積立金の額を取崩し、事業活動計算書の特別費用に控除項目として計上しなければならない。

　そもそも、補助金等が交付されるのは、利用者の負担軽減のためということです。

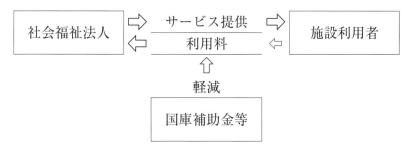

補助金等があることで、利用者の負担が軽減されることになります。

　国庫補助金等の積立額を取り崩した場合のB／Sは、下図のようになります。前頁の図と比較すると、国庫補助金等特別積立金の取崩額を計上することによって、維持すべき資金は1億円に軽減されています。

取得時のB／S		
建　物 2億円	特別積立金 1億円	
	基　本　金 1億円	

特別積立金を
取り崩しつつ
償却が終わると
⇒

償却後のB／S		
維持すべき 資金1億円	特別積立金 0円	
	基　本　金 1億円	

維持するのは
1億円でよい

　このように、国庫補助金等の積立額を毎期一定額ずつ取り崩して、減価償却費から、当該減価償却費に見合う金額だけ控除することによって、利用者の負担が軽減されることになります。

練習問題 14 減価償却・国庫補助金等特別積立金の取崩し

××01年3月31日に、次のような状態で設立された社会福祉法人があります。

なお、国庫補助金等特別積立金は、全額建物に係る補助金です。

設立時B／S

建 物	10,000	基 本 金	3,000
		国庫補助金等特別積立金	7,000

仮に、この法人の、××01年4月1日以後の事業収益（＝収入）が年間8,000、減価償却費以外の人件費・事業費・事務費等の費用（＝支出）が年間7,200で固定されていたとした場合、××01年3月期以降の計算書類はどのようになるでしょうか。

便宜上、建物の耐用年数は5年、残存価額はないものとし、5年後には建物が消滅するものとします。また、減価償却は定額法で行います（備忘価額1円については、考慮する必要がありません）。国庫補助金等特別積立金の毎年の取崩額は1,400（＝7,000÷5年）とします。

なお、以下のP／Lは「当期活動増減差額」までを記入する形式になっており、「次期繰越活動増減差額」までは記入しません。したがって、2年目以降のP／LとB／Sの活動増減差額は、一致しないことに注意してください。

※減価償却累計額の表示は、直接法によること。

⑴ ××01年度（××01年4月1日～××02年3月31日）

資金収支計算書			P／L			B／S		
事業費等支出 （　　）	事業収入 （　　）		事業費等費用 （　　） 減価償却費 （　　）	事業収益 （　　） 国庫補助金等特別積立金取崩額 （　　）		現金預金等 （　　） 建物 （　　）	基本金 （　　） 国庫補助金等特別積立金 （　　）	
当期資金収支差額 （　　）			当期活動増減差額 （　　）				次期繰越活動増減差額 （　　）	

⑵ ××02年度（××02年4月1日～××03年3月31日）

資金収支計算書			P／L			B／S		
事業費等支出 （　　）	事業収入 （　　）		事業費等費用 （　　） 減価償却費 （　　）	事業収益 （　　） 国庫補助金等特別積立金取崩額 （　　）		現金預金等 （　　） 建物 （　　）	基本金 （　　） 国庫補助金等特別積立金 （　　）	
当期資金収支差額 （　　）			当期活動増減差額 （　　）				次期繰越活動増減差額 （　　）	

⑶　××03年度（××03年4月1日～××04年3月31日）

資金収支計算書		P／L		B／S	
事業費等支出 （　　　　　）	事業収入 （　　　　　）	事業費等費用 （　　　　　） 減価償却費 （　　　　　）	事業収益 （　　　　　） 国庫補助金等 特別積立金 取崩額 （　　　　　）	現金預金等 （　　　　　） 建　物 （　　　　　）	基　本　金 （　　　　　） 国庫補助金等 特別積立金 （　　　　　）
当　期 資金収支差額 （　　　　　）		当　期 活動増減差額 （　　　　　）			次期繰越 活動増減差額 （　　　　　）

⑷　××04年度（××04年4月1日～××05年3月31日）

資金収支計算書		P／L		B／S	
事業費等支出 （　　　　　）	事業収入 （　　　　　）	事業費等費用 （　　　　　） 減価償却費 （　　　　　）	事業収益 （　　　　　） 国庫補助金等 特別積立金 取崩額 （　　　　　）	現金預金等 （　　　　　） 建　物 （　　　　　）	基　本　金 （　　　　　） 国庫補助金等 特別積立金 （　　　　　）
当　期 資金収支差額 （　　　　　）		当　期 活動増減差額 （　　　　　）			次期繰越 活動増減差額 （　　　　　）

⑸　××05年度（××05年4月1日～××06年3月31日）

資金収支計算書		P／L		B／S	
事業費等支出 （　　　　　）	事業収入 （　　　　　）	事業費等費用 （　　　　　） 減価償却費 （　　　　　）	事業収益 （　　　　　） 国庫補助金等 特別積立金 取崩額 （　　　　　）	現金預金等 （　　　　　）	基　本　金 （　　　　　）
当　期 資金収支差額 （　　　　　）		当　期 活動増減差額 （　　　　　）			次期繰越 活動増減差額 （　　　　　）

⑴　さて、現状の活動状況からすると、利用者負担額を減額しようとした場合に、毎年いくらずつまでならば減額することができるでしょうか？

⑵　仮に、支出・費用が一定で、施設整備時の補助金7,000が無かった場合には、施設の再生のために、毎年、利用者負担額をいくら増額しなければいけないですか？

③ 国庫補助金等特別積立金の取崩額の計算と仕訳

毎年の国庫補助金等特別積立金の取崩額の計算は、以下のとおりです。

$$対象資産の減価償却費等 \times \frac{国庫補助金等の額}{対象資産の取得価額}$$

国庫補助金等特別積立金の取崩しに係る仕訳は、次のようになります。

☆国庫補助金等特別積立金の取崩しに係る仕訳

借方科目	金額	貸方科目	金額
国庫補助金等特別積立金	×××円	国庫補助金等特別積立金取崩額	×××円

また、国庫補助金等の対象となった資産が除却や売却された場合には、国庫補助金等特別積立金を積み立てておく意味がありません。そこで、当該資産に係る国庫補助金等特別積立金の残額を全額取崩して、特別増減の部において、固定資産売却損・処分損の控除項目として計上します。取崩しの仕訳は同じですが、事業活動計算書の上で表示される場所が異なることとなります。

> 「等」は、例えば消耗品費などが該当します。
> 購入時に全額を費用処理しますので、補助金も全額取崩しとなります。
>
> 支払資金は増減しません。
>
> 次の頁の事業活動計算書で、それぞれの表示場所を確かめておいてください。

例題 5 国庫補助金等特別積立金の取崩し

(A) 決算に際し、前期末に取得した建物（取得価額6,000万円、耐用年数39年、定額法）の減価償却費を計上した。なお、当該建物は、補助金4,500万円を受領しており、国庫補助金等特別積立金の取崩し処理を行った。

借　方		貸　方	
減価償却費	156万円	建物	156万円
国庫補助金等特別積立金	117万円	国庫補助金等特別積立金取崩額	117万円

※減価償却費：6,000万円×0.026＝156万円
　取崩額：156万円×4,500万円／6,000万円＝117万円

(B) 上記(A)の建物に係る設備資金借入金（償還期間20年）の償還に係る国庫補助金等特別積立金を取崩した。補助金総額1,000万円（毎年50万円）

借　方		貸　方	
国庫補助金等特別積立金	26万円	国庫補助金等特別積立金取崩額	26万円

※取崩額：156万円×1,000万円／6,000万円＝26万円

(C) 期首において、送迎用車両（取得価額360万円、耐用年数4年、定額法、前期末帳簿価額90万円）が故障したので廃棄処理とした。なお、当該車輌に係る国庫補助金等特別積立金の廃棄直前の帳簿残高は50万円であった。

借　方		貸　方	
車輌運搬具売却損・処分損	90万円	車輌運搬具	90万円
国庫補助金等特別積立金	50万円	国庫補助金等特別積立金取崩額	50万円

> 耐用年数39年の償却率は0.026です。
> 実務では、取崩額の計算をするときも償却率を乗ずれば計算は簡単ですね。
>
> 補助金総額を当該対象資産の減価償却費に対応して取崩します。

第2号第1様式

法人単位事業活動計算書（P／L）

（自）×× 年 月 日（至）×× 年 月 日　　　　　　（単位：円）

		勘 定 科 目	当年度決算(A)	前年度決算	増減
サービス活動増減の部	収益	介護保険事業収益 ・・・			
		サービス活動収益計(1)			
	費用	人件費 事業費 事務費 ・・・ **減価償却費** **国庫補助金等特別積立金取崩額**	(A)減価償却費 (A)取崩△×××　△×××	
		事業活動支出計(2)			
		サービス活動増減差額(3)＝(1)－(2)			
サービス活動外増減の部	収益	借入金利息補助金収益 受取利息配当金収益 ・・・			
		サービス活動外収益計(4)			
	費用	支払利息 有価証券評価損 ・・・			
		サービス活動外費用計(5)			
		サービス活動外増減差額(6)＝(4)－(5)			
		経常増減差額(7)＝(3)＋(6)			
特別増減の部	収益	**施設整備等補助金収益** **施設整備等寄附金収益**	(B)補助金収入 (C)寄附金収入		
		特別収益計(8)			
	費用	**基本金組入額** **固定資産売却損・処分損** **国庫補助金等特別積立金取崩額（除却等）** **国庫補助金等特別積立金積立額**	(C)寄附金収入に伴う組入れ (D)対象固定資産の除却・廃棄 (D)取崩△×××　△××× (B)に伴う積み立て	
		特別費用計(9)			
		特別収支差額(10)＝(8)－(9)			
		当期活動増減差額(11)＝(7)＋(10)			
繰越活動増減差額の部		前期繰越活動増減差額(12) 当期末繰越活動増減差額(13)＝(11)＋(12) **基本金取崩額(14)** その他の積立金取崩額(15) その他の積立金積立額(16)	事業活動を伴わない繰越活動収支差額の増減	基本金取崩し 積立金取崩額 積立金積立額	
		次期繰越活動増減差額(17)＝(13)＋(14)＋(15)－(16)			

練習問題 15 施設整備等に関わる仕訳例と計算書類の表示

(1) ××01年度の取引について仕訳を示してください。仕訳で用いる科目は、入金・出金は現金預金を使用し、その他は可能な限り中区分科目を使用してください。

☆施設整備及び設備整備に係る補足資料　　　　　　　　　　　　　　（単位：省略）

整備の内訳	取得価額	補助金等	耐用年数	償却率	備考
建物	180,000	100,000	39年	0.026	施設本体の建物
建物附属設備	40,000	30,000	15年	0.067	電気・空調・給排水設備
器具及び備品	27,000	18,000	6年	0.167	その他の固定資産
初度調弁費	3,000	2,000	－	－	事務用消耗品
合計	250,000	150,000			

(2) (1)の取引は、××01年度の資金収支計算書、P／L、B／Sにどのように表示されるか金額を記入してください。なお、金額は、ほかに取引がないものとして記入してください。

（単位：省略）

××01年度の取引		仕　　訳			
		借　　方		貸　　方	
		科　　目	金　額	科　　目	金　額
①	当期首に新たな施設整備及び設備整備に係る建築工事が完了し、基本財産建物及び設備等の引渡しを受け、代金は翌月末日に支払うこととした。なお、整備の内訳は上表の補足資料を参照してください。また、建物および建物附属設備は、引渡しとともに基本財産に計上することとしてください。				
②	①の整備のための寄附金35,000を受領した。なお、同額を基本金に組み入れた。				
③	国等から①施設整備等のための補助金を受領した。なお、同額を国庫補助金等特別積立金に積み立てた。				
④	（独）福祉医療機構から、施設整備のため65,000（20年償還）を借り入れた。				
⑤	①の代金を振り込み支払った。				
⑥	当期分の減価償却費を計上した。（直接法）いずれの資産も期首に事業の用に供用した。なお、減価償却方法は、定額法によるものとしとします。				
⑦	国庫補助金等特別積立金のうち、当期分の減価償却費に相当する額を取り崩した。				
⑧	国庫補助金等特別積立金のうち、初度調弁費に相当する額を取り崩した。				
⑨	翌期中に返済予定の設備資金借入金3,250を流動負債に振り替えた。				

（単位：省略）

法人単位資金収支計算書
第1号第1様式

（自）××01年4月1日　（至）××02年3月31日

勘　定　科　目			予算	決算	差異	備考
施設整備等による収支	収入	施設整備等補助金収入				
		施設整備等寄附金収入				
		設備資金借入金収入				
		施設整備等収入計(4)				
	支出	設備資金借入金元金償還支出				
		固定資産取得支出				
		・・・				
		施設整備等支出計(5)				
	施設整備等資金収支差額(6)＝(4)－(5)					

法人単位事業活動計算書（P／L）
第2号第1様式

（自）××01年4月1日　（至）××02年3月31日

勘　定　科　目			本年度決算	前年度決算	増減
サービス活動増減の部	収入	・・・			
		サービス活動収益計(1)			
	支出	・・・			
		事務費			
		減価償却費			
		国庫補助金等特別積立金取崩額			
		サービス活動費用計(2)			
	サービス活動増減差額(3)＝(1)－(2)				
特別増減の部	収入	施設整備等補助金収益			
		施設整備等寄附金収益			
		特別収益計(8)			
	支出	基本金組入額			
		国庫補助金等特別積立金積立額			
		特別費用計(9)			
	特別増減差額(10)＝(8)－(9)				
当期活動増減差額(11)＝(7)－(10)					

○○拠点区分貸借対照表
第3号第4様式

××02年3月31日現在

資　産　の　部	当年度末	前年度末	増減	負　債　の　部	当年度末	前年度末	増減
流動資産	××	××	××	流動負債	××	××	××
現金預金				1年返済予定設備資金借入金			
・・・							
固定資産				固定負債			
基本財産				設備資金借入金			
建物				・・・			
その他の固定資産				固定負債の部合計			
器具及び備品				基本金			
				国庫補助金等特別積立金			
				その他の積立金			
・・・				・・・			
				純資産の部合計			
資産の部合計				負債及び純資産の部合計			

４．その他の積立金

「会計基準」は、「その他の積立金」を次のように規定しています。

【会計基準省令】　　　　　　　　　　　　　　　　　　　　　　　　　（第２章　会計帳簿）

> **（純資産）**
>
> **第６条　第３項**　その他の積立金には、将来の特定の目的の費用又は損失の発生に備えるため、社会福祉法人が理事会の議決に基づき事業活動計算書の当期末繰越活動増減差額から積立金として積み立てた額を計上するものとする。

その他の積立金の性格は、事業活動増減差額から積み立てられたものであることに注意してください。仕訳は、次のようになります。

☆積立金積立ての仕訳

借方科目	金額	貸方科目	金額
その他の積立金積立額	×××円	その他の積立金	×××円

☆積立金取崩しの仕訳

借方科目	金額	貸方科目	金額
その他の積立金	×××円	その他の積立金取崩額	×××円

積立て、取崩しともに、支払資金は増減しません。純資産の中での増減です。

なお、積立金と積立資産との関係について、「運用上の取扱い」（局長通知）は、次のように規定しています。

積立金＝純資産
積立資産＝資　産

【運用上の取扱い】　　　　　　　　　　　　　　　　　　　　　　　　　（局長通知）

> **19　積立金と積立資産の関係について（会計基準省令第６条第３項関係）**
>
> 事業活動計算書（第２号第４様式）の当期末繰越活動増減差額にその他の積立金取崩額を加算した額に余剰が生じた場合には、その範囲内で将来の特定の目的のために積立金を積み立てることができるものとする。積立金を計上する際は、積立ての目的を示す名称を付し、同額の積立資産を積み立てるものとする。
>
> また、積立金に対応する積立資産を取崩す場合には、当該積立金を同額取崩すものとする。

このように、積立金を積み立てた場合には、それに見合う資産を積み立てることが求められています。

他方、資金管理上の理由等から積立資産の積み立てが必要とされる場合には、その名称・理由を明確化した上で、積立金を積み立てずに積立資産を計上することも認められます。（「運用上の留意事項」（課長通知）19(1)（積立資産の積立て））

積立資産の積立ての時期は、専用の預金口座で管理する場合は、遅くとも、決算理事会終了後２カ月以内に行うこととされています。

練習問題 16 その他の積立金と積立資産

次の取引について仕訳を示してください。仕訳で用いる科目は、可能な限り中区分科目を使用してください。

(単位：省略)

取　引	仕　訳			
	借　方		貸　方	
	科　目	金　額	科　目	金　額
① 決算理事会において、建物の改修のために施設整備積立金30の積立てを決議し、同額の資産を積み立てた。				
② 当初予定していた設備購入のための施設整備等積立金10を取崩し、同額の資産を取り崩した。				

(単位：省略)

○○拠点区分資金収支計算書　　　第1号第4様式

（自）××01年4月1日　（至）××02年3月31日

	勘　定　科　目	予　算	決　算	差　異	備　考
その他の活動による収支	**積立資産取崩収入**				
	施設整備等積立資産取崩収入				
	その他の活動収入計(7)				
	積立資産支出				
	施設整備等積立資産支出				
	その他の活動支出計(8)				
	その他の活動資金収支差額(9)＝(7)−(8)				

○○拠点区分事業活動計算書　　　第2号第4様式

（自）××01年4月1日　（至）××02年3月31日

勘　定　科　目	本年度決算	前年度決算	増　減
当期活動増減差額(11)＝(7)−(10)	50		
前期繰越活動増減差額(12)			
当期末繰越活動増減差額(13)＝(11)＋(12)			
基本金取崩額(14)	−		
その他の積立金取崩額(15)			
その他の積立金積立額(16)			
次期繰越活動増減差額(17)＝(13)＋(14)＋(15)−(16)			

○○拠点区分貸借対照表　　　第3号第4様式

××02年3月31日現在

資　産　の　部	当年度末	前年度末	増減	負　債　の　部	当年度末	前年度末	増減
				国庫補助金等特別積立金			
				その他の積立金		100	
施設整備等積立資産		100		施設整備等積立金		100	
				次期繰越活動増減差額		308	

12 リース取引の会計処理

1．ファイナンス・リース取引の会計処理

　経理を担当している人の中で、「リース」という言葉を聞いたことがない人は、ほとんどいないと思います。「リースを組む」という言い方をよくしますが、リース取引は広く普及していて、車両やパソコンなどのOA機器などがリースの対象になっていることが多いのではないでしょうか。

　そして、「リース料」という使用料を支払って、物品などを使用しているというイメージをお持ちの方が多いと思います。

　リース料の支払時には、次のような仕訳をされていると思います。

借　　　　　方	貸　　　　　方
賃　　借　　料　　×××円	現　金　預　金　×××円

　ところが、リース取引の中には、その経済的実態がリース物件を、売買したのと同じ状態にあると認められるものがかなり増えてきています。どういうことかといいますと、設備資金の融資を受けて資産を購入し、借入金を分割して返済していくのと変わらないということです。

　このようなリース取引についてまで、賃貸借取引として処理すると、経済的実態は売買と同じなのに、リース契約ゆえに、賃借料として処理されてしまうことになり、取引実態を計算書類に的確に反映することができません。そこで、経済的実態が売買と同じ内容のリース取引については、売買取引に準じて会計処理を行うこととされました。

　「運用上の取扱い」（局長通知）は、リース取引に係る会計処理について、次のように規定しています。

聞いたことがない人がいたらごめんなさい。でも、この項目でしっかりと学習してもらえば、十分ですのでご安心ください。

平成5年以降、金融庁の諮問機関である企業会計審議会の答申を踏まえて、リース取引に関する会計基準などが、順次公表されています。

【運用上の取扱い】 (局長通知)

8　リース取引に関する会計（会計基準省令第4条第1項関係）

1　リース取引に係る会計処理は、原則として以下のとおりとする。

(1)　「ファイナンス・リース取引」とは、リース契約に基づくリース期間の中途において当該契約を解除することができないリース取引又はこれに準ずるリース取引で、借手が、当該契約に基づき使用する物件（以下「リース物件」という。）からもたらされる経済的利益を実質的に享受することができ、かつ、当該リース物件の使用に伴って生じるコストを実質的に負担することとなるリース取引をいう。

また、「オペレーティング・リース取引」とは、ファイナンス・リース取引以外のリース取引をいう。

(2) ファイナンス・リース取引については、原則として、通常の売買取引に係る方法に準じて会計処理を行うものとする。

(3) ファイナンス・リース取引のリース資産については、原則として、有形固定資産、無形固定資産ごとに、一括してリース資産として表示する。ただし、有形固定資産又は無形固定資産に属する各科目に含めることもできるものとする。

そこで、リース取引を分類すると、次のようになります。

取引の分類			会計処理方法
リース取引	ファイナンス・リース取引	所有権移転	原則、売買処理
		所有権移転外	
	オペレーティング・リース取引		賃借料処理

2．リース資産の取得価額とリース債務の計上額

では、リース取引について、売買処理に準じて会計処理を行う場合を確認していきましょう。

まずは、仕訳のイメージからです。リース契約を結んだ時に、次の仕訳を行います。なお、リース物件は、有形固定資産とします。

借　方	貸　方
有 形 リ ー ス 資 産　×××円	リ ー ス 債 務　×××円

金額の部分は、基本的には、リース料総額が入ります。でも、リース料の中には、リース会社に対する金利相当分が含まれているので、これを除いて計上する必要があります。借入金で購入した場合には、元金の償還に合わせて利息を支払っていくのと同じ感覚です。したがって、リース料の支払時に、元金相当と利息相当部分に分けて仕訳をすることになります。言い換えると、リース料の支払の都度、利息相当額を費用に計上していくのですが、このことを「利息相当額をリース期間中の各期に配分する」といいます。

リース料支払時の仕訳は、次のようになります。

借　方	貸　方
リ ー ス 債 務　×××円	現 金 預 金　×××円
支 払 利 息　×××円	

「運用上の留意事項」（課長通知）では、ファイナンス・リース取引のうちリース料総額が300万円以下のものや、リース期間が1年以内のものについては、賃借料処理を認めています。

支払資金が増減しませんので、資金収支計算書には計上されません。

　利息相当額の配分方法に係る計算方法については、「運用上の取扱い」
（局長通知）において、次のように規定されています。

【運用上の取扱い】 (局長通知)

> **8　リース取引に関する会計（会計基準省令第4条第1項関係）**
>
> **2**　利息相当額をリース期間中の各期に配分する方法は、原則として、利息法（各期の支払利息
> 相当額をリース債務の未返済元本残高に一定の利率を乗じて算定する方法）によるものとする。

　原則として、利息法によることとされていますが、リース資産総額に
重要性が乏しいと認められる場合には、次のいずれかの方法によること
が認められています。

　　①　リース料総額から利息相当額を控除しない方法

　　②　定額法によって利息相当額を配分する方法

なお、リース資産総額に重要性が乏しいと認められる場合とは、次の
条件を満たす場合をいいます。

$$\frac{\text{未経過リース料の期末残高}}{\underset{\substack{\text{未経過リース料}\\\text{の期末残高}}}{} + \underset{\substack{\text{有形固定資産}\\\text{の期末残高}}}{} + \underset{\substack{\text{無形固定資産}\\\text{の期末残高}}}{}} < 10\%$$

※未経過リース料の期末残高には、原則的な処理を行うこととしたも
　のや、重要性の原則の適用により賃借料処理をすることにしたもの
　は除かれます。また、法人全体の合計額で判断します。

リース取引につい
ては、原則として
注記が必要です
が、重要性が乏し
い場合には、注記
を省略することが
できます。

3．減価償却の方法

　リース資産の会計処理を、売買処理に準じて行うということは、減価
償却も行うことになります。

　リース資産の減価償却の方法は、以下のとおりです。

　①　**所有権移転**ファイナンス・リース取引に係るリース資産の減価償
　　却は、自己所有の固定資産と同じ減価償却方法で算定します。

　②　**所有権移転外**ファイナンス・リース取引に係るリース資産の減価
　　償却は、原則としてリース期間を耐用年数とし、残存価額をゼロと
　　して算定します。

②の償却方法を、リース期間定額法といいます。

では、例題で、仕訳と転記を確認してみましょう。

例 題 6　リース取引の仕訳と転記（直接法による表示）

(A)　××01年度期首において、送迎車輌１台の所有権移転外ファイナンス・リース契約を締結した。なお、リース料総額は360万円、リース期間は60カ月、利息相当額を控除しない方法によるものとする。

借　　方	貸　　方
有 形 リ ー ス 資 産　3,600,000	リ ー ス 債 務　3,600,000

(B)　4/25第１回目のリース料が指定の銀行口座から引き落とされた。

借　　方	貸　　方
リ ー ス 債 務　60,000	現 金 預 金　60,000

(C)　決算に際し、リース期間定額法により減価償却費を計上した。

借　　方	貸　　方
減 価 償 却 費　720,000	有 形 リ ー ス 資 産　720,000

※減価償却費の計算：360万円×（12ヶ月÷60ヶ月）＝72万円

(D)　決算に際し、１年以内に支払う予定のリース債務を振り替えた。

借　　方	貸　　方
リ ー ス 債 務　720,000	１ 年 以 内 返 済 予 定 リ ー ス 債 務　720,000

リース取引開始後直ちに事業の用に供します。

4月以降、毎月リース料を支払います。

【転記】

有 形 リ ー ス 資 産　（単位：千円）

××01年 月 日	摘　　　要	資金増減取引 借　方	資金増減取引 貸　方	その他取引 借　方	その他取引 貸　方	借方残高
4　1	リース債務			3,600		3,600
3　31	減価償却費				720	2,880

リ ー ス 債 務

××01年 月 日	摘　　　要	資金増減取引 借　方	資金増減取引 貸　方	その他取引 借　方	その他取引 貸　方	貸方残高
4　1	有形リース資産				3,600	3,600
25	現金預金（以下、毎月支払）	60				3,540
3　31	１年以内返済予定リース債務			720		2,160

精 算 表　（単位：千円）

摘　　要	期首B／S 借方（資産）	期首B／S 貸方（負債・純資産）	期中資金増減取引 （借方）	期中資金増減取引 （貸方）	期中その他取引 （借方）	期中その他取引 （貸方）	期末B／S 借方（資産）	期末B／S 貸方（負債・純資産）
			資金収支計算書 借方（支出）	貸方（収入）				
１年以内返済予定リース債務						720		720
有形リース資産					3,600	720	2,880	
リース債務			720		720	3,600		2,160
B／S合計	×××	×××					×××	×××
			60千円×12ヶ月				**P／L** 借方（費用）	貸方（収益）
（サービス活動費用） 減価償却費						720	720	

計算書類の表示は、次のようになります。

　資金収支計算書には、毎月のリース料6万円×12か月分＝72万円の返済について、施設整備等による収支の部に「ファイナンス・リース債務の返済支出」として表示します。

　事業活動計算書では、減価償却費として計上することになります。

　貸借対照表では、法人に帰属するリース資産とリース債務が計上されることにより、経済的実態が適正に表示されることになります。

法人単位資金収支計算書　　　　第1号第1様式
（自）××01年4月1日（至）××02年3月31日　　（単位：円）

勘　定　科　目		予算	決算	差異	備考
施設整備等による収支	収入　その他の活動収入計(7)				
	支出　ファイナンス・リース債務の返済支出		720,000		
	その他の活動支出計(8)				
	財務活動資金収支差額(9)＝(7)−(8)				

法人単位事業活動計算書　　　　第2号第1様式
（自）××01年4月1日（至）××02年3月31日　　（単位：円）

勘　定　科　目		本年度決算	前年度決算	増減
サービス活動増減の部	収益　・・・			
	サービス活動収益計(1)			
	費用　減価償却費	720,000		
	サービス活動費用計(2)			
	サービス活動増減差額(3)＝(1)−(2)			

法人単位貸借対照表　　　　第3号第1様式
××02年3月31日現在　　（単位：千円）

資　産　の　部	当年度末	前年度末	増減	負　債　の　部	当年度末	前年度末	増減
流動資産	××	××	××	流動負債	××	××	××
現金預金				・・・			
・・・				1年以内返済予定リース債務	720	—	720
固定資産				固定負債			
基本財産				・・・			
・・・				リース債務	2,160	—	2,160
その他の固定資産				・・・			
				固定負債の部合計			
有形リース資産	2,880	—	2,880	・・・			
				純資産の部合計			
資産の部計				負債及び純資産の部合計			

練習問題 17 リース取引の会計処理

【例題－6】に続いて、××02年度の仕訳を示すとともに、計算書類の空欄に数値を記入してください。なお、毎月のリース料は、××02年度以降も滞りなく支払われるものとします。

	借方科目	借方金額	貸方科目	貸方金額
4/ 1　前期末に1年基準により流動負債に振り替えたリース債務を固定負債に振り替えた。				
4/25　第13回目のリース料が銀行口座から引き落された。				
3/31　決算に際し、当期分の減価償却費を計上した。（直接法による）				
3/31　決算に際し、1年以内に支払う予定のリース債務を流動負債に振り替えた。				

法人単位資金収支計算書　　第1号第1様式
（自）××02年4月1日（至）××03年3月31日　　（単位：円）

勘　定　科　目		予算	決算	差異	備考
施設整備等による収支	収入　その他の活動収入計(7)				
	支出　ファイナンス・リース債務の返済支出				
	その他の活動支出計(8)				
	財務活動資金収支差額(9)＝(7)－(8)				

法人単位事業活動計算書　　第2号第1様式
（自）××02年4月1日（至）××03年3月31日　　（単位：円）

勘　定　科　目		本年度決算	前年度決算	増減
サービス活動増減の部	収益　・・・			
	サービス活動収益計(1)			
	費用　減価償却費			
	サービス活動費用計(2)			
	サービス活動増減差額(3)＝(1)－(2)			

法人単位貸借対照表　　第3号第1様式
××03年3月31日現在　　（単位：千円）

資　産　の　部	当年度末	前年度末	増減	負　債　の　部	当年度末	前年度末	増減
流動資産	××	××	××	流動負債	××	××	××
現金預金				・・・			
・・・				1年以内返済予定リース債務			
固定資産							
基本財産							
・・・				リース債務			
その他の固定資産				・・・			
・・・				固定負債の部合計			
有形リース資産				・・・			
				純資産の部合計			
資産の部計				負債及び純資産の部合計			

コラム 「仕訳」の方式

　現代では、会計処理に当ってコンピュータを利用することが一般的です。そして、ソフトの仕様によって、仕訳の方式（入力方式）は様々です。

　一般の企業会計においては、作成すべき計算書類は「B／S」と「P／L」であるとして、簿記の体系が作られてきました。キャシュ・フロー計算書（C／F。社会福祉法人会計基準が定める「資金収支計算書」とは、資金の範囲が大きく異なっています）が導入されたのは、つい最近のことです。そのために、「仕訳」・「転記」・「試算表作成」から「B／S」・「P／L」・「資金収支計算書」の３表を一体的に誘導するという簿記技術は、あまり一般的なものとなっていません。その結果、多くの上場企業においてもキャシュ・フロー計算書は、B／S・P／L及び関連資料から別途作成するという手法がとられています。

　しかし、一般の企業会計の場合であっても、期中取引を「資金増減取引」と「その他取引」に分けて転記しさえすれば、キャシュ・フロー計算書あるいは資金収支計算書も一体的に作成できるのです。また、相互の関連も完全に明瞭なものとなります。このようなことから、このテキストでは、可能な限り一般の企業会計と同一の仕訳によることとしています。

　そのために、固定資産取得の場合や、設備資金借入金の借入れの場合も、一般の企業会計と同じく、次のような仕訳で統一しています。

摘　要	借　　　　方		貸　　　　方	
①	車　輌　運　搬　具	××××	当　座　預　金	××××
②	当　座　預　金	××××	設　備　資　金　借　入　金	××××

　『初級編』から、このテキストで学んでこられた方は、上の仕訳が資金増減取引であり、したがって、資金収支計算書には、①の取引が「車輌運搬具取得支出」として計上され、②の取引は「設備資金借入金収入」として計上されることがお分かりだと思います。

　簿記の勘定科目は、計算書類を間違いなく作るために、期中取引を一定の法則で分類集計する帳簿上の単位なのです。必ずしも、計算書類とは一致する必要はありません。

　固定資産勘定の、期中借方記入金額は固定資産の期中増加を表し、そのうち相手科目が支払資金に属する科目である場合、当該金額は資金収支計算書で「固定資産取得支出」として表示されます。ただ、それだけのことで「固定資産取得支出」として仕訳をしなくてはならない訳ではありません。

　上記の仕訳を、次のように書いている本が多く見られますが、簿記による計算書類作成の流れを把握するために、便宜的に書かれているもので、仕記処理が多い場合には、コンピュータに頼らない限り、実務で使える代物ではありません。いずれにしても、表面的な仕訳表示方式の相違に惑わされないようにしてください。

摘　要	借　　　　方		貸　　　　方	
①	車　輌　運　搬　具	××××	当　座　預　金	××××
	車　輌　運　搬　具　取　得　支　出	××××	支　払　資　金	××××
②	当　座　預　金	××××	設　備　資　金　借　入　金	××××
	支　払　資　金	××××	設　備　資　金　借　入　金　収　入	××××

13 職員給料に係る源泉徴収等の実務

1．職員給料等の支払実務

　役員報酬、職員給料等の支払実務は、簿記や会計の学習範囲ではありません。

　しかし、多くの社会福祉法人において、これらの実務を担当するのは会計担当者であり、会計担当者には、これらの実務もできることが望まれています。このようなことから、会計担当者にとって職員給料の支払実務、とりわけ源泉徴収事務等の実務については最低限の知識を有していることが必要です。

　以下では、源泉所得税、社会保険料等について、会計担当者が最低限知っておくべきであると思われる事項について説明します。

2．源泉所得税

　個人に所得があると所得税がかかります。所得税は各個人が国（現実には各税務署）に申告し、納付することが原則です。

　しかし、給与所得者等の一定の所得については支払う者（支払う社会福祉法人等。以下ここでは「事業主」といいます）が、支払時に一定金額を国に代わって徴収し（これが源泉所得税です）、国に納付するという方式をとっています。このような制度を採ることによって、本人が申告・納付をしなくとも、国は確実に所得税を徴収することができることになります。

　役員報酬、職員給料などの月給者の給与所得については、「給与所得の源泉徴収税額表」の「月額表」（次頁の上をご覧ください）に従って源泉徴収税額を計算し、当月の給料等支払時にその税額を差し引いて支給します。そして、職員給料から差し引いて預かった税額は、支給月の翌月10日までに所轄の税務署に納付します。

　例えば、扶養親族が3人で当月の社会保険料等控除後の給与等の金額が30万円のAさんの場合、差し引くべき源泉徴収税額は、次頁の月額表の「扶養親族3人」の欄と「299千円以上302千円未満」の行（いずれも網掛けで示しています）の交わるところの、「3,510円」になります。

　なお、「給与所得の源泉徴収税額表」には、甲欄と乙欄とがあります。給与所得者は、「給与所得者の扶養控除等（異動）申告書」を事業主に提出することによって、甲欄の適用を受けることができます。

左の制度を**申告納税制度**といいます。

左の制度を**源泉徴収制度**といいます。

「給与所得の源泉徴収税額表」は、最寄りの税務署に行くと用意してあります。国税庁ＨＰからダウンロードも可能です。でも、実務に従事されるときは、最寄りの税務署で税額表をもらい、使い方についても説明してもらうことがベストです。

給与所得の源泉徴収税額表（令和4年(2022年)分）　　　**月額表（一部抜粋）**

(三)　　　　　　　　　　　　　　　　　　　　　　　　　　　　　290,000円～439,999円

その月の社会保険等控除後の給与等の金額		甲								乙
		扶　養　親　族　等　の　数								
		0人	1人	2人	3人	4人	5人	6人	7人	
以　上	未　満	税					額			税　額
円	円	円	円	円	円	円	円	円	円	円
290,000	293,000	8,040	6,420	4,800	3,190	1,570	0	0	0	50,900
293,000	296,000	8,140	6,520	4,910	3,290	1,670	0	0	0	52,100
296,000	299,000	8,250	6,640	5,010	3,400	1,790	160	0	0	52,900
299,000	302,000	8,420	6,740	5,130	3,510	1,890	280	0	0	53,700
302,000	305,000	8,670	6,860	5,250	3,630	2,010	400	0	0	54,500

「給与所得者の扶養控除等（異動）申告書」を提出した人は、所得税法上の基礎控除、扶養控除を受けることを前提に、源泉徴収税額が控除されます。それが甲欄の趣旨です。したがって、2箇所以上の事業所から役員報酬や職員給料を受け取る人は、そのいずれか1箇所の事業所にのみ「給与所得者の扶養控除等（異動）申告書」を提出することができます。「給与所得者の扶養控除等（異動）申告書」を提出していない事業所から職員給料等を受け取るときは、乙欄によって源泉徴収税額を控除することになります。

この税額表には、復興特別所得税相当額が含まれています。
2箇所以上の事業所で甲欄を適用すると、基礎控除等を2重に受けることになり、不合理ですね。

源泉徴収税額を控除する際の仕訳例を示すと、次のようになります。

例：職員給料支給時の仕訳

源泉所得税3,510円を控除し、職員に給料296,490円を支払った。

借　　方		貸　　方	
職　員　給　料	300,000	現　金　預　金	296,490
		職　員　預　り　金	3,510

例：翌月（期限は、翌月10日まで）納付時の仕訳

前月の源泉徴収税額3,510円を税務署に納付した。

最寄りの金融機関で納付

借　　方		貸　　方	
職　員　預　り　金	3,510	現　金　預　金	3,510

なお、毎月の源泉徴収手続は、年間の所得税の概算払のようなもので、年末には社会保険料・生命保険料等の諸控除を差し引き、年間の所得税額を算出し、その年中の源泉所得税の精算を行います。この手続を「年末調整」といい、ほとんどの給与所得者は、これで所得税の手続が終了します。

事業主は税務署の代行をすることになりますので、源泉徴収の処理は慎重に行う必要があります。

3．住民税

　所得税は国に納付すべき税金（国税）ですが、都道府県や市区町村に納めるべき税金として住民税（地方税）があります。この住民税についても事業主が職員の給料支払時に天引きし、翌月10日までに納付する必要があります。

　しかし、住民税は、前年の各人の所得をもとに市区町村が計算して事業主に通知してくるので、各法人で計算する必要はありません。年税額を12等分した額を、6月から翌年5月にわたり、12回で納付します。会計処理、仕訳自体は、源泉所得税のときと同じです。

4．社会保険料

　社会保険には、健康保険、厚生年金保険、介護保険の三つの保険制度があり、事業主と従業員とが保険料を、半分ずつ負担することが原則です。

　厚生年金保険については、源泉徴収税額表と同じように、「厚生年金保険料額表」があり、これによって保険料を徴収します。健康保険と介護保険については、全国健康保険協会から各都道府県別の保険料率（毎年適宜改正）が示されていますので、保険料の計算はこれに拠ります。

　また、社会保険料は、毎年4～6月の平均報酬月額をもとに決定される標準報酬月額（事業主は、7/10までに「**被保険者報酬月額算定基礎届**」を提出します）から算出されますので、通常は1年間固定されています。

　なお、社会保険料の本人負担分は、翌月の給料から差し引き、その月末に事業主負担分とあわせて納付します。例えば、5月の職員給料支払時には、4月分の社会保険料の本人負担分が控除され、5月末に事業主負担分とあわせた4月分の保険料が納付されることになります。

5．労働保険料

　雇用保険料については、職員の月給額に料率を乗じて本人負担分を算出し、当月分の職員給料から控除します。

　労働保険料は、毎年度6月1日から7月10日までに、当年4月から翌年3月までの賃金総額の見込額をもとに概算保険料（労使双方が負担する保険料の総額）を申告・納付（3回に分けて延納することができます）し、翌年度に確定精算するという方法をとっています。（この手続を、年度更新といいます）

住民税も所得税と同じように本人が申告納付する方法もあります。これによる納付を「普通徴収」といい、これと対比して、事業主が天引きして市区町村に納める方法を「特別徴収」といいます。

社会保険料は、労使折半です。

報酬が大幅に変動したときは、報酬月額変更届を提出して標準報酬月額を変更します。

通常は、源泉徴収税と住民税とは月末に預り金残高となり、社会保険料の預り金残高はないはずです。

労働保険には雇用保険と労災保険とがありますが、労災保険料は全額事業主が支払い、労働者負担はありません。

練習問題　18　職員給料の支給

　次の各取引について仕訳を行い、精算表に転記し、計算書類の表示を完成させてください。なお、仕訳で使用する勘定科目は、精算表に表示されているものを使用してください。

取　　引	借方科目	金額	貸方科目	金額
常勤職員に、俸給及び諸手当3,400を振込支給した。なお、源泉所得税80、住民税90、社会保険料430を控除した。				
非常勤職員に、俸給及び諸手当800を振込支給した。なお、源泉所得税20、住民税25、社会保険料65を控除した。				
常勤職員に、賞与600を振込支給した。なお、源泉所得税30、社会保険料90を控除した。				
非常勤職員に、賞与100を振込支給した。なお、源泉所得税5、社会保険料15を控除した。				
派遣会社に人材派遣料500を振込み支払った。				
源泉所得税135、住民税115を振込み納付した。				
社会保険料1,240が預金から引き落とされた。なお、納付額のうち事業主負担分640である。				
決算に際し、前期計上の常勤職員に係る賞与引当金380を当期支給賞与に充当し、翌期支給賞与のうち当期分400を賞与引当金とした。				
決算に際し、前期計上の非常勤職員に係る賞与引当金60を当期支給賞与に充当し、翌期支給賞与のうち当期分70を賞与引当金とした。				

精　算　表

（単位：省略）

摘　　要	期首B／S 借方	期首B／S 貸方	期中資金増減取引 支出	期中資金増減取引 収入	期中その他取引 借方	期中その他取引 貸方	期末B／S 借方	期末B／S 貸方
現金預金	×××						×××	
職員預り金		×××						×××
			資金収支計算書					
賞与引当金		440						
							事業活動計算書 費用	収益
職員給料								
職員賞与								
賞与引当金繰入								
非常勤職員給与								
派遣職員費								
法定福利費								

（単位：省略）
第1号第4様式

○○拠点区分　資金収支計算書
（自）××01年4月1日（至）××02年3月31日

勘　定　科　目			予算	決算	差異	備考
事業活動による収支	収入	・・・				
		事業活動収入計(1)				
	支出	人件費支出				
		職員給料支出				
		職員賞与支出				
		非常勤職員給与支出				
		派遣職員費支出				
		法定福利費支出				
		事業費支出				
		・・・				
		事業活動支出計(2)				
		事業活動資金収支差額(3)＝(1)－(2)				

第2号第4様式

○○拠点区分　事業活動計算書
（自）××01年4月1日（至）××02年3月31日

勘　定　科　目			当年度決算	前年度決算	増減
サービス活動増減の部	収益	・・・			
		サービス活動収益計(1))			
	費用	人件費			
		職員給料			
		職員賞与			
		賞与引当金繰入			
		非常勤職員給与			
		派遣職員費			
		法定福利費			
		事業費			
		・・・			
		サービス活動費用計(2)			
		サービス活動増減差額(3)＝(1)－(2)			

コラム 印紙税

質問：

社会福祉法人○○会では、就労継続支援Ａ型事業を実施しており、今年度から近隣のビル施設の清掃業務（月額10万円）を１年毎の更新契約で請け負うこととなりました。

① 請負契約書には、収入印紙は必要でしょうか？
② 清掃業務報酬10万円の領収書を発行した場合、収入印紙は必要でしょうか？

回答：

作成した文書が印紙税法に定める課税文書に該当すると、原則として、収入印紙の貼付が必要になります。貼付した印紙は、再利用防止のため"消印"が必要です。

まず、請負契約書ですが、記載金額のある請負契約書は、第２号文書「請負に関する契約書」に該当しますので、記載金額に応じた収入印紙の貼付が必要となります。

この場合の"記載金額"は、120万円（＝月額10万円×12カ月）となり、課税標準の「100万円を超え200万円以下のもの」に該当し、契約書１通につき400円の収入印紙の貼付が必要になります。

また、契約書に期間の記載が無いなど、契約金額を特定できない場合には、契約金額の記載のない契約書として、１通につき200円の収入印紙を貼付します。

なお、期間の定めのない「継続的取引の基本となる契約書」の場合には、一般的には第７号文書に該当することとなり、１通につき4000円の収入印紙の貼付が必要となるのですが、これは契約者双方が営業者（後述の「営業」を行う者のことをいいます。）であることが要件とされていますので、社会福祉法人が契約当事者の場合には第７号文書には該当しません。

次に、清掃業務報酬に対する領収書の発行ですが、「売上に係る金銭の受取書」として第17号文書に該当することになります。

しかしながら、次に掲げるものは、非課税とされています。

① 記載金額が５万円未満（H26.4.1以降）の受取書
② 営業に関しない受取書

ここで、②の「営業」とは、一般に営利目的（事業から生じた利益を配当する目的）で同種の行為を反復継続することを意味します。社会福祉法人は、社会福祉法に基づいて公益を目的として設立された非営利法人であって、利益の配当はできませんから、社会福祉法人が作成する金銭の受取書については、すべて営業に関しないものとして取り扱われます。

したがって、清掃業務報酬に対する領収書には、収入印紙は不要となります。

ちなみに、社会福祉法人が作成する金銭の受取書のすべてが非課税文書に該当しますので、寄附金の領収書はもちろんのこと、法人が実施する収益事業に関して作成する領収書も非課税扱いとなります。

なお、必要な印紙の貼付が無い場合には、３倍の過怠税（自主的に申し出た場合には1.1倍）が課されますので、ご注意ください。

14 事業区分間・拠点区分間・サービス区分間の取引

1．共通収入・支出及び収益・費用の配分

　資金収支計算や事業活動計算（Ｐ／Ｌ）を行うに当たって、事業区分、拠点区分、サービス区分のそれぞれの区分に共通して発生する収入・支出又は収益・費用がある場合には、合理的な基準に基づいて配分することが求められます。

　「会計基準省令」では、資金収支計算・事業活動計算のそれぞれについて、次のように、同様の規定がおかれています。

【会計基準省令】　　　　　　　　　　　　（第3章　計算関係書類　第2節　資金収支計算書）

（資金収支計算の方法）

第14条　資金収支計算は、当該会計年度における支払資金の増加及び減少に基づいて行うものとする。

2　資金収支計算を行うに当たっては、事業区分、拠点区分又はサービス区分ごとに、複数の区分に共通する収入及び支出を合理的な基準に基づいて当該区分に配分するものとする。

【会計基準省令】　　　　　　　　　　　　（第3章　計算関係書類　第3節　事業活動計算書）

（事業活動計算の方法）

第20条　事業活動計算は、当該会計年度における純資産の増減に基づいて行うものとする。

2　事業活動計算を行うに当たっては、事業区分、拠点区分又はサービス区分ごとに、複数の区分に共通する収益及び費用を合理的な基準に基づいて当該区分に配分するものとする。

　配分基準の選択のしかたについて、次のように、発生と最も密接に関連する量的基準を選択して適用するものと規定しています。

【運用上の取扱い】　　　　　　　　　　　　　　　　　　　　　　　（局長通知）

7　共通支出及び共通費用の配分について（会計基準省令第14条第2項、第20条第2項関係）

　　資金収支計算及び事業活動計算を行うに当たって、人件費、水道光熱費、減価償却費等、事業区分又は拠点区分又はサービス区分に共通する支出及び費用については、合理的な基準に基づいて配分することになるが、その配分基準は、支出及び費用の項目ごとに、その発生に最も密接に関連する量的基準（例えば、人数、時間、面積等による基準、又はこれらの2つ以上の要素を合わせた複合基準）を選択して適用する。

　一度選択した配分基準は、状況の変化等により当該基準を適用することが不合理であると認められるようになった場合を除き、継続的に適用するものとする。

　なお、共通する収入及び収益がある場合には、同様の取扱いをするものとする。

また、配分方法の選択に際して留意すべき事項について、以下のとおり示されています。

> ### 13 共通支出及び費用の配分方法
>
> (1) 配分方法について
>
> 共通支出及び費用の具体的な科目及び配分方法は**別添１**のとおりとするが、これによりがたい場合は、実態に即した合理的な配分方法によることとして差し支えない。
>
> また、科目が**別添１**に示すものにない場合は、適宜、類似の科目の考え方を基に配分して差し支えない。
>
> なお、どのような配分方法を用いたか分かるように記録しておくことが必要である。
>
> (2) 事務費と事業費の科目の取扱について
>
> 「水道光熱費（支出）」、「燃料費（支出）」、「賃借料（支出）」、「保険料（支出）」については原則、事業費（支出）のみに計上できる。ただし、措置費、保育所運営費の弾力運用が認められないケースでは、事業費（支出）、事務費（支出）双方に計上するものとする。

「運用上の留意事項」（課長通知）の「**別添１**」において、具体的な科目と対応する配分方法が示されています。

沢山の配分基準が示されていますが、科目や費目（支出）の内容ごとに配分基準を検討し、合理的なものを採用することになります。

これらの採用することとした配分基準は、経理規程細則などで一覧表にして規定しておきます。

そして、一度採用を決めたものについては、正当な理由なく、むやみに変更することなく、継続的に適用する必要があります。

また、配分して計上するタイミングですが、法人が定める経理規程では月次ベースでの報告が基本となっていると思われますので、その場合には、毎月末に配分計算を行って、月次の会計処理を行うことになります。

なお、事務費と事務費に共通して発生する科目についても、適切な基準に基づいて配分する必要がありますが、資金使途制限が弾力的に緩和されている事業所等においては、「水道光熱費（支出）」、「燃料費（支出）」、「賃借料（支出）」、「保険料（支出）」については、配分せずに、事業費のみに計上することが認められています。

表計算ソフトで予め計算式を設定しておくと、毎月の配分額の計算の手間が省かれるでしょう。

別添 1

具体的な科目及び配分方法

種類	想定される勘定科目	配 分 方 法
人件費（支出）	・職員給料（支出） ・職員賞与（支出） ・賞与引当金繰入 ・非常勤職員給与（支出） ・退職給付費用（退職給付支出） ・法定福利費（支出）	勤務時間割合により区分。 （困難な場合は次の方法により配分） ・職種別人員配置割合 ・看護・介護職員人員配置割合 ・届出人員割合 ・延利用者数割合
事業費（支出）	・介護用品費（支出） ・医薬品費（支出） ・診療・療養等材料費（支出） ・消耗器具備品費（支出）	各事業の消費金額により区分。 （困難な場合は次の方法により配分） ・延利用者数割合 ・各事業別収入割合
	・給食費（支出）	実際食数割合により区分。 （困難な場合は次の方法により配分） ・延利用者数割合 ・各事業別収入割合
事務費（支出）	・福利厚生費（支出） ・職員被服費（支出）	給与費割合により区分。 （困難な場合は延利用者数割合により配分）
	・旅費交通費（支出） ・通信運搬費（支出） ・諸会費（支出） ・雑費（雑支出） ・渉外費（支出）	・延利用者数割合 ・職種別人員配置割合 ・給与費割合
	・事務消耗品費（支出） ・広報費（支出）	各事業の消費金額により区分。 （困難な場合は延利用者数割合により配分）
	・会議費（支出）	会議内容により事業個別費として区分。 （困難な場合は延利用者数割合により配分）
	・水道光熱費（支出）	メーター等による測定割合により区分。 （困難な場合は建物床面積割合により配分）
	・修繕費（支出）	建物修繕は、当該修繕部分により区分、建物修繕以外は事業個別費として配分 （困難な場合は建物床面積割合で配分）
	・賃借料（支出） ・土地建物賃借料（支出）	賃貸物件特にリース物件については、その物件の使用割合により区分。 （困難な場合は建物床面積割合により配分）
	・保険料（支出）	・建物床面積割合により配分 ・自動車関係は送迎利用者数割合又は使用高割合で、損害保険料等は延利用者数割合により配分
	・租税公課（支出）	・建物床面積割合により配分 ・自動車関係は送迎利用者数割合又は使用高割合で配分
	・保守料（支出）	保守契約対象物件の設置場所等に基づき事業個別費として区分。 （困難な場合は延利用者数割合により配分）
	・業務委託費（支出）（寝具） （給食） （その他）	各事業の消費金額により区分。 （困難な場合は、延利用者数割合により配分） ・延利用者数割合 ・実際食数割合 ・建物床面積割合 ・延利用者数割合
	・研修研究費（支出）	研修内容等、目的、出席者等の実態に応じて、事業個別費として区分。 （困難な場合は、延利用者数割合により配分）
減価償却費	・建物、構築物等に係る減価償却費	建物床面積割合により区分。 （困難な場合は、延利用者数割合により配分）
	・車輌運搬具、機械及び装置等に係る減価償却費	使用高割合により区分。 （困難な場合は、延利用者数割合により配分）
	・その他の有形固定資産、無形固定資産に係る減価償却費	延利用者数割合により配分
徴収不能額	・徴収不能額	各事業の個別発生金額により区分。 （困難な場合は、各事業別収入割合により配分）
徴収不能引当金繰入	・徴収不能引当金繰入	事業ごとの債権金額に引当率を乗じた金額に基づき区分。 （困難な場合は、延利用者数割合により配分）
支払利息（支出）	・支払利息（支出）	事業借入目的の借入金に対する期末残高割合により区分。 （困難な場合は、次の方法により配分） ・借入金が主として土地建物の取得の場合は建物床面積割合 ・それ以外は、延利用者数割合

2．共通して発生する費用（支出）に係わる会計処理

さて、「会計基準省令」では貸借対照表は、拠点区分ごとに1つずつ作成すればよいこととされています。

他方で、1つの拠点区分において、複数のサービス区分がある場合に、共通して発生する費用や支出があるとき、サービス区分別の事業損益や資金収支は、どのように把握すればよいでしょうか。

通常は、共通費用（支出）が発生した場合は、どこかの拠点区分やサービス区分が代表してまとめて支払われることが多いと思います。

この点、事業区分間、拠点区分間の貸借関係については、次のように勘定科目が示されています。

拠点区分間：	拠点区分間貸付金　又は、拠点区分間長期貸付金
	拠点区分間借入金　又は、拠点区分間長期借入金

事業区分間：	事業区分間貸付金　又は、事業区分間長期貸付金
	事業区分間借入金　又は、事業区分間長期借入金

例えば、A拠点区分とB拠点区分の間で共通して発生した電気代15万円をA拠点区分でまとめて支払い、A：B＝6：4で配分するときは以下のように仕訳をすることで対応可能です。

A拠点区分

借　　　方	金　額	貸　　　方	金　額
水　道　光　熱　費	90,000円	現　金　預　金	150,000円
拠 点 区 分 間 貸 付 金	60,000円		

B拠点区分

借　　　方	金　額	貸　　　方	金　額
水　道　光　熱　費	60,000円	拠 点 区 分 間 借 入 金	60,000円

ところが、複数のサービス区分が設定されている拠点区分において、共通費用（支出）が発生した場合には、サービス区分間の貸借を処理するための勘定科目が「会計基準省令」では示されていません。

拠点区分では、1つの貸借対照表を作ればよいこととなっており、その拠点において設定されるサービス区分別については、資金収支計算や事業活動計算については、付属明細書レベルですが、区分して表示することが求められていますが、サービス区分別の貸借対照表を作成することまでは求められていません。

企業会計では、損益・収支の科目にサービス区分ごとのコード名を付けてサービス区分別の損益・収支を管理する方法がしばしば採用されます。（＝部門別計算）

通常は、年度内に精算します。

95ページの附属明細書様式を参照してください。

　例えば、サービス区分がａ、ｂ、ｃの３つ設定されているＰ拠点区分において、人材派遣料30万円を３分の１ずつ配分計上する場合を考えてみます。

①　損益(収支)だけをサービス区分ごとに配分する方法

　次のように共通費用(支出)の区分だけを行って、サービス区分間の貸借関係を無視して会計処理を行うという方法があります。

　企業会計では、部門別計算を行う場合にしばしば行われる方法です。

Ｐ拠点区分

借　　　方	区分	金　　　額	貸　　　方	区分	金　　　額
派 遣 職 員 費	a	100,000円	現 金 預 金	―	300,000円
派 遣 職 員 費	b	100,000円			
派 遣 職 員 費	c	100,000円			

　Ｐ88で示した附属明細書のうち、資金収支明細書(別紙３(⑩))の作成を省略できる拠点区分では、適合する処理方法だと思われます。

②　Ｂ／Ｓを分割する方法

　支払資金の残高を管理するという目的からは、貸借対照表をサービス区分ごとに分割して作成する必要があります。

　このような場合、資金の増減を含む取引については、サービス区分間での一時的な資金流用があったと考えられますので、上記の仕訳については、「サービス区分間貸付金」と「サービス区分間借入金」の科目を設定し、次のように各サービス区分で仕訳処理を行うことになります。

現金預金がａ区分に所属することを前提にしています。

Ｐ拠点区分
ａサービス区分

借　　　方	区分	金　　　額	貸　　　方	区分	金　　　額
派 遣 職 員 費	a	100,000円	現 金 預 金	a	300,000円
サービス区分間貸付金	b	100,000円			
サービス区分間貸付金	c	100,000円			

ｂサービス区分

借　　　方	区分	金　　　額	貸　　　方	区分	金　　　額
派 遣 職 員 費	―	100,000円	サービス区分間借入金	a	100,000円

ｃサービス区分

借　　　方	区分	金　　　額	貸　　　方	区分	金　　　額
派 遣 職 員 費	―	100,000円	サービス区分間借入金	a	100,000円

措置施設や保育所では、支払資金残高を管理する必要がありますので、必ず資金収支明細書（別紙3（⑩））を作成しなければならず、その場合には、サービス区分間貸付金（借入金）残高明細書（別紙3（⑭））を作成する必要があります。

事業年度末において残高がある場合には、サービス区分間の貸借関係を整理して、附属明細書を作成しなければなりませんので、管理上は、サービス区分別に貸借対照表を作成して管理することが実務的です。

また、サービス区分間の資金移動があった場合には、サービス区分間繰入金明細書（別紙3（⑬））を作成するものとされています。

例えば、先の例で、a拠点区分からb拠点区分への資金流用について、実際に現金預金を移動させずに、繰入金として処理した場合は、以下のようになります。

「会計基準」の初期設定では、サービス区分間における貸付金・借入金および繰入金収益・費用の科目は設定されていませんので、各法人において、拠点区分に準じて任意に科目を設定することになります。

aサービス区分

借　　　方	区分	金　　額	貸　　　方	区分	金　　額
サービス区分間繰入金費用	b	100,000円	サービス区分間貸付金	b	100,000円

bサービス区分

借　　　方	区分	金　　額	貸　　　方	区分	金　　額
サービス区分間借入金	a	100,000円	サービス区分間繰入金収益	a	100,000円

以下、サービス区分間における附属明細書の様式と記入例です。

サービス区分間繰入金明細書　　　　　　　別紙3（⑬）

（自）令和　年　月　日（至）令和　年　月　日

社会福祉法人名　　　　×××

拠点区分　　　　　　P拠点

(単位：円)

サービス区分名		繰入金の財源（注）	金　　額	使用目的等
繰入元	繰入先			
a区分	b区分	前期末支払資金残高	100,000	事業費

（注）拠点区分資金収支明細書（別紙3（⑩））を作成した拠点においては、本明細書を作成のこと。
　　　繰入金の財源には、措置費収入、保育所運営費収入、前期末支払資金残高等の別を記入すること。

サービス区分間貸付金（借入金）残高明細書　　　　　　別紙3（⑭）

令和　年　月　日現在

社会福祉法人名　　　　×××

拠点区分　　　　　　P拠点

(単位：円)

貸付サービス区分名	借入サービス区分名	金額	使用目的等
a区分	c区分	100,000	運営資金

（注）拠点区分資金収支明細書（別紙3（⑩））を作成した拠点においては、本明細書を作成のこと。

3．資金使途制限と繰入限度額

　法人内部で実施する事業に応じて、会計の単位として、事業区分、拠点区分、サービス区分が設定されますが、各区分間において、資金を移動する場合があります。

　例えば、A拠点区分からB拠点区分へ、資金を繰り入れた場合には、次の仕訳を行うことになるのは、前項で確認した通りです。

	借　方　科　目	貸　方　科　目
A拠点区分	拠点区分間繰入金支出	現　金　預　金
B拠点区分	現　金　預　金	拠点区分間繰入金収入

　ただし、社会福祉法人が実施する主たる事業は、社会福祉事業ですので、その公益性に鑑みて一定の繰入制限が設けられています。

①　措置費（運営費）支弁対象施設

　運営費の使途については、弾力運用の要件を満たす場合には、一定の積立金への積立や民間施設給与等改善費として加算された額に相当する額を限度として、同一法人が運営する社会福祉施設等の整備等に係る経費として借入れた独立行政法人福祉医療機構等からの借入金の償還金及びその利息への充当が認められています。

　前期末支払資金残高については、理事会承認により、当該施設の人件費、光熱水料等の通常経費の不足分を補填できるほか、当該施設の運営に支障が生じない範囲において、法人本部の運営経費や、同一法人が運営する社会福祉事業及び公益事業の運営に要する経費に充当することができるものとされています。

運営費については、使途が定まったものが措置費として支弁されていますので、人件費・事業費・事務費に使用することが原則とされます。ただし、適正運営を行っている等の一定の要件を満たす施設においては、運営費の使途について、弾力的な取り扱いが認められています。

②　保育所（子ども・子育て支援法附則第6条）

　保育所の委託費は、適正運営を前提に、保育サービスの質の向上に関する一定の要件を満たした施設においては、委託費のうちの一定額を施設整備等の経費に充当することが認められています。

　前期末支払資金残高については、一定の要件を満たす場合においては、理事会承認により、当該施設の人件費、光熱水料等通常経費の不足分を補填できるほか、当該施設の運営に支障が生じない範囲において、法人本部の運営経費や、同一法人が運営する社会福祉事業及び公益事業の運営に要する経費に充当することができるものとされています。

処遇改善加算とリンクしている部分があるので、繰入額の算定には注意が必要です。

なお、当期末支払資金残高は、過大な保有を防止する観点から、当該年度の委託費収入の30％以下の保有限度とされています。

③　障害者自立支援法の対象施設

　指定障害者施設支援等に支給される自立支援給付費は、指定障害福祉サービス等を利用者に提供した対価として自立支援給付費を得ることとなるので、これを主たる財源とする施設等の運営に要する経費などの資金の使途については、原則として制限が設けられていません。

　ただし、健全な施設運営を確保する観点から、当該指定障害者支援施設等の事業活動資金収支差額に資金残高が生じ、かつ、当期資金収支差額合計に資金不足が生じない範囲内において、他の社会福祉事業又は公益事業への資金の繰り入れが認められます。

　平成18年9月末の移行時特別積立金等については、理事会の承認により一定の社会福祉事業等の運営経費に充当することができるものとされています。

④　特別養護老人ホーム

　運営費については、介護保険制度による収益を財源としていることから、原則として、使途に制限は設けられていません。

　ただし、健全な施設運営を確保する観点から、当該特養ホームの事業活動資金収支差額が黒字、かつ、当期資金収支差額合計に不足を生じない範囲において、他の社会福祉事業等又は公益事業への資金の繰り入れが認められています。

　平成11年度末時点の繰越金等については、理事会の承認により一定の社会福祉事業及び公益事業の経費に充当することができます。

⑤　共通の留意事項

　いずれの施設においても、それぞれに帰属する収入を次に掲げる経費に充てることはできないものとされています。

　(1)　収益事業に要する経費

　(2)　法人外への資金流出（貸付金を含む）

　(3)　高額な役員報酬等実質的な剰余金の支出と認められる経費の支出

　また、一時的な繰替え使用が認められていますが、一部の在宅介護事業所を除いて、年度内精算が必要とされています。

当該法人が行う当該指定障害者支援施設等以外の指定障害者支援施設等への資金の繰入については、当期末支払資金残高に資金不足が生じない範囲内において、資金の繰り入れが認められています。

当該法人が行う他の介護サービス事業への資金の繰入れについては、当期末支払資金残高に不足を生じない範囲において、資金の繰り入れが認められています。

４．内部取引の相殺

　前項で登場した拠点区分間やサービス区分間での取引については、法人内部で任意に行われる取引であり、年度末で残高がある場合にそれをそのまま計算書類に反映させてしまうと、計算書類に記載される金額が通常の法人外部との取引額に加えて膨らんでしまうことになります。このような内部取引を記載したままの計算書類を作成した場合には、計算書類の利用者の判断を誤らせる可能性があります。

　そこで、「会計基準省令」では、計算書類の作成に際して、法人の内部取引を相殺消去して計算書類を作成するものとしています。

【会計基準省令】 (第3章　計算関係書類　第1節　総則)

（内部取引）

第11条　社会福祉法人は、計算書類の作成に関して、内部取引の相殺消去をするものとする。

　内部取引の相殺消去について、「運用上の取扱い」（局長通知）では、次のように規定しています。

【運用上の取扱い】 (局長通知)

４　内部取引の相殺消去について（会計基準省令第11条関係）

　社会福祉法人が有する事業区分間、拠点区分間において生ずる内部取引について、異なる事業区分間の取引を事業区分間取引とし、同一事業区分内の拠点区分間の取引を拠点区分間取引という。同一拠点区分内のサービス区分間の取引をサービス区分間取引という。

　事業区分間取引により生じる内部取引高は、資金収支内訳表及び事業活動内訳表において相殺消去するものとする。当該社会福祉法人の事業区分間における内部貸借取引の残高は、貸借対照表内訳表において相殺消去するものとする。

　また、拠点区分間取引により生じる内部取引高は、事業区分資金収支内訳表及び事業区分事業活動内訳表において相殺消去するものとする。当該社会福祉法人の拠点区分間における内部貸借取引の残高は、事業区分貸借対照表内訳表において相殺消去するものとする。

　なお、サービス区分間取引により生じる内部取引高は、拠点区分資金収支明細書（別紙3（⑩））及び拠点区分事業活動明細書（別紙3（⑪））において相殺消去するものとする。

　内部取引は、次のように３分類されています。

ⅰ）事業区分間取引：異なる事業区分間の取引

ⅱ）拠点区分間取引：同一事業区分内の異なる拠点区分間の取引

ⅲ）サービス区分間取引：同一拠点区分内の異なるサービス区分間の取引

なお、内部取引の相殺消去の仕方は、いずれも計算書類上で、内訳の合計金額を相殺して消去する方法によって行います。

あくまでも、計算書類上で相殺消去するだけで、仕訳を行って相殺消去してしまうのではない点は留意してください。従って、決算処理が終わって、翌年度に向けて繰り越し処理を行った場合には、貸借対照表に計上されていた残高は、そのまま次期に繰り越されることになります。

以下に、計算書類上での相殺消去の仕方を示します。

> 損益に伴う取引残高は次期繰越活動増減差額に集約されます。
> 資金収支に伴う取引残高は、支払資金残高に集約されます。

① 事業区分間取引により生じる内部取引高の相殺消去

事業区分間取引により生じる内部取引高については、資金収支内訳表及び事業活動内訳表において相殺消去するものとされています。

例えば、公益事業から社会福祉事業に対して、事業区分間繰入金1,000があった場合の相殺消去の記載例を示すと、次のようになります。

資金収支内訳表　　　　第1号第2様式
（自）令和○年○月○日　（至）令和○月○月○日　　（単位：円）

勘 定 科 目		社会福祉事業	公益事業	収益事業	合計	内部取引消去	法人合計
その他の活動による収支	収入　事業区分間繰入金収入	1,000			1,000	△1,000	0
	その他の活動収入計(7)						
	支出　事業区分間繰入金支出		1,000		1,000	△1,000	0
	その他の活動支出計(8)						
	その他の活動資金収支差額(9)＝(7)－(8)						

事業活動内訳表　　　　第2号第2様式
（自）令和○年○月○日　（至）令和○月○日　　（単位：円）

勘 定 科 目		社会福祉事業	公益事業	収益事業	合計	内部取引消去	法人合計
特別増減の部	収益　事業区分間繰入金収益	1,000			1,000	△1,000	0
	特別収益計(8)						
	費用　事業区分間繰入金費用		1,000		1,000	△1,000	0
	特別費用計(9))						
	特別増減差額(10)＝(8)－(9)						

② 事業区分間における内部貸借取引の残高の相殺消去

事業区分間における内部貸借取引の残高については、貸借対照表内訳表において相殺消去するものとされています。

例えば、公益事業から社会福祉事業に対して、事業区分間貸付金1,000があった場合の相殺消去の記載例を示すと、以下のようになります。

> 内訳表のうえで相殺消去するだけで、各区分の残高は、翌事業年度に繰り越されます。

貸借対照表内訳表　　　　　　　　第3号第2様式
令和　年　月　日現在
(単位：円)

勘定科目	社会福祉事業	公益事業	収益事業	合計	内部取引消去	法人合計
流動資産						
事業区分間貸付金		1,000		1,000	△1,000	0
流動負債						
事業区分間借入金	1,000			1,000	△1,000	0

③ 拠点区分間取引により生じる内部取引高の相殺消去

　次に、拠点区分間取引により生じる内部取引高については、（何）事業区分 資金収支内訳表（第1号第3号様式）及び（何）事業区分 事業活動内訳表（第2号第3号様式）において相殺消去するものとされています。

　例えば、介護事業所から保育所に対して、拠点区分間繰入金1,000があった場合の相殺消去の記載例を示すと、以下のようになります。

（何）事業区分　資金収支内訳表　　　　　第1号第3様式
（自）令和○年○月○日　（至）令和○月○月○日
(単位：円)

勘定科目		介護事業拠点区分	保育事業拠点区分	○○事業拠点区分	合計	内部取引消去	法人合計
その他の活動による収支	収入 拠点区分間繰入金収入		1,000		1,000	△1,000	0
	その他の活動収入計(7)						
	支出 拠点区分間繰入金支出	1,000			1,000	△1,000	0
	その他の活動支出計(8)						
	その他の活動資金収支差額(9)＝(7)－(8)						

（何）事業区分　事業活動内訳表　　　　　第2号第3様式
（自）令和○年○月○日　（至）令和○月○月○日
(単位：円)

勘定科目		介護事業拠点区分	保育事業拠点区分	○○事業拠点区分	合計	内部取引消去	法人合計
特別増減の部	収益 拠点区分間繰入金収益		1,000		1,000	△1,000	0
	特別収益計(8)						
	費用 拠点区分間繰入金費用	1,000			1,000	△1,000	0
	特別費用計(9)						
	特別増減差額(10)＝(8)－(9)						

④ 拠点区分間における内部貸借取引の残高の相殺消去

　拠点区分間における内部貸借取引の残高については、事業区分貸借対照表内訳表において相殺消去するものとされています。

例えば、介護事業所から保育所に対して、拠点区分間貸付金1,000があった場合の相殺消去の記載例を示すと、以下のようになります。

（何）事業区分　貸借対照表内訳表　　　　第３号第３様式
令和　年　月　日現在　　　　　　　　　　　　（単位：円）

勘定科目	介護事業拠点区分	保育事業拠点区分	○○事業拠点区分	合計	内部取引消去	法人合計
流動資産						
事業区分間貸付金	1,000			1,000	△1,000	0
流動負債						
事業区分間借入金		1,000		1,000	△1,000	0

⑤　サービス区分間取引により生じる内部取引高の相殺消去

最後に、サービス区分間取引により生じる内部取引高は、○○拠点区分資金収支明細書（別紙３（⑩））及び○○拠点区分事業活動明細書（別紙３（⑪））において相殺消去するものとされています。

ただし、○○拠点区分間事業活動明細書（別紙３（⑪））の様式は、「経常増減差額」までしか表示されていませんので、「特別増減の部」に記載されるサービス区分間における繰入金収益・費用のような取引については、相殺消去の状況は表示されません。

> 繰入金収益や繰入金・費用のような取引は、「特別増減の部」に記載されます。

しかしながら、これらの取引を相殺消去しないと、拠点区分事業活動計算書に「サービス区分間繰入金収益・費用」が表示されてしまいますので、正確な計算書類を作成することはできません。

したがって、明示的には相殺消去の状況が表示されないものの、水面下では、任意の様式で相殺消去を行い、記録を残しておく必要があります。また、貸借対照表については、サービス区分レベルの様式が示されていませんが、実務的には、第３号第３様式を参考にして作成しておくことになります。

> 通常は、会計ソフトで処理しますので、サービス区分間の内部取引についても自動的に相殺消去が行われるはずです。

なお、貸借対照表についても同様に、サービス区間の貸借関係が生じる場合には、相殺消去の処理が必要です。

以下では、特別養護老人ホーム区分から通所介護事業所区分に対するサービス区分間繰入金1,000があった場合の相殺消去を示します。念のため、「別紙３」の続きを示しておきます。

別紙3（⑩）

介護事業所 拠点区分　資金収支明細書
（自）令和　年　月　日（至）令和　年　月　日

社会福祉法人名＿＿＿＿＿＿＿＿＿＿＿＿＿＿＿＿＿＿＿＿＿＿

（単位：円）

勘　定　科　目		サービス区分		合計	内部取引消去	拠点区分合計
		特養	通所介護			
その他の活動による収支	収入 サービス区分間繰入金収入		1,000	1,000	△1,000	0
	その他の活動収入計(7)					
	支出 サービス区分間繰入金支出	1,000		1,000	△1,000	0
	その他の活動支出計(8)					

◆（別紙3（⑪）に続きがあるとしたら…）

介護事業所 拠点区分　事業活動明細書
（自）令和　年　月　日（至）令和　年　月　日

社会福祉法人名＿＿＿＿＿＿＿＿＿＿＿＿＿＿＿＿＿＿＿＿＿＿

（単位：円）

勘　定　科　目		サービス区分		合計	内部取引消去	拠点区分合計
		特養	通所介護			
特別増減の部	収入 サービス区分間繰入金収益		1,000	1,000	△1,000	0
	特別収益計(8)					
	支出 サービス区分間繰入金支出	1,000		1,000	△1,000	0
	特別収益計(9)					

◆介護事業所拠点区分　貸借対照表明細書を作成したとしたら…

介護事業所　拠点区分　貸借対照表明細表
令和　年　月　日現在

（単位：円）

勘　定　科　目	特養	通所介護	合計	内部取引消去	拠点区分合計
流動資産					
サービス区分間貸付金	1,000		1,000	△1,000	0
流動負債					
サービス区分間借入金		1,000	1,000	△1,000	0

※特養区分から通所介護区分へ貸付金1000がある場合

コラム　内部取引

　内部取引は、事業区分間、拠点区分間、サービス区分間の取引をいいますが、ただ形式的に区分していればそれでいいというわけではなく、その前提として、各区分が独立した会計単位であると考えて、会計処理を行う必要があります。

　この点の理解がないと、会計ソフトに仕訳を入力した際に、貸借が一致しなくなったり、ＢＳとＰＬの不整合を引き起こしたりすることになります。

　例えば、Ａ拠点がＢ拠点の業務委託費を立て替えて支払った場合に、拠点区分間の貸借を無視して仕訳をすると、各拠点区分では次のように**貸借不一致**という結果になります。

Ａ拠点・貸借対照表　　　　（期首）

現金預金	次期繰越活動増減差額
1000	1000

Ｂ拠点・貸借対照表　　　　（期首）

現金預金	次期繰越活動増減差額
0	0

借方	区分	金額	貸方	区分	金額
業 務 委 託 費	B	100	現 金 預 金	A	100

Ａ拠点・事業活動計算書　　（期末）

事業活動収益	0
事業活動費用	0
事業活動増減差額	0
前期繰越活動増減差額	1000
次期繰越活動増減差額	1000

Ｂ拠点・事業活動計算書　　（期末）

事業活動収益	0
事業活動費用	100
事業活動増減差額	△100
前期繰越活動増減差額	0
次期繰越活動増減差額	△100

Ａ拠点・貸借対照表

現金預金	次期繰越活動増減差額
900	1000

Ｂ拠点・貸借対照表

現金預金	次期繰越活動増減差額
0	△100

　社会福祉法人の会計基準では、拠点区分を１つの会計の管理単位と考えることとしていますので、法人全体が整合しているだけでなく、各拠点区分の貸借も一致している必要があります。そこで、同一法人の内輪のことなのですが、各拠点区分をそれぞれ他人のように見て貸借関係を明らかにして会計処理を行います。

Ａ拠点

借方	貸方	金額
拠点区分間貸付金	現金預金	100

Ｂ拠点

借方	貸方	金額
業務委託費	拠点区分間借入金	10

Ａ拠点・貸借対照表

現金預金	900	次期繰越活動	
拠点区分間貸付金	100	増減差額	1000

Ｂ拠点・貸借対照表

現金預金	0	拠点区分間借入金	100
		次期繰越活動増減差額	△100

　上の仕訳のように、Ａ拠点区分とＢ拠点区分それぞれに貸借の科目を使って、伝票を起票する必要があります。なお、法人の内部取引は、出入りは同時のことですので、よほどの事情がない限り、仕訳伝票の起票は一緒に（同時に）行うようにしましょう。別々に仕訳をしていると、貸借が合わなくなったときに原因を探すのに大変苦労することになります。

　以上のことは、事業区分間、サービス区分間でも考え方は、同じです。

15 就労支援事業の会計処理

1．就労支援事業の会計の概要

　就労支援事業者は、生産活動に従事している利用者に対して、生産活動に係る事業の**収益**から**生産活動に係る事業に必要な経費を控除した額に相当する金額**（以下、「剰余金」）を工賃として支払わなければならないこととされています。

　そのため、生産活動から生じた余剰金については、法人に処分権限がないことから、法人の会計とは別途管理する必要があります。

　従前は、法人の会計と切り離して会計処理を行うために、「授産会計基準」が適用されていました。しかし、平成23年7月27日に「社会福祉法人会計基準の制定について」の発出により、事業の異なるごとに適用されていた会計ルールの統合が図られ、法人の計算書類の中に取り込まれる形になりました。

　形式的には、法人の計算書類の中に組み込まれていますが、基本的な考え方は同じですので、従前の考え方を踏まえた会計処理に留意する必要があります。

　就労支援事業の範囲は、以下のとおりとされています。

障害福祉サービスとしての就労支援事業と、そこにおいて実施される「生産活動」とを区別する必要があります。

【運用上の取扱い】 （局長通知）

> **26　附属明細書について（会計基準省令第30条関係）**
> (2) 拠点区分で作成する附属明細書（別紙3（⑧）から別紙3（⑲）
> 　エ　就労支援事業に関する明細書（別紙3（⑮）から別紙3（⑮-2））の取扱い
> 　　就労支援事業に関する明細書の取扱いは以下のとおりとする。
> （ア）対象範囲
> 　　就労支援事業の範囲は以下のとおりとする。
> 　　① 障害者の日常生活及び社会生活を総合的に支援するための法律第5条第13項に規定する**就労移行支援**
> 　　② 同法施行規則第6条の10第1号に規定する**就労継続支援A型**
> 　　③ 同法施行規則第6条の10第2号に規定する**就労継続支援B型**
> 　　また、同法第5条第7項に基づく**生活介護等**において、生産活動を実施する場合については、就労支援事業に関する明細書を作成できるものとする。

　「運用上の取扱い」では、①就労移行支援、②就労継続支援A型、③就労継続支援B型、の3種類に加えて、④生活介護事業等が、適用対象の範囲として掲げられています。

　いずれも障害福祉サービスに係る生産活動等によるものですが、生活保護法に基づく授産施設についても、使用する勘定科目は異なるものの、同様の考え方に基づいて会計処理が行われています。

計算書類のうち拠点区分別の第4様式から就労支援事業に係る部分だけを抜き出すと、以下のようになります。

（何）拠点区分　資金収支計算書　第1号第4様式
（自）令和　年　月　日（至）令和　年　月　日　　（単位：円）

勘　定　科　目			予算(A)	決算(B)	差異(A)−(B)	備考
事業活動による収支	収入	就労支援事業収入	＊＊＊	＊＊＊	＊＊	
		事業活動収入計(1)				
	支出	就労支援事業支出　就労支援事業販売原価支出　　就労支援事業製造原価支出　　就労支援事業仕入支出　　就労支援事業販管費支出	＊＊＊	＊＊＊	＊＊	
		事業活動支出計(2)				
		事業活動資金収支差額(3)＝(1)−(2)				

（何）拠点区分　事業活動計算書　第2号第4様式
自）令和　年　月　日（至）令和　年　月　日　　（単位：円）

勘　定　科　目			当年度決算(A)	前年度決算(B)	増減(A)−(B)
サービス活動増減の部	収益	就労支援事業収益	＊＊＊	＊＊＊	＊＊
		サービス活動収益計(1)			
	費用	就労支援事業費用　就労支援事業販売原価　　期首製品（商品）棚卸高　　当期就労支援事業製造原価　　当期就労支援事業仕入高　　期末製品（商品）棚卸高　就労支援事業販管費	＊＊＊	＊＊＊	＊＊
		サービス活動費用計(2)			
		サービス活動増減差額(3)＝(1)−(2)			

（何）拠点区分　貸借対照表　第3号第4様式
令和　年3月31日現在　　（単位：円）

資　産　の　部	当年度末	前年度末	増減	負　債　の　部	当年度末	前年度末	増減
流動資産	××	××	××	流動負債	××	××	××
・・・				短期運営資金借入金	＊＊＊	＊＊＊	＊＊＊
商品・製品	＊＊＊	＊＊＊	＊＊＊	・・・			
仕掛品	＊＊＊	＊＊＊	＊＊＊				
原材料	＊＊＊	＊＊＊	＊＊＊				
・・・							
				固定負債			

事業活動計算書の就労支援事業に係る損益計算については、明細書の作成が必要です。様式と相互の関連は、次葉のとおりとなります。

給食用材料も該当する場合があります。

就労支援事業別事業活動明細書　　　別紙3（⑮）
（自）令和　年　月　日（至）令和　年　月　日

社会福祉法人名
拠点区分

（単位：円）

	勘　定　科　目	合　計	○○作業	△△作業
収益	就労支援事業収益	＊＊＊	＊＊＊	＊＊
	就労支援事業活動収益計			
費用	就労支援事業販売原価	＊＊＊＊	＊＊＊	＊＊＊
	期首製品（商品）棚卸高	＊＊＊＊	＊＊＊	＊＊＊
	当期就労支援事業製造原価	（明細⑯より）	（明細⑯より）	（明細⑯より）
	当期就労支援事業仕入高	＊＊＊＊	＊＊＊	＊＊＊
	合計	＊＊＊＊	＊＊＊	＊＊＊
	期末製品（商品）棚卸高	＊＊＊＊	＊＊＊	＊＊＊
	差引			
	就労支援事業販管費	（明細⑰より）	（明細⑰より）	（明細⑰より）
	就労支援事業活動費用計	＊＊＊＊	＊＊＊	＊＊＊
	就労支援事業活動増減差額	＊＊＊＊	＊＊＊	＊＊＊

就労支援事業製造原価明細書　　　別紙3（⑯）
（自）令和　年　月　日（至）令和　年　月　日

社会福祉法人名
拠点区分

（単位：円）

勘　定　科　目	合　計	○○作業	△△作業
Ⅰ　材料費　　・・・	＊＊＊＊	＊＊＊	＊＊＊
Ⅱ　労務費　　・・・	＊＊＊＊	＊＊＊	＊＊＊
Ⅲ　外注加工費　・・・	＊＊＊＊	＊＊＊	＊＊＊
Ⅳ　経費　　・・・	＊＊＊＊	＊＊＊	＊＊＊
当期就労支援事業製造総費用	＊＊＊＊	＊＊＊	＊＊＊
期首仕掛品棚卸高	＊＊＊＊	＊＊＊	＊＊＊
合計	＊＊＊＊	＊＊＊	＊＊＊
期末仕掛品棚卸高	＊＊＊＊	＊＊＊	＊＊＊
当期 就労支援事業 製造原価	（明細⑮へ）	（明細⑮へ）	（明細⑮へ）

就労支援事業販管費明細書　　　別紙3（⑰）
（自）令和　年　月　日（至）令和　年　月　日

社会福祉法人名
拠点区分

（単位：円）

勘　定　科　目	合　計	○○作業	△△作業
1．利用者賃金	＊＊＊＊	＊＊＊	＊＊＊
2．利用者工賃	＊＊＊＊	＊＊＊	＊＊＊
3．福利厚生費	＊＊＊＊	＊＊＊	＊＊＊
4．消耗品費	＊＊＊＊	＊＊＊	＊＊＊
など			
就労支援事業 販管費 合計	（明細⑮へ）	（明細⑮へ）	（明細⑮へ）

　上に示した様式は、単一の事業を行っている場合ですが、複数の事業を実施している場合は、多機能型の様式を使用します。

作成単位は、拠点区分別です。

２．就労支援事業の会計の勘定連絡

会計では、サービス業や商品売買業を対象にする簿記のことを商業簿記と呼び、製造業を対象とする簿記を工業簿記と呼んでいます。

工業簿記では、モノを造る過程に対応するお金の流れを把握して、製品の製造原価を計算します。就労支援事業の会計では、この工業簿記の考え方を前提にして計算書類の様式が定められています。

勘定科目間の連絡イメージを示すと以下のようになります。

製造課程における原価の振替えはすべて支払資金が増減しない取引となります。

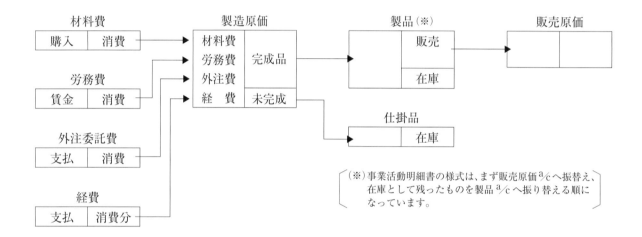

（※）事業活動明細書の様式は、まず販売原価a/cへ振替え、在庫として残ったものを製品a/cへ振り替える順になっています。

上の関連図では、工業簿記の一般的な考え方に従って、製造原価を集計する科目として製造原価勘定を使用しています。

製造原価勘定は、「会計基準省令」において勘定科目としては示されていませんが、計算書類では集約科目として表示されており、生産活動が工場で行われるように、製造原価を集計する場所を観念した方が実際のモノやヒトの流れに沿っているので、初めて工業簿記を学習する方には、イメージしやすいのではないでしょうか。

「就労支援事業製造原価明細書」は、まさしく製造原価勘定を体現したような姿をしています。

以下に、貸借対照表に計上される代表的な科目の説明を載せておきますので、内容を確認してください。

製造原価勘定を用いずに、仕掛品勘定だけで処理する考え方もあります。仕掛品は、「しかかりひん」と読みます。

仕掛品は、製造過程で仕掛り中のもので、未完成の状態にあることを意味します。

勘定科目名	説　明（貸借対照表で、棚卸資産として計上されます。）
商品・製品	売買又は製造する物品の販売を目的として所有するものをいう。
仕　掛　品	製品製造又は受託加工のために現に仕掛中（しかかりちゅう）のものをいう。
原　材　料	製品製造又は受託加工の目的で消費される物品で、消費されていないものをいう。

以下、簡単な設例を使って、計算書類の表示がどのようになっているのかを確認してみましょう。

例題 7　内職作業の請負

① 近隣の事業所から、組立て作業の内職を1個5円で請け負っている。
② 令和○年5月の1か月間で1万個を納品した。
③ 組立て作業の代金5万円は、月末に現金で受け取った。
④ 内職作業による収入を、利用者工賃として現金支給した。
⑤ 組立て作業に必要な工具や消耗品などは、すべて受託先の事業所から配給されている。
⑥ 便宜的に、作業工賃以外の経費は発生しないものとする。

上記の条件を踏まえて、最低限必要となる仕訳（振替に係る仕訳省略）と、精算表への記入を示すと、以下のようになります。

借方科目	金額	貸方科目	金額
現金預金	50,000	就労支援事業収益	50,000
利用者工賃	50,000	現金預金	50,000

精算表

（単位：円）

摘要	期首B／S 借方(資産)	期首B／S 貸方(負債・純資産)	期中資金増減取引 借方	期中資金増減取引 貸方	期中その他取引 借方	期中その他取引 貸方	期末B／S 借方(資産)	期末B／S 貸方(負債・純資産)
			資金収支計算書					
B／S合計	×××	×××					×××	×××
							P／L 借方(費用)	貸方(収益)
【就労支援事業明細書】								
就労支援事業収益				50,000				50,000
就労支援事業費用					振替50,000		50,000	
							製造原価明細書 借方(費用)	貸方(収益)
【製造原価明細書】								
利用者工賃			50,000				50,000	
振替：就労事業費用						振替50,000		振替50,000
合計			50,000	50,000	50,000	50,000	50,000	50,000

製造原価の計算を行うことを**原価計算**といいます。また、原価計算を行う期間のことを**原価計算期間**といい、製造業では、慣行的に1か月を計算期間とされています。就労支援事業の作業にかかる工賃の支払いについても、通常のお給料計算の1か月を単位にして精算を行うことが整合的です。12か月を合計して、年間の計算書類を作成することになります。

上の精算表を転記すると、計算書類の表示は、次葉のようになります。

賃金・工賃の計算は、賃金・工賃規程に基づいて計算が行われます。

（何）拠点区分　資金収支計算書　　　　　第1号第4様式

（自）令和　年　月　日　（至）令和　年　月　日

（単位：円）

勘 定 科 目			予算(A)	決算(B)	差異(A)−(B)	備考
事業活動による収支	収入	就労支援事業収入	＊＊＊	50,000	＊＊	
		事業活動収入計(1)		50,000		
	支出	就労支援事業支出 　就労支援事業製造原価支出	＊＊＊	50,000 50,000	＊＊	
		事業活動支出計(2)		50,000		
	事業活動資金収支差額(3)＝(1)−(2)			0		

（何）拠点区分　事業活動計算書　　　　　第2号第4様式

（自）令和　年　月　日　（至）令和　年　月　日

（単位：円）

勘 定 科 目			当年度決算(A)	前年度決算(B)	増減(A)−(B)
サービス活動増減の部	収益	就労支援事業収益	50,000	＊＊＊	＊＊
		サービス活動収益計(1)	50,000		
	費用	就労支援事業費用 　就労支援事業販売原価 　　当期就労支援事業製造原価	50,000 50,000 50,000	＊＊＊	＊＊
		サービス活動費用計(2)	50,000		
	サービス活動増減差額(3)＝(1)−(2)		0		

※以下の付属明細書の左肩に記載する法人と拠点区分の名称欄は省略しています。

就労支援事業別事業活動明細書　　　　　別紙3（⑮）

（自）令和　年　月　日　（至）令和　年　月　日

（単位：円）

勘 定 科 目		合　計	内職作業	
収益	就労支援事業収益	50,000	50,000	
	就労支援事業活動収益計	50,000	50,000	
費用	就労支援事業販売原価	50,000	50,000	
	当期就労支援事業製造原価	50,000	50,000	
	就労支援事業活動費用計	50,000	50,000	
就労支援事業活動増減差額		0	0	

就労支援事業製造原価明細書　　　　　別紙3（⑯）

（自）令和　年　月　日　（至）令和　年　月　日

（単位：円）

勘 定 科 目	合　計	内職作業	
Ⅰ　材料費			
当期材料費	0	0	
Ⅱ　労務費			
1．利用者工賃	50,000	50,000	
当期労務費	50,000	50,000	
Ⅲ　外注加工費			
当期外注加工費	0	0	
Ⅳ　経費			
当期経費	0	0	
当期就労支援事業製造総費用	50,000	50,000	
期首仕掛品棚卸高	0	0	
合計	50,000	50,000	
期末仕掛品棚卸高	0	0	
当期 就労支援事業 製造原価	50,000	50,000	

もう少し、具体的な設例を使って、計算書類を作成してみましょう。

例題 8 製菓製造販売（就労継続支援Ｂ型事業）

以下の条件に従って、必要な仕訳を示すとともに、精算表の記入を示しなさい。

なお、支払いが必要なものは、すべて現金預金にて支払い済みであるものとする。

① 原材料仕入高　　　　28,000円　　（仕入材料は、すべてを投入した。）

② 製造諸経費支払額　　17,000円　　（③の減価償却費を除く。）

③ 備品減価償却費　　　　6,000円

④ 原材料等をすべて投入し、製菓の製造に着手した。（製造原価勘定へ振替え）

⑤ 完成品は300セットで、すべてが完成し、製造原価の全額を就労支援事業費用の販売原価へ振り替えた。未完成のものはない。

⑥ 販売価格は、1セット300円で、280セットを販売した。

⑦ 販売管理諸経費支払額　9,000円　　（販売費用を総称しています。）

⑧ 販売管理諸経費を就労支援事業費用の販管費へ振替えた。

⑨ 在庫となった20セットを製品（棚卸資産）へ振り替えた。

⑩ 工賃支払額　　　　（　？　）円　　（余剰金の全額を支給した。）

【仕　訳】

No.	摘　　要	借方科目	金額	貸方科目	金額
①	材料の仕入れ	材料費	28,000	現金預金	28,000
②	経費の支払い	製造諸経費	17,000	現金預金	17,000
③	減価償却費の計上	減価償却費	6,000	器具及び備品	6,000
④	製造過程への投入 （製造原価の集計）	製造原価	51,000	材料費 製造諸経費 減価償却費	28,000 17,000 6,000
⑤	製品の完成	就労支援事業費用 ／販売原価	51,000	製造原価	51,000
⑥	製菓販売	現金預金	84,000	就労支援事業収益	84,000
⑦	販売管理費の支払い	販売管理諸経費	9,000	現金預金	9,000
⑧	販管費の振替	就労支援事業費用 ／販管費	9,000	販売管理諸経費	9,000
⑨	期末製品棚卸高	商品・製品	3,400	期末製品棚卸高	3,400
⑩	利用者工賃の支給	利用者工賃	27,400	現金預金	27,400

【計算過程】

(1) 製菓売上高　　　280セット×300円＝84,000円

(2) 製造原価合計　　28,000円＋17,000円＋6,000円＝51,000円

(3) 1個当たりの製造原価　　51,000円÷300セット＝170円／セット

(4) 期末製品棚卸高　　20セット×170円／セット＝3,400円

(5) 当期販売原価　　　280セット×170円／セット＝47,600円

(6) 利用者工賃：84,000円－47,600円－9,000円＝27,400円

利用者工賃は、最後に計算されることになります。

【参考】勘定連絡図

材料費

①現金預金	28,000	④製造原価	28,000
合計	28,000	合計	28,000

製造原価

④諸口	51,000	⑤販売原価	51,000
合計	51,000	合計	51,000

製造諸経費

②現金預金	17,000	④製造原価	17,000
合計	17,000	合計	17,000

就労支援事業費用／販売原価

⑤製造原価	51,000	⑨製品	3,400
		※損益	47,600
合計	51,000	合計	51,000

減価償却費

③器具及び備品	6,000	④製造原価	6,000
合計	6,000	合計	6,000

就労支援事業収益

※損益	84,000	⑥現金預金	84,000
合計	84,000	合計	84,000

販売管理諸経費

⑦現金預金	9,000	⑧販管費	9,000
合計	9,000	合計	9,000

就労支援事業費用／販管費

⑧販売管理諸経費	9,000	※損益	9,000
合計	9,000	合計	9,000

利用者工賃

⑩現金預金	27,400	※損益	27,400
合計	27,400	合計	27,400

製品

⑨販売原価	3,400	※次期繰越	3,400
合計	3,400	合計	3,400

※損益

就労／販売原価	47,600	就労支援事業収益	84,000
就労／販管費	9,000		
利用者工賃	27,400		
活動増減差額	0		
合計	84,000	合計	84,000

◆勘定連絡の考え方

　勘定連絡には、いくつかのパターンが考えられますが、設例を前提にすると上のような形になります。一般的な工業簿記とは異なり、特徴的なのは、利用者工賃を製造原価に含めず、最終損益がゼロとなるように金額を算出する点です。上の連絡図では、損益勘定において活動増減差額が"ゼロ"になるようにして締め切っています。

　なお、損益勘定への振替仕訳も必要なのですが、省略しています。

　上図では、附属明細書の様式に合わせて、完成品原価を、まず販売原価に振り替えた後、在庫分を製品勘定へ振り替えるという、通常とは逆の流れの処理を行っています。

精算表（就労支援事業）

(単位：円)

摘　要	期首B／S 借方(資産)	期首B／S 貸方(負債・純資産)	期中資金増減取引 借方	期中資金増減取引 貸方	その他取引 借方	その他取引 貸方	期末B／S 借方(資産)	期末B／S 貸方(負債・純資産)
商品・製品	0				⑨振替3,400		3,400	
仕掛品	0						0	
器具及び備品	38,000					③ 6,000	32,000	
			資金収支計算書					
B／S合計	×××	×××					×××	×××

就労支援事業明細書

	借方(費用)	貸方(収益)
【就労支援事業明細書】		
就労支援事業収益		
製菓売上高	⑥ 84,000（期中貸方）	84,000
就労支援事業費用		
販売原価		
期首棚卸高		0
製造原価	⑤振替51,000	51,000
期末棚卸高	⑨振替3,400	3,400
販管費	⑧振替9,000	9,000
合計	60,000	87,400
（差引：剰余金）	(27,400)	←余剰金
【剰余金処分】		
利用者工賃	⑩ 27,400	27,400
積立金		0
合計	87,400	87,400

販管費明細書

	借方(費用)	貸方(収益)
【販管費明細書】		
販売管理諸経費	⑦ 9,000	9,000
振替：就労事業費用	⑧振替9,000	振替9,000
販管費合計	9,000	9,000

製造原価明細書

	期中借方	その他借方	その他貸方	借方(費用)	貸方(収益)
【製造原価明細書】					
材料費	① 28,000	④ 28,000	④ 28,000	28,000	
製造諸経費	② 17,000	④ 17,000	④ 17,000	17,000	
減価償却費		③ 6,000		6,000	
		④ 6,000	④ 6,000		
仕掛品				0	
振替：就労事業費用			⑤振替51,000		振替51,000
製造原価合計				51,000	51,000
小計	81,400	84,000			
差引：収支差額	2,600				
合計	84,000	84,000	69,400	69,400	

　製品の製造原価を計算する場合、利用者工賃を含めて計算を行うのが通常ですが、就労支援事業では、生産活動などから生じる余剰金を原資として利用者工賃が支払われることから、上の精算表では、差額として利用者工賃が計算されるような形式にしています。

　計算書類と附属明細書の表示は、以下のようになります。

販売管理費明細書の内訳は省略しています。

※以下では、事業年度、法人名、拠点区分名の記載欄を省略しています。（単位：円）

（何）拠点区分　資金収支計算書　　　　　第1号第4様式

勘　定　科　目		予算(A)	決算(B)	差異(A)−(B)	備考
事業活動による収支	収入 就労支援事業収入	＊＊＊	84,000	＊＊	
	事業活動収入計(1)		84,000		
	支出 就労支援事業支出 　　就労支援事業製造原価支出	＊＊＊	81,400 81,400	＊＊	
	事業活動支出計(2)		81,400		
事業活動資金収支差額(3)＝(1)−(2)			2,600		

（何）拠点区分　事業活動計算書　　　　　第2号第4様式

勘　定　科　目		当年度決算(A)	前年度決算(B)	増減(A)−(B)
サービス活動増減計算書	収益 就労支援事業収益	84,000	＊＊＊	＊＊
	サービス活動収益計(1)	84,000		
	費用 就労支援事業費用	84,000		
	就労支援事業販売原価	75,000		
	期首製品（商品）棚卸高	0		
	当期就労支援事業製造原価	78,400	＊＊＊	＊＊
	合計	78,400		
	期末製品（商品）棚卸高	3,400		
	差引	75,000		
	就労支援事業販管費	9,000		
	サービス活動費用計(2)	84,000		
サービス活動増減差額(3)＝(1)−(2)		0		

就労支援事業別事業活動明細書　　　　　別紙3　⑮

勘　定　科　目		合　計	製菓事業	
収益	就労支援事業収益	84,000	84,000	
	就労支援事業活動収益計	84,000	84,000	
費用	就労支援事業販売原価	84,000	84,000	
	当期就労支援事業製造原価	75,000	75,000	
	当期就労支援事業製造原価	78,400	78,400	
	期末製品（商品）棚卸高	3,400	3,400	
	就労支援事業販管費	9,000	9,000	
	就労支援事業活動費用計	84,000	84,000	
就労支援事業活動増減差額		0	0	

就労支援事業製造原価明細書　　　　　別紙3　⑯

勘　定　科　目	合　計	製菓事業	
Ⅰ　材料費			
1．材料費	28,000	28,000	
当期材料費	28,000	28,000	
Ⅱ　労務費			
1．利用者工賃	27,400	27,400	
当期労務費	27,400	27,400	
Ⅲ　経費			
1．製造諸経費	17,000	17,000	
2．減価償却費	6,000	6,000	
当期経費	23,000	23,000	
当期就労支援事業製造総費用	78,400	78,400	
期首仕掛品棚卸高	0	0	
合計	78,400	78,400	
期末仕掛品棚卸高	0	0	
当期 就労支援事業 製造原価	78,4000	78,4000	

　なお、サービス区分ごとに定める就労支援事業について、各就労支援事業の年間売上高が5,000万円以下であって、多種少額の生産活動を行う等の理由によって、製造業務と販売業務に係る費用を区分することが困難な場合は、「就労支援事業製造原価明細書（別紙3（⑯））」と「就労支援事業販管費明細書（別紙3（⑰））」の作成に替えて、両明細書の合体版の「就労支援事業明細書（別紙3（⑱））」を作成すれば足りることとされています。

　また、就労支援事業にかかわる生産活動等では、原則として剰余金は発生しないこととされていますが、将来に亘って安定的に工賃を支給し、又は安定的かつ円滑に就労支援事業を継続するために、理事会の議決に基づき就労支援事業別事業活動明細書の就労支援事業活動増減差額から一定の金額を積立金として計上することが認められています。

【運用上の留意事項】 （課長通知）

19　積立金と積立資産について

(1)　積立資産の積立て

　運用上の取り扱い第19において積立金を計上する際は同額の積立資産を積み立てることとしているが、資金管理上の理由等から積立資産の積立てが必要とされる場合には、その名称・理由を明確化した上で積立金を積み立てずに積立資産を計上できるものとする（運用上の取り扱い別紙3（⑫）「積立金・積立資産明細書」参照）。

(2)　積立資産の積立ての時期

　積立金と積立資産の積立ては、増減差額の発生した年度の計算書類に反映させるものであるが、専用の預金口座で管理する場合は、遅くとも決算理事会終了後2か月を越えないうちに行うものとする。

(3)　就労支援事業に関する積立金

　就労支援事業については、指定基準において「就労支援事業収入から就労支援事業に必要な経費を控除した額に相当する金額を工賃として支払わなければならない」としていることから、原則として剰余金は発生しないものである。

　しかしながら、将来にわたり安定的に工賃を支給し、又は安定的かつ円滑に就労支援事業を継続するため、また、次のような特定の目的の支出に備えるため、理事会の議決に基づき就労支援事業別事業活動明細書の就労支援事業活動増減差額から一定の金額を次の積立金として計上することができるものとする。また、積立金を計上する場合には、同額の積立資産を計上することによりその存在を明らかにしなければならない。

　なお、次の積立金は、当該年度の利用者賃金及び利用者工賃の支払額が、前年度の利用者賃金及び利用者工賃の支払実績額を下回らない場合に限り、計上できるものとする。

ア　工賃変動積立金

　毎会計年度、一定の工賃水準を利用者に保障するため、将来の一定の工賃水準を下回る工

賃の補填に備え、次に掲げる各事業年度における積立額及び積立額の上限額の範囲内において、「工賃変動積立金」を計上できるものとする。

- ・各事業年度における積立額：過去３年間の平均工賃の10％以内
- ・積立額の上限額：過去３年間の平均工賃の50％以内

なお、保障すべき一定の工賃水準とは、過去３年間の最低工賃（天災等により工賃が大幅に減少した年度を除く。）とし、これを下回った年度については、理事会の議決に基づき工賃変動積立金及び工賃変動積立資産を取り崩して工賃を補填し、補填された工賃を利用者に支給するものとする。

イ　設備等整備積立金

就労支援事業を安定的かつ円滑に継続するため、就労支援事業に要する設備等の更新、又は新たな業種への展開を行うための設備等の導入のための資金需要に対応するため、次に掲げる各事業年度における積立額及び積立額の上限額の範囲内において、設備等整備積立金を計上できるものとする。

- ・各事業年度における積立額：就労支援事業収入の10％以内
- ・積立額の上限額：就労支援事業資産の取得価額の75％以内

なお、設備等整備積立金の積み立てに当たっては、施設の大規模改修への国庫補助、高齢・障害者雇用支援機構の助成金に留意することとし、設備等整備積立金により就労支援事業に要する設備等の更新、又は新たな業種への展開を行うための設備等を導入した場合には、対応する積立金及び積立資産を取り崩すものとする。

ウ　積立金の流用及び繰替使用

積立金は、上述のとおり、一定の工賃水準の保障、就労支援事業の安定的かつ円滑な継続という特定の目的のために、一定の条件の下に認められるものであることから、その他の目的のための支出への流用（積立金の流用とは、積立金の取り崩しではなく、積立金に対応して設定した積立資産の取崩しをいう。）は認められない。

しかしながら、就労支援事業に伴う自立支援給付費収入の受取時期が、請求及びその審査等に一定の時間を要し、事業の実施月から見て２か月以上遅延する場合が想定されることから、このような場合に限り、上述の積立金に対応する資金の一部を一時繰替使用することができるものとする。

ただし、繰替えて使用した資金は、自立支援給付費収入により必ず補填することとし、積立金の目的の達成に支障を来さないように留意すること。

(4)　授産事業に関する積立金

授産施設は、最低基準において「授産施設の利用者には、事業収入の額から、事業に必要な経費の額を控除した額に相当する額の工賃を支払わなければならない。」と規定していることから、原則として剰余金は発生しないものである。

しかしながら、会計基準省令第６条第３項に規定する「その他の積立金」により、人件費積立金、修繕積立金、備品等購入積立金、工賃平均積立金等の積立金として処理を行うことは可能である。

なお、積立金を計上する場合には、同額の積立資産を計上することによりその存在を明らかにしなければならない。

練習問題 19 製菓製造販売（就労継続支援Ｂ型事業）

【例題－８】を前提に、その翌事業年度の生産活動について、以下の条件に従って、必要な仕訳を示すとともに、精算表へ記入し、計算書類の表示を示してください。

なお、支払いが必要なものは、すべて現金預金にて支払済みであるものとします。

①原材料仕入高　　　　　　　　30,000円　　　（仕入材料は、すべてを投入した。）

②製造諸経費支払額　　　　　　18,000円　　　（④の減価償却費を除く。）

③備品減価償却費　　　　　　　 6,000円

④完成品は300セットで、すべてが完成し、未完成のものはない。

⑤販売価格は、１セット300円で、290セットを販売した。

⑥販売管理諸経費　　　　　　　10,000円　　　（販売費用を総称している。）

⑦工賃支払額　　　　　　　　　（　？　）円　　　（余剰金の全額を支給した。）

摘　　要	借方科目	金額	貸方科目	金額
材料の仕入れ				
経費の支払い				
減価償却費の計上				
製造過程への投入 （製造原価の集計）	製造原価		製造原価	
完成品の振替	就労支援事業費用 /販売原価		製造原価	
製菓販売				
販売管理費の支払い				
販管費の振替	就労支援事業費用 /販管費			
期首製品棚卸高の振替				
期末製品棚卸高の振替				
利用者工賃の支給				

【計算過程】

(1) 製菓売上高

(2) 製造原価合計

(3) １個当たりの製造原価

(4) 期末製品棚卸高

(5) 当期販売原価：

　　①前期製造分：

　　②当期製造分：

(6) 利用者工賃：

【ヒント】

①クッキーは、先に作ったものから売れて、後から作ったものが残ったと考えます。このような考え方を先入先出法といいます。

②利用者工賃は、最後に計算します。

精算表（就労支援事業）

（単位：円）

摘　要	期首B／S 借方 (資産)	期首B／S 貸方 (負債・純資産)	期中資金増減取引 借方	期中資金増減取引 貸方	その他取引 借方	その他取引 貸方	期末B／S 借方 (資産)	期末B／S 貸方 (負債・純資産)
製品・商品	3,400				振替	振替		
仕掛品	0							
器具及び備品	32,000							
			資金収支計算書					
B／S合計	×××	×××					×××	×××
							就労支援事業明細書	
【就労支援事業明細書】							借方 (費用)	貸方 (収益)
就労支援事業収益								
製菓売上高								
就労支援事業費用								
販売原価								
期首棚卸高					振替			
製造原価					振替			
期末棚卸高						振替		
販管費					振替			
合計								
（差引：剰余金）								←余剰金
【剰余金処分】								
利用者工賃								
積立金							0	
合計								
							販管費明細書	
【販管費明細書】							借方 (費用)	貸方 (収益)
販売管理諸経費								
振替：就労事業費用						振替		振替
販管費合計								
							製造原価明細書	
【製造原価明細書】							借方 (費用)	貸方 (収益)
材料費								
製造諸経費								
減価償却費								
仕掛品							0	
振替：就労事業費用						振替		振替
製造原価合計								
小計								
差引：収支差額								
合計								

（何）拠点区分　**資金収支計算書**　　第1号第4様式

勘　定　科　目			予算(A)	決算(B)	差異(A)−(B)	備考
事業活動による収支	収入	就労支援事業収入	＊＊＊		＊＊	
		事業活動収入計(1)				
	支出	就労支援事業支出 　就労支援事業製造原価支出	＊＊＊		＊＊	
		事業活動支出計(2)				
		事業活動資金収支差額(3)＝(1)−(2)				

（何）拠点区分　**事業活動計算書**　　第2号第4様式

勘　定　科　目			当年度決算(A)	前年度決算(B)	増減(A)−(B)
サービス活動増減計算書	収益	就労支援事業収益		＊＊＊	＊＊
		サービス活動収益計(1)			
	費用	就労支援事業費用 　就労支援事業販売原価 　　期首製品（商品）棚卸高 　　当期就労支援事業製造原価 　　　合計 　　期末製品（商品）棚卸高 　　差引 　就労支援事業販管費		＊＊＊	＊＊＊
		サービス活動費用計(2)			
		サービス活動増減差額(3)＝(1)−(2)			

就労支援事業別事業活動明細書　　別紙3（⑮）

勘　定　科　目		合計	製菓事業	
収益	就労支援事業収益			
	就労支援事業活動収益計			
費用	就労支援事業販売原価 　当期就労支援事業製造原価 　期首製品（商品）棚卸高 　当期就労支援事業製造原価 　期末製品（商品）棚卸高 　就労支援事業販管費			
	就労支援事業活動費用計			
	就労支援事業活動増減差額			

就労支援事業製造原価明細書　　別紙3（⑯）

勘　定　科　目	合計	製菓事業	
Ⅰ　材料費			
1．材料費			
当期材料費			
Ⅱ　労務費			
1．利用者工賃			
当期労務費			
Ⅲ　経費			
1．製造諸経費			
2．減価償却費			
当期経費			
当期就労支援事業製造総費用			
期首仕掛品棚卸高			
合計			
期末仕掛品棚卸高			
当期 就労支援事業 製造原価			

16 予算

1．予算の根源

　社会福祉法人の一生は、「財産」の寄附を受けて始まります。ですから、「財産の塊（かたまり）」から法人がスタートすることになります。このことを、格好をつけて言い換えると、社会福祉法人は、「財団」としての性質を持っているということになります。

　でも、「財産の塊」だけが、「ただ、そこにあるだけ。」というのでは、全くなにも起こり得ません。「ただ、風が吹くだけ…。」です。

　ここで大切なことは、「財産の塊」に"魂（たましい）"が宿ることです。

　この"魂"に相当するのが「寄附者の意志」です。この「寄附者の意志」によって、財産の使い道が決まって、社会福祉事業の運営が行われることになります。

　ただし、財産だけでは、寄附者の意志を反映して"動くこと"はできませんので、人間が評議員会を組織して、「財産の塊」が活動できるように補佐します。評議員会では、寄附者の意志を反映した事業運営が行われるように、法人の方向性が指示されることになります。この法人の方向性に合わせた具体的な事業運営を実行するために、理事が選任されて理事会が組織されます。そして、寄附者の意志に沿った事業運営が実施されているかどうかを監督する役目を担っています。

　その意味で、「寄附金」というのは、法人の根本をなすものなので、会計では、基本金として計上することとしています。

財団に対して、「人の集まり」をもってスタートするのが「社団」です。

社会福祉法人は、財団としての性質を有するが故に、平成29年４月から施行された改正社会福祉法において、一般財団法人に係る法律がたくさん準用されています。

貸借対照表

資　産	基本金
寄附者の意志に沿った事業のために活用	寄附者の意志

老人福祉のための寄附
障害者福祉のための寄附
子ども・子育て支援のための寄附
　　　　　　　など

　寄附者の意志に沿った方向性を形にするために１年を単位とした**事業計画**が策定され、その事業計画を実行するための資金的な手当てをするために**資金収支予算**が編成されることになります。

2．予算と経理

　事業計画に基づいて予算が編成されますが、この予算によってはじめて資金の収入・支出の権限が付与されます。

　この点、「運用上の留意事項」（課長通知）では、以下のように規定されています。

【運用上の留意事項】　　　　　　　　　　　　　　　　　　（課長通知）

> **2　予算と経理**
> (1)　法人は、事業計画をもとに資金収支予算書を作成するものとし、資金収支予算書は拠点区分ごとに収入支出予算を編成することとする。
> 　　また、資金収支予算書の勘定科目は、資金収支計算書の勘定科目に準拠することとする。
> (2)　法人は、全ての収入及び支出について予算を編成し、予算に基づいて事業活動を行うこととする。
> 　　なお、年度途中で予算との乖離等が見込まれる場合は、必要な収入及び支出について補正予算を編成するものとする。ただし、乖離額等が法人の運営に支障がなく、軽微な範囲にとどまる場合は、この限りではない。

　資金収支予算は、一体として運営される施設や事業所に基づいて設定された拠点区分を単位として編成します。拠点区分ごとに、事業計画に沿って、資金の収入・支出の予算額を積算して編成します。

　資金収支予算の編成のタイミングですが、1年を単位として、毎年度編成することとされていますので、事業年度が始まる前日までに予算の承認を受ける必要があります。

　なお、拠点区分では、予算を編成して、その予算に基づいて事業活動を行いますが、年度途中で当初の予算と乖離が生じる場合があります。

　特に、当初の予算を超えるような支出が発生するような場合には、補正予算を編成する必要があります。予算が補正されないままで支出すると、資金の無断使用になってしまいます。

　予算が適正に執行されるように管理するために、理事長は、予算管理責任者を任命することが望まれます。

　また、軽微な補正については、法人の運営に支障がなければ補正をしなくてもよいこととされていますが、若干の補正に備えて、予備費を設定しておくのが実務的です。

予算による権限付与があって初めて、「鉛筆1本」の購入が可能となります。

事業年度は、毎年4月1日から始まりますので、2月又は3月頃に開催される理事会や評議員会で承認を受ける必要があります。

　この予算編成の権限を、評議員会の権限に属するか、理事会の権限に属するかは、法人の定款で定められていますので、みなさんの法人ではどのように規定されているのか確認してみてください。

　そして、毎会計年度終了後には、事業計画と予算が如何に執行されたかについて、事業報告と決算報告が行われます。これらの報告書については、理事長が作成し、理事会で承認を受けるものとされています。

　このときの「決算報告」の中身が、本書で皆さんが勉強されている計算書類や附属明細書になります。

　なお、資金収支予算書の様式については、特に定められた様式は示されていませんので、各法人が任意の様式で作成することになります。

　資金収支予算書の勘定科目は、資金収支計算書の勘定科目に準拠することとされていますので、資金収支計算書の様式に沿った形で、予算書を作成しておくと、実績との比較もしやすいものと思われます。

　例えば、次のように前年度と対比した形で予算書を作成すれば、理事会や評議員会で説明しやすいのではないでしょうか。

<u>○○拠点区分　資金収支予算書</u>

（自）××01年4月1日（至）××02年3月31日

勘定科目		当年度予算（A）	前年度予算（B）	差異(A)－(B)	備考
事業活動による収支	事業活動収入	165,000	157,500	7,500	
	事業活動支出	159,000	153,000	6,000	
	事業活動資金収支差額	6,000	4,500	1,500	
施設整備等による収支	施設整備等収入	30,000	－	30,000	
	施設整備等支出	34,000	2,500	31,500	
	施設整備等資金収支差額	△4,000	△2,500	△1,500	
その他の活動による収支	その他の活動収入	3,000	－	3,000	
	その他の活動支出	1,800	1,400	400	
	その他の活動資金収支差額	1,200	△1,400	2,600	
予備費支出		200	100	100	
当期資金収支差額合計		3,000	500	2,500	
前期末支払資金残高		12,860	12,360	500	
当期末支払資金残高		15,860	12,860	3,000	

　前期末支払資金残高欄には、実績の金額を記載します。最終行で、当期末支払資金残高の合計見込み額を計算します。措置施設などでは、多額に残りすぎている場合には、予算の内容を見直す必要があります。

3．予備費

　予備費を計上した場合の使用方法ですが、予算管理責任者が事前に理事長の承認を受けたうえで使用します。

　予備費を使用した場合には、理事長は、使用の理由や金額を理事会に報告する必要があります。

　例えば、予備費300のうち、100を事業活動支出に使用した場合の資金収支計算書の記載は、以下のようになります。

使用方法に関しては、経理規程で規定しておきます。

予備費の使用内容については、資金収支計算書の末尾に注書きをします。

法人単位資金収支計算書
（自）××01年4月1日（至）××02年3月31日

勘定科目		予算(A)	決算(B)	差異(A)-(B)	備考
事業活動による収支	事業活動収入計	×××	×××	×××	
	事業活動支出計	2,600	2,600	0	
	事業活動資金収支差額	×××	×××	×××	
予備費支出		300 △100	－	200	
当期資金収支差額合計		×××	×××	×××	
前期末支払資金残高		×××	×××	×××	
当期末支払資金残高		×××	×××	×××	

（注）予備費支出△100は、事業活動支出のうち、事業費支出100に充当使用した額である。

　以上のように、予算の執行に応じて、適切に補正を行いますが、通常は、決算の額と予算の額に差異が生じます。この差異が生じた場合について、「会計基準省令」は次のように規定しています。

【会計基準省令】
（第3章　計算関係書類　第2節　資金収支計算書）

（資金収支計算書の構成）
第16条（第1項～第4項省略）
5　法人単位資金収支計算書及び拠点区分資金収支計算書には、当該会計年度の決算の額を予算の額と対比して記載するものとする。
6　前項の場合において、決算の額と予算の額とに著しい差異がある勘定科目については、その理由を備考欄に記載するものとする。

　日常的に予算管理を行い、適宜補正予算を編成していれば、大きな差異が生じることはないと思われますが、様々な要因により著しい差異が生じた場合には、備考欄にその理由を記載するものとされています。

　予算は、その性質上、事前に対応することを心掛けましょう。

17 財務管理

1．計算書類をどう使うか～財務分析

　今まで、このテキストでは、「どのようにして計算書類を作るのか」を主に扱ってきました。ここでは、作られた「計算書類をどう使うのか」、あるいは「会計の知識を経営にどう役立てるのか」について学びます。

　さて、英語では会計を「Accounting（アカウンティング）」と言います。「Count（数える）」を積み重ねるのが「Ac＋count」で、その名詞形（現在進行形）が「Accounting（会計）」ということです。

　この「Accounting」に派生した言葉として「Accountability」という言葉があります。一般には「責任」と訳されているのですが、もともとの意味は、財産を委託された者が、その財産をどのように運用してその結果がどうなったかをキチンと説明する義務を指しています。「私は、預った財産をこのように運用しました。その結果、このようになりました」と説明することです。他方、財産を委託した人は会計報告を受けて、つまり計算書類を使って、運用の良し悪しとその結果を判断することになります。

　では、どのように判断するのか、それは主に**財務分析**の役割です。

① 貸借対照表（B／S）の分析

　B／Sは、一定時点における資金がどのように調達（負債及び純資産）され、それがどのように運用されているか（資産）を、対照・バランスさせて示した表であり、次のように要約されます。

要約B／S

流　動　資　産	流　動　負　債
	固　定　負　債
固　定　資　産	純　資　産

（資金の運用）　　　　　（資金の調達）

　上のB／Sで、「流動資産－流動負債」が支払資金でしたね。この支払資金は、**短期的な支払能力の額**を示しています。ここに着目して、一般的な財務分析では、次の流動比率が、短期的な財務の安全性（安定性）を示すものとされています。

「会計」の世界を「車」に例えると、「簿記」は「車の製造技術」と言えるかもしれません。とすると、「車をどう乗りこなすか」、あるいは「カー・ライフをどう楽しむか」を扱うのが「財務管理」ということになります。

企業のトップの場合、「私が××を怠っていたから、こうなりました」、と責任を認めるのがAccountability（責任）をとる、ということであって、単に「不況のために」とか、「従業員が不始末をして」と説明するのは責任放棄ですね。

20頁を参照してください。

念のために書きますが、左の言い方は、引当金や棚卸資産などの支払資金以外のものを無視しています。

流動比率 ＝ 流動資産 ÷ 流動負債 × 100%

　この流動比率が高いほど、流動負債に比べて流動資産が多いことを意味し、短期的な財務安定性は高いと判断されます。

　流動比率を逆から見てみると、次の固定長期適合率として考えることができます。

固定長期適合率 ＝ 固定資産 ÷（純資産 ＋ 固定負債）× 100%

　固定資産には、資金が長期的に固定されますので、その資金源泉としては、純資産や長期借入金などの固定負債によるべきです。

　しかし、固定負債は長期的な資金には違いありませんが、負債である以上、いずれ返済する必要があります。そのようなことを考えると、流動負債にせよ固定負債にせよ、負債は少ない方が良く、資金の源泉は、返済の必要のない純資産に求めることがもっとも経営の安定性が高いと考えられます。したがって、次の純資産比率が、安全性（安定性）を見る上ではもっとも大切な指標になります。

純資産比率 ＝ 純資産 ÷ 総資産 × 100%

　この比率がマイナスの場合は、「債務超過」（資産よりも、負債の方が多い！）ということになります。通常の企業でいうなら、いつ倒産してもおかしくない状態である、ということですので、早急な改善が必要です。

　このテキストの『入門編』では、「危険なB／S」と「健全なB／S」を次のようにまとめました。以上の、流動比率・固定長期適合率あるいは純資産比率とあわせて見直してください。

危険なB／S

流動資産	流動負債
固定資産	固定負債
	純 資 産

改善

健全なB／S

流動資産	流動負債
	固定負債
固定資産	純 資 産

　上の二つのB／Sは、何がどう違うのでしょうか。「健全なB／S」のポイントを、図に即して記載すると、次のとおりです。

　イ．全体が小さい　　　（同じサービス提供のできることが前提）

　ロ．流動資産が大きく固定資産が小さい

　ハ．流動負債が小さい（同じ負債なら、流動負債よりも固定負債）

　ニ．固定負債も小さい（返済の必要がある負債全体を減らす）

　ホ．結果として、純資産が大きい

（右段　傍注）

流動比率は、一般に120％以上あれば、安全であるとされています。

固定長期適合率は100％以下であることが大切です。100％を超える場合は、固定資産の資金源泉を流動負債で賄っていることになります。

公的補助のある社会福祉法人の場合、この比率は、通常70％を超えます。

『入門編』の「計算書類の見方と財務管理」の項目を読み直してみてください。

イは、効率性（収益性）の問題です。ロからホは安全性（安定性）の問題です。

② 事業活動計算書の分析

　P／Lの分析の代表的なものは、次のサービス活動収益　対　経常増減差額比率です。

フローの計算書には、資金収支計算書とP／Lとがありますが、財務分析ではP／Lを扱います。
以下の諸比率については、28頁の「P／Lの構造」の図を参照しながら見てください。

サービス活動収益　対　経常増減差額比率

= 経常増減差額 ÷ サービス活動収益 × 100%

この比率は、サービス活動収益に対して、どの程度の経常増減差額を生み出したのかを見る比率であり、損益状況が効率的であるかどうかを端的に表すものです。

　この比率は高いほどよいのですが、そのためには、次のサービス活動費比率が低くなることが基本的に必要です。

サービス活動費比率 = サービス活動費 ÷ サービス活動収益 × 100%

サービス活動費比率は、さらに人件費率等に分解して考えることができます。

人件費率 = 人件費 ÷ サービス活動収益 × 100%

事業費率 = 事業費 ÷ サービス活動収益 × 100%

これらの比率は、いわば「費用の適正性」を見る比率と言えるでしょう。サービス活動収益　対　経常増減差額比率とあわせて、経年ごとの推移も見る必要があります。

③ 分析の総合

　以上では、B／S及びP／Lの各々の分析を見てきました。では、これらを総合すると、どのようなことが見えてくるでしょうか。

　財務分析では、基本的に、「安全性（安定性）」と「効率性（収益性）」を分析することを目的としています。

　「安全性（安定性）」の分析では、短期の支払能力や純資産の充実度の状況などをみることによって、安定した財政基盤が確立しているかどうかを把握します。したがって、「安全性（安定性）」の分析は、既に述べたB／Sの分析によって行うことになります。

　では、「効率性（収益性）」の分析は、どのように行うのでしょうか。

　財務的には、社会福祉法人の効率性は、いかに少ない使用資金で、いかに多くの成果（当期活動増減差額）を獲得したかによって示されると考えられます。（ここで言う「効率性」の考え方は、金銭で評価した会計的な分析に過ぎません。社会福祉事業の本来の効率性は、もっと多面

一般事業会社の場合、「当期活動増減差額」にほぼ該当するものを「利益」とし、「効率性」の分析ではなく「収益性」の分析を行います。いかに少ない資金で多額の利益を獲得するか、それが一般事業会社の眼目です。

的に検討されるべきものと思われますが、ここでは会計的な面からの検討を行います。)

そこで、次の総資産経常増減差額比率が効率性を示す基本的な指標と考えられます。

総資産経常増減差額比率 ＝ 経常増減差額 ÷ 総資産 × 100％

総資産とは、「流動資産＋固定資産」のことで、これは「負債＋純資産」、すなわち使用資金総額を意味しています。したがって、総資産経常増減差額比率は、施設あるいは法人に投下された社会資本が、どの程度の経常増減差額を生み出したかを示すことになり、経営成績を包括的に測定する指標となります。

ところで、総資産経常増減差額比率の算式は、次のように展開することができます。

$$\text{総資産経常増減差額比率} = \frac{\text{経常増減差額}}{\text{総資産}} \times 100\%$$

$$= \frac{\text{経常増減差額}}{\text{総資産}} \times \frac{\text{サービス活動収益}}{\text{サービス活動収益}} \times 100\%$$

$$= \frac{\text{経常増減差額}}{\text{サービス活動収益}} \times \frac{\text{サービス活動収益}}{\text{総資産}} \times 100\%$$

この展開した式の前半の $\frac{\text{経常増減差額}}{\text{サービス活動収益}}$ は、すでに記載したＰ／Ｌの分析の、サービス活動収益 対 経常増減差額比率です。

また、展開した式の後半の $\frac{\text{サービス活動収益}}{\text{総資産}}$ は、**総資産回転率**といい、大きいほど総資産がよく回転している（よく使われている）ことを示しています。

このほか財務分析では、事業がどの程度の成長性をもっているか（成長性分析）や、その事業の「従事者１人当たりサービス活動収益」などの生産性がどうなっているか（生産性分析）などの分析を行います。さらに、これらの分析数値が生じる原因を探るためには、次の入所利用率などの財務数値以外の機能性の分析が必要になります。

入所利用率 ＝ 年間延べ入所者数 ÷ 年間延べ定員数 × 100％

なお、以上に記載した財務分析については、独立行政法人福祉医療機構の「特別養護老人ホームの経営分析参考指標」を参考にさせていただきました。ここに、利用をお許しいただいたことに対し、感謝の意を表します。

なお、ここでは、財務分析についての入門的知識を扱っています。このテキストでは、上級の範囲のすべてについては記載されていません。特に、財務管理については、入門的なレベルのみを扱っていることにご注意ください。

前の頁で「健全なＢ／Ｓ」が「危険なＢ／Ｓ」よりも、全体として小さくなっているのは、左の事情によっています。

2．経営計画

① 中長期の経営計画と施設再生

　会計の知識を活用すると、将来の収支を見積もることによって、財産の将来の状態がどのようになるかを予測することができます。

　これを一歩進めると、5年後、10年後、施設が改築を予定している場合、施設の再生のためには、建替え直前で、その施設あるいは法人のB／Sがどのような状態になっている必要があるのか、という見積B／Sを作成することもできます。そうすると、現状のB／Sと見積B／Sとを比較することによって、その間にどの程度の資金収支差額あるいは活動増減差額を生じる必要があるのか、等を計算することができることになります。

> 『初級編』のⅠの3で、「会計はダムである」という言葉が出てきましたね。

　そのような中長期的な経営計画のもと、この2〜3年間に収支をどうするのか、あるいは、より具体的に次年度の収支計画はどうするのか、を考えることになります。その場合には、

　　イ．次年度は具体的にどのような活動を行うのか

　　ロ．その場合の収支はどうなるのか

　　ハ．ロは中長期の計画と整合するのか

　等を検討して初めて資金収支予算や事業活動損益予算が策定されることになります。

　前年度予算や前年度実績にプラス・マイナスして予算を作成していては、長期的な目標につながりません。会計を活用することによって、夢や希望、長期の目的に沿った予算を策定することができるのです。

> 会計は夢や目標を実現する道具だと考えると嬉しいですね。

　このような場合に、短期的な収支計画、あるいは事業ごとの収支計画の策定に役立つ手法として、損益分岐点分析があります。

② 損益分岐点分析

　増減差額が、収益に応じてどのように変化するのかを知ることは、事業計画を立てる上で、とても大切なことです。

　「損益分岐点分析」は、そのための分析手法であり、言葉のとおり、どのような収益の時に、増減差額がマイナスからプラスに分岐するのかを分析する手法です。

　増減差額がどのように変化するのかを明確に把握するために、損益分岐点分析では、費用が収益に応じてどのように変化するのかに応じて固定費と変動費とに分解します。

　社会福祉法人の多くの本来事業では、固定費用がほとんどだと思います が、ここでは説明のために、配食サービスを行っている法人を例に説明します。

例題⟨9⟩　配食サービスの増減差額

　配食サービスを行っているある法人の配食事業に関する資料は次のとおりです。

イ．1食当たりの利用料金は450円です。

ロ．材料費及び配食数に比例して発生する費用は、1食当たり150円です。

ハ．ロ以外に、配食数の増減に関係なく生じる固定的費用（調理員などの固定的月給、設備の維持費・減価償却費など）が毎月45万円かかります。

　では、配食サービスの1ヶ月の増減差額がトントンになるには、月当たり何食の利用があればよいでしょうか。

【解　答】

　1食当たりの増減差額は、300円（＝450円－150円）である。月間、45万円の固定的費用を回収すれば良いから、増減差額がトントンになるには、1,500食（＝450,000円÷300円／食）の利用があればよい。

【解　説】

　以上を図示すれば、右の図のようになります。

　右肩上がりの線が、利用が1食増えるたびに累積されてゆく増減差額を表しています。そして、その増減差額が固定的費用の45万円と交差した点が、増減差額トントンの点になります。これを損益分岐点と呼んでいるのです。

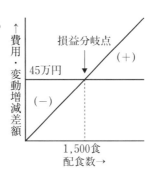

　損益分岐点の利用数は1,500食です。この利用数よりも少ないとき（損益分岐点の左側のとき）には、45万円の固定費（真ん中の水平線）と、利用が1食増えるたびに累積されてゆく変動増減差額（右の右肩上がりの線）に相当する差額だけ、増減差額はマイナスになり、損益分岐点の右側では反対のことが起こります。このように分析することにより、1,200食しか利用が見込めない時は9万円（＝300食×300円／食）の収支マイナスであり、1,600食の利用があるときには3万円（＝100食×300円／食）のプラスであるといったことが、瞬時に分かります。

食数に関係なく固定的なものは固定費とし、それに対して、1食当たりで増減する変動増減差額に注目すること。
そこがポイントです。

練習問題 20 財務分析など

次の事業活動計算書と貸借対照表に基づいて、下表に示す各指標を記入してください。

なお、各指標はパーセント表示とし、小数点以下第2位を四捨五入して、小数点以下第1位まで記入してください。

法人単位事業活動計算書　　　　　　第2号第1様式
（自）××01年4月1日（至）××02年3月31日　　　（単位：円）

勘 定 科 目			本年度決算	前年度決算	増減
サービス活動増減の部	収益	○○事業収益	185,000,000		
		サービス活動収益計(1)	185,000,000		
	費用	人件費	95,000,000		
		事業費	32,000,000		
		事務費	21,000,000		
		減価償却費	24,000,000		
		サービス活動費用計(2)	172,000,000		
	サービス活動増減差額(3)＝(1)－(2)		13,000,000		
サービス活動外増減の部	収益	受取利息配当金収益	250,000		
		サービス活動外収益計(4)	250,000		
	費用	支払利息	4,500,000		
		サービス活動外費用計(5)	4,500,000		
	サービス活動増減差額(6)＝(4)－(5)		△4,250,000		
経常増減差額(7)＝(3)＋(6)			8,750,000		

法人単位貸借対照表　　　　　　第3号第1様式
××02年3月31日現在　　　（単位：千円）

資 産 の 部		負 債 の 部	
	当年度末		当年度末
流動資産	48,000	流動負債	12,000
固定資産	302,000	固定負債	233,000
		純資産	105,000
資産の部計	350,000	負債及び純資産の部合計	350,000

【 解 答 欄 】

財務分析指標	比率	計算メモ欄　　　（単位：千円）
①流動比率	％	
②固定長期適合率	％	
③純資産比率	％	
④サービス活動収益 　対経常増減差額	％	
⑤サービス活動費率	％	
⑥人件費比率	％	
⑦事業費比率	％	
⑧総資産 　経常増減差額比率	％	
⑨総資産回転率 　（小数点第3位を四捨五入）	回転	

3．月次管理と日常の管理

① 収支管理

　経営計画を立てても、その計画に沿って日常の管理がされていなけれ
ば、経営計画は、絵に描いた餅にすぎません。そのために、2《経営計画》
で策定した資金収支予算を月次の予算に細分化し、毎月の管理を行いま
す。1年間の予算では、管理の道具としては使い物にならないからです。

　そして、毎月の実績（当月実績と累計実績）を、月次・累計の資金収支
予算と対比しながら、目標どおりの収支が達成されているか、達成されて
いない場合、何を改善しなくてはならないのかを毎月検討し、その月か
ら実行してゆくのです。これが**月次管理**であり、月次の**収支管理**なのです。

　こうすることによって、毎月の実績が、1年間の予算へと、また、中
長期の目標へとつながってくるのです。

② 資産・負債管理

　標準的な簿記の学習書は、年間を通して「仕訳」「転記」を行い、年
度末に試算表を作成し、決算を行うことを前提としてカリキュラムが作
られています。しかし、実務では必ず「月次決算」を行います。この月
次決算によって、上の①で記載した月次の**収支管理**が可能となります。

　さらに、B／Sの資産・負債科目を、次の表のように並べることにより、
資産・負債の変動を一目瞭然に把握することができます。

■連月　資産・負債管理表（連月貸借対照表）

摘　　要	前期末残　高	当 期 実 績			
		4 月	5 月	6 月	7 月
現金預金	×××	×××	×××	×××	×××
未 収 金	×××	×××	×××	×××	×××
貯 蔵 品	×××	×××	×××	×××	×××
立 替 金	×××	×××	×××	×××	×××

収支や損益についても左のように連月にすることによって、異常な収支項目が一目瞭然となります。

　また、会計担当者は、月次決算の科目明細内訳を作成し、内容を吟味
するとともに月次のB／S残高と照合することにより、資産や負債の個
別の内容を管理することができます。これは、日常的に行われるべき会
計管理の大切な側面です。

テキストの『初級編』のⅠを、是非とも読み返しておいてください。

　財務管理については、まだまだ勉強することがありますが、皆さんが
今まで学ばれたことを論理的に応用すれば、多くの問題は片付くものと
思われます。

　数字には、人の喜びや悲しみは直接表れないのだという限界を踏まえ
たうえで、学んだ知識を生かし、素晴らしい福祉を実践してください。

4．会計処理の検証と分析

① 会計処理の検証

　会計処理は、法人の経理規程に定められた手続きに遵って、適時にかつ適正に行われるべきですが、エラー（間違い）が発生する可能性がありますので、処理結果について適正性を検証する必要があります。

　検証のタイミングは、月次決算や年次決算の際に行うことが多いと思われますが、頻度や時期については、法人で任意に定めます。

　拠点区分における検証項目としては、以下のような項目があります。

拠点区分における年次決算検証項目

(1) 決算は拠点区分で完結
　・社会福祉法人の計算書類は、拠点区分における計算書類で一式の計算書類として完結している。
　➡事業区分資金収支内訳表や法人単位の計算書類は、拠点区分の計算書類を基礎として作成されることから、拠点において完全な計算書類を作成する必要がある

(2) 計算関係書類の網羅性の確認
　・作成すべき計算関係書類が作成されていることを確かめる
　➡拠点区分で作成すべき計算関係書類の一覧表の通り計算関係書類が作成されていることを確かめる
　・計算書類に対する注記についても完成する
　・拠点の計算書類ではないが、本部における計算書類作成に必要な明細表、あるいは注記事項の細目（関連当事者取引等）についても整っていることを確かめる

(3) 計算関係書類の計算調べ等
　・前項(2)で網羅性の確かめられたすべての計算関係書類について計算調べを行う
　　稀に入力ミス、ソフトの不具合などによって会計ソフト等で打ち出したものに計算の不整合が発見されることがある
　・各明細書合計金額欄の関連する明細書、計算書類勘定科目残高との照合・整合性の確認を網羅的に行う

(4) 財産目録の作成
　・財産目録は法人全体で作成することとなっているが、法人全体の財産目録を作成する基礎資料として拠点区分に属する財産の目録を作成する
　　この作業は（(1)から(3)の作業終了後で良いと思われるが、財産目録が福祉充実残額算定の基礎資料となるので、あまり時間的余裕はない点に留意

(5)拠点区分計算書類等の作成完了
　・以上の(2)から(3)の作業実施に当たっては、チェックリストを用い、計算調べの脱漏等を防ぐとともに、実施担当者の実施日付、実施済み印を押印し、最終的に手続が網羅的に行われたことを会計責任者が確かめ、その旨の認印も押印のうえ本部の統括会計責任者に計算書類等とともに提出する

➡　参考までに、計算関係書類の整合性チェックリストの一例を次頁に示します。

計算書類等相互関連整合性チェックリストの例

年　　　月　　　日

※略記　〜　CF：資金収支計算書、PL：事業活動計算書、BS：貸借対照表、D：固定資産管理台帳

No	チェック内容	Check
1	BSの資産の部合計＝BSの負債及び純資産の部合計　　　　（BSの貸借一致）	
2	CFの当期末支払資金残高 ＝（BSの流動資産－たな卸資産（貯蔵品を除く）－1年基準により流動資産に振替えられた債権＋徴収不能引当金）－（BSの流動負債－賞与引当金－1年基準により流動負債に振替えられた債務）	
3	PLの次期繰越活動増減差額＝BSの次期繰越活動増減差額	
4	BSの積立資産＝BSの積立金 （積立資産だけを積んで積立金が無い場合あり）	
5	CF、PLのサービス区分間繰入金収入（収益）の各拠点区分での合計額 ＝CF、PLのサービス区分間繰入金支出（費用）の各拠点区分での合計額 （別紙3（⑩））	
6	CF、PLの拠点区分間繰入金収入（収益）の各事業区分での合計額 ＝CF、PLの拠点区分間繰入金支出（費用）の各事業区分での合計額 （第一号第三様式、第二号第三様式）	
7	CF、PLの事業区分間繰入金収入（収益）の法人全体での合計額 ＝CF、PLの事業区分間繰入金支出（費用）の法人全体での合計額 （第一号第二様式、第二号第三様式）	
8	BSの拠点区分間貸付金の各拠点区分の合計額 ＝BSの拠点区分間借入金の各拠点区分の合計額（第三号第三様式）	
9	BSの事業区分間貸付金の各事業区分の合計額 ＝BSの事業区分間借入金の各事業区分の合計額（第三号第二様式）	
10	BSの期首の各固定資産の帳簿価額＝Dの期首帳簿価額	
11	BSの期末の各固定資産の帳簿価額＝Dの期末帳簿価額	
12	Dの各固定資産当期増加額 ＝CFの各固定資産取得支出分（固定資産受贈額を加算）	
13	PLの減価償却費＝Dの当期減価償却額合計	
14	PLの国庫補助金等特別積立金取崩額＝Dの当期取崩額合計	
15	BSの設備資金借入金・長期運営資金借入金（1年以内返済予定額を含む）の増減額 ＝CFの各借入金収入－CFの各借入金元金償還支出	
16	BSの期首の国庫補助金等特別積立金＝Dの期首国庫補助金等の額	
17	BSの期末の国庫補助金等特別積立金＝Dの期末国庫補助金等の額	
18	PLの施設整備等補助金収益＝PLの国庫補助金等特別積立金積立額	
19	BSの国庫補助金等特別積立金の当期増減額 ＝PLの施設整備等補助金積立額－PLの国庫補助金等特別積立金取崩額	
20	BSの退職給付引当資産＝都道府県共済会等からの通知の法人負担掛金合計 （独自の退職給与規程がある場合や都道府県共済会等により不一致の場合あり）	
21	BSの退職給付引当資産＝BSの退職給付引当金 （独自の退職給与規程がある場合や都道府県共済会等により不一致の場合あり）	
22	PLの退職給付費用（うち前期末引当金残高を超える当期支給高を除く） ＝福祉医療機構等に加入の職員が直接受け取る契約に係る掛金 ＋退職給付引当金の当期引当額	
23	CFの退職給付支出 ＝福祉医療機構等に加入の職員が直接受け取る契約に係る掛金 ＋実際に退職した職員に支払った退職金	
24	賞与引当金は期末の決算修正前の試算表では残は0のはず	
25	PLの施設整備等寄附金収益のうち運用上の取り扱い第11に指定された寄附金 ＝PLの基本金組入額	
26	PLの拠点区分間固定資産移管収益の各事業区分での合計額 ＝PLの拠点区分間固定資産移管費用の各事業区分での合計額（第二号第三様式）	
27	PLの事業区分間固定資産移管収益の法人全体での合計額 ＝PLの事業区分間固定資産移管費用の法人全体での合計額（第二号第二様式）	

★以上のとおり確かめました。　　　　　　　　会計責任者：(氏名)

② 増減分析

計算書類は、前年度や前々年度との比較により、増減分析を行うことが有用です。

事業活動計算書と貸借対照表の様式は、前年度の実績と対比する形になっていますので、各様式を見れば、前年度との増減を把握することができます。

また、資金収支計算書についても、前年度との対比により、資金収支の増減を把握することができますので、予算対比だけではなく、前年度との増減比較をすることで、施設整備関係の資金収支の状況や、運営資金の借入・償還及び積立資産の積立・取崩の推移などを把握することにより、資金繰りの改善状況等を把握することができます。

また、年度比較だけではなく、月次や四半期ごと、半期ごとに比較することも増減内容が把握できますので有用です。

③ 経理の姿勢

会計処理は、簡単なものから、難しいものまで、いろいろな種類のものがありますが、日常的に行われる会計処理は、そのほとんどが現金預金の出入りを伴う簡単な会計処理です。そのような毎日の会計処理の積み重ねで、1年間をまとめた形で決算を行うことになります。

簡単な会計処理でも、処理を間違えるといけません。一つでも間違っていると、全体として正しい計算書類を作成することができなくなってしまいます。会計処理を行ったら、その処理に誤りがないかどうかを、その都度チェックすることを習慣にしましょう。また、集計結果である試算表などは、現金や預金残高に間違いがないかを出納帳や通帳などと照合することによって確認するようにしましょう。

さらには、会計担当者任せにするのではなく、会計責任者などの上司がチェックするような体制を整えることも重要です。

会計の肝は、「報告」するための情報を作成している点にあります。

普段から、間違いのない正確な計算書類（報告書）が作成できるように心がけて、会計処理を行うように留意していただければと思います。

18 総合演習問題

(1) 次のある介護事業所拠点区分について各取引の仕訳を示してください。なお、現金預金の収入支出については、現金預金勘定を使用してください。

期　中　取　引		仕　訳　（単位：千円）			
		借　方		貸　方	
		科　　目	金　額	科　　目	金　額
①	施設を増築して基本財産を取得するように指定された補助金として、60,000千円の振込みを受けた。				
②	施設を増築して基本財産を取得するように指定された寄附金として、4,000千円の振込みを受けた。				
③	独立行政法人福祉医療機構から、施設整備のため10,000千円を借り入れ、預金に入金した。条件は、翌々年度から毎年1,000千円ずつの返済である。				
④	理事会の承認を得て、施設増築の財源としてその他の積立金6,000千円を取り崩すこととした。				
⑤	④に伴い、施設整備等のための積立預金を同額取り崩して、普通預金に振り替えた。				
⑥	①～④を財源として建物80,000千円を取得し、代金は小切手を振り出して支払った。この増築は、翌年度からの定員増加に伴うもので、事業供用は翌年度の4月1日からである。	（基本財産）			
⑦	①について国庫補助金等特別積立金を積み立てた。				
⑧	②について基本金に組み入れた。				
⑨	設備資金借入金3,000千円を返済した。期首に流動負債から振替済みである。				
⑩	⑨と併せて、借入金利息700千円が預金口座から引き落とされた。				
⑪	パソコン一式の寄附を受けた。通常価額は600千円である。				
⑫	車両1台のリース契約（リース料総額4,800千円、リース期間48ヶ月）を締結した。売買に準じて処理を行い、利息相当額は控除しないものとする。				
⑬	⑫に伴い、それまで使用していた車両を20千円で下取りしてもらい、代金は現金で受け取った。なお、下取り車両の期首帳簿価額は100千円、下取りまでの当期減価償却費は30千円である。			車輌運搬具	
				車輌運搬具	
				車輌運搬具	
⑭	第1回目のリース料を支払った。				
⑮	前期から未収計上していた利用者負担金のうち30千円が徴収不能となった。				
⑯	職員賞与6,000千円を支給した。賞与引当金3,800千円が計上されている。			現　金　預　金	
				現　金　預　金	
⑰	民間共済会の退職金制度により、退職金500千円を支給した。これに対応する退職給付引当金400千円、退職給付引当資産400千円となっている。退職金は、共済会から一旦法人に入金後、法人経由で本人に支給された。				

決算整理事項		仕 訳 （単位：千円）			
		借　方		貸　方	
		科　目	金　額	科　目	金　額
A	徴収不能引当金を期末事業未収金残高の3％に設定した。				
B	賞与引当金に4,200千円を繰り入れた。				
C	退職給付引当金に1,400千円を繰り入れた。				
D	建物減価償却費5,000千円を計上した。				
E	車輌運搬具減価償却費3,200千円を計上した。				
F	器具及び備品減価償却費2,500千円を計上した。				
G	権利減価償却費1,000千円を計上した。				
H	リース資産減価償却費100千円を計上した。				
I	当期減価償却費に見合う国庫補助金等特別積立金8,000千円を取り崩した。				
J	1年基準によりリース債務1,200千円を流動負債に振り替えた。				
K	1年基準により設備資金借入金3,000千円を流動負債に振り替えた。				

(2) (1)の仕訳を総勘定元帳に転記してください。転記の際、期中取引については、日付の代わりに問題番号を記載してください。

　なお、総勘定元帳にない科目については、転記する代わりに、精算表に直接記入してください。

　(決算整理仕訳の転記日付は、「3月31日」としてください。)

(3) (1)の仕訳、(2)で転記した総勘定元帳の記録をもとに、精算表を完成してください。

(4) 精算表のデータに基づいて、資金収支計算書（第1号第4様式・簡略版）、事業活動計算書（第2号第4様式・簡略版）、貸借対照表（第3号第4様式・簡略版）を作成してください。

(2)　(1)の仕訳を総勘定元帳に転記してください。転記の際、期中取引については、日付の代わりに問題番号を記載してください。

　　なお、総勘定元帳にない科目については、転記する代わりに、精算表に直接記入してください。（決算整理仕訳の転記日付は、「3月31日」としてください。）

【総勘定元帳】

《固定資産・基本財産》

建　物　　　　　　　　　　　　　　（単位：千円）

××01年 月 日	摘　　　　要	資金増減取引 借　方	資金増減取引 貸　方	その他取引 借　方	その他取引 貸　方	借方残高
4 1	前期繰越	—	—	—	—	173,000
	取引合計					

《固定資産・その他の固定資産》

車輌運搬具　　　　　　　　　　　（単位：千円）

××01年 月 日	摘　　　　要	資金増減取引 借　方	資金増減取引 貸　方	その他取引 借　方	その他取引 貸　方	借方残高
4 1	前期繰越	—	—	—	—	6,975
	取引合計					

器具及び備品　　　　　　　　　　（単位：千円）

××01年 月 日	摘　　　　要	資金増減取引 借　方	資金増減取引 貸　方	その他取引 借　方	その他取引 貸　方	借方残高
4 1	前期繰越	—	—	—	—	12,250
	取引合計					

有形リース資産　　　　　　　　　（単位：千円）

××01年 月 日	摘　　　　要	資金増減取引 借　方	資金増減取引 貸　方	その他取引 借　方	その他取引 貸　方	借方残高
	取引合計					

権　利　　　　　　　　　　　　　（単位：千円）

××01年 月 日	摘　　　　要	資金増減取引 借　方	資金増減取引 貸　方	その他取引 借　方	その他取引 貸　方	借方残高
4 1	前期繰越	—	—	—	—	3,000
	取引合計					

《固定資産・その他の固定資産　つづき》

施設整備等積立資産　　　　　　　　　　　（単位：千円）

××01年 月　日	摘　　　　要	資金増減取引		その他取引		借方残高
		借　方	貸　方	借　方	貸　方	
4　1	前期繰越	—	—	—	—	9,000
	取引合計					

退職給付引当資産　　　　　　　　　　　（単位：千円）

××01年 月　日	摘　　　　要	資金増減取引		その他取引		借方残高
		借　方	貸　方	借　方	貸　方	
4　1	前期繰越	—	—	—	—	12,000
×　×	現金預金　掛金納付額合計	1,400				13,400
	取引合計					

《　固　定　負　債　》

設備資金借入金　　　　　　　　　　　（単位：千円）

××01年 月　日	摘　　　　要	資金増減取引		その他取引		貸方残高
		借　方	貸　方	借　方	貸　方	
4　1	前期繰越	—	—	—	—	39,000
1	1年以内返済予定設備資金借入金				3,000	42,000
	取引合計					

リース債務　　　　　　　　　　　（単位：千円）

××01年 月　日	摘　　　　要	資金増減取引		その他取引		貸方残高
		借　方	貸　方	借　方	貸　方	
	取引合計					

《　引　当　金　》

徴収不能引当金　　　　　　　　　　　（単位：千円）

××01年 月　日	摘　　　　要	資金増減取引		その他取引		貸方残高
		借　方	貸　方	借　方	貸　方	
4　1	前期繰越	—	—	—	—	90
	取引合計					

【総勘定元帳】

《 引 当 金 》

賞与引当金 （単位：千円）

××01年 月 日	摘　　　　要	資金増減取引 借　方	資金増減取引 貸　方	その他取引 借　方	その他取引 貸　方	貸方残高
4　1	前期繰越	—	—	—	—	3,800
	取引合計					

退職給付引当金 （単位：千円）

××01年 月 日	摘　　　　要	資金増減取引 借　方	資金増減取引 貸　方	その他取引 借　方	その他取引 貸　方	貸方残高
4　1	前期繰越	—	—	—	—	12,000
	取引合計					

《 純 資 産 》

基 本 金 （単位：千円）

××01年 月 日	摘　　　　要	資金増減取引 借　方	資金増減取引 貸　方	その他取引 借　方	その他取引 貸　方	貸方残高
4　1	前期繰越			—	—	100,000
	取引合計					

国庫補助金等特別積立金 （単位：千円）

××01年 月 日	摘　　　　要	資金増減取引 借　方	資金増減取引 貸　方	その他取引 借　方	その他取引 貸　方	貸方残高
4　1	前期繰越			—	—	137,000
	取引合計					

その他の積立金 （単位：千円）

××01年 月 日	摘　　　　要	資金増減取引 借　方	資金増減取引 貸　方	その他取引 借　方	その他取引 貸　方	貸方残高
4　1	前期繰越			—	—	9,000
	取引合計					

【総勘定元帳】

《 サービス活動増減の部 》

退職給付費用 （単位：千円）

××01年 月 日	摘　　　　　要	資金増減取引		その他取引		借方残高
		借　方	貸　方	借　方	貸　方	
	取引合計					

減価償却費 （単位：千円）

××01年 月 日	摘　　　　　要	資金増減取引		その他取引		借方残高
		借　方	貸　方	借　方	貸　方	
	取引合計					

《 サービス活動外増減の部 》

支払利息 （単位：千円）

××01年 月 日	摘　　　　　要	資金増減取引		その他取引		借方残高
		借　方	貸　方	借　方	貸　方	
	取引合計					

《 特別増減の部 》

施設整備等補助金収益 （単位：千円）

××01年 月 日	摘　　　　　要	資金増減取引		その他取引		貸方残高
		借　方	貸　方	借　方	貸　方	
	取引合計					

施設整備等寄附金収益 （単位：千円）

××01年 月 日	摘　　　　　要	資金増減取引		その他取引		貸方残高
		借　方	貸　方	借　方	貸　方	
	取引合計					

【総勘定元帳】

《 特別増減の部 》

器具及び備品受贈額　　　　　　　（単位：千円）

××01年 月　日	摘　　　　　　要	資金増減取引		その他取引		貸方残高
		借　方	貸　方	借　方	貸　方	
	取引合計					

基本金組入額　　　　　　　（単位：千円）

××01年 月　日	摘　　　　　　要	資金増減取引		その他取引		借方残高
		借　方	貸　方	借　方	貸　方	
	取引合計					

車輌運搬具売却損・処分損　　　　　　　（単位：千円）

××01年 月　日	摘　　　　　　要	資金増減取引		その他取引		借方残高
		借　方	貸　方	借　方	貸　方	
	取引合計					

国庫補助金等特別積立金取崩額　　　　　　　（単位：千円）

××01年 月　日	摘　　　　　　要	資金増減取引		その他取引		貸方残高
		借　方	貸　方	借　方	貸　方	
	取引合計					

国庫補助金等特別積立金積立額　　　　　　　（単位：千円）

××01年 月　日	摘　　　　　　要	資金増減取引		その他取引		借方残高
		借　方	貸　方	借　方	貸　方	
	取引合計					

《 繰越活動増減差額の部 》

その他の積立金取崩額　　　　　　　（単位：千円）

××01年 月　日	摘　　　　　　要	資金増減取引		その他取引		貸方残高
		借　方	貸　方	借　方	貸　方	
	取引合計					

(3) (1)の仕訳、(2)で転記した総勘定元帳の記録をもとに、精算表を完成してください。

精 算 表

(自) ××01年4月1日 (至) ××02年3月31日　　　　　　　　(単位：千円)

摘　要	期首B/S 借方(資産)	期首B/S 貸方(負債・純資産)	期中資金増減取引・決算整理 借方	期中資金増減取引・決算整理 貸方	期中その他取引・決算整理 借方	期中その他取引・決算整理 貸方	期末B/S 借方(資産)	期末B/S 貸方(負債・純資産)
現金預金	23,500		160,323	154,018				
事業未収金	3,000		29,300	29,100				
事業未払金		750	3,600	3,460				
職員預り金		100	1,195	1,147				
支払資金計	26,500	850	194,418	187,725				
（差引支払資金）		25,650	資金増加額					
			資金収支計算書					
			借方（支出）	収入（収入）				
徴収不能引当金		90						
賞与引当金		3,800						
1年以内返済予定設備資金借入金		3,000			3,000			
1年以内返済予定リース債務		－						
（基本財産）								
土地	78,000							
建物	173,000							
（その他固定資産）								
車輌運搬具	6,975							
器具及び備品	12,250							
有形リース資産	－							
権利	3,000							
退職給付引当資産	12,000							
施設整備等積立資産	9,000							
設備資金借入金		39,000				3,000		
リース債務		－						
退職給付引当金		12,000						
基本金		100,000						
国庫補助金等特別積立金		137,000						
その他の積立金		9,000						
《次期繰越活動増減差額の部》								
前期繰越活動増減差額		15,985						
その他の積立金取崩額		－						
当期活動増減差額		－					純資産増加	
B/S合計	320,725	320,725						
							P/L 借方（費用）	P/L 貸方（収益）
《経常活動・事業活動収支の部》								
介護保険事業収益（収入）				240,000				
国庫補助金等特別積立金取崩額								
その他の収益								
人件費（支出）								
給与手当（賞与引当・退職引当以外）			142,600					
職員賞与								
賞与引当金繰入								
退職給付費用								
事業費（支出）			47,600					
事務費（支出）			31,900					
減価償却費								
徴収不能引当金繰入								
《財務活動・事業活動外収支の部》								
受取利息配当金収益（収入）				3				
支払利息（支出）								
《施設整備等・特別収支の部》								
施設整備等補助金収益（収入）								
施設整備等寄附金収益（収入）								
器具及び備品受贈額								
基本金組入額								
車輌運搬具売却損・処分損								
国庫補助金等特別積立金積立額								
収入・支出合計								
当期収支差額				資金増加額				純資産増加
収支等合計								

(4) 精算表のデータに基づいて、資金収支計算書（第1号第4様式・簡略版）、事業活動計算書（第2号第4様式・簡略版）、貸借対照表（第3号第4様式・簡略版）を作成してください。

第1号第4様式

介護事業所拠点区分　資金収支計算書
（自）××01年4月1日　（至）××02年3月31日　　　　　　（単位：千円）

		勘定科目	予算(A)	決算(B)	差異(A)−(B)	備考
事業活動による収支	収入	介護保険事業収入				
		受取利息配当金収入				
		その他の収入				
		事業活動収入計(1)				
	支出	人件費支出				
		賞与引当・退職引当以外				
		職員賞与支出				
		退職給付支出				
		事業費支出				
		事務費支出				
		支払利息支出				
		流動資産評価損等による資金減少額				
		徴収不能額				
		事業活動支出計(2)				
		事業活動資金収支差額(3)=(1)−(2)				
施設整備等による収支	収入	施設整備等補助金収入				
		施設整備等寄附金収入				
		設備資金借入金収入				
		固定資産売却収入				
		施設整備等収入計(4)				
	支出	設備資金借入金元金償還支出				
		固定資産取得支出				
		ファイナンス・リース債務の返済支出				
		施設整備等支出計(5)				
		施設整備等資金収支差額(6)=(4)−(5)				
その他の活動による収支	収入	積立資産取崩収入				
		退職給付引当資産取崩収入				
		施設整備等積立資産取崩収入				
		その他の活動収入計(7)				
	支出	積立資産支出				
		退職給付引当資産支出				
		その他の活動支出計(8)				
		その他の活動資金収支差額(9)=(7)−(8)				
予備費支出(10)			××× △×××		×××	
当期資金収支差額合計(11)=(3)+(6)+(9)−(10)						

前期末支払資金残高(12)				
当期末支払資金残高(11)+(12)				

介護事業所拠点区分　事業活動計算書

（自）××01年4月1日（至）××02年3月31日　　　　　　　　（単位：千円）

		勘定科目	当年度決算(A)	前年度決算(B)	増減(A)−(B)
サービス活動増減の部	収益	介護保険事業収益			
		その他の収益			
		サービス活動収益計(1)			
	費用	人件費			
		賞与引当・退職引当以外			
		職員賞与			
		賞与引当金繰入			
		退職給付費用			
		事業費			
		事務費			
		減価償却費			
		国庫補助金等特別積立金取崩額		△×××	
		徴収不能引当金繰入			
		サービス活動費用計(2)			
		サービス活動増減差額 (3)＝(1)−(2)			
サービス活動外増減の部	収益	受取利息配当金収益			
		サービス活動外収益計(4)			
	費用	支払利息			
		サービス活動外費用計(5)			
		サービス活動外増減差額(6)＝(4)−(5)			
		経常増減差額(7)＝(3)＋(6)			
特別増減の部	収益	施設整備等補助金収益			
		施設整備等寄附金収益			
		固定資産受贈額			
		器具及び備品受贈額			
		特別収益計(8)			
	費用	基本金組入額			
		固定資産売却損・処分損			
		国庫補助金等特別積立金積立額			
		特別費用計(9)			
		特別増減差額(10)＝(8)−(9)			
		当期活動増減差額(11)＝(7)＋(10)			

		勘定科目	当年度決算(A)	前年度決算(B)	増減(A)−(B)
繰越活動増減差額の部		前期繰越活動増減差額(12)			
		当期末繰越活動増減差額(13)＝(11)＋(12)			
		基本金取崩額(14)			
		その他の積立金取崩額(15)			
		その他の積立金積立額(16)			
		次期繰越活動増減差額(17)＝(13)＋(14)＋(15)−(16)			

第3号第4様式

介護事業所拠点区分　貸借対照表
××02年 3 月31日現在　　　　　　（単位：千円）

資　産　の　部	当年度末	前年度末	増減	負　債　の　部	当年度末	前年度末	増減
流動資産				流動負債			
現金預金				事業未払金			
事業未収金				1年以内返済予定設備資金借入金			
徴収不能引当金				1年以内返済予定リース債務			
				職員預り金			
				賞与引当金			
固定資産				固定負債			
基本財産				設備資金借入金			
土地				リース債務			
建物				退職給付引当金			
その他の固定資産							
車輌運搬具							
器具及び備品				負債の部合計			
有形リース資産				純　資　産　の　部			
権利				基本金			
退職給付引当資産				国庫補助金等特別積立金			
施設整備等積立資産				その他の積立金			
				施設整備等積立金			
				次期繰越活動増減差額			
				（うち当期活動増減差額）		(5000)	
				純資産の部合計			
資産の部合計				負債及び純資産の部合計			

＊徴収不能引当金の表示方法は、間接法によるものとします。

あ と が き

　以上で『中級編（会計2級）』は終わりです。

　ここまで、本当にお疲れ様でした。でも、これで終わりにせず、是非、このテキストの問題をもう一度最初から解いてみてください。最初は解けなかった問題も解けるようになります。なによりも、「簿記」は「慣れ」です。「習うより、慣れろ」という言葉がピッタリあてはまるのが「簿記」です。そして、修得された簿記の力を、皆様の実務に役立ててください。

　なお、このテキストの最後の方では、厚生労働省の通知がずいぶん出てきました。今後、皆様が実務をされるときには、これらの通知を読み解く必要がでてきます。社会福祉法人は社会的な存在であり、様々な行政の指導に従わざるを得ない面があるのです。しかし、ここまで学習された皆様は、きっとご自分で読み解くことが可能だと思います。

　最後になりましたが、このテキストが、些かでも社会福祉法人の会計実務に従事される皆様のお役に立つことができますように、また、そのことを通して、社会福祉法人の経営に些かでも資することができますように。そのことを祈念しつつ、筆を置かせていただきます。

お疲れ様でした !!

■著者紹介／社会福祉法人会計簿記テキスト中級編作成委員会メンバー

委員長　林　　光行（公認会計士・税理士）

委　員　林　　竜弘（税理士）

本書に関するお問い合わせ、ご意見をお寄せください。
また、本書の記載内容等に関するQ&Aは一般社団法人
福祉経営管理実践研究会のホームページを
ご覧ください。
　　　　　https://fukushi-jissenken.or.jp

社会福祉法人経営実務検定試験《会計２級》公式テキスト

七訂版 社会福祉法人会計　簿記テキスト
～～中級編（会計２級）～～

令和４年11月24日　七訂版第１刷発行　　監修者　一般社団法人　福祉経営管理実践研究会
　　　　　　　　　　　　　　　　　　　　編著者　社会福祉法人会計簿記テキスト中級編作成委員会
　　　　　　　　　　　　　　　　　　　　発行者　林　光行　　　　　　　　　　　　©2022

発行所　一般社団法人　福祉経営管理実践研究会
　　　　〒543-0073　大阪市天王寺区生玉寺町１番13号　サンセットヒル
　　　　E-mail　info@fukushi-jissenken.or.jp　https://fukushi-jissenken.or.jp
発売所　実務出版株式会社
　　　　〒542-0012　大阪市中央区谷町９丁目２番27号　谷九ビル６F
　　　　電話　06(4304)0320　／　FAX　06(4304)0321　／　振替　00920-4-139542
　　　　Email info@zitsumu.jp　https://www.zitsumu.jp

＊落丁、乱丁本はお取替えいたします。　　印刷製本　大村印刷㈱
ISBN978-4-910316-18-5　C2034

一般社団法人
福祉経営管理実践研究会 の ご案内

　当会は、「社会福祉に関わる者が協働して、社会資源を開発しながら地域社会の課題を解決し得るための経営管理実践のあり方を研究し、その実践を遍く社会に広めることを目的」（定款第3条）として、令和3年（2021年）9月1日に設立されました。

　社会福祉に関わる皆様の実践に役立つ情報を協創し、社会福祉の発展に共に寄与したいと考えています。当面は、社会福祉法人会計に係る標準的なテキストを提供することに注力することとしています。

　ご賛同いただける皆様のご参加をお待ち申し上げております。

令和4年11月1日
一般社団法人 福祉経営管理実践研究会
会長　　林　光行

令和4年11月1日現在　会員

正会員

社会福祉法人 青葉仁会	（奈良県）	実務出版株式会社	（大阪府）
岩井玄太郎 公認会計士事務所	（兵庫県）	社会福祉法人 仁風会	（大阪府）
税理士 岩下会計事務所	（熊本県）	武田　さおり	（福井県 公認会計士）
上野渉 社会保険労務士事務所	（大阪府）	社会福祉法人 千歳いずみ学園	（北海道）
税理士法人 えびす会計	（大阪府）	中本　行則	（大阪府 公認会計士・税理士）
税理士法人 Mパートナーズ	（三重県）	ななお社会保険労務士事務所	（兵庫県）
オフィスコ 税理士法人	（京都府）	林　　光行	（大阪府 公認会計士・税理士）
公認会計士・税理士 釜中利仁事務所	（大阪府）	林　　幸	（大阪府 税理士）
社会福祉法人 川福会	（大阪府）	税理士法人 ファミリア 大阪事務所	（大阪府）
菅野　聖人	（北海道 税理士）	光吉　直也	（和歌山県 社会福祉士・税理士）
社会福祉法人 こころの家族	（大阪府）	美馬　知美	（大阪府 公認会計士・税理士）
社会福祉法人 堺暁福祉会	（大阪府）	三宅　由佳	（兵庫県 博士（人間福祉）・税理士）
薩摩公認会計士事務所	（大阪府）	山本　敦子	（大阪府 社会保険労務士）
弁護士法人 塩路総合法律事務所	（大阪府）	有限会社 脇経営	（愛媛県 会計事務所経営）

個人会員

大住　秀雄	（兵庫県 社会福祉法人　職員）	山本　剛史	（大阪府 社会福祉法人　職員）
荻田　藍子	（兵庫県 社会福祉協議会職員）	吉本　聡	（兵庫県 社会福祉法人　職員）
加藤　和彦	（兵庫県 地方自治体　元職員）	宮崎　陽弘	（兵庫県 社会福祉協議会職員）
工藤　浩子	（大阪府 社会福祉協議会職員）		
宿院　耕平	（兵庫県 社会福祉協議会職員）		
林　　竜弘	（大阪府 会計事務所所属税理士）		

賛助会員

Ｉ＆Ｈ 株式会社

（現在会員 38名）

当会（略称：実践研）についての詳しい情報は、当会のホームページをご覧ください。

https://fukushi-jissenken.or.jp

社会福祉法人経営実務検定試験 **会計2級** 公式テキスト

七訂版 社会福祉法人会計

簿記テキスト

中級編《会計2級》練習問題 解答

基礎問題・練習問題・総合演習問題解答

社会福祉法人経営実務検定試験 **会計2級** 公式テキスト

INDEX

基礎問題・練習問題・総合演習問題《中級編（会計2級）》解答

基礎問題

練習問題

18. 総合演習問題

基礎問題 1 科目残高から貸借対照表を作成する

次の科目及びその残高から貸借対照表を完成します。

1年以内返済予定設備資金借入金は、支払資金の範囲から除かれます。

建物（基本財産）	500	国庫補助金等特別積立金	180
現金預金	1,185	器具及び備品	260
短期運営資金借入金	90	土地（その他の固定資産）	200
建物（その他の固定資産）	150	立替金	5
事業未収金	660	事業未払金	70
基本金	2,500	短期貸付金	20
貯蔵品	15	設備資金借入金	1,000
土地（基本財産）	1,000	（うち1年以内返済予定	200）
仮払金	5		

貸借対照表（B／S）

（単位：省略）

資 産 の 部			負 債 の 部		
流動資産	【	1,890 】	流動負債	【	360 】
（現金預金　　　　）	（	1,185 ）	（短期運営資金借入金）	（	90 ）
（事業未収金　　　）	（	660 ）	（事業未払金　　　　）	（	70 ）
（貯蔵品　　　　　）	（	15 ）	（1年以内返済予定設備資金借入金）	（	200 ）
（立替金　　　　　）	（	5 ）	固定負債	（	800 ）
（短期貸付金　　　）	（	20 ）	（設備資金借入金　　）	（	800 ）
（仮払金　　　　　）	（	5 ）	負 債 の 部 合 計	【	1,160 】
固定資産	【	2,110】	純資産の部		
基本財産	【	1,500】	（基本金　　　　　）	（	2,500 ）
（土地　　　　　　）	（	1,000）			
（建物　　　　　　）	（	500）			
その他の固定資産	【	610】	（国庫補助金等特別積立金）	（	180 ）
（土地　　　　　　）	（	200）			
（建物　　　　　　）	（	150）	次期繰越活動増減差額		160
（器具及び備品　　）	（	260）	純 資 産 の 部 合 計	【	2,840 】
資 産 の 部 合 計	【	4,000】	負債・純資産の部合計	【	4,000 】

支払資金残高は、 1,730 です。

Cashとその仲間＝1,890（流動資産金額）

Cashのマイナス＝ 160（1年基準で流動負債になったものを除く流動負債）

＝（流動負債含み）360－（1年基準振替分）200

基礎問題 2　期首のB／Sと期中取引から期末の計算書類を作成する

　次の期首B／S及び期中取引から、期末B／S及び当期のP／L並びに資金収支計算書を作成してください。ただし、1年基準による流動負債への振替えは行わないで解答してください。

1．期首B／S

流動資産 1,700	現　金　預　金	1,200	流動負債 1,000	短期運営資金借入金	（　700）
	事　業　未　収　金	500		事　業　未　払　金	300
固定資産 3,800	基　本　財　産	3,400	固定負債 3,000	長期運営資金借入金	（1,000）
	車　輌　運　搬　具	（　300）		設　備　資　金　借　入　金	2,000
	器　具　及　び　備　品	100	純資産 （1,500）	基　　本　　金	1,500

2．期中取引

取　　　　　引	B／S 資産 流動資産	B／S 資産 固定資産	B／S 負債 流動負債	B／S 負債 固定負債	P／L 純資産増減	資金収支 支払資金増減
① 保育所委託費700を未収に計上した。	700	—	—	—	700	700
② 職員給料280を現金で支給した。	△280	—	—	—	△280	△280
③ 食材160を掛買いし未払を計上した。なお、食材は、購入後直ちに消費した。	—	—	160	—	△160	△160
④ 備品150を購入し未払を計上した。	—	150	150	—	—	△150
⑤ 長期運営資金借入金500を借り入れた。	500	—	—	500	—	500
⑥ 短期運営資金借入金全額を返済した。	△700	—	△700	—	—	—
⑦ 支払利息20を支払った。	△20	—	—	—	△20	△20
⑧ 車輌45がこわれたので廃車した。	—	△45	—	—	△45	—
⑨ 預金利息5を受け取った。	5	—	—	—	5	5
それぞれの増減合計	205	105	△390	500	200	595

$$\left[\begin{array}{l}※現金預金　増加：借入　500＋利息　　　5＝505\\減少：給与△280＋返済△700＋利息△20＝△1,000\end{array}\right]$$

【解答欄】

1．期末B／S

流動資産 （1,905）	現　金　預　金	705	流動負債 （610）	事　業　未　払　金	460
	事　業　未　収　金	1,200		そ　の　他　の　未　払　金	150
固定資産 （3,905）	基　本　財　産	3,400	固定負債 （3,500）	長期運営資金借入金	1,500
	車　輌　運　搬　具	255		設　備　資　金　借　入　金	2,000
	器　具　及　び　備　品	250	純資産 （1,700）	基　　本　　金	1,500
				次期繰越活動増減差額	200

2．フローの計算書

	摘　要	P／L	資金収支計算書
収益（収入）	保　育　事　業　収　益（収入）	700	700
	受取利息配当金収益（収入）	5	5
	長期運営資金借入金収入	—	500
	収　益・収　入　合　計	705	1,205
費用（支出）	職　員　給　料（支出）	280	280
	給　　食　　費（支出）	160	160
	支　払　利　息（支出）	20	20
	器具及び備品取得支出	—	150
	固定資産売却損・処分損	45	—
	費　用・支　出　合　計	505	610
	当期増減（収支）差額	200	595

基礎問題 3 P／L（事業活動計算書）と資金収支計算書を作成する

　財務諸表の様式については、後程学習しますので、ここでは「そんなものか」という程度で見ておいていただければ結構です。何事も、慣れが肝心です。

事業活動計算書

（自）××01年4月1日（至）××02年3月31日

		勘　定　科　目	当年度決算(A)	前年度決算(B)	増減(A)－(B)
サービス活動増減の部	収益	保育事業収益	700		
		経常経費寄附金収益			
		その他の収益			
		サービス活動収益計(1)	700		
	費用	人　件　費	280		
		事　業　費	160		
		事　務　費			
		減価償却費			
		国庫補助金等特別積立金取崩額	△	△	
		徴収不能額			
		徴収不能引当金繰入			
		その他の費用			
		サービス活動費用計(2)	440		
		サービス活動増減差額(3)=(1)-(2)	260		
サービス活動外増減の部	収益	借入金利息補助金収益			
		受取利息配当金収益	5		
		その他のサービス活動外収益			
		サービス活動外収益計(4)	5		
	費用	支払利息	20		
		その他のサービス活動外費用			
		サービス活動外費用計(5)	20		
		サービス活動外増減差額(6)=(4)-(5)	△　15		
		経常増減差額(7)=(3)+(6)	245		
特別増減の部	収益	施設整備等補助金収益			
		施設整備等寄附金収益			
		固定資産売却益			
		特別収益計(8)	―		
	費用	基本金組入額			
		固定資産売却損・処分損	45		
		国庫補助金等特別積立金取崩額（除却等）	△	△	
		国庫補助金等特別積立金積立額			
		特別費用計(9)	45		
		特別増減差額(10)=(8)-(9)	△　45		
		当期活動増減差額(11)=(7)+(10)	200		
繰越活動増減差額の部		前期繰越活動増減差額(12)	―		
		当期末繰越活動増減差額(13)=(11)+(12)	200		
		基本金取崩額(14)			
		・・・・(15)・・・・(16)			
		次期繰越活動増減差額(17)=(13)+(14)+(15)－(16)	200		

資金収支計算書

（自）××01年4月1日　（至）××02年3月31日

勘定科目			予算(A)	決算(B)	差異(A)-(B)	備考
事業活動による収支	収入	保育事業収入		700		
		経常経費寄附金収入				
		借入金利息補助金収入				
		受取利息配当金収入		5		
		流動資産評価益等による資金増加額				
		事業活動収入計(1)		705		
	支出	人件費支出		280		
		事業費支出		160		
		事務費支出				
		支払利息支出		20		
		流動資産評価損等による資金減少額				
		事業活動支出計(2)		460		
		事業活動資金収支差額(3)=(1)-(2)		245		
施設整備等による収支	収入	施設整備等補助金収入				
		施設整備等寄附金収入				
		設備資金借入金収入				
		固定資産売却収入				
		施設整備等収入計(4)		—		
	支出	設備資金借入金元金償還支出				
		固定資産取得支出		150		
		固定資産除却・廃棄支出				
		施設整備等支出計(5)		150		
		施設整備等資金収支差額(6)=(4)-(5)		△150		
その他の活動による収支	収入	長期運営資金借入金元金償還寄附金収入				
		長期運営資金借入金収入		500		
		積立資産取崩収入				
		その他の活動による収入				
		その他の活動収入計(7)		500		
	支出	長期運営資金借入金元金償還金支出				
		積立資産支出				
		その他の活動による支出				
		その他の活動支出計(8)		—		
		その他の活動資金収支差額(9)=(7)-(8)		500		
予備費支出(10)			××× △×××┐	—	×××	
当期資金収支差額合計(11)=(3)+(6)+(9)-(10)				595		
前期末支払資金残高(12)				700		
当期末支払資金残高(11)+(12)				1,295		

（注）予備費支出△×××円は○○支出に充当使用した額である。

　このように収支をその性格によって区分した資金収支計算書を作成すると、当期資金収支差額合計(11)は595あったけれど、経常的な収支増減差額(3)では245の余剰しか生んでいないことが分かります。

基礎問題 4 P／L（事業活動計算書）の取引と資金収支計算書の取引の異同

次の取引が、いずれのフローの計算書に計上されるか。計上されるものに○、計上されない
ものに×を付けます。

No	取 引 の 内 容	計上されるフローの計算書	
		P／L	資金収支計算書
①	介護保険報酬・保育所委託費を未収に計上した。 **（純資産・支払資金ともに増加します）**	○	○
②	建物等の固定資産を取得して預金口座から支払った。 **（純資産は増減せず、支払資金だけが減少します）**	×	○
③	建物等の固定資産を除却した。 **（支払資金は増減せず、純資産だけが減少します）**	○	×
	（取壊し工事費を支払った場合は、その金額だけ支払資金・ 純資産とも減少します。）	○	○
④	旅費交通費等の事務費を計上した。 **（純資産・支払資金ともに増加します）**	○	○
⑤	当座預金を引き出し、手許現金とした。 **（支払資金内部での異動であり、支払資金・純資産ともに 増減しません）**	×	×
⑥	長期運営資金を借り入れた。 **（支払資金は増加しますが、純資産は増減しません）**	×	○
⑦	減価償却費を計上した。 **（純資産は減少しますが、支払資金は増減しません）**	○	×
⑧	短期運営資金借入金を返済した。 **（支払資金内部での異動であり、支払資金・純資産ともに 増減しません）**	×	×
⑨	給食費等の事業費を当月末に未払に計上した。なお、食材 等は、購入後直ちに消費した。 **（純資産・支払資金ともに減少します）**	○	○
⑩	設備資金借入金を返済した。 **（支払資金は減少しますが、純資産は増減しません）**	×	○
⑪	賞与引当金を計上した。 **（純資産は減少しますが、支払資金は増減しません）**	○	×
⑫	前月末払計上していた給食費を預金口座から支払った。 **（支払資金内部での異動です）**	×	×
⑬	現金により寄附をいただいた。 **（経常経費に充てるものか、施設整備に充てるものか、そ の目的を問わず、純資産・支払資金ともに増加します）**	○	○

基礎問題 5　元帳からもとの仕訳と取引を復元する

元帳の記載から、仕訳と取引を考えます。

〈仕 訳〉

取引日	借　　　方		貸　　　方	
	科　目	金　額	科　目	金　額
2日	現　金　預　金	950	事　業　未　収　金	950
5日	業　務　委　託　費	35	現　金　預　金	35
8日	職　員　預　り　金	10	現　金　預　金	10
9日	仮　　払　　金	100	現　金　預　金	100
12日	設　備　資　金　借　入　金	40	現　金　預　金	45
	支　払　利　息	5		
15日	水　道　光　熱　費	30	現　金　預　金	30
20日	器　具　及　び　備　品	750	現　金　預　金	750
25日	職　員　給　料	250	現　金　預　金	210
			職　員　預　り　金	40
26日	現　金　預　金	80	介　護　保　険　事　業　収　益	80
27日	事　業　未　払　金	240	現　金　預　金	240
28日	現　金　預　金	10	仮　　払　　金	10
29日	現　金　預　金	500	設　備　資　金　借　入　金	500
30日	職　員　預　り　金	25	現　金　預　金	50
	法　定　福　利　費	25		

　現金預金の元帳を見ても、12日の取引のように相手科目が「諸口」となっていては、他の元帳から取引を考えざるを得ませんね。また、25日の取引が推定できる人は随分と熟達した人だと思われます。

〈取引内容〉

取引日	取　引　の　内　容
2日	事業未収金950を回収した。
5日	業務委託費35を支払った。
8日	職員預り金10を支払った。
9日	現金100を仮払い出金した。
12日	設備資金借入金40を返済し、あわせて借入金利息5を支払った。
15日	水道光熱費30を支払った。
20日	器具備品750を現金で購入した。
25日	職員給料250から源泉税等預り金40を差し引き、支給した。
26日	介護保険報酬80を受け取った。
27日	事業未払金240を支払った。
28日	仮払金10の返金を受けた。
29日	設備資金500を借り入れた。
30日	職員預り金25と法定福利費25を支払った。

　実務では元帳の摘要欄に、相手科目を記入するだけでなく備考も記載しますので、もとの取引をほぼ正確に推定することができます。

練習問題 1 会計の原則

次の(ア)から(シ)の記述は、いずれの「会計の原則」との関連があるでしょうか。

(ア) 資金収支計算書を「事業活動による収支」「施設整備等による収支」「その他の活動による収支」に区分して表示すること。

⇒「明瞭性の原則」 収支をその性質に応じて区分することによって活動の状況の把握を容易にします。

(イ) 支払利息支出と借入金利息補助金収入とを相殺しないで計算書類に表示させること。

⇒「明瞭性の原則」

(ウ) 介護用品のうち、短期間に消費するものについてその購入時に支出として処理すること。

⇒「重要性の原則」 原則は、資産計上です。

(エ) 引当金について重要性の乏しいものについては、これを計上しないこと。

⇒「重要性の原則」

(オ) 固定資産を購入すると固定資産が増加するが、他方で現金預金が減少することを相互に関連付けて記帳すること。

⇒「正規の簿記の原則」 会計帳簿は複式簿記の方法によって作成します。

(カ) 収支がマイナスであっても、収支がプラスであるかのように見せかけること。

⇒「真実性の原則」 いわゆる粉飾ですが、真実を歪めてはいけません。

(キ) 貸借対照表の次に注記を記載すること。

⇒「明瞭性の原則」 注記は、計算書類の記載内容を補足します。

(ク) 貸借対照表上で、資産を流動資産と固定資産に区分して表示すること。

⇒「明瞭性の原則」 法人の支払能力の判断を可能にします。

(ケ) 徴収不能引当金を過剰に見積って増減差額を圧縮すること。

⇒「真実性の原則」 増減（収支）差額を圧縮することも真実を歪めることになります。

(コ) 特に理由はないが、前年度まで継続して採用してきた計算書類の表示方法を変更すること。

⇒「継続性の原則」 処理方法を継続適用することによって比較可能性を担保します。

(サ) 資産の評価方法が複数認められている場合に、いずれの方法を選択してもその会計報告の事実を歪めるものではない。

⇒「真実性の原則」 相対的真実性と呼ばれます。（⇔絶対的真実性）

(シ) 正当な理由により減価償却の方法を定額法から定率法に変更すること。

⇒「継続性の原則」 法人の財政状態及び経営成績をより適正に表示できる場合には、変更が認められます。

【解答欄】

A．真実性の原則	(カ)、(ケ)、(サ)
B．明瞭性の原則	(ア)、(イ)、(キ)、(ク)
C．正規の簿記の原則	(オ)
D．継続性の原則	(コ)、(シ)
E．重要性の原則	(ウ)、(エ)

練習問題 2⑴ 仕訳・転記と精算表の完成

(1)　次の取引を仕訳・転記して、精算表を完成します。（単位は、省略しています。）

期　中　取　引		仕　　　　訳			
		借　　　方		貸　　　方	
		科　　目	金　額	科　　目	金　額
①	施設増築のための基本財産を取得するように指定された補助金として500の振込を受けた。	現　金　預　金	500	施 設 整 備 等 補 助 金 収 益	500
②	施設増築のための基本財産を取得するように指定された寄附金として150の振込を受けた。	現　金　預　金	150	施 設 整 備 等 寄 附 金 収 益	150
③	①②を財源として建物650を現金で取得し、基本財産とした。	（ 基 本 財 産 ）建　　　　物	650	現　金　預　金	650
④	①について国庫補助金等特別積立金を積み立てた。	国 庫 補 助 金 等 特別積立金積立額	500	国 庫 補 助 金 等 特 別 積 立 金	500
⑤	②について基本金に組み入れた。	基 本 金 組 入 額	150	基　　本　　金	150
⑥	車輌（売却直前帳簿価額40）を30で売却し、預金に入金した。	現　金　預　金	30	車　輌　運　搬　具	30
		固 定 資 産 売却損・処分損	10	車　輌　運　搬　具	10
⑦	⑥に見合う国庫補助金等特別積立金10を取り崩した。	国 庫 補 助 金 等 特 別 積 立 金	10	国 庫 補 助 金 等 特別積立金取崩額	10
⑧	建物について85の減価償却を実施した。	減 価 償 却 費	85	建　　　　　物	85
⑨	車輌について25の減価償却を実施した。	減 価 償 却 費	25	車　輌　運　搬　具	25
⑩	⑧⑨に見合う国庫補助金等特別積立金55を取り崩した。	国 庫 補 助 金 等 特 別 積 立 金	55	国 庫 補 助 金 等 特別積立金取崩額	55

現　金　預　金

××01年 月　日		摘　　　　　　要	借　　方	貸　　方	借方残高
4	1	前期繰越	—	—	500
	①	施設整備等補助金収益	500		3,000
	②	施設整備等寄附金収益	150		3,150
	③	建物		650	2,500
	⑥	車輌運搬具	30		2,530
	30	諸口		15	1,770
		取引合計	2,940	1,670	

（基本財産）　　　　　　　　　　　　　建　　　物

××01年 月　日		摘　　　　　　要	資金増減取引		その他取引		借方残高
			借　方	貸　方	借　方	貸　方	
4	1	前期繰越	—	—	—	—	18,000
	③	現金預金	650				18,650
	⑧	減価償却費				85	18,565
			650	—	—	85	

（その他の固定資産）　　　　　　　車 輌 運 搬 具

××01年 月 日		摘　　　要	資金増減取引		その他取引		借方残高
			借　方	貸　方	借　方	貸　方	
4	1	前期繰越	—	—	—	—	450
	⑥	現金預金		30			420
	⑥	固定資産売却損・処分損				10	410
	⑨	減価償却費				25	385
		取引合計	—	30	—	35	

固定資産項目以外では、同じ勘定科目で「資金増減取引」と「その他取引」がともに発生することは、実務上は、限定的です。ここでは、学習のために「その他取引」の出てくる科目・取引を中心に扱っていますが、実務上の取引・科目はほとんどが資金増減取引です。

基　　本　　金

××01年 月 日		摘　　　要	資金増減取引		その他取引		貸方残高
			借　方	貸　方	借　方	貸　方	
4	1	前期繰越			—	—	23,400
	⑤	基本金組入額				150	23,550
		取引合計			—	150	

基本金は、施設整備等寄附金収入（収益）を計上した後に組み入れます。減少は取崩しとして処理します。ですから、資金増減取引はありません。次の国庫補助金等特別積立金も同じです。

国庫補助金等特別積立金

××01年 月 日		摘　　　要	資金増減取引		その他取引		貸方残高
			借　方	貸　方	借　方	貸　方	
4	1	前期繰越			—	—	34,500
	④	国庫補助金等特別積立金積立額				500	35,000
	⑦	国庫補助金等特別積立金取崩額			10		34,990
	⑩	国庫補助金等特別積立金取崩額			55		34,935
		取引合計			65	500	

以下の収入・支出の科目についても、「資金増減取引」か「その他取引」か、どちらかしか発生しません。科目によって決まります。

（サービス活動増減の部）　　　　　　減価償却費

××01年 月 日		摘　　　要	資金増減取引		その他取引		借方残高
			借　方	貸　方	借　方	貸　方	
4	⑧	建物			85		85
	⑨	車輌運搬具			25		110
		取引合計			110	—	

（サービス活動増減の部）　　国庫補助金等特別積立金取崩額

××01年 月 日		摘　　　要	資金増減取引		その他取引		貸方残高
			借　方	貸　方	借　方	貸　方	
4	⑩	国庫補助金等特別積立金				55	55
		取引合計			—	55	

（特別増減の部）　　　　　　　　　　施設整備等補助金収益

××01年 月　日	摘　　　　要	資金増減取引 借　方	貸　方	その他取引 借　方	貸　方	貸方残高
4　①	現金預金		500			500
	取引合計	—	500			

（特別増減の部）　　　　　　　　　　施設整備等寄附金収益

××01年 月　日	摘　　　　要	資金増減取引 借　方	貸　方	その他取引 借　方	貸　方	貸方残高
4　②	現金預金		150			150
	取引合計	—	150			

（特別増減の部）　　　　　　　　　　基本金組入額

××01年 月　日	摘　　　　要	資金増減取引 借　方	貸　方	その他取引 借　方	貸　方	借方残高
4　⑤	基本金			150		150
	取引合計			150	—	

（特別増減の部）　　　　　　　　　　固定資産売却損・処分損

××01年 月　日	摘　　　　要	資金増減取引 借　方	貸　方	その他取引 借　方	貸　方	借方残高
4　⑥	車輌運搬具			10		10
	取引合計			10	—	

（特別増減の部）　　　　　　　　　　国庫補助金等特別積立金取崩額

××01年 月　日	摘　　　　要	資金増減取引 借　方	貸　方	その他取引 借　方	貸　方	貸方残高
4　⑦	国庫補助金等特別積立金				10	10
	取引合計			—	10	

（特別増減の部）　　　　　　　　　　国庫補助金等特別積立金積立額

××01年 月　日	摘　　　　要	資金増減取引 借　方	貸　方	その他取引 借　方	貸　方	借方残高
4　④	国庫補助金等特別積立金			500		500
	取引合計			500	—	

　　国庫補助金等特別積立金の取崩しは、減価償却に応じて取崩しをする場合には、Ｐ／Ｌ上「サービス活動増減の部」の費用の区分、減価償却費の真下にマイナス金額で表示します。また、対象資産消滅に伴って取崩しをする場合にはＰ／Ｌ上「特別増減の部」の費用の区分、固定資産売却損・処分損の真下にマイナス金額で表示します。そこで、本題では、元帳も別の科目にしてあります。

　　このあたりの内容は、本書の該当項目にて説明していきますので、今は、「そんなこともあるのか」という程度の理解で結構です。

　　「ムツカシ〜イッ！」と思って、苦手意識を持たないでください。

精　算　表

摘　要	期首B/S 借方(資産)	貸方(負債・純資産)	期中資金増減取引 借方	貸方	期中その他取引 借方	貸方	期末B/S 借方(資産)	貸方(負債・純資産)
現 金 預 金	500		2,940	1,670			1,770	
事 業 未 収 金	1,800		1,120	950			1,970	
事 業 未 払 金		240	240	180				180
職 員 預 り 金		100	35	40				105
支 払 資 金 計	2,300	340	4,335	2,840			3,740	285
（差引支払資金）		(1,960)	差引支払資金増加額→	1,495				(3,455)

資金収支計算書

摘　要			借方(支出)	貸方(収入)	借方	貸方	借方(資産)	貸方(負債・純資産)
1年以内返済予定長期運営資金借入金					1年基準による固定負債からの振替額	300		300
（基本財産）土　地	40,000						40,000	
建　物	18,000		固定資産取得支出 650			85	18,565	
（その他の固定資産）車 輌 運 搬 具	450		固定資産売却収入 30			35	385	
長期運営資金借入金			元金償還支出 300	借入金収入 1,500	流動負債への振替 300			900
基 本 金		23,400				150		23,550
国庫補助金等特別積立金		34,500			65	500		34,935
次期繰越活動増減差額（期首）		2,510						2,510
当 期 活 動 増 減 差 額							差引純資産増加額→	210
B／S 合 計	60,750	60,750					62,690	62,690

P／L

摘　要					借方(費用)	貸方(収益)	借方(費用)	貸方(収益)
サービス活動増の部								
○○事業収益（収入）等				1,200				1,200
人件費（支出）			200				200	
事業費（支出）			435				435	
事務費（支出）			300				300	
減価償却費					110		110	
国庫補助金等特別積立金取崩額						55		55
特別増減の部								
施設整備等補助金収益（収入）				500				500
施設整備等寄附金収益（収入）				150				150
基本金組入額					150		150	
固定資産売却損・処分損					10		10	
国庫補助金等特別積立金取崩額						10		10
国庫補助金等特別積立金積立額					500		500	
収益・費用（収入・支出）小　計			1,885	3,380			1,705	1,915
当期増減（収支）差額			1,495	←当期資金収支差額			210	←当期活動増減差額
増減（収支）等合計			3,380	3,380	1,135	1,135	1,915	1,915

練習問題　2⑵　精算表からフローの計算書を作成する

⑵　**練習問題2⑴の解答**（解答編14頁の「精算表」）をもとに、資金収支計算書（第1号の1様式）の「決算」欄と、事業活動収支計算書（第2号の1様式）の「本年度決算」欄の、各々空白部分を記入します。（以下、問題中、単位は省略しています。）

法人単位資金収支計算書

（自）××01年4月1日　（至）××02年3月31日　　　　　　第1号第1様式

勘定科目		予算(A)	決算(B)	差異(A)-(B)	備考
事業活動による収支	収入 ○○事業収入		1,200		
	・・・				
	事業活動収入計(1)		1,200		
	支出 人件費支出		200		
	事業費支出		435		
	事務費支出		300		
	・・・				
	事業活動支出計(2)		935		
事業活動資金収支差額(3)=(1)-(2)			265		
施設整備等による収支	収入 施設整備等補助金収入		500		
	施設整備等寄附金収入		150		
	固定資産売却収入		30		
	施設整備等収入計(4)		680		
	支出 固定資産取得支出		650		
	施設整備等支出計(5)		650		
施設整備等資金収支差額(6)=(4)-(5)			30		
その他の活動による収支	収入 長期運営資金借入金収入		1,500		
	・・・				
	その他の活動収入計(7)		1,500		
	支出 長期運営資金借入金元金償還支出		300		
	・・・				
	その他の活動支出計(8)		300		
その他の活動資金収支差額(9)=(7)-(8)			1,200		
予備費支出(10)					
当期資金収支差額合計(11)=(3)+(6)+(9)-(10)			1,495		
前期末支払資金残高(12)			1,960		
当期末支払資金残高(11)+(12)			3,455		

※「前期末支払資金残高(12)」と「当期末支払資金残高(11)+(12)」は、**練習問題2⑴の精算表**では「（差引支払資金）」の行の、期首B/S・期末B/Sに（括弧内数字）として示されています。

法人単位事業活動計算書

（自）××01年4月1日 （至）××02年3月31日　　　第2号第1様式

		勘　定　科　目	当年度決算(A)	前年度決算(B)	増減(A)−(B)
サービス活動増減の部	収益	○○事業収益	1,200		
		・・・			
		サービス活動収益計⑴	1,200		
	費用	人件費	200		
		事業費	435		
		事務費	300		
		減価償却費	110		
		国庫補助金等特別積立金取崩額	△　　55		
		徴収不能額			
		徴収不能引当金繰入			
		サービス活動費用計⑵	990		
		サービス活動増減差額⑶＝⑴−⑵	210		
サービス活動外増減の部	収益	借入金利息補助金収益			
		・・・			
		サービス活動外収益計⑷	—		
	費用	支払利息			
		・・・			
		サービス活動外費用計⑸	—		
		サービス活動外増減差額⑹＝⑷−⑸	—		
		経常増減差額⑺＝⑶＋⑹	210		
特別増減の部	収益	施設整備等補助金収益	500		
		施設整備等寄附金収益	150		
		固定資産売却益			
		特別収益計⑻	650		
	費用	基本金組入額	150		
		固定資産売却損・処分損	10		
		国庫補助金等特別積立金取崩額	△　　10		
		国庫補助金等特別積立金積立額	500		
		特別費用計⑼	650		
		特別増減差額⑽＝⑻−⑼	0		
		当期活動増減差額⑾＝⑺＋⑽	210		
繰越活動増減差額の部		前期繰越活動増減差額⑿	2,510		
		当期末繰越活動増減差額⒀＝⑾＋⑿	2,720		
		基本金取崩額⒁			
		その他の積立金取崩額⒂			
		その他の積立金積立額⒃			
		次期繰越活動増減差額⒄＝⒀＋⒁＋⒂−⒃	2,720		

法人単位貸借対照表

××02年3月31日現在　　　　　　　　　第3号第1様式

資　産　の　部	当年度末	前年度末	増減	負　債　の　部	当年度末	前年度末	増減
流動資産	3,740	2,300	1,440	流動負債	585	340	245
現金預金	1,770	500	1,270	事業未払金	180	240	△60
事業未収金	1,970	1,800	170	職員預り金	105	100	5
				1年以内返済予定長期運営資金借入金	300	—	300
固定資産	58,950	58,450	500	固定負債	900	—	900
基本財産	58,565	58,000	565	長期運営資金借入金	900	—	900
土地	40,000	40,000	0				
建物	18,565	18,000	565				
その他の固定資産	385	450	△65				
車輌運搬具	385	450	△65				
				負債の部合計	1,485	340	1,145
				純　資　産　の　部			
				基本金	23,550	23,400	150
				国庫補助金等特別積立金	34,935	34,500	435
				その他の積立金			
				次期繰越活動増減差額	2,720	2,510	210
				（うち当期活動増減差額）	（210）	（0）	（210）
				純資産の部合計	61,205	60,410	795
資産の部合計	62,690	60,750	1,940	負債及び純資産の部合計	62,690	60,750	1,940

ここまで出来れば、基本はマスターです!!

練習問題 3 支払資金を計算する

次の科目及びその残高から貸借対照表を完成し、支払資金の残高を算出します。
できるだけ様式の科目配列に合わせて答えてください。

	科目	金額		科目	金額		科目	金額
①	立替金	20	⑦	徴収不能引当金	5	⑬	器具及び備品	400
②	貯蔵品	60	⑧	国庫補助金等特別積立金	950	⑭	1年以内返済予定設備資金借入金	150
③	現金預金	1,450	⑨	設備資金借入金	1,220	⑮	退職給付引当金	550
④	短期運営資金借入金	820	⑩	土地	3,000	⑯	建物	2,800
⑤	事業未払金	80	⑪	施設建替資金積立資産	460	⑰	事業未収金	165
⑥	退職給付引当資産	550	⑫	基本金	3,500	⑱	職員預り金	50

貸借対照表

	借方科目	金額		貸方科目	金額
流動資産	現金預金	1,450	流動負債	短期運営資金借入金	820
	事業未収金	165		事業未払金	80
	貯蔵品	60		1年以内返済予定設備資金借入金	150
	立替金	20		職員預り金	50
	徴収不能引当金	△5		流動負債合計	1,100
	流動資産合計	1,690	固定負債	設備資金借入金	1,220
固定資産	土地	3,000		退職給付引当金	550
	建物	2,800		固定負債合計	1,770
	器具及び備品	400	純資産	基本金	3,500
	退職給付引当資産	550		国庫補助金等特別積立金	950
	施設建替資金積立資産	460		その他の積立金	460
	その他の固定資産	100		次期繰越活動増減差額	1,220
	固定資産合計	7,310		純資産合計	6,130
	資産合計	9,000		負債・純資産合計	9,000

(1) 流動資産のうち、支払資金の範囲から除かれるものの合計金額： △5

(2) 流動負債のうち、支払資金の範囲から除かれるものの合計金額： 150

(3) 支払資金の残高： {1,690－（△5）}－{1,100－150}＝ 745

【補足】支払資金の計算

「会計基準省令」では、支払資金の範囲を流動資産と流動負債としていますが、例外的に支払資金の範囲から外れるものがあります。

練習問題−3では、徴収不能引当金と１年以内返済予定設備資金借入金の２つが支払資金の範囲から除かれることになります。

以下、流動資産と流動負債だけを抜き出すと以下のようになります。

流動資産	金額	流動負債	金額
現金預金	1,450	短期運営資金借入金	820
事業未収金	165	事業未払金	80
貯蔵品	60	１年以内返済予定設備資金借入金	150
立替金	20	職員預り金	50
徴収不能引当金	△5		
合　　計	1,690	合　　計	1,100

借方の流動資産合計は1,690となっていますが、この中には徴収不能引当金△5が含まれていますので、支払資金の計算では除く必要があります。ただし、注意が必要なのは、マイナスの金額で計上されていることです。

また、貸方側の流動負債合計は、1,100円となっていますが、この中には１年以内返済予定設備資金借入金150が含まれていますので、支払資金の計算では除く必要があります。

それぞれを除いた形で表を集計しなおすと以下のようになります。

流動資産（支払資金）	金額	流動負債（支払資金）	金額
現金預金	1,450	短期運営資金借入金	820
事業未収金	165	事業未払金	80
貯蔵品	60	職員預り金	50
立替金	20		
合　　計	1,695	合　　計	950

表の集計結果のとおり、プラスの支払資金合計1,695からマイナスの支払資金合計950を差し引くと、支払資金残高は745ということになります。

徴収不能引当金は、マイナス値で流動資産に含まれていますので、除いたときに借方合計が増える点に留意してください。

練習問題 4 資産の有償取得・無償取得等

⑴ 仕訳のうち、二重線で囲ってあるものが「固定資産取得支出」になります。

期 中 取 引		仕 訳			
		借 方		貸 方	
		科 目	金 額	科 目	金 額
①	ピアノ1台を50万円で購入した。なお、搬入・据付・調律等に要した費用は3万円であった。	器 具 及 び 備 品	530,000	現 金 預 金	530,000
	仕訳に支払資金科目（現金預金）が含まれていますので、資金増減取引になります。したがって、「(借方) 器具及び備品」は資金収支計算書で「固定資産取得支出」として記載されることになります。				
②	通常なら300万円を要する送迎用の車両を安くしてもらい、100万円で購入した。	車 輌 運 搬 具	1,000,000	現 金 預 金	1,000,000
		車 輌 運 搬 具	2,000,000	車輌運搬具受贈額	2,000,000
	資産の低廉譲渡（無償譲渡を含む）を受けた場合、資産の取得価額は取得に通常要する価額とします。また、無償・低廉に相当する金額は、現物寄附を受けたものとします。				
③	絵画の贈与を受けた。通常の購入に要する価額は150万円である。	器 具 及 び 備 品	1,500,000	器具及び備品受贈額	1,500,000
	支払資金の科目が含まれていませんので、資金増減取引には該当しません。				
④	絵画と花瓶とを、近隣の施設と交換した。交換に供した絵画の帳簿価額は200万円である。	器 具 及 び 備 品	2,000,000	器 具 及 び 備 品	2,000,000
	交換による取得の場合は、交換に供した資産の帳簿価額を取得価額とします。この場合も支払資金は増減しません。なお、交換のように同一科目の残高が変動しない取引も、その事実を記録するために仕訳を行います。支払資金も純資産も増減しませんので、資金収支計算書にも事業活動計算書にも表示されません。				
⑤	電子式血圧計3台の寄贈を受けた。通常の購入に要する価額は1台あたり6万円である。	消耗器具備品費	180,000	経 常 経 費 寄 附 金 収 益	180,000
	経常経費に対する寄附物品については、取得時の時価により、経常経費寄附金収入および経常経費寄附金収益として計上します。（運用指針9 ⑵ より）				

⑵ 上記の仕訳を転記した場合の、「車輌運搬具」勘定及び「器具及び備品」勘定を記入します。

車輌運搬具

××01年		摘 要	資金増減取引		その他取引		借方残高
月	日		借 方	貸 方	借 方	貸 方	
4	1	前期繰越	—	—	—	—	××××
		② 現金預金	1,000,000				××××
		② 車輌運搬具受贈額			2,000,000		××××
							××××

（以下省略）

器具及び備品

××01年		摘 要	資金増減取引		その他取引		借方残高
月	日		借 方	貸 方	借 方	貸 方	
4	1	前期繰越	—	—	—	—	××××
		① 現金預金	530,000				××××
		③ 器具及び備品受贈額			1,500,000		××××
		④ 器具及び備品			2,000,000		××××
		④ 器具及び備品				2,000,000	××××
							××××

（以下省略）

(3) 上記の仕訳は、資金収支計算書とP／Lのそれぞれに、次のように表示されます。

法人単位資金収支計算書

（自）××01年4月1日　（至）××02年3月31日　　　第1号第1様式

		勘　定　科　目	予　算	決　算	差　異	備　考
事業活動による収支	収入	・・・				
		経常経費寄附金収入		180,000		
		事業活動収入計(1)				
	支出	・・・				
		事業費支出		180,000		
		・・・				
		事業活動支出計(2)				
		事業活動収支差額(3)＝(1)−(2)				
施設整備等による収支	収入	施設整備等寄附金収入		−		
		固定資産売却収入		−		
		施設整備等収入計(4)				
	支出	設備資金借入金元金償還支出		−		
		固定資産取得支出		1,530,000		
		施設整備等支出計(5)				
		施設整備等資金収支差額(6)＝(4)−(5)				

（以下省略）

法人単位事業活動計算書（P／L）

（自）××01年4月1日　（至）××02年3月31日　　　第2号第1様式

		勘　定　科　目	本年度決算	前年度決算	増　減
サービス活動増減の部	収益	・・・			
		経常経費寄附金収益	180,000		
		サービス活動収益計(1)			
	費用	・・・			
		事業費	180,000		
		・・・			
		サービス活動費用計(2)			
		サービス活動増減差額(3)＝(1)−(2)			
		経常増減差額(7)＝(3)+(6)			
特別増減の部	収益	施設整備等寄附金収益	−		
		固定資産受贈額	3,500,000		
		特別収益計(8)			
	費用	固定資産売却損・処分損	−		
		国庫補助金等特別積立金取崩額（除却等）	−		
		特別費用計(9)			
		特別増減差額(10)＝(8)−(9)			
		当期活動増減差額(11)＝(7)+(10)			

練習問題 5 減価償却の計算・仕訳と計算書類の表示方法

次の各取引について仕訳を行い、資金収支計算書と事業活動計算書を記載（記載不要の箇所は "−" を記入）します。なお、勘定科目は可能な限り中区分によるものとします。

期 中 取 引		仕　訳			
		借　　方		貸　　方	
		科　　目	金　額	科　　目	金　額
6月10日	送迎用リフト車両360万円を購入し、事業に供した。代金翌月払い。	車輌運搬具	3,600,000	その他の未　払　金	3,600,000
7月5日	電子式血圧計一式8万円を現金で購入した。	消耗器具備品費	80,000	現 金 預 金	80,000
8月20日	パソコン3台とその付属品（時価48万円相当）の寄贈を受けた。	器具及び備品	480,000	器具及び備品受　贈　額	480,000
3月31日	送迎用車両（定額法、耐用年数4年）の減価償却を実施した。	減 価 償 却 費	750,000	車 輌 運 搬 具	750,000
		3,600,000円×（耐年4年）0.250×10/12＝750,000円			
3月31日	パソコン3台分（定額法、耐用年数4年）の減価償却を実施した。	減 価 償 却 費	80,000	器具及び備品	80,000
		480,000円×（耐年4年）0.250×8/12＝80,000円			

法人単位資金収支計算書　　　　　　　　　　　　　　（単位：円）
（自）××01年4月1日（至）××02年3月31日　　　第1号第1様式

勘 定 科 目			予算	決算	差異	備考
事業活動による収支						
施設整備等による収支	収入	施設整備等寄附金収入		−		
		施設整備等収入計(4)				
	支出	固定資産取得支出		3,600,000		
		施設整備等支出計(5)				
	施設整備等資金収支差額(6)＝(4)−(5)					

法人単位事業活動計算書（P／L）
（自）××01年4月1日（至）××02年3月31日　　　第2号第1様式

勘 定 科 目			本年度決算	前年度決算	増　減
サービス活動増減の部	収益	・・・			
		サービス活動収益計(1)			
	費用	・・・			
		事業費	80,000		
		減価償却費	830,000		
		サービス活動費用計(2)			
経常増減差額(7)＝(3)+(6)					
特別増減の部	収益	施設整備等寄附金収益	−		
		固定資産受贈額	480,000		
		特別収益計(8)			

練習問題　6　減価償却累計額の表示

　次の固定資産および減価償却額に関する資料に基づいて、「間接法」による貸借対照表の表示を完成させてください。なお、減価償却費以外に期中の増減はないものとします。

【固定資産に関する資料】　　　　　　　　　　　　　　　　　　　　（単位：省略）

勘定科目	取得価額	前期末残高	当期減価償却費	当期末残高
基本財産				
土　地	10,000	10,000	0	10,000
建　物	18,000	13,200	450	12,750
計	28,000	23,200	450	22,750
その他の固定資産				
車輌運搬具	1,800	1,140	340	800
器具及び備品	2,200	1,305	275	1,030
ソフトウェア	600	400	100	300
計	4,600	2,845	715	2,130

◇貸借対照表の資産の部・抜粋

資産の部	当年度末	前年度末	増減
流動資産	××	××	××
現金預金			
・・・			
固定資産			
基本財産	22,750	23,200	△450
土　地	10,000	10,000	0
建　物	18,000	18,000	0
建物減価償却累計額	△5,250	△4,800	△450
その他の固定資産	2,130	2,845	△715
車両運搬具	1,800	1,800	0
車両運搬具減価償却累計額	△1,000	△660	△340
器具及び備品	2,200	2,200	0
器具及び備品減価償却累計額	△1,170	△895	△275
ソフトウェア	300	400	△100
資産の部計			

※一括表示によることも認められています。

その他の固定資産	2,130	2,845	△715
車両運搬具	1,800	1,800	0
器具及び備品	2,200	2,200	0
有形固定資産減価償却累計額	△2,170	△1,555	△615
ソフトウェア	300	400	△100
資産の部計			

練習問題 **7** 「有形固定資産の取得価額、減価償却累計額及び当期末残高」に関する注記

次の資料に基づいて、「計算書類に対する注記」のうち、「有形固定資産の取得価額、減価償却累計額及び当期末残高」に関する注記を完成してください。

【参考資料】

① 期首における有形固定資産に係る減価償却費の累計額は、48,060千円である。

② 貸借対照表の表示は、直接法によっている。

③ 当期における減価償却資産の帳簿価額の減少は、減価償却費のみであった。

④ いずれの減価償却資産についても、減価償却の会計処理は、毎年適正に行われている。

⑤ 建物（基本財産）は、当期首からちょうど20年前に90,000千円で取得し、直ちに事業の用に供したものであり、減価償却費の計算は、定額法、耐用年数39年（残存価額10%、償却率0.026）によって行っている。

試 算 表

（単位：千円）

摘　　要	期首残高（借方）	期首残高（貸方）	期中資金増減取引（借方）	期中資金増減取引（貸方）	期中その他取引（借方）	期中その他取引（貸方）	期末残高（借方）	期末残高（貸方）
建物（基本財産）	(47,880)					(2,106)	(45,774)	
車 輌 運 搬 具	−		5,000			800	(4,200)	
器 具 及 び 備 品	10,000		1,500			2,000	(9,500)	
ソ フ ト ウ ェ ア	1,200		−			400	(800)	
減 価 償 却 費					(5,306)			

【解答欄】

有形固定資産の取得価額、減価償却累計額及び当期末残高

有形固定資産の取得価額、減価償却累計額及び当期末残高は、以下のとおりである。

（単位：円）

	取得価額	減価償却累計額	当期末残高
建物（基本財産）	90,000,000	44,226,000	45,774,000
車輌運搬具	5,000,000	800,000	4,200,000
器具及び備品	17,440,000	7,940,000	9,500,000
合計	112,440,000	52,966,000	59,474,000

【解説】

① 建物減価償却費年額：90,000千円×0.9×0.026＝2,106千円

② 建物の期首減価償却累計額：2,106千円×20年＝42,120千円

③ 器具及び備品の期首減価償却累計額：48,060千円－42,120千円＝5,940千円

④ 建物の期末減価償却累計額：42,120千円＋2,106千円＝44,226千円

⑤ 建物期首帳簿価額：90,000千円－42,120千円＝47,880千円

⑥ 期末減価償却累計額：48,060千円＋4,906千円＝52,966千円

⑦ 備品減価償却累計額：52,966千円－建物44,226千円－備品800千円＝7,940千円

⑧ 備品取得価額合計　：期末簿価9,500千円＋償却累計額7,940千円＝17,440千円

※減価償却累計額の注記は、平成30年度決算から有形固定資産のみでよいこととされました。

練習問題 8 固定資産等の売却損の場合のP／Lと資金収支計算書を作成する

(1) 以下の期中取引について、仕訳を示してください。なお、できるだけ中区分科目を使用し、入金時・出金時の科目は、「現金預金」を使用してください。

(2) 以下に示す勘定科目について転記を行い、精算表及び計算書類に、どのように記載されるのかを示してください。なお、取引日付欄には、仕訳№を記入してください。

期　中　取　引		仕　　　訳　　　（単位：円）			
		借　　　方		貸　　　方	
		科　　目	金　額	科　　目	金　額
①	簿価10万円の車両を3万円で売却し、代金は現金で受け取った。	現　金　預　金	30,000	車　輌　運　搬　具	30,000
		車　輌　運　搬　具 売却損・処分損	70,000	車　輌　運　搬　具	70,000
②	簿価60万円の簡易建物が災害により倒壊したため除却処分とした。なお、除却費用として、5万円を現金で支払った。	災　害　損　失	600,000	建　　　　　物	600,000
		災　害　損　失	50,000	現　金　預　金	50,000
③	同上に係る国庫補助金等特別積立金残高30万円を取り崩した。	国庫補助金等特別積　立　金	300,000	国庫補助金等特別積立金取崩額	300,000

（総勘定元帳） （単位：円）

建　　　物

××01年 月　日		摘　　　要	資金増減取引		その他取引		（借方残高）
			借　方	貸　方	借　方	貸　方	
4	1	前期繰越	―	―	―	―	×××
	②	災害損失				600,000	×××

車　輌　運　搬　具

××01年 月　日		摘　　　要	資金増減取引		その他取引		（借方残高）
			借　方	貸　方	借　方	貸　方	
4	1	前期繰越	―	―	―	―	×××
	①	現金預金		30,000			×××
	①	車輌運搬具売却損・処分損				70,000	×××

災　害　損　失

××01年 月　日		摘　　　要	資金増減取引		その他取引		（借方残高）
			借　方	貸　方	借　方	貸　方	
	②	建物			600,000		600,000
	②	現金預金	50,000				650,000

車輌運搬具 売却損・処分損

××01年 月　日		摘　　　要	資金増減取引		その他取引		（借方残高）
			借　方	貸　方	借　方	貸　方	
	①	車輌運搬具			70,000		70,000

精　算　表

(単位：円)

摘　要	期首B／S 借方(資産)	期首B／S 貸方(負債・純資産)	期中資金増減取引 (借方)	期中資金増減取引 (貸方)	期中その他取引 (借方)	期中その他取引 (貸方)	期末B／S 借方(資産)	期末B／S 貸方(負債・純資産)
			資金収支計算書					
			借方(支出)	貸方(収入)				
建　　　物	×××					600,000	×××	
車輌運搬具	×××			30,000		70,000	×××	
国庫補助金等特別積立金		×××			300,000			×××
B／S合計	×××	×××					×××	×××
							P／L	
							借方(費用)	貸方(収益)
（特別増減の部）								
車輌運搬具売却損・処分損					70,000		70,000	
災害損失			50,000		600,000		650,000	
国庫補助金等特別積立金取崩額（除却等）						300,000		300,000

(単位：円)

(何)拠点区分　資金収支計算書
(自)××01年4月1日（至)××02年3月31日　　　　第1号第4様式

勘　定　科　目		予　算	決　算	差　異	備　考
事業活動による収支					
施設整備等による収支	収入　固定資産売却収入		30,000		
	車輌運搬具売却収入		30,000		
	施設整備等収入計(4)				
	支出　・・・				
	固定資産除却・廃棄支出		50,000		
	施設整備等支出計(5)				
施設整備等資金収支差額(6)＝(4)−(5)					

(何)拠点区分　事業活動計算書（P／L）
(自)××01年4月1日（至)××02年3月31日　　　　第2号第4様式

勘　定　科　目		本年度決算	前年度決算	増　減
経常増減差額(7)＝(3)＋(6)				
特別増減の部	収益　・・・			
	特別収益計(8)			
	費用　固定資産売却損・処分損	70,000		
	車輌運搬具売却損・処分損	70,000		
	国庫補助金等特別積立金取崩額（除却等）	△300,000		
	災害損失	650,000		
	特別費用計(9)	420,000		
特別増減差額(10)＝(8)−(9)				
当期活動増減差額(11)＝(7)＋(10)				

【別　解】

　①の取引について、次のように仕訳を行った場合には、全体が1つの複合仕訳として資金増減取引となりますので、元帳の転記と試算表の記入は、以下のようになります。

期　中　取　引		仕　訳			
		借　方		貸　方	
		科　　目	金　額	科　　目	金　額
①	簿価10万円の車両を3万円で売却した。	現　金　預　金	30,000	車　輌　運　搬　具	100,000
		車　輌　運　搬　具　売却損・処分損	70,000		

（総勘定元帳）　　　　　　　　　　　　　　　　　　　　　　　　　　　　　（単位：円）

車 輌 運 搬 具

××01年 月 日		摘　　　　要	資金増減取引		その他取引		（借方残高）
			借　方	貸　方	借　方	貸　方	
4	1	前期繰越	−	−	−	−	×××
	①	諸口		100,000			×××
							×××

車 輌 運 搬 具 売却損・処分損

××01年 月 日		摘　　　　要	資金増減取引		その他取引		（借方残高）
			借　方	貸　方	借　方	貸　方	
	①	車輌運搬具	70,000				70,000

精　算　表　　　　　　　　　　　　　　　　（単位：円）

摘　　要	期首B／S		期中資金増減取引		期中その他取引		期末B／S	
	借　方（資　産）	貸　方（負債・純資産）	（借方）	（貸方）	（借方）	（貸方）	借　方（資　産）	貸　方（負債・純資産）
			資金収支計算書					
			借　方（支　出）	貸　方（収　入）				
建　　物	×××					600,000	×××	
車　輌　運　搬　具	×××			100,000			×××	
国庫補助金等特別積立金		×××				300,000		×××
B／S合計	×××	×××					×××	×××
							P／L	
							借　方（費　用）	貸　方（収　益）
（特別増減の部）								
災害損失（建物）			50,000		600,000		650,000	
車輌運搬具売却損・処分損			70,000				70,000	
国庫補助金等特別積立金取崩額（除却等）						300,000		300,000

※資金収支計算書には、100,000円と70,000円の差額30,000円を車輌運搬具売却収入として表示することになります。

練習問題 9 固定負債の会計処理と１年基準

(1) 以下の期中取引について、仕訳を示してください。

(2) 以下に示す勘定科目について転記を行い、精算表及び計算書類に、どのように記載されるのかを示してください。なお、取引日付欄には、仕訳№を記入してください。（単位：円）

期 中 取 引		仕　訳			
		借　方		貸　方	
		科　目	金　額	科　目	金　額
①	設備資金借入金800万円を利息72万円とともに普通預金口座から振り込み返済した。	設 備 資 金 借 入 金	8,000,000	現 金 預 金	8,000,000
		支 払 利 息	720,000	現 金 預 金	720,000
②	車両割賦代金180万円を普通預金口座から振り込み支払った。	長 期 未 払 金	1,800,000	現 金 預 金	1,800,000
③	決算に際し、翌年度返済予定の設備資金借入金800万円を流動負債に振り替えた。	設 備 資 金 借 入 金	8,000,000	１年以内返済予定設備資金借入金	8,000,000
④	決算に際し、翌年度支払い予定の車両割賦代金180万円を流動負債に振り替えた。	長 期 未 払 金	1,800,000	１年以内支払予定長期未払金	1,800,000

１年以内返済予定設備資金借入金 （単位：円）

××03年		摘　　　要	資金増減取引		その他取引		貸方残高
月	日		借　方	貸　方	借　方	貸　方	
4	1	前期繰越			—	—	8,000,000
	1	設備資金借入金			8,000,000		0
	③	設備資金借入金				8,000,000	8,000,000
					8,000,000	8,000,000	

設 備 資 金 借 入 金

××03年		摘　　　要	資金増減取引		その他取引		貸方残高
月	日		借　方	貸　方	借　方	貸　方	
4	1	前期繰越	—	—	—	—	64,000,000
	1	１年以内返済予定設備資金借入金				8,000,000	72,000,000
	①	現金預金	8,000,000				64,000,000
	③	１年以内返済予定設備資金借入金			8,000,000		56,000,000
			8,000,000	—	8,000,000	8,000,000	

１年以内支払予定長期未払金

××03年		摘　　　要	資金増減取引		その他取引		貸方残高
月	日		借　方	貸　方	借　方	貸　方	
4	1	前期繰越			—	—	1,800,000
	1	長期未払金			1,800,000		0
	④	長期未払金				1,800,000	1,800,000
					1,800,000	1,800,000	

長 期 未 払 金

××03年		摘　　　要	資金増減取引		その他取引		貸方残高
月	日		借　方	貸　方	借　方	貸　方	
4	1	前期繰越	—	—	—	—	5,400,000
	1	１年以内支払予定長期未払金				1,800,000	7,200,000
	②	現金預金	1,800,000				5,400,000
	④	１年以内支払予定長期未払金			1,800,000		3,600,000
			1,800,000	—	1,800,000	1,800,000	

精　算　表

（単位：円）

摘　要	期首B／S 借方 （資産）	期首B／S 貸方 （負債・純資産）	期中資金増減取引 （借方）	期中資金増減取引 （貸方）	期中その他取引 （借方）	期中その他取引 （貸方）	期末B／S 借方 （資産）	期末B／S 貸方 （負債・純資産）
			資金収支計算書					
			借　方 （支　出）	貸　方 （収　入）				
1年以内返済予定 設備資金借入金		8,000,000			8,000,000	8,000,000		8,000,000
1年以内支払予定 長期未払金		1,800,000			1,800,000	1,800,000		1,800,000
設備資金借入金		64,000,000	8,000,000		8,000,000	8,000,000		56,000,000
長期未払金		5,400,000	1,800,000		1,800,000	1,800,000		3,600,000
B／S合計	×××	×××					×××	×××
							P／L	
							借　方 （費　用）	貸　方 （収　益）
（サービス活動外費用） 　支払利息			720,000				720,000	

（単位：円）

法人単位資金収支計算書

（自）××03年4月1日 （至）××04年3月31日　　　　第1号第1様式

勘定科目			予算	決算	差異	備考
事業活動による収支	収入	・・・				
		事業活動収入計				
	支出	支払利息支出		720,000		
		事業活動支出計(2)				
	事業活動資金収支差額(3)＝(1)−(2)					
施設整備等による収支	収入	・・・				
		施設整備等収入計(4)				
	支出	（設備資金借入金元金償還支出）		8,000,000		
		（その他の施設整備等による支出）		1,800,000		
		施設整備等支出計(5)				
	施設整備等資金収支差額(6)＝(4)−(5)					

法人単位貸借対照表

××04年3月31日現在　　　　第3号第1様式

資産の部	当年度末	前年度末	増減	負債の部	当年度末	前年度末	増減
流動資産	××	××	××	流動負債	××	××	××
現金預金				事業未払金			
・・・				1年以内返済予定設備資金借入金	8,000,000	8,000,000	0
				1年以内支払予定長期未払金	1,800,000	1,800,000	0
固定資産				固定負債			
基本財産				設備資金借入金	56,000,000	64,000,000	△8,000,000
・・・				長期未払金	3,600,000	5,400,000	△1,800,000
その他の固定資産				・・・			
・・・				固定負債の部合計			

練習問題 10 徴収不能引当金の処理

次の一連の取引を仕訳し、資金収支計算書と事業活動計算書、貸借対照表の記入を示します。

（単位：省略）

取 引		仕 訳			
		借 方		貸 方	
		科 目	金 額	科 目	金 額
①	××01年度の決算に際して、事業未収金1,000に対し、過去の徴収不能額の平均発生割合2％をもとに、徴収不能引当金を設定した。なお、同引当金の設定はこれが初回である。	徴収不能引当金繰入	20	徴収不能引当金	20
②	××02年度中に、前期から未回収であった事業未収金4が徴収不能となった。	徴収不能引当金	4	事 業 未 収 金	4
③	××02年度の決算に際して、未収金900に対し、2％の徴収不能額を見積った。	徴収不能引当金繰入	2	徴収不能引当金	2

※(イ)設定額：900×2％＝18、(ロ)期末残高：20－4＝16、(ハ)繰入金額：(イ)－(ロ)＝2

法人単位資金収支計算書

（自）××02年4月1日（至）××03年3月31日　　　第1号第1様式

勘 定 科 目			予算	決算	差異	備考
事業活動による収支	収入	・・・				
		流動資産評価益等による資金増加額				
		事業活動収入計(1)				最後に引算で求めてください。(B)－(A)
	支出	・・・				
		流動資産評価損等による資金減少額		4		
		事業活動支出計(2)				
	事業活動資金収支差額(3)＝(1)－(2)					
当期資金収支差額合計(11)＝(3)＋(6)＋(9)－(10)			×××	(C) 298	×××	

前期末支払資金残高(12)		(A) 3,720	
当期末支払資金残高(11)＋(12)		(B) 4,018	

※(A)：4,500＋20－800＝3,720、(B)：5,000＋18－1,000＝4,018、(C)：(B)－(A)＝298

法人単位事業活動計算書（P／L）

（自）××02年4月1日（至）××03年3月31日　　　第2号第1様式

勘 定 科 目			本年度決算	前年度決算	増 減
サービス活動増減の部	収益	・・・			
		サービス活動収益計(1)			
	費用	・・・			
		（ 徴収不能引当金繰入 ）	2		
		サービス活動費用計(2)			
	サービス活動増減差額(3)＝(1)－(2)				

法人単位貸借対照表

××03年3月31日現在　　　第3号第1様式

資 産 の 部	当年度末	前年度末	増減	負 債 の 部	当年度末	前年度末	増減
流動資産	5,000	4,500	500	流動負債	1,000	800	200
現金預金				事業未払金			
事業未収金	900	1,000	△100				
・・・							
徴収不能引当金	△18	△20	2				
固定資産				固定負債			

（以下省略）

練習問題 11　賞与引当金の処理

　A法人の××02年度の夏期賞与支給見込額は、次のとおりです。次の各設問に答えてくださ
い。

支給月	支給対象期間	支給見込額
××02年6月	××01年11月～××02年4月	1,800万円

(1)　賞与引当金の引当金額は、いくらになりますか。

算式　$\dfrac{1,800 \text{万円}}{6 \text{ヶ月}} \times 5 \text{ヶ月} = 1,500$ 万円

(2)　次の取引の仕訳を示してください。

取　　引		仕　　　　訳			
		借　　　方		貸　　　方	
		科　　目	金　額	科　　目	金　額
①	××01年度決算に当たり、上の(1)の金額を引当金に計上した。	賞与引当金繰入	1,500	賞 与 引 当 金	1,500
②	××02年6月に夏季賞与1,820万円を支給した。	賞 与 引 当 金	1,500	現 金 預 金	1,820
		職 員 賞 与	320		

(3)　(2)の②仕訳はフローの計算書では、どのように表示されるか示してください。

○○拠点区分　資金収支計算書　　　　　　　　　　　　第1号第4様式
（自）××02年4月1日　（至）××03年3月31日　　　　　（単位：万円）

勘　定　科　目			予算	決算	差異	備考
事業活動による収支	収入	・・・				
		流動資産評価益等による資金増加額				
		事業活動収入計(1)				
	支出	人件費支出				
		職員賞与支出		1,820		
		・・・				
		事業活動支出計(2)				
	事業活動資金収支差額(3)=(2)−(1)					

○○拠点区分　事業活動計算書（P／L）　　　　　　　　第2号第4様式
（自）××02年4月1日　（至）××03年3月31日　　　　　（単位：万円）

勘　定　科　目			本年度決算	前年度決算	増　減
サービス活動増減の部	収益	・・・			
		サービス活動収益計(1)			
	費用	人件費			
		職員賞与	320		
		・・・			
		サービス活動費用計(2)			
	サービス活動増減差額(3)=(1)−(2)				

練習問題 12 退職給付引当金の処理

次の一連の取引を仕訳し、資金収支計算書、事業活動計算書、貸借対照表の各様式の空欄に
数値を記入します。 (単位：省略)

取　引		仕　　　訳			
		借　　　方		貸　　　方	
		科　　目	金　額	科　　目	金　額
①	民間退職共済会に施設負担分の掛金180を支払った。	退職給付引当資産	180	現　金　預　金	180
②	退職者Aについて民間退職共済会から300の退職金支給があった。なお、共済会への預け金残高および退職給付引当金の前期末残高はともに260であり、退職給付金は法人を経由して職員に支給された。	現　金　預　金	300	退職給付引当資産	260
				その他の収益	40
		退職給付引当金	260	現　金　預　金	300
		退職給付費用	40		
③	決算に際して180を退職給付引当金に繰り入れた。	退職給付費用	180	退職給付引当金	180

精　算　表 (単位：省略)

摘　要	期首B／S		期中資金増減取引		期中その他取引		期末B／S	
	借方(資産)	貸方(負債・純資産)	(借方)	(貸方)	(借方)	(貸方)	借方(資産)	貸方(負債・純資産)
			資金収支計算書					
			借方(支出)	貸方(収入)				
			引当資産支出	取崩収入				
退職給付引当資産	5,000		180	260			4,920	
			退職給付支出					
退職給付引当金		5,000	260			180		4,920
B／S合計	×××	×××					×××	×××
							P／L	
							借方(費用)	貸方(収益)
(サービス活動増減)								
その他の収益				40				40
人件費								
退職給付費用			40		180		220	

（単位：省略）

○○拠点区分　資金収支計算書
（自）××01年4月1日　（至）××02年3月31日　　　第1号第4様式

勘 定 科 目			予算	決算	差異	備考
事業活動による収支	収入	・・・				
		その他の収入		40		
		事業活動収入計(1)				
	支出	人件費支出				
		退職給付支出		300		
		事業活動支出計(2)				
事業活動資金収支差額(3)＝(1)－(2)						
その他の活動による収支	収入	積立資産取崩収入				
		退職給付引当資産取崩収入		260		
		その他の活動収入計(7)				
	支出	積立資産支出				
		退職給付引当資産支出		180		
		その他の活動支出計(8)				
その他の活動資金収支差額(9)＝(7)－(8)						

○○拠点区分　事業活動計算書
（自）××01年4月1日　（至）××02年3月31日　　　第2号第4様式

勘 定 科 目			本年度決算	前年度決算	増減
サービス活動増減の部	収益	・・・			
		その他の収益	40		
		サービス活動収益計(1)			
	費用	人件費			
		退職給付費用	220		
		・・・			
		サービス活動費用計(2)			

○○拠点区分　貸借対照表
××02年3月31日現在　　　第3号第4様式

資 産 の 部	当年度末	前年度末	増減	負 債 の 部	当年度末	前年度末	増減
固定資産				固定負債			
基本財産				退職給付引当金	4,920	5,000	△80
その他の固定資産				負債の部合計			
退職給付引当資産	4,920	5,000	△80	・・・			
				純資産の部合計			

練習問題 13 基本金の仕訳・精算表の記入・計算書類の表示

(1) 次の取引について仕訳を示してください。仕訳で用いる科目は、可能な限り中区分科目を使用し、入金・出金に関わる科目は現金預金を使用してください。

(2) 下の精算表にどのように反映されるか、現金預金以外の記入を示してください。

(3) 計算書類の空欄に数値を記入してください。 (単位：省略)

取　引		仕　訳				
		借　方			貸　方	
		科　目	金　額	科　目	金　額	
①	施設創設のために基本財産を取得すべきものとして指定を受けた寄附金300の振込を受けた。	現　金　預　金	300	施設整備等寄附金収益	300	
②	施設創設時の運転資金に充てるための寄附金60の振込を受けた。	現　金　預　金	60	施設整備等寄附金収益	60	
③	施設創設に係る設備資金借入金の償還のための寄附金100の振込を受けた。	現　金　預　金	100	設備資金借入金元金償還寄附金収益	100	
④	施設創設のための基本財産として時価500相当の土地の寄贈を受けた。	土　　地	500	土地受贈額	500	
⑤	①から④について基本金への組み入れを行った。	基本金組入額	960	基　本　金	960	

精　算　表

摘　要	期首B／S		期中資金増減取引		期中その他取引		期末B／S	
	借方(資産)	貸方(負債・純資産)	(借方)	(貸方)	(借方)	(貸方)	借方(資産)	貸方(負債・純資産)
現金預金	(省略)	(省略)	(省略)	(省略)	(省略)	(省略)	(省略)	(省略)
			資金収支計算書					
			借方(支出)	貸方(収入)				
基本財産　土地	4,200				④500		4,700	
基本金		5,000				⑤960		5,960
B／S合計	×××	×××					×××	×××
							P／L	
							借方(費用)	貸方(収益)
施設整備等寄附金収益(収入)				①300				360
				② 60				
設備資金借入金元金償還寄附金収益(収入)				③100				100
土地受贈額					④500			500
基本金組入額			⑤960				960	

（単位：省略）

○○拠点区分　資金収支計算書
（自）××01年4月1日　（至）××02年3月31日

第1号第4様式

<table>
<tr><th colspan="3">勘 定 科 目</th><th>予算</th><th>決算</th><th>差異</th><th>備考</th></tr>
<tr><td rowspan="6">施設整備等による収支</td><td rowspan="3">収入</td><td>施設整備等寄附金収入</td><td></td><td>460</td><td></td><td></td></tr>
<tr><td>施設整備等寄附金収入</td><td></td><td>360</td><td></td><td></td></tr>
<tr><td>設備資金借入金元金償還寄附金収入</td><td></td><td>100</td><td></td><td></td></tr>
<tr><td colspan="2">施設整備等収入計(4)</td><td></td><td></td><td></td><td></td></tr>
<tr><td rowspan="2">支出</td><td>・・・</td><td></td><td></td><td></td><td></td></tr>
<tr><td>施設整備等支出計(4)</td><td></td><td></td><td></td><td></td></tr>
<tr><td colspan="3">施設整備等資金収支差額(6)＝(4)−(5)</td><td></td><td></td><td></td><td></td></tr>
</table>

○○拠点区分　事業活動計算書
（自）××01年4月1日　（至）××02年3月31日

第2号第4様式

<table>
<tr><th colspan="3">勘 定 科 目</th><th>本年度決算</th><th>前年度決算</th><th>増減</th></tr>
<tr><td rowspan="8">特別増減の部</td><td rowspan="6">収益</td><td>施設整備等寄附金収益</td><td>460</td><td></td><td></td></tr>
<tr><td>施設整備等寄附金収益</td><td>360</td><td></td><td></td></tr>
<tr><td>設備資金借入金元金償還寄附金収益</td><td>100</td><td></td><td></td></tr>
<tr><td>固定資産受贈額</td><td>500</td><td></td><td></td></tr>
<tr><td>土地受贈額</td><td>500</td><td></td><td></td></tr>
<tr><td>特別収益計(8)</td><td></td><td></td><td></td></tr>
<tr><td rowspan="2">費用</td><td>基本金組入額</td><td>960</td><td></td><td></td></tr>
<tr><td>特別費用計(9)</td><td></td><td></td><td></td></tr>
<tr><td colspan="3">特別増減差額(10)＝(8)−(9)</td><td></td><td></td><td></td></tr>
<tr><td colspan="3">当期活動増減差額(11)＝(7)+(10)</td><td></td><td></td><td></td></tr>
</table>

○○拠点区分　貸借対照表
××02年3月31日現在

第3号第4様式

<table>
<tr><th colspan="2">資 産 の 部</th><th>当年度末</th><th>前年度末</th><th>増減</th><th colspan="2">負 債 の 部</th><th>当年度末</th><th>前年度末</th><th>増 減</th></tr>
<tr><td colspan="2">固定資産</td><td></td><td></td><td></td><td colspan="2">固定負債</td><td></td><td></td><td></td></tr>
<tr><td colspan="2">基本財産</td><td></td><td></td><td></td><td colspan="2">・・・</td><td></td><td></td><td></td></tr>
<tr><td colspan="2">土地</td><td>4,700</td><td>4,200</td><td>500</td><td colspan="2"></td><td></td><td></td><td></td></tr>
<tr><td colspan="2">その他の固定資産</td><td></td><td></td><td></td><td colspan="2">・・・</td><td></td><td></td><td></td></tr>
<tr><td colspan="2">・・・</td><td></td><td></td><td></td><td colspan="2">固定負債の部合計</td><td></td><td></td><td></td></tr>
<tr><td colspan="2"></td><td></td><td></td><td></td><td colspan="2">基本金</td><td>5,960</td><td>5,000</td><td>960</td></tr>
<tr><td colspan="2"></td><td></td><td></td><td></td><td colspan="2">・・・</td><td></td><td></td><td></td></tr>
<tr><td colspan="2"></td><td></td><td></td><td></td><td colspan="2">純資産の部合計</td><td></td><td></td><td></td></tr>
<tr><td colspan="2">資産の部合計</td><td></td><td></td><td></td><td colspan="2">負債及び純資産の部合計</td><td></td><td></td><td></td></tr>
</table>

練習問題 14 減価償却・国庫補助金等特別積立金の取崩し

××01年３月31日に、次のような状態で設立された社会福祉法人があります。

なお、国庫補助金等特別積立金は、全額建物に係る補助金です。

設立時Ｂ／Ｓ

建 物	10,000	基 本 金	3,000
		国庫補助金等特別積立金	7,000

仮に、この法人の、××01年４月１日以後の事業収益（＝収入）が年間8,000、減価償却費以外の人件費・事業費・事務費等の費用（＝支出）が年間7,200で固定されていたとした場合、××02年３月期以降の財務諸表はどのようになるでしょうか。

便宜上、建物の耐用年数は５年、残存価額はないものとし、５年後には建物が消滅するものとします。また、減価償却は定額法で行います（備忘価額１円については、考慮する必要がありません）。国庫補助金等特別積立金の毎年の取崩額は1,400です。

なお、以下のＰ／Ｌは「当期活動増減差額」までを記入する形式になっており、「次期繰越活動増減差額」までは記入しません。したがって、２年目以降のＰ／ＬとＢ／Ｓの活動増減差額は、一致しないことに注意してください。

(1) ××01年度

資金収支計算書

事業費等支出 （ 7,200）	事 業 収 入 （ 8,000）
当 期 資金収支差額 （ 800）	

Ｐ／Ｌ

事業費等費用 （ 7,200）	事 業 収 益 （ 8,000）
減 価 償 却 費 （ 2,000）	国庫補助金等 特別積立金 取 崩 額 （ 1,400）
当 期 活動増減差額 （ 200）	

Ｂ／Ｓ

現金預金等 （ 800）	基 本 金 （ 3,000）
建 物 （ 8,000）	国庫補助金等 特別積立金 （ 5,600）
	次期繰越 活動増減差額 （ 200）

(2) ××02年度

資金収支計算書

事業費等支出 （ 7,200）	事 業 収 入 （ 8,000）
当 期 資金収支差額 （ 800）	

Ｐ／Ｌ

事業費等費用 （ 7,200）	事 業 収 益 （ 8,000）
減 価 償 却 費 （ 2,000）	国庫補助金等 特別積立金 取 崩 額 （ 1,400）
当 期 活動増減差額 （ 200）	

Ｂ／Ｓ

現金預金等 （ 1,600）	基 本 金 （ 3,000）
建 物 （ 6,000）	国庫補助金等 特別積立金 （ 4,200）
	次期繰越 活動増減差額 （ 400）

(3)　××03年度

資金収支計算書

事業費等支出 (7,200)	事 業 収 入 (8,000)
当　　　期 資金収支差額 (800)	

P／L

事業費等費用 (7,200) 減価償却費 (2,000)	事 業 収 益 (8,000) 国庫補助金等 特別積立金 取　崩　額 (1,400)
当　　　期 活動増減差額 (200)	

B／S

現 金 預 金 等 (2,400) 建　　　物 (4,000)	基　　本　　金 (3,000) 国庫補助金等 特 別 積 立 金 (2,800)
	次 期 繰 越 活動増減差額 (600)

(4)　××04年度

資金収支計算書

事業費等支出 (7,200)	事 業 収 入 (8,000)
当　　　期 資金収支差額 (800)	

P／L

事業費等費用 (7,200) 減価償却費 (2,000)	事 業 収 益 (8,000) 国庫補助金等 特別積立金 取　崩　額 (1,400)
当　　　期 活動増減差額 (200)	

B／S

現 金 預 金 等 (3,200) 建　　　物 (2,000)	基　　本　　金 (3,000) 国庫補助金等 特 別 積 立 金 (1,400)
	次 期 繰 越 活動増減差額 (800)

(5)　××05年度

資金収支計算書

事業費等支出 (7,200)	事 業 収 入 (8,000)
当　　　期 資金収支差額 (800)	

P／L

事業費等費用 (7,200) 減価償却費 (2,000)	事 業 収 益 (8,000) 国庫補助金等 特 別 積 立 金 取　崩　額 (1,400)
当　　　期 活動増減差額 (200)	

B／S

現 金 預 金 等 (4,000)	基　　本　　金 (3,000)
	次 期 繰 越 活動増減差額 (1,000)

⑴　さて、現状の活動状況からすると、利用者負担額を減額しようとした場合に、毎年いくらず
　つまでならば減額することができるでしょうか？

　　　⇒毎年の活動増減差額が＋200ですから、200までならば減額可能です。

⑵　仮に、支出・費用が一定で、施設整備時の補助金7,000が無かった場合には、施設の再生の
　ために、毎年、利用者負担額をいくら増額しなければいけないですか？

　　　⇒建替えに必要な資金が10,000に対して、5年後の資金残高は4,000ですから、不足額は6,000
　となります。よって、毎年、1,200の増額が必要となります。

練習問題 15 施設整備等に関わる仕訳例と計算書類の表示

(1) ××01年度の取引について仕訳を示してください。仕訳で用いる科目は、入金・出金は現金預金を使用し、その他は可能な限り中区分科目を使用してください。

(2) (1)の取引は、××01年度の資金収支計算書、P／L、B／Sにどのように表示されるか金額を記入してください。なお、金額は、ほかに取引がないものとして記入してください。

(単位：省略)

××01年度の取引		仕　訳			
		借　方		貸　方	
		科　目	金　額	科　目	金　額
①	新たな施設整備及び設備整備に係る建築工事が完了し、基本財産建物及び設備等の引渡しを受け、代金は翌月末日に支払うこととした。なお、整備の内訳は下表の補足資料を参照してください。また、建物および建物附属設備は、引渡しとともに基本財産に計上することとしてください。	建　物	180,000	その他の未払金	250,000
		建　物	40,000		
		器具及び備品	27,000		
		事務消耗品費	3,000		
②	①の整備のための寄附金35,000を受領した。なお、同額を基本金に組み入れた。	現金預金	35,000	施設整備等寄附金収益	35,000
		基本金組入額	35,000	基本金	35,000
③	国等から①施設整備等のための補助金を受領した。なお、同額を国庫補助金等特別積立金に積み立てた。	現金預金	150,000	施設整備等補助金収益	150,000
		国庫補助金等特別積立金積立額	150,000	国庫補助金等特別積立金	150,000
④	(独)福祉医療機構から、施設整備のため65,000(20年償還)を借り入れた。	現金預金	65,000	設備資金借入金	65,000
⑤	①の代金を振り込み支払った。	その他の未払金	250,000	現金預金	250,000
⑥	当期分の減価償却費を計上した。なお、減価償却方法は、いずれも定額法によるものとします。	減価償却費	4,680	建物	4,680
		減価償却費	2,680	建物	2,680
		減価償却費	4,509	器具及び備品	4,509
⑦	国庫補助金等特別積立金のうち、当期分の減価償却費に相当する額を取り崩した。	国庫補助金等特別積立金	7,616	国庫補助金等特別積立金取崩額	7,616
⑧	国庫補助金等特別積立金のうち、初度調弁費に相当する額を取り崩した。	国庫補助金等特別積立金	2,000	国庫補助金等特別積立金取崩額	2,000
⑨	翌期中に返済予定の設備資金借入金3,250を流動負債に振り替えた。	設備資金借入金	3,250	1年以内返済予定設備資金借入金	3,250

☆**練習問題14⑦**　計算は、以下のようになります。

(単位：省略)

取得価額	補助金等	耐用年数	償却率	減価償却費	取崩額	取崩額（検算）
①	②		③	④＝①×③	⑤＝②×③	④×（②÷①）
180,000	100,000	39	0.026	4,680	2,600	2,600
40,000	30,000	15	0.067	2,680	2,010	2,010
27,000	18,000	6	0.167	4,509	3,006	3,006
3,000	2,000	−	−	−	−	−
250,000	150,000			11,869	7,616	7,616

（単位：省略）

法人単位資金収支計算書

（自）××01年 4 月 1 日　（至）××02年 3 月31日　　　　　　第 1 号第 1 様式

勘 定 科 目			予算	決算	差異	備考
施設整備等による収支	収入	施設整備等補助金収入		150,000		
		施設整備等寄附金収入		35,000		
		設備資金借入金収入		65,000		
		施設整備等収入計(4)				
	支出	設備資金借入金元金償還支出				
		固定資産取得支出		247,000		
		・・・				
		施設整備等支出計(5)				
		施設整備等資金収支差額(6)＝(4)−(5)				

法人単位事業活動計算書（P／L）

（自）××01年 4 月 1 日　（至）××02年 3 月31日　　　　　　第 2 号第 1 様式

勘 定 科 目			本年度決算	前年度決算	増減
サービス活動増減の部	収益	・・・			
		サービス活動収益計(1)			
	費用	・・・			
		事務費	3,000		
		減価償却費	11,869	＝ 4,680 ＋ 2,680 ＋ 4,509	
		国庫補助金等特別積立金取崩額	△9,616	＝ △7,616 ＋ △2,000	
		サービス活動費用計(2)			
		サービス活動増減差額(3)＝(1)−(2)			
特別増減の部	収益	施設整備等補助金収益	150,000		
		施設整備等寄附金収益	35,000		
		特別収益計(8)			
	費用	基本金組入額	35,000		
		国庫補助金等特別積立金積立額	150,000		
		特別費用計(9)			
		特別増減差額(10)＝(8)−(9)			
		当期活動増減差額(11)＝(7)＋(10)			

○○拠点区分貸借対照表

××02年 3 月31日現在　　　　　　第 3 号第 4 様式

資 産 の 部	当年度末	前年度末	増減	負 債 の 部	当年度末	前年度末	増減
流動資産	××	××	××	流動負債	××	××	××
現金預金				1 年返済設備資金借入金	3,250		
・・・							
固定資産				固定負債			
基本財産				設備資金借入金	61,750		
建物	212,640			・・・			
その他の固定資産				固定負債の部合計			
器具及び備品	22,491			基本金	35,000		
				国庫補助金等特別積立金	140,384		
				その他の積立金			
・・・				・・・			
				純資産の部合計			
資産の部合計				負債及び純資産の部合計			

練習問題 16 その他の積立金と積立資産

次の取引について仕訳を示してください。仕訳で用いる科目は、可能な限り中区分科目を使用してください。

(単位：省略)

取　引	仕　訳			
	借　方		貸　方	
	科　目	金　額	科　目	金　額
① 決算理事会において、建物の改修のために施設整備積立金30の積立てを決議し、同額の資産を積み立てた。	施設整備等積立金積立額	30	施設整備等積立金	30
	施設整備等積立資産	30	現金預金	30
② 当初予定していた設備購入のための施設整備等積立金10を取崩し、同額の資産を取り崩した。	施設整備等積立金	10	施設整備等積立金取崩額	10
	現金預金	10	施設整備等積立資産	10

(単位：省略)

○○拠点区分資金収支計算書　　第1号第4様式

（自）××01年4月1日　（至）××02年3月31日

勘　定　科　目			予　算	決　算	差　異	備　考
その他の活動による収支	収入	**積立資産取崩収入**		10		
		施設整備等積立資産取崩収入		10		
		その他の活動収入計(7)				
		積立資産支出		30		
		施設整備等積立資産支出		30		
		その他の活動支出計(8)				
		その他の活動資金収支差額(9)＝(7)－(8)				

○○拠点区分事業活動計算書　　第2号第4様式

（自）××01年4月1日　（至）××02年3月31日

勘　定　科　目		本年度決算	前年度決算	増減
繰越活動増減差額の部	当期活動増減差額(11)＝(7)－(10)	50	←P／L本年度決算欄から	
	前期繰越活動増減差額(12)	308	←B／S前年度末欄から	
	当期末繰越活動増減差額(13)＝(11)＋(12)	358		
	基本金取崩額(14)	－		
	その他の積立金取崩額(15)	10		
	その他の積立金積立額(16)	30		
	次期繰越活動増減差額(17)＝(13)＋(14)＋(15)－(16)	338	→B／S当年度末欄へ転記	

○○拠点区分貸借対照表　　第3号第4様式

××02年3月31日現在

資　産　の　部	当年度末	前年度末	増減	負　債　の　部	当年度末	前年度末	増減
				国庫補助金等特別積立金			
				その他の積立金	120	100	20
施設整備等積立資産	120	100	20	施設整備等積立金	120	100	20
				次期繰越活動増減差額	338	308	30

【例題−6】に続いて、その翌年度の××02年度の会計処理を示してください。なお、毎月のリース料は、第13回目以降も滞りなく銀行口座から引き落とされたものとします。

	借方科目	借方金額	貸方科目	貸方金額
4/1　前期末に1年基準により流動負債に振り替えたリース債務を固定負債に振り替えた。	1年以内返済予定リース債務	720,000	リース債務	720,000
4/25　第13回目のリース料が銀行口座から引き落された。	リース債務	60,000	現金預金	60,000
3/31　決算に際し、当期分の減価償却費を計上した。	減価償却費	720,000	有形リース資産	720,000
3/31　決算に際し、1年以内に支払う予定のリース債務を流動負債に振り替えた。	リース債務	720,000	1年以内返済予定リース債務	720,000

法人単位資金収支計算書　　　　　　　　第1号第1様式
（自）××02年4月1日（至）××03年3月31日　　　　　　（単位：円）

		勘定科目	予算	決算	差異	備考
施設整備等による収支	収入	その他の活動収入計(7)				
	支出	ファイナンス・リース債務の返済支出		720,000		
		その他の活動支出計(8)				
	財務活動資金収支差額(9)=(7)-(8)					

法人単位事業活動計算書　　　　　　　　第2号第1様式
（自）××02年4月1日（至）××03年3月31日　　　　　　（単位：円）

		勘定科目	本年度決算	前年度決算	増減
サービス活動増減の部	収益	・・・			
		サービス活動収益計(1)			
	費用	減価償却費	720,000		
		サービス活動費用計(2)			
	サービス活動増減差額(3)=(1)-(2)				

法人単位貸借対照表　　　　　　　　第3号第1様式
××03年3月31日現在　　　　　　（単位：千円）

資産の部	当年度末	前年度末	増減	負債の部	当年度末	前年度末	増減
流動資産	××	××	××	流動負債	××	××	××
現金預金				・・・			
・・・				1年以内返済予定リース債務	720	720	0
固定資産				固定負債			
基本財産				・・・			
・・・				リース債務	1,440	2,160	△720
その他の固定資産				・・・			
・・・				固定負債の部合計			
有形リース資産	2,160	2,880	△720	・・・			
				純資産の部合計			
資産の部計				負債及び純資産の部合計			

練習問題 18 職員給料の支給

常勤職員と非常勤職員とで使用科目が異なる点、賞与引当金に対応する部分について、資金収支計算書と事業活動計算書の表示金額が異なる結果となる点を確認してください。

取　引	借方科目	金額	貸方科目	金額
常勤職員に、俸給及び諸手当3,400を振込支給した。なお、源泉所得税80、住民税90、社会保険料430を控除した。	職員給料	3,400	現金預金	2,800
			職員預り金	600
非常勤職員に、俸給及び諸手当800を振込支給した。なお、源泉所得税20、住民税25、社会保険料65を控除した。	非常勤職員給与	800	現金預金	690
			職員預り金	110
常勤職員に、賞与600を振込支給した。なお、源泉所得税30、社会保険料90を控除した。	職員賞与	600	現金預金	480
			職員預り金	120
非常勤職員に、賞与100を振込支給した。なお、源泉所得税5、社会保険料15を控除した。	非常勤職員給与	100	現金預金	80
			職員預り金	20
派遣会社に人材派遣料500を振込み支払った。	派遣職員費	500	現金預金	500
源泉所得税135、住民税115を振込み納付した。	職員預り金	250	現金預金	250
社会保険料1,240が預金から引き落とされた。なお、納付額のうち事業主負担分640である。	職員預り金	600	現金預金	1,240
	法定福利費	640		
決算に際し、前期計上の常勤職員に係る賞与引当金380を当期支給賞与に充当し、翌期支給賞与のうち当期分400を賞与引当金とした。	賞与引当金	380	職員賞与	380
	賞与引当金繰入	400	賞与引当金	400
決算に際し、前期計上の非常勤職員に係る賞与引当金60を当期支給賞与に充当し、翌期支給賞与のうち当期分70を賞与引当金とした。	賞与引当金	60	非常勤職員給与	60
	賞与引当金繰入	70	賞与引当金	70

精算表

（単位：省略）

摘要	期首B／S 借方	期首B／S 貸方	期中資金増減取引 借方	期中資金増減取引 貸方	期末その他取引 借方	期末その他取引 貸方	期末B／S 借方	期末B／S 貸方
現金預金	×××			6,040			×××	
職員預り金		×××	850	850				×××
			資金収支計算書					
			支出	収入				
賞与引当金		440			440	470		470
					事業活動計算書			
					費用	収益		
職員給料			3,400				3,400	
職員賞与			600			380	220	
賞与引当金繰入					470		470	
非常勤職員給与			900			60	840	
派遣職員費			500				500	
法定福利費			640				640	

（単位：省略）
第1号第4様式

○○拠点区分　資金収支計算書
（自）××01年4月1日（至）××02年3月31日

		勘　定　科　目	予算	決算	差異	備考
事業活動による収支	収入	・・・				
		・・・				
		事業活動収入計(1)				
	支出	人件費支出				
		職員給料支出		3,400		
		職員賞与支出		600		
		非常勤職員給与支出		900		
		派遣職員費支出		500		
		法定福利費支出		640		
		事業費支出				
		・・・				
		事業活動支出計(2)				
		事業活動資金収支差額(3)＝(1)−(2)				

○○拠点区分　事業活動計算書
（自）××01年4月1日（至）××02年3月31日

		勘　定　科　目	当年度決算	前年度決算	増減
サービス活動増減の部	収益	・・・			
		サービス活動収益計(1))			
	費用	人件費			
		職員給料	3,400		
		職員賞与	220		
		賞与引当金繰入	470		
		非常勤職員給与	840		
		派遣職員費	500		
		法定福利費	640		
		事業費			
		・・・			
		サービス活動費用計(2)			
		サービス活動増減差額(3)＝(1)−(2)			

練習問題 19 製菓製造販売（就労継続支援Ｂ型事業）

【例題－２】を前提に、その翌事業年度の生産活動について、以下の条件に従って、必要な仕訳を示すとともに、精算表へ記入し、計算書類の表示を示しなさい。

なお、支払いが必要なものは、すべて現金預金にて支払済みであるものとします。

①原材料仕入高　　　　　　30,000円　　　　（仕入材料は、すべてを投入した。）

②工賃支払額　　　　　　（　？　）円　　　（余剰金の全額を支給した。）

③製造諸経費支払額　　　　18,000円　　　　（④の減価償却費を除く。）

④備品減価償却費　　　　　 6,000円

⑤販売管理諸経費　　　　　10,000円　　　　（販売費用を総称している。）

⑥完成品は300セットで、すべてが完成し、未完成のものはない。

⑦販売価格は、１セット300円で、290セットを販売した。

摘　　要	借方科目	金額	貸方科目	金額
材料の仕入れ	材料費	30,000	現金預金	30,000
経費の支払い	製造諸経費	18,000	現金預金	18,000
減価償却費の計上	減価償却費	6,000	器具及び備品	6,000
製造過程への投入 （製造原価の集計）	製造原価	54,000	材料費 製造諸経費 減価償却費	30,000 18,000 6,000
完成品の振替	就労支援事業費用 ／販売原価	54,000	製造原価	54,000
製菓販売	現金預金	87,000	就労支援事業収益	87,000
販売管理費の支払い	販売管理諸経費	10,000	現金預金	10,000
販管費の振替	就労支援事業費用 ／販管費	10,000	販売管理諸経費	10,000
期首製品棚卸高の振替	期首製品棚卸高	3,400	商品・製品	3,400
期末製品棚卸高の振替	商品・製品	5,400	期末製品棚卸高	5,400
利用者工賃の支給	利用者工賃	25,000	現金預金	25,000

【計算過程】

(1) 製菓売上高　　290セット×300円＝87,000円

(2) 製造原価合計　30,000円＋18,000円＋6,000円＝54,000円

(3) １個当たりの製造原価　54,000円÷300セット＝180円／セット

(4) 期末製品棚卸高　30セット×180円／セット＝5,400円

(5) 当期販売原価：合計52,000円＝①＋②

　　①前期製造分：　20セット×170円／セット＝3,400円

　　②当期製造分：270セット×180円／セット＝48,600円

(6) 利用者工賃：87,000円－52,000円－10,000円＝25,000円

利用者工賃は、最後に計算します。

精算表（就労支援事業）　　　　　　　　　（単位：円）

摘　要	期首B／S 借方(資産)	期首B／S 貸方(負債・純資産)	期中資金増減取引 借方	期中資金増減取引 貸方	その他取引 借方	その他取引 貸方	期末B／S 借方(資産)	期末B／S 貸方(負債・純資産)
商品・製品	3,400				振替5,400	振替3,400	5,400	
仕掛品	0						0	
器具及び備品	32,000					6,000	26,000	
				資金収支計算書				
B／S合計	×××	×××					×××	×××
							就労支援事業明細書	
【就労支援事業明細書】							借方(費用)	貸方(収益)
就労支援事業収益								
製菓売上高				87,000				87,000
就労支援事業費用								
販売原価								
期首棚卸高					振替 3,400		3,400	
製造原価					振替54,000		54,000	
期末棚卸高						振替5,400		5,400
販管費					振替10,000		10,000	
合計							67,400	92,400
（差引：剰余金）							25,000	←余剰金
【剰余金処分】								
利用者工賃			25,000			25,000		
積立金							0	
合計							92,400	92,400
							販管費明細書	
【販管費明細書】							借方(費用)	貸方(収益)
販売管理諸経費			10,000				10,000	
振替：就労事業費用						振替10,000	← 振替10,000	
販管費合計							10,000	10,000
							製造原価明細書	
【製造原価明細書】							借方(費用)	貸方(収益)
材料費			30,000		30,000	30,000	30,000	
製造諸経費			18,000		18,000	18,000	18,000	
減価償却費					6,000 / 6,000	6,000	6,000	
仕掛品							0	
振替：就労事業費用						振替54,000	← 振替54,000	
製造原価合計							54,000	54,000
小計			83,000	87,000				
差引：収支差額			4,000					
合計			87,000	87,000	78,800	78,800		

（何）拠点区分　資金収支計算書

第1号第4様式

勘　定　科　目		予算(A)	決算(B)	差異(A)−(B)	備考
事業活動による収支	収入 就労支援事業収入	***	87,000	**	
	事業活動収入計(1)		87,000		
	支出 就労支援事業支出	***	83,000	**	
	就労支援事業製造原価支出		83,000		
	事業活動支出計(2)		83,000		
	事業活動資金収支差額(3)＝(1)−(2)		4,000		

（何）拠点区分　事業活動計算書

第2号第4様式

勘　定　科　目		当年度決算(A)	前年度決算(B)	増減(A)−(B)
サービス活動増減計算書	収益 就労支援事業収益	87,000	***	**
	サービス活動収益計(1)	87,000		
	費用 就労支援事業費用	87,000	***	***
	就労支援事業販売原価	77,000		
	期首製品（商品）棚卸高	3,400		
	当期就労支援事業製造原価	79,000		
	合計	82,400		
	期末製品（商品）棚卸高	5,400		
	差引	77,000		
	就労支援事業販管費	10,000		
	サービス活動費用計(2)	87,000		
	サービス活動増減差額(3)＝(1)−(2)	0		

就労支援事業別事業活動明細書

別紙3　(⑮)

勘　定　科　目		合計	製菓事業	
収益	就労支援事業収益	87,000	87,000	
	就労支援事業活動収益計	87,000	87,000	
費用	就労支援事業販売原価	87,000	87,000	
	当期就労支援事業製造原価	77,000	77,000	
	期首製品（商品）棚卸高	3,400	3,400	
	当期就労支援事業製造原価	79,000	79,000	
	期末製品（商品）棚卸高	5,400	5,400	
	就労支援事業販管費	10,000	10,000	
	就労支援事業活動費用計	87,000	87,000	
	就労支援事業活動増減差額	0	0	

就労支援事業製造原価明細書

別紙3　(⑯)

勘　定　科　目	合計	製菓事業	
Ⅰ　材料費			
1．材料費	30,000	30,000	
当期材料費	30,000	30,000	
Ⅱ　労務費			
1．利用者工賃	25,000	25,000	
当期労務費	25,000	25,000	
Ⅲ　経費			
1．製造諸経費	18,000	18,000	
2．減価償却費	6,000	6,000	
当期経費	24,000	24,000	
当期就労支援事業製造総費用	79,000	79,000	
期首仕掛品棚卸高	0	0	
合計	79,000	79,000	
期末仕掛品棚卸高	0	0	
当期 就労支援事業 製造原価	79,000	79,000	

【参考】以下、勘定記入例をお示ししておきます。（損益振替は、省略しています。）

材 料 費

年月日	摘　要	資金増減取引 借方	資金増減取引 貸方	その他取引 借方	その他取引 貸方	残　高
	現金預金	30,000				30,000
	製造原価				30,000	0
	合　計	30,000	—	—	30,000	

製造諸経費

年月日	摘　要	資金増減取引 借方	資金増減取引 貸方	その他取引 借方	その他取引 貸方	残　高
	現金預金	18,000				18,000
	製造原価				18,000	0
	合　計	18,000	—	—	18,000	

減価償却費

年月日	摘　要	資金増減取引 借方	資金増減取引 貸方	その他取引 借方	その他取引 貸方	残　高
	器具及び備品			6,000		6,000
	製造原価				6,000	0
	合　計			6,000	6,000	

製造原価

年月日	摘　要	資金増減取引 借方	資金増減取引 貸方	その他取引 借方	その他取引 貸方	残　高
	諸口			54,000		54,000
	就労／販売原価				54,000	0
	合　計			54,000	54,000	

就労支援事業費用／販管原価

年月日	摘　要	資金増減取引 借方	資金増減取引 貸方	その他取引 借方	その他取引 貸方	残　高
	製造原価			54,000		54,000
	商品・製品			3,400		57,400
	商品・製品				54,000	52,000
	合　計			57,400	54,000	

商品・製品

年月日	摘　要	資金増減取引 借方	資金増減取引 貸方	その他取引 借方	その他取引 貸方	残　高
	前月繰越			—	—	3,400
	就労／販売原価				3,400	0
	就労／販売原価			5,400		5,400
	合　計			5,400	3,400	

就労支援事業収益

年月日	摘　要	資金増減取引 借方	資金増減取引 貸方	その他取引 借方	その他取引 貸方	残　高
	現金預金		87,000			87,000
	合　計	—	87,000	—	—	

販売管理諸経費

年月日	摘　要	資金増減取引 借方	資金増減取引 貸方	その他取引 借方	その他取引 貸方	残　高
	現金預金	10,000				10,000
	就労／販管費				10,000	0
	合　計	10,000	—	—	10,000	

就労支援事業費用／販管費

年月日	摘　要	資金増減取引 借方	資金増減取引 貸方	その他取引 借方	その他取引 貸方	残　高
	販売諸経費			10,000		10,000
	合　計			10,000	—	0

就労支援事業費用／販管費

年月日	摘　要	資金増減取引 借方	資金増減取引 貸方	その他取引 借方	その他取引 貸方	残　高
	販売諸経費		87,000	10,000		10,000
	合　計	—	87,000	10,000	—	0

練習問題 **20** 財務分析など

次の事業活動計算書と貸借対照表に基づいて、下表に示す各指標を記入してください。

なお、各指標はパーセント表示とし、小数点以下第2位を四捨五入して、小数点以下第1位まで記入するという点に留意してください。

法人単位事業活動計算書　第2号第1様式
（自）××01年4月1日（至）××02年3月31日　（単位：円）

勘　定　科　目			本年度決算	前年度決算	増減
サービス活動増減の部	収益	○○事業収益	185,000,000		
		サービス活動収益計(1)	185,000,000		
	費用	人件費	95,000,000		
		事業費	32,000,000		
		事務費	21,000,000		
		減価償却費	24,000,000		
		サービス活動費用計(2)	172,000,000		
	サービス活動増減差額(3)＝(1)−(2)		13,000,000		
サービス活動外増減の部	収益	受取利息配当金収益	250,000		
		サービス活動外収益計(4)	250,000		
	費用	支払利息	4,500,000		
		サービス活動外費用計(5)	4,500,000		
	サービス活動増減差額(6)＝(4)−(5)		△4,250,000		
経常増減差額(7)＝(3)+(6)			8,750,000		

法人単位貸借対照表　第3号第1様式
××02年3月31日現在　（単位：千円）

資　産　の　部		負　債　の　部	
	当年度末		当年度末
流動資産	48,000	流動負債	12,000
固定資産	302,000	固定負債	233,000
		純資産	105,000
資産の部計	350,000	負債及び純資産の部合計	350,000

【 解 答 欄 】

財務分析指標	比率	計算メモ欄　　　　（単位：千円）
①流動比率	400.0 ％	48,000÷12,000＝4.00
②固定長期適合率	89.3 ％	302,000÷(233,000+105,000)＝0.8934
③純資産比率	30.0 ％	105,000÷350,000＝0.30
④サービス活動収益 　対経常増減差額	4.7 ％	8,750÷185,000＝0.0472
⑤サービス活動費率	93.0 ％	172,000÷185,000＝0.9297
⑥人件費比率	51.4 ％	95,000÷185,000＝0.5135
⑦事業費比率	17.3 ％	32,000÷185,000＝0.1729
⑧総資産 　経常増減差額比率	2.5 ％	8,750÷350,000＝0.0250
⑨総資産回転率 　（小数点第3位を四捨五入）	0.53回転	185,000÷350,000＝0.5285

＊⑧＝⑨×④の関係が成立していることも確かめてみてください。

総合演習問題 ⑴ 介護事業所拠点区分の各取引の仕訳

⑴ 次のある介護事業所拠点区分について各取引の仕訳を示しています。なお、現金預金の収入・支出については、現金預金勘定を使用してください。

期中取引		仕訳　　　　（単位：千円）			
		借方		貸方	
		科目	金額	科目	金額
①	施設を増築して基本財産を取得するように指定された補助金として、60,000千円の振込みを受けた。	現金預金	60,000	施設整備等補助金収益	60,000
②	施設を増築して基本財産を取得するように指定された寄附金として、4,000千円の振込みを受けた。	現金預金	4,000	施設整備等寄附金収益	4,000
③	独立行政法人福祉医療機構から、施設整備のため10,000千円を借り入れ、預金に入金した。条件は、翌々年度から毎年1,000千円ずつの返済である。	現金預金	10,000	設備資金借入金	10,000
④	理事会の承認を得て、施設増築の財源としてその他の積立金6,000千円を取り崩すこととした。	その他の積立金	6,000	その他の積立金取崩額	6,000
⑤	④に伴い、施設整備等のための積立預金を同額取り崩して、普通預金に振り替えた。	現金預金	6,000	施設整備等積立資産	6,000
⑥	①～④を財源として建物80,000千円を取得し、代金は小切手を振り出して支払った。この増築は、翌年度からの定員増加に伴うもので、事業供用は翌年度の4月1日からである。	（基本財産）建物	80,000	現金預金	80,000
⑦	①について国庫補助金等特別積立金を積み立てた。	国庫補助金等特別積立金積立額	60,000	国庫補助金等特別積立金	60,000
⑧	②について基本金に組み入れた。	基本金組入額	4,000	基本金	4,000
⑨	設備資金借入金3,000千円を返済した。期首に流動負債から振替済みである。	設備資金借入金	3,000	現金預金	3,000
⑩	⑨と併せて、借入金利息700千円が預金口座から引き落とされた。	支払利息	700	現金預金	700
⑪	パソコン一式の寄附を受けた。通常価額は600千円である。	器具及び備品	600	器具及び備品受贈額	600
⑫	車両1台のリース契約（リース料総額4,800千円、リース期間48ヶ月）を締結した。売買に準じて処理を行い、利息相当額は控除しないものとする。	有形リース資産	4,800	リース債務	4,800
⑬	⑫に伴い、それまで使用していた車両を20千円で下取りしてもらい、代金は現金で受け取った。なお、下取り車両の期首帳簿価額は100千円、下取りまでの当期減価償却費は30千円である。	現金預金 減価償却費 車輌運搬具売却損・処分損	20 30 50	車輌運搬具 車輌運搬具 車輌運搬具	20 30 50
⑭	第1回目のリース料を支払った。	リース債務	100	現金預金	100
⑮	前期から未収計上していた利用者負担金のうち30千円が徴収不能となった。	徴収不能引当金	30	事業未収金	30
⑯	職員賞与6,000千円を支給した。賞与引当金3,800千円が計上されている。	賞与引当金 職員賞与	3,800 2,200	現金預金 現金預金	3,800 2,200
⑰	民間共済会の退職金制度により、退職金500千円を支給した。これに対応する退職給付引当金400千円、退職給付引当資産400千円となっている。退職金は、共済会からいったん法人に入金後、法人経由で本人に支給された。	現金預金 退職給付引当金 退職給付費用	500 400 100	退職給付引当資産 その他の収益 現金預金	400 100 500

決算整理事項		仕　訳　　　　（単位：千円）				
		借　　方		貸　　方		
		科　　目	金　額	科　　目	金　額	
A	徴収不能引当金を期末事業未収金残高の３％に設定した。	徴収不能引当金繰入	36	徴収不能引当金	36	
	精算表から期末未収金残高3,200千円を計算します。 要設定額：3,200千円×３％＝96千円 期末徴収不能引当金残高：期首残高90千円－期中戻入⑮30千円＝60千円 差引繰入額：96千円－60千円＝36千円					
B	賞与引当金に4,200千円を繰り入れた。	賞与引当金繰入	4,200	賞　与　引　当　金	4,200	
C	退職給付引当金に1,400千円を繰り入れた。	退　職　給　付　費　用	1,400	退職給付引当金	1,400	
D	建物減価償却費5,000千円を計上した。	減　価　償　却　費	5,000	建　　　　　　物	5,000	
E	車輌運搬具減価償却費3,200千円を計上した。	減　価　償　却　費	3,200	車　輌　運　搬　具	3,200	
F	器具及び備品減価償却費2,500千円を計上した。	減　価　償　却　費	2,500	器　具　及　び　備　品	2,500	
G	権利減価償却費1,000千円を計上した。	減　価　償　却　費	1,000	権　　　　　　利	1,000	
H	リース資産減価償却費100千円を計上した。	減　価　償　却　費	100	有形リース資産	100	
I	当期減価償却費に見合う国庫補助金等特別積立金8,000千円を取り崩した。	国庫補助金等特別積立金	8,000	国庫補助金等特別積立金取崩額	8,000	
J	１年基準によりリース債務1,200千円を流動負債に振り替えた。	リ　ー　ス　債　務	1,200	１年以内返済予定リース債務	1,200	
K	１年基準により設備資金借入金3,000千円を流動負債に振り替えた。	設備資金借入金	3,000	１年以内返済予定設備資金借入金	3,000	

(2)　(1)の仕訳を総勘定元帳に転記してください。転記の際、期中取引については、日付の代わりに問題番号を記載してください。

　　なお、総勘定元帳にない科目については、転記する代わりに、精算表に直接記入してください。

　　(決算整理仕訳の転記日付は、「３月31日」としてください。)

(3)　(1)の仕訳、(2)で転記した総勘定元帳の記録をもとに、精算表を完成してください。

(4)　精算表のデータに基づいて、資金収支計算書（第１号第４様式・簡略版）、事業活動計算書（第２号第４様式・簡略版）、貸借対照表（第３号第４様式・簡略版）を作成してください。

総合演習問題 (2) 総勘定元帳への転記

(2) (1)の仕訳を総勘定元帳に転記してください。転記の際、期中取引については、日付の代わりに問題番号を記載しています。なお、総勘定元帳にない科目については、転記する代わりに、精算表に直接記入します。（決算整理仕訳の転記日付は、「3月31日」とします。）

【総勘定元帳】

《 固定資産・基本財産 》

建　物 （単位：千円）

××01年 月 日		摘　　　要	資金増減取引		その他取引		借方残高
			借　方	貸　方	借　方	貸　方	
4	1	前期繰越	—	—	—	—	173,000
	⑥	現金預金	80,000				253,000
3	31	減価償却費				5,000	248,000
		取引合計	80,000	—	—	5,000	

《 固定資産・その他の固定資産 》

車輌運搬具 （単位：千円）

××01年 月 日		摘　　　要	資金増減取引		その他取引		借方残高
			借　方	貸　方	借　方	貸　方	
4	1	前期繰越	—	—	—	—	6,975
	⑬	現金預金		20			6,955
	⑬	減価償却費				30	6,925
	⑬	車輌運搬具売却損・処分損				50	6,875
3	31	減価償却費				3,200	3,675
		取引合計	—	20	—	3,280	

器具及び備品 （単位：千円）

××01年 月 日		摘　　　要	資金増減取引		その他取引		借方残高
			借　方	貸　方	借　方	貸　方	
4	1	前期繰越	—	—	—	—	12,250
	⑪	器具及び備品受贈額			600		12,850
3	31	減価償却費				2,500	10,350
		取引合計			600	2,500	

有形リース資産 （単位：千円）

××01年 月 日		摘　　　要	資金増減取引		その他取引		借方残高
			借　方	貸　方	借　方	貸　方	
	⑫	リース債務			4,800		4,800
3	31	減価償却費				100	4,700
		取引合計	—	—	4,800	100	

権　利 （単位：千円）

××01年 月 日		摘　　　要	資金増減取引		その他取引		借方残高
			借　方	貸　方	借　方	貸　方	
4	1	前期繰越	—	—	—	—	3,000
3	31	減価償却費				1,000	2,000
		取引合計	—	—	—	1,000	

【総勘定元帳】

《 固定資産・その他の固定資産 》

施設整備等積立資産 （単位：千円）

××01年 月 日	摘 要	資金増減取引 借 方	資金増減取引 貸 方	その他取引 借 方	その他取引 貸 方	借方残高
4 1	前期繰越	—	—	—	—	9,000
⑤	現金預金		6,000			3,000
	取引合計	—	6,000	—	—	

退職給付引当資産 （単位：千円）

××01年 月 日	摘 要	資金増減取引 借 方	資金増減取引 貸 方	その他取引 借 方	その他取引 貸 方	借方残高
4 1	前期繰越	—	—	—	—	12,000
× ×	現金預金　掛金納付額合計	1,400				13,400
⑰	退職給付引当金		400			13,000
	取引合計	1,400	400	—	—	

《 固 定 負 債 》

設備資金借入金 （単位：千円）

××01年 月 日	摘 要	資金増減取引 借 方	資金増減取引 貸 方	その他取引 借 方	その他取引 貸 方	貸方残高
4 1	前期繰越	—	—	—	—	39,000
1	1年以内返済予定設備資金借入金				3,000	42,000
③	現金預金		10,000			52,000
⑨	現金預金	3,000				49,000
3 31	1年以内返済予定設備資金借入金			3,000		46,000
	取引合計	3,000	10,000	3,000	3,000	

リース債務 （単位：千円）

××01年 月 日	摘 要	資金増減取引 借 方	資金増減取引 貸 方	その他取引 借 方	その他取引 貸 方	貸方残高
⑫	有形リース資産				4,800	4,800
⑭	現金預金	100				4,700
3 31	1年以内返済予定リース債務			1,200		3,500
	取引合計	100	—	1,200	4,800	

《 引 当 金 》

徴収不能引当金 （単位：千円）

××01年 月 日	摘 要	資金増減取引 借 方	資金増減取引 貸 方	その他取引 借 方	その他取引 貸 方	貸方残高
4 1	前期繰越	—	—	—	—	90
⑮	事業未収金	30				60
3 31	徴収不能引当金繰入				36	96
	取引合計	30	—	—	36	

【総勘定元帳】

《 引 当 金 》

賞与引当金 （単位：千円）

××01年 月 日	摘　　　　要	資金増減取引 借　方	資金増減取引 貸　方	その他取引 借　方	その他取引 貸　方	貸方残高
4 1	前期繰越	—	—	—	—	3,800
⑯	現金預金	3,800				—
3 31	賞与引当金繰入				4,200	4,200
	取引合計	3,800	—	—	4,200	

退職給付引当金 （単位：千円）

××01年 月 日	摘　　　　要	資金増減取引 借　方	資金増減取引 貸　方	その他取引 借　方	その他取引 貸　方	貸方残高
4 1	前期繰越	—	—	—	—	12,000
⑰	退職給付引当資産	400				11,600
3 31	退職給付費用				1,400	13,000
	取引合計	400	—	—	1,400	

《 純 資 産 》

基 本 金 （単位：千円）

××01年 月 日	摘　　　　要	資金増減取引 借　方	資金増減取引 貸　方	その他取引 借　方	その他取引 貸　方	貸方残高
4 1	前期繰越			—	—	100,000
⑧	基本金組入額				4,000	104,000
	取引合計			—	4,000	

国庫補助金等特別積立金 （単位：千円）

××01年 月 日	摘　　　　要	資金増減取引 借　方	資金増減取引 貸　方	その他取引 借　方	その他取引 貸　方	貸方残高
4 1	前期繰越			—	—	137,000
⑦	国庫補助金等特別積立金積立額				60,000	197,000
3 31	国庫補助金等特別積立金取崩額			8,000		189,000
	取引合計			8,000	60,000	

その他の積立金 （単位：千円）

××01年 月 日	摘　　　　要	資金増減取引 借　方	資金増減取引 貸　方	その他取引 借　方	その他取引 貸　方	貸方残高
4 1	前期繰越			—	—	9,000
④	その他の積立金取崩額			6,000		3,000
	取引合計			6,000	—	

【総勘定元帳】

《　サービス活動増減の部　》

退職給付費用　　　　　　　　　（単位：千円）

××01年 月 日		摘　　　要	資金増減取引 借 方	資金増減取引 貸 方	その他取引 借 方	その他取引 貸 方	借方残高
	⑰	現金預金	100				100
3	31	退職給付引当金			1,400		1,500
		取引合計	100	—	1,400	—	

減価償却費　　　　　　　　　　（単位：千円）

××01年 月 日		摘　　　要	資金増減取引 借 方	資金増減取引 貸 方	その他取引 借 方	その他取引 貸 方	借方残高
	⑬	車輌運搬具			30		30
3	31	建物			5,000		5,030
	31	車輌運搬具			3,200		8,230
	31	器具及び備品			2,500		10,730
	31	権利			1,000		11,730
	31	有形リース資産			100		11,830
		取引合計			11,830	—	

《　サービス活動外増減の部　》

支払利息　　　　　　　　　　　（単位：千円）

××01年 月 日		摘　　　要	資金増減取引 借 方	資金増減取引 貸 方	その他取引 借 方	その他取引 貸 方	借方残高
	⑩	現金預金	700				700
		取引合計	700	—	—	—	

《　特別増減の部　》

施設整備等補助金収益　　　　　（単位：千円）

××01年 月 日		摘　　　要	資金増減取引 借 方	資金増減取引 貸 方	その他取引 借 方	その他取引 貸 方	貸方残高
	①	現金預金		60,000			60,000
		取引合計	—	60,000	—	—	

施設整備等寄附金収益　　　　　（単位：千円）

××01年 月 日		摘　　　要	資金増減取引 借 方	資金増減取引 貸 方	その他取引 借 方	その他取引 貸 方	貸方残高
	②	現金預金		4,000			4,000
		取引合計	—	4,000	—	—	

【総勘定元帳】

《　特別増減の部　》

器具及び備品受贈額　　　　　　　（単位：千円）

××01年 月 日	摘　要	資金増減取引 借方	資金増減取引 貸方	その他取引 借方	その他取引 貸方	貸方残高
⑪	器具及び備品				600	600
	取引合計			—	600	

基本金組入額　　　　　　　（単位：千円）

××01年 月 日	摘　要	資金増減取引 借方	資金増減取引 貸方	その他取引 借方	その他取引 貸方	借方残高
⑧	基本金			4,000		4,000
	取引合計			4,000	—	

車輌運搬具売却損・処分損　　　　　　　（単位：千円）

××01年 月 日	摘　要	資金増減取引 借方	資金増減取引 貸方	その他取引 借方	その他取引 貸方	借方残高
⑬	車輌運搬具			50		50
	取引合計	—	—	50	—	

国庫補助金等特別積立金取崩額　　　　　　　（単位：千円）

××01年 月 日	摘　要	資金増減取引 借方	資金増減取引 貸方	その他取引 借方	その他取引 貸方	貸方残高
3 31	国庫補助金等特別積立金				8,000	8,000
	取引合計	—	—	—	8,000	

国庫補助金等特別積立金積立額　　　　　　　（単位：千円）

××01年 月 日	摘　要	資金増減取引 借方	資金増減取引 貸方	その他取引 借方	その他取引 貸方	借方残高
⑦	国庫補助金等特別積立金			60,000		60,000
	取引合計			60,000	—	

《　繰越活動増減差額の部　》

その他の積立金取崩額　　　　　　　（単位：千円）

××01年 月 日	摘　要	資金増減取引 借方	資金増減取引 貸方	その他取引 借方	その他取引 貸方	貸方残高
④	その他の積立金				6,000	6,000
	取引合計	—	—	—	6,000	

総合演習問題 ⑶ 精算表の完成

⑶ ⑴の仕訳、⑵で転記した総勘定元帳の記録をもとに、精算表を完成します。

精 算 表

（自）××01年4月1日（至）××02年3月31日 （単位：千円）

摘　要	期首B／S 借方（資産）	期首B／S 貸方（負債・純資産）	期中資金増減取引・決算整理 借方	期中資金増減取引・決算整理 貸方	期中その他取引・決算整理 借方	期中その他取引・決算整理 貸方	期末B／S 借方（資産）	期末B／S 貸方（負債・純資産）
現金預金	23,500		160,323	154,018			29,805	
事業未収金	3,000		29,300	29,100			3,200	
事業未払金		750	3,600	3,460				610
職員預り金		100	1,195	1,147				52
支払資金計	26,500	850	194,418	187,725			33,005	662
（差引支払資金）		25,650	資金増加額	6,693				32,343
			資金収支計算書					
			借方（支出）	貸方（収入）				
徴収不能引当金	90		30	—	—	36		96
賞与引当金	3,800		3,800	—	—	4,200		4,200
1年以内返済予定設備資金借入金	3,000				3,000	3,000		3,000
1年以内返済予定リース債務	—					1,200		1,200
（基本財産）								
土地	78,000		—	—	—	—	78,000	
建物	173,000		80,000	—	—	5,000	248,000	
（その他固定資産）							—	
車輌運搬具	6,975		—	20	—	3,280	3,675	
器具及び備品	12,250		—	—	600	2,500	10,350	
有形リース資産	—		—	—	4,800	100	4,700	
権利	3,000		—	—	—	1,000	2,000	
退職給付引当資産	12,000		1,400	400	—	—	13,000	
施設整備等積立資産	9,000		—	6,000	—	—	3,000	
設備資金借入金		39,000	3,000	10,000	3,000	3,000		46,000
リース債務		—	100	—	1,200	4,800		3,500
退職給付引当金		12,000	400	—	—	1,400		13,000
基本金		100,000			—	4,000		104,000
国庫補助金等特別積立金		137,000			8,000	60,000		189,000
その他の積立金		9,000			6,000	—		3,000
《次期繰越活動増減差額の部》							—	
前期繰越活動増減差額		15,985						15,985
その他の積立金取崩額		—			—	6,000		6,000
当期活動増減差額		—					純資産増加	6,087
B／S合計	320,725	320,725					395,730	395,730
							P／L	
							借方（費用）	貸方（収益）
《経常活動・事業活動収支の部》								
介護保険事業収益（収入）				240,000				240,000
国庫補助金等特別積立金取崩額					—	8,000		8,000
その他収益				100				100
人件費（支出）								
給与手当（賞与引当・退職引当以外）			142,600				142,600	
職員賞与			2,200				2,200	
賞与引当金繰入					4,200		4,200	
退職給付費用			100	—	1,400	—	1,500	
事業費（支出）			47,600				47,600	
事務費（支出）			31,900				31,900	
減価償却費					11,830		11,830	
徴収不能引当金繰入					36		36	
《財務活動・事業活動外収支の部》								
受取利息配当金収益（収入）				3				3
支払利息（支出）			700	—	—	—	700	
《施設整備等・特別収支の部》								
施設整備等補助金収益（収入）			—	60,000	—	—		60,000
施設整備等寄附金収益（収入）			—	4,000	—	—		4,000
器具及び備品受贈額					—	600		600
基本金組入額					4,000	—	4,000	
車輌運搬具売却損・処分損					50	—	50	
国庫補助金等特別積立金積立額					60,000	—	60,000	
収益・費用（収入・支出）小計			313,830	320,523			306,616	312,703
当期増減（収支）差額			6,693	資金増加額			6,087	純資産増加
増減等（収入・支出）合計			320,523	320,523	108,116	108,116	312,703	312,703

総合演習問題 (4) 資金収支計算書、事業活動計算書及び貸借対照表の作成

(4) 精算表のデータに基づいて、資金収支計算書（第1号第4様式・簡略版）、事業活動計算書（第2号第4様式・簡略版）、貸借対照表（第3号第4様式・簡略版）を作成してください。

第1号第4様式

介護事業所拠点区分　資金収支計算書
（自）××01年4月1日（至）××02年3月31日　　　　　　　　（単位：千円）

		勘定科目	予算(A)	決算(B)	差異(A)-(B)	備考
事業活動による収支	収入	介護保険事業収入		240,000		
		受取利息配当金収入		3		
		その他の収入		100		
		事業活動収入計(1)		240,103		
	支出	人件費支出		149,100		
		賞与引当・退職引当以外		142,600		
		職員賞与支出		6,000	←職員賞与の金額は、精算表では、賞与引当金3,800と職員賞与2,200に分かれているので、合計した金額を記入します。	
		退職給付支出		500		
		事業費支出		47,600		
		事務費支出		31,900		
		支払利息支出		700		
		流動資産評価損等による資金減少額		30		
		徴収不能額		30		
		事業活動支出計(2)		229,330		
		事業活動資金収支差額(3)=(1)-(2)		10,773		
施設整備等による収支	収入	施設整備等補助金収入		60,000		
		施設整備等寄附金収入		4,000		
		設備資金借入金収入		10,000		
		固定資産売却収入		20		
		施設整備等収入計(4)		74,020		
	支出	設備資金借入金元金償還支出		3,000		
		固定資産取得支出		80,000		
		ファイナンス・リース債務の返済支出		100		
		施設整備等支出計(5)		83,100		
		施設整備等資金収支差額(6)=(4)-(5)		△9,080		
その他の活動による収支	収入	積立資産取崩収入		6,400		
		退職給付引当資産取崩収入		400		
		施設整備等積立資産取崩収入		6,000		
		その他の活動収入計(7)		6,400		
	支出	積立資産支出		1,400		
		退職給付引当資産支出		1,400		
		その他の活動支出計(8)		1,400		
		その他の活動資金収支差額(9)=(7)-(8)		5,000		
予備費支出(10)			××× △×××	—	×××	
当期資金収支差額合計(11)=(3)+(6)+(9)-(10)				6,693		
前期末支払資金残高(12)				25,650		
当期末支払資金残高(11)+(12)				32,343		

第2号第4様式

介護事業所拠点区分　事業活動計算書
（自）××01年4月1日　（至）××02年3月31日　　　　　　（単位：千円）

		勘定科目	当年度決算(A)	前年度決算(B)	増減(A)−(B)
サービス活動増減の部	収益	介護保険事業収益	240,000		
		その他の収益	100		
		サービス活動収益計(1)	240,100		
	費用	人件費	150,500		
		賞与引当・退職引当以外	142,600		
		職員賞与	2,200		
		賞与引当金繰入	4,200		
		退職給付費用	1,500		
		事業費	47,600		
		事務費	31,900		
		減価償却費	11,830		
		国庫補助金等特別積立金取崩額	△8,000	△×××	
		徴収不能引当金繰入	36		
		サービス活動費用計(2)	233,866		
		サービス活動増減差額(3)＝(1)−(2)	6,234		
サービス活動外増減の部	収益	受取利息配当金収益	3		
		サービス活動外収益計(4)	3		
	費用	支払利息	700		
		サービス活動外費用計(5)	700		
		サービス活動外増減差額(6)＝(4)−(5)	△697		
		経常増減差額(7)＝(3)＋(6)	5,537		
特別増減の部	収益	施設整備等補助金収益	60,000		
		施設整備等寄附金収益	4,000		
		固定資産受贈額	600		
		器具及び備品受贈額	600		
		特別収益計(8)	64,600		
	費用	基本金組入額	4,000		
		固定資産売却損・処分損	50		
		国庫補助金等特別積立金積立額	60,000		
		特別費用計(9)	64,050		
		特別増減差額(10)＝(8)−(9)	550		
		当期活動増減差額(11)＝(7)＋(10)	6,087		

		勘定科目	当年度決算(A)	前年度決算(B)	増減(A)−(B)
繰越活動増減差額の部		前期繰越活動増減差額(12)	15,985		
		当期末繰越活動増減差額(13)＝(11)＋(12)	22,072		
		基本金取崩額(14)	—		
		その他の積立金取崩額(15)	6,000		
		その他の積立金積立額(16)	—		
		次期繰越活動増減差額(17)＝(13)＋(14)＋(15)−(16)	28,072		

第3号第4様式

介護事業所拠点区分　貸借対照表
××02年3月31日現在　　　　　　　　　（単位：千円）

資産の部	当年度末	前年度末	増減	負債の部	当年度末	前年度末	増減
流動資産	32,909	26,410	6,499	流動負債	9,062	7,650	1,412
現金預金	29,805	23,500	6,305	事業未払金	610	750	△140
事業未収金	3,200	3,000	200	1年以内返済予定設備資金借入金	3,000	3,000	—
徴収不能引当金	△96	△90	△6	1年以内返済予定リース債務	1,200	—	1,200
				職員預り金	52	100	△48
				賞与引当金	4,200	3,800	400
							—
固定資産	362,725	294,225	68,500	固定負債	62,500	51,000	11,500
基本財産	326,000	251,000	75,000	設備資金借入金	46,000	39,000	7,000
土地	78,000	78,000	—	リース債務	3,500	—	3,500
建物	248,000	173,000	75,000	退職給付引当金	13,000	12,000	1,000
その他の固定資産	36,725	43,225	△6,500				—
車輌運搬具	3,675	6,975	△3,300				—
器具及び備品	10,350	12,250	△1,900	負債の部合計	71,562	58,650	12,912
有形リース資産	4,700	—	4,700	純資産の部			
権利	2,000	3,000	△1,000	基本金	104,000	100,000	4,000
退職給付引当資産	13,000	12,000	1,000	国庫補助金等特別積立金	189,000	137,000	52,000
施設整備等積立資産	3,000	9,000	△6,000	その他の積立金	3,000	9,000	△6,000
				施設整備等積立金	3,000	9,000	△6,000
				次期繰越活動増減差額	28,072	15,985	12,087
				（うち当期活動増減差額）	（6,087）	（5,000）	（1,087）
				純資産の部合計	324,072	261,985	62,087
資産の部合計	395,634	320,635	74,999	負債及び純資産の部合計	395,634	320,635	74,999

解けなかった問題は
解けるまで繰り返し
復習しましょう‼

いかがでしたか？